美國的總統

胡述兆　編著

臺灣商務印書館

本書作者尚有下列有關美國的著作

I. 中文

美國總統的生平與時代（臺灣商務印書館，1973）

美國政治論叢（臺灣商務印書館，1977）

美國總統論叢（臺灣商務印書館，1981）

美國總統選舉（漢美圖書公司出版，聯經總經銷，1988）

美國參議院的締約權（冊府出版公司，1998）

威爾遜（臺灣商務印書館，2007）

II. 英文

The Development of the Chinese Collection in the Library of Congress (Westview Press, 1979)

The Crucial Decade in Sino-American Relations
(Sino-American Publishing Co., 1987)

US Bipartisan Foreign Policy in the 1940's
(Sino-American Publishing Co., 1997)

弁　言

　　1973 年 1 月，我在臺灣商務印書館出版一書，題為《美國總統的生平與時代》，受到其時剛辭任行政院副院長、重掌商務印書館的王雲五師的重視，並親自題簽書名。該書截稿的時間為 1972 年底，三十多年來，美國又經歷了七位總統，政治生態亦有所變化。2008 年 11 月 4 日，美國選民選出了一位黑人總統，歐巴馬在美國歷史的長河中豎立了一座新的里程碑。這些重大發展，再度引起我對美國總統這個題目的興趣，於是決定修訂前書，並將尼克森以後的七位總統補齊，使 1789 年以來，美國歷任總統的簡要傳記，逐一呈現給讀者。

　　自華盛頓至歐巴馬，美國共有四十四任總統，實際為四十三人，因第二十二任總統與第二十四任總統均為克利夫蘭。按美國總統任次的算法，以一人連續擔任總統的時間未間斷者為一任，故 F. D. 羅斯福（美國政治學者習稱他為 FDR），雖然做了十二年多的總統（1933 年 3 月 4 日—1945 年 4 月 12 日），但因時間上未間斷，故在美國仍稱他為第三十二任總統。在另一方面，克利夫蘭只做了八年總統（1885—1889；1893—1897），但因中間隔了四年（第二十三任總統 B. 哈里遜，1889 年 3 月 4 日—1893 年 3 月 3 日），所以把他算作美國的第二十二任總統及第二十四任總統。

　　本書依四十四任總統的任次，分為四十四章，每章敍述一人。在每位總統的首頁，均先列舉其基本資料，包括：總統英文全名、中文譯名、照片及其簽名、生卒年、任期、出

生州、祖先來自何地、宗教、教育、政黨、簡歷；在基本資料之後，一律分為四項：1.生平大事記要，2.任內大事記要，3.異聞趣事，4.副總統。

　　書末之四項附錄，旨在對美國總統有研究興趣者，提供一些便利及參考。附錄一乃綜合書中每位總統的基本資料而成。附錄二係列舉美國歷屆總統選舉，各主要政黨候選人的得票數，包括普選票數（popular votes）及總統選舉人票數（presidential electors）。附錄三則是擇要列舉每位總統的英文傳記資料，其錄列原則，在該書目前另有說明，請參閱。附錄四為歐巴馬總統就職演說全文的英文原文。

　　本書係以 1973 年出版的拙著《美國總統的生平與時代》為基礎，修訂補寫而成，為使題旨更為明確，故將書名簡化為《美國的總統》。

　　本書為一工具書，許多資料係取材自美國國會圖書館有關美國總統的參考書，書中涉及的時間、年代、人名、地名極多，一字之差，可能張冠李戴，或古今易位，敬請讀者指出錯誤，以便改正，幸甚。

　　在編著本書的過程中，曾承臺灣大學教授謝寶煖博士、政治大學教授王梅玲博士協助整理資料，內子吳祖善教授幫忙核對英文原稿，在此併致謝意。

臺大名譽教授　贛渝胡述兆 謹識

2010 年歲次庚寅元旦

於國立臺灣大學

目次

弁言

第 一 任總統　G. 華盛頓　　　　　　　　　　001
第 二 任總統　J. 亞當斯　　　　　　　　　　011
第 三 任總統　T. 傑佛遜　　　　　　　　　　017
第 四 任總統　J. 麥迪遜　　　　　　　　　　025
第 五 任總統　J. 門羅　　　　　　　　　　　033
第 六 任總統　J. Q. 亞當斯　　　　　　　　　041
第 七 任總統　A. 傑克遜　　　　　　　　　　047
第 八 任總統　M. 范布倫　　　　　　　　　　057
第 九 任總統　W. H. 哈里遜　　　　　　　　063
第 十 任總統　J. 泰勒　　　　　　　　　　　069
第十一任總統　J. K. 波克　　　　　　　　　077
第十二任總統　Z. 泰羅　　　　　　　　　　085
第十三任總統　M. 費爾摩　　　　　　　　　091
第十四任總統　F. 皮爾斯　　　　　　　　　097
第十五任總統　J. 布坎南　　　　　　　　　105
第十六任總統　A. 林肯　　　　　　　　　　115
第十七任總統　A. 詹森　　　　　　　　　　135
第十八任總統　U. S. 格蘭特　　　　　　　145
第十九任總統　R. B. 海斯　　　　　　　　157
第二十任總統　J. A. 加菲爾　　　　　　　165
第二十一任總統　C. A. 亞瑟　　　　　　　171
第二十二任總統　G. 克利夫蘭　　　　　　177

第二十三任總統　B. 哈里遜　　　　　　185
第二十四任總統　G. 克利夫蘭　　　　　193
第二十五任總統　W. 麥金來　　　　　　199
第二十六任總統　T. 羅斯福　　　　　　211
第二十七任總統　W. H. 塔虎脫　　　　221
第二十八任總統　W. 威爾遜　　　　　　231
第二十九任總統　W. G. 哈定　　　　　251
第　三十　任總統　C. 柯立芝　　　　　259
第三十一任總統　H. C. 胡佛　　　　　269
第三十二任總統　F. D. 羅斯福　　　　281
第三十三任總統　H. S. 杜魯門　　　　315
第三十四任總統　D. D. 艾森豪　　　　337
第三十五任總統　J. F. 甘迺迪　　　　353
第三十六任總統　L. B. 詹森　　　　　369
第三十七任總統　R. M. 尼克森　　　　387
第三十八任總統　G. R. 福特　　　　　427
第三十九任總統　J. 卡特　　　　　　　433
第　四十　任總統　R. W. 雷根　　　　439
第四十一任總統　G. H. W. 布希　　　447
第四十二任總統　W. J. 克林頓　　　　455
第四十三任總統　G. W. 布希　　　　　465
第四十四任總統　B. H. 歐巴馬　　　　477

附錄一　美國總統個人資料比較表　　　　　　　488
附錄二　美國歷屆總統選舉主要政黨候選人得票統計　496
附錄三　美國總統傳記書目輯要　　　　　　　　504
附錄四　歐巴馬總統就職演說全文（英文版）　　546

第一任總統

G. 華盛頓

（George Washington）

生　卒：　1732, 2, 22—1799, 12, 14

任　期：　1789, 4, 30—1797, 3, 4

出生州：　維吉尼亞州（Virginia）

代表州：　同上

教　育：　未進大學

宗　教：　聖公會（Episcopalian）

政　黨：　無（其時美國尚無政黨組織，只有聯治派（Federalist）
　　　　　與反聯治派（Anti-Federalist）兩派，華盛頓屬前者）

簡　歷：　職業軍人，維吉尼亞殖民地議會議員，大陸議會代表，
　　　　　革命軍總司令，費城制憲會議主席。

祖　先：　英格蘭人（English）

夫　人：　Martha Dandridge Custis（為 Daniel Parke Custis 的遺孀），
　　　　　1759 年與華盛頓結婚。

子　女：　無（其妻有子女四人，皆與前夫 Custis 所生）

1.1　生平大事記要

1732, 2, 22	生于維吉尼亞殖民地的 Pope's Creek Farm, Westmoreland County.
1734	全家移居 Mount Vernon.
1749	通過土地測量員考試，同年 7 月被派為維吉尼亞殖民地 Culpeper County 的土地測量員。
1752, 11, 6	出任維吉尼亞殖民地民軍少校。
1754, 3, 15	升任維吉尼亞殖民地民軍中校。
6, 5	升任上校。
1755, 5, 10	被任為英軍布雷德克將軍（General Edward Braddock）的侍從武官。
8, 14	膺命維吉尼亞殖民地民軍指揮官。
1755-1758	招募組訓殖民地部隊，以抵抗法軍及印地安人。
1758, 7, 24	當選維吉尼亞殖民地議會議員，同年 12 月辭任民軍指揮官，寓居 Mount Vernon.
1759, 1, 6	與卡斯迪士（Daniel Parke Custis）的遺孀 Martha Dandridge Custis 結婚。
1770, 10	出任 Fairfax County 和平法官。
1773, 8	當選 Williamsburg Convention 代表。
1774, 8, 5	當選第一屆大陸議會（First Continental Congress）代表。
1775, 3, 25	當選第二屆大陸議會代表。
6, 15	第二屆大陸議會選舉華盛頓為殖民地聯軍總司令。
1776, 3, 17	英軍自波士頓撤退。
7, 4	大陸議會通過獨立宣言，美洲殖民地宣佈獨立。
1776-1783	轉戰各地，與英軍周旋。
1777, 11, 15	大陸議會通過邦聯條款（Articles of Confederation）。

1781, 3, 1	邦聯條款批准生效。
1783, 6, 19	當選 Society of the Cincinnati 理事長。
9, 3	對英和約簽字。
11, 2	發表告別軍隊書。
12, 23	正式辭任總司令，恢復平民生活。
1787, 5, 25	當選費城制憲會議主席。
9, 17	制憲會議通過聯邦憲法。
1789, 2, 4	以全票當選美國第一任總統。
4, 30	在紐約市宣誓就任總統。
8, 25	生母 Mary Ball 去世。
1792, 12, 5	以全票當選連任總統。
1793, 3, 4	在費城宣誓就任。
1796, 9, 17	發表告別演說（Farewell Address）。
1797, 3, 3	交卸總統職務，息影 Mount Vernon.
1798, 7, 3	被亞當斯總統徵召，出任合眾國軍隊總司令，官階中將。
1799, 12, 14	在 Mount Vernon 逝世，享壽六十七歲，葬于 Mount Vernon 的家墳。

1.2　任內大事記要

1789, 4, 30	華盛頓在紐約市聯邦廳就任美國第一任總統。
6, 1	華盛頓批准國會第一件立法，規定國會議員及聯邦政府官員宣誓就職的時間及方式。
7, 27	聯邦設立外交部（同年 9 月 15 日改稱國務院），傑氏（John Jay）為代理外交部長。
8, 4	發行第一次聯邦公債。
8, 7	軍政部成立，諾克斯（Henry Knox）為首任部長。

1789, 9, 2	財政部成立，漢彌頓（Alexander Hamilton）為首任部長。
9, 13	聯邦政府向紐約銀行界第一次貸款成立協議。
9, 15	外交部改稱國務院。
9, 22	郵政部成立，奧斯古（Samuel Osgood）為首任部長。
9, 24	司法部成立，倫道夫（Edmund Randolph）為首任部長。
9, 25	國會通過憲法修正案第一至十條，即所謂民權法案（Bill of Rights）。
9, 26	傑氏（John Jay）被任為聯邦最高法院首任院長。
9, 29	第一屆國會第一會期休會。
10, 15	華盛頓開始巡視新英格蘭諸州。
11, 21	北卡羅來納州批准聯邦憲法，為完成憲法批准程序的第十二州。
1790	美國第一次人口總調查（從本年開始，以後每十年舉行人口總調查一次），全國人口為三,九二九,二一四人。
1790, 2, 1	聯邦最高法院開始審理案件。
3, 1	國會制定人口調查法。
5, 26	西南特區（Southwest Territory）政府成立。
5, 29	羅德島州批准聯邦憲法，至此十三州全部完成憲法批准程序。
5, 31	國會制定版權法。
7, 16	國會通過決議，以波多麻河（Potomac River）為聯邦政府永久所在地，詳細地點由總統選擇。
8, 9	由格雷船長（Captain Robert Gray）指揮的美輪哥倫比亞（Columbia）號航返波士頓，為完成環航世界的第一艘美國船隻。
1791, 2, 15	傑佛遜向總統提出設立國家銀行的憲法意見。
2, 23	漢彌頓向總統提出設立國家銀行的憲法意見。

1791, 2, 25　　國會制定國家銀行法（National Bank Act）。

　　　3, 3　　哥倫比亞特區（District of Columbia）成立。

　　　3, 4　　佛蒙特（Vermont）成為美國第十四州。

　　　4, 7　　華盛頓開始為期兩個月的南方各州巡行。

　　　10　　英國第一任駐美公使漢蒙（George Hammond）抵任。

　　　11, 4　　聯邦部隊總司令克萊將軍（General Arthur St. Clair）被印地安人擊敗于 Wabash River.

　　　12, 12　　合眾國銀行（Bank of the United States）在費城開始營業。

　　　12, 15　　憲法修正案第一至十條（即民權法案）批准生效。

1792, 3, 1　　國會制定總統繼任法（Presidential Succession Act）。

　　　4, 2　　造幣局成立。

　　　4, 5　　華盛頓否決眾議院議員選區劃分法，為總統否決國會法案的第一次。

　　　6, 1　　肯塔基（Kentucky）成為美國第十五州。

　　　10, 13　　白宮破土奠基。

　　　12, 5　　總統選舉人投票選舉總統，華盛頓以全票當選連任。

1793, 3, 4　　總統就職典禮在費城舉行。

　　　4, 3　　法國對英國宣戰的消息傳抵紐約。

　　　4, 22　　華盛頓對英、法戰爭宣佈中立。

　　　8, 23　　華盛頓要求法國政府召回其駐美公使。

　　　9, 18　　國會大廈破土奠基，由華盛頓總統親自主持。

　　　12, 31　　國務卿傑佛遜辭職，以便專心從事組織反對黨。

1794, 3, 14　　惠迪尼（Eli Whitney）取得軋棉機的專利權。

　　　3, 22　　國會通過法律，禁止與外國的奴隸買賣。

　　　4, 16　　華盛頓派最高法院院長傑氏為赴英談判商務條約的特使。

　　　5, 27　　總統任命門羅（James Monroe）為駐法公使。

　　　5, 30　　任命亞當斯（John Q. Adams）為駐荷蘭公使。

| 1794, 6, 5 | 國會通過中立法（Neutrality Act）。 |

1794, 6, 5　　國會通過中立法（Neutrality Act）。

　　　8, 7　　華盛頓下令維吉尼亞、馬里蘭及賓州三州的國民兵鎮壓賓州西部的「威士忌叛亂」（Whiskey Rebellion）。此一叛亂是因賓州西部人民反對聯邦政府抽取威士忌酒的消費稅而引起。

　　11, 19　　傑條約（Jay's Treaty）在英國簽字，使英美兩國間的通商、航海、邊界、引渡等糾紛獲得解決。

1795, 1, 29　　國會通過歸化法（Naturalization Act），凡申請歸化美國者須在美國居住五年以上。

　　　1, 31　　財政部長漢彌頓辭職。

　　　8, 14　　總統正式批准傑條約。

　　12, 15　　參議院拒絕通過最高法院院長魯特里吉（John Rutledge）的任命案。（按：魯特里吉是由華盛頓總統于同年 7 月 1 日任命為最高法院院長，其時正值國會休會，故未經參議院的同意手續，但在美國史上，魯氏仍為美國第二任最高法院院長。）

1796, 3, 4　　華盛頓任命艾爾伍斯（Oliver Ellsworth）為最高法院院長。

　　　6, 1　　田納西（Tennessee）成為美國第十六州。

　　　9, 17　　華盛頓的「告別演說」（Farewell Address）在美國每日廣告報（American Daily Advertiser）發表。

　　11, 15　　法國宣佈與美國中止外交關係。

　　12, 7　　亞當斯當選美國第二任總統，傑佛遜當選為副總統。

1.3　異聞趣事

——華盛頓是唯一未在華府居住的總統。當第一任總統就職時，美國的首都華府（即哥倫比亞特區）尚未開始建設，其時的臨時

首都最初在紐約，1790 年遷至費城，所以華盛頓的兩次就職典禮，第一次在紐約，第二次在費城。

——他是與寡婦結婚的第一位總統。據說他年輕時風流倜儻，放蕩不羈，其最大嗜好是打獵、釣魚、騎馬及女人。他與卡斯迪士的遺孀戀愛時，同時又與鄰居的費爾法斯太太（Mrs. Sally Fairfax）要好，直至後者拒絕他的婚事，才與前者結婚。

——他的生母是他父親的繼室。

——他讀書不多，畢生未進大學之門。閱讀範圍以濟世實用為主，不尚理論空談，力行是他畢生所服膺的哲學。但他勤于寫作，特別是日記和書信，成為後世學者研究他生平的主要來源。

——他生性豪放勇敢，尤富冒險精神。他二十一歲那年（1753）風聞伊利湖（Lake Erie）附近的法軍將侵入俄亥俄河谷，有不利于維吉尼亞殖民地的企圖，其時的英籍總督欲派遣一送信使者深入伊利湖的法軍駐地，警告法軍不得輕舉妄動，華盛頓自動請求擔任此一任務。時值嚴冬酷寒，遍地冰雪，華盛頓帶領六名嚮導，策馬北行，沿途經過許多印地安人區域，不時遭遇襲擊，有一次為逃命，曾在冰河中浮游數小時，其艱苦可知，此行費時八十天，往還一千哩，雖法軍並未接受其警告，但他的勇氣及毅力深為英籍總督所嘉許。

——華盛頓善于理財，擁有許多事業，其中之一為經營輪渡，前後達二十一年（1769—1790），直至他擔任總統一年半後始轉讓別人。這一輪渡的地點在今馬里蘭州與華府交界處的波多麻河，過渡費每一成年人帶馬一匹為一先令。他更喜歡購買土地，一有餘錢就投資于地產。他的遺囑中所列舉的財產，包括：土地三萬三千英畝（分散于維吉尼亞、肯塔基、馬里蘭、紐約、賓州及華府多處），價值四十九萬美元，股票二萬五千元，家畜一萬五千元，合共五十三萬美元，即自今日標準來說，仍為美國最富有總統之一。

——當他擔任革命軍總司令時，他的私人保鏢 Thomas Hickey 曾串通當時的英籍紐約總督及紐約市長，企圖對他綁票，幸陰謀敗露，得告無恙。1776 年 6 月 28 日 Hickey 處絞刑時，圍觀者達兩萬人，成為當時最轟動的新聞。

——他兩次當選總統都是以全票當選，真是眾望所歸，也是美國總統選舉史上唯一的例外。

——他連任總統時的就職演說僅有一百三十五字，為歷來總統就職演說的最簡短者。

——他在八年總統任內，前後只否決過兩件國會立法。第一次否決者為國會眾議院選區劃分法，時為 1792 年 4 月 5 日。第二次否決者為減少陸軍騎兵部隊法，時為 1797 年 2 月 28 日。

——當他第二任期行將屆滿時，美國朝野都希望他繼續競選連任，但他無意於此，為表示決心，他于 1796 年 9 月 17 日向新聞界發表其著名的告別演說，開宗明義即拒絕為第三次連任的候選人，由是而建立總統不超過兩任的成例（至佛蘭克林‧羅斯福始被打破）。其次是反覆指陳黨派的危險性，這固是由於他當時尚未看出政黨政治的真正功能，也是有所感而發，因為傑佛遜與漢彌頓兩派的勾心鬥角，水火不容，是他任內最感頭痛的事。

——他以退職總統之身，又被第二任總統亞當斯徵召，出任合眾國軍隊總司令，以應付與法國戰爭的危機。這種臨危受命的偉大精神，贏得全國人民的一致欽敬。

——1799 年 12 月 14 日，華盛頓在 Mount Vernon 安然去世。12 月 26 日他的革命戰友李將軍 Henry Lee〔即南北戰爭時南軍統帥羅伯‧李（Robert E. Lee）的父親〕向國會發表讚詞，稱譽華盛頓為「戰爭中的第一人，和平中的第一人，國人心目中的第一人」（First in war, first in peace, and first in the hearts of his countrymen.）。

——華盛頓的故居 Mount Vernon，在內戰時經南北雙方協議為中立
區，不受任何武裝軍人的騷擾，故至今完整無恙。

1.4 副總統

亞當斯（John Adams）

任　期：1789, 4, 21—1797, 3, 4

（餘見第二任總統亞當斯）

第二任總統

J. 亞當斯

（John Adams）

John Adams

生　卒：　1735, 10, 30—1826, 7, 4

任　期：　1797, 3, 4—1801, 3, 4

出生州：　麻薩諸塞州（Massachusetts）

代表州：　同上

教　育：　哈佛學院（即今哈佛大學）畢業

宗　教：　唯一神教派（Unitarian）

政　黨：　無（屬聯治派 Federalist）

簡　歷：　律師，麻州州議會議員，大陸議會代表，駐荷蘭及英國公使，副總統。

祖　先：　英格蘭人（English）

夫　人：　Abigail Smith, 1764 年與亞當斯結婚。

子　女：　三子二女，長子John Quincy Adams為美國第六任總統。

2.1 生平大事記要

1735, 10, 30	生于麻薩諸塞殖民地的 Braintree（後改為 Quincy）。
1751	入哈佛學院肄業。
1755, 7, 16	畢業于哈佛學院（即今哈佛大學）。
1758	通過律師考試，設律師事務所于波士頓。
1764, 10, 25	與 Abigail Smith 小姐結婚。
1768	當選麻薩諸塞殖民地議會議員。
1774, 9, 5	當選第一屆大陸議會代表。
1775, 5, 10	當選第二屆大陸議會代表。
1776, 6, 10	被大陸議會選為獨立宣言五位起草委員之一，傑佛遜為起草委員會主席。
8, 2	代表麻州在獨立宣言上簽字。
1778, 4, 8	膺任美國外交特派員，赴法爭取援助。
1779, 9, 1	出席麻州制憲會議，並任起草委員。
1780, 12, 29	出任駐荷蘭公使。
1785, 5, 14	出任駐英公使，至 1788 年離職。
1789, 2, 4	當選第一任副總統。
4, 21	就任第　仟副總統。
1792, 11, 6	當選連任副總統。
1793, 3, 4	在費城宣誓就任。
1796, 12, 7	當選第二任總統。
1797, 3, 4	在費城宣誓就任第二任總統。
1800, 11, 4	競選連任總統失敗。
1801, 3, 4	交卸總統職務，息影麻州 Quincy 原籍。
1818, 10, 28	夫人 Abigail Smith 去世。
1820, 11, 15	當選麻州第二屆制憲會議代表。
1825, 2, 9	長子約翰·昆西·亞當斯被眾議院選舉為美國第六任總

統（因在 1824 年 12 月 1 日總統選舉時，無候選人獲總
統選舉人票之半數，故由眾議院選舉總統）。

1826, 7, 4　　在原籍逝世，享壽九十歲，葬于麻州的 Quincy.

2.2　任內大事記要

1797, 3, 4　　亞當斯在費城就任第二任總統。

　　5, 10　　美國海軍第一艘軍艦在費城下水。

　　5, 15　　國會召開特別會議，討論與法國的外交危機。

　　10, 4　　美國三特使馬歇爾（John Marshall）、賓克尼（Charles
C. Pinckney）及傑瑞（Elbridge Gerry）抵達巴黎，謀求
與法國重建友好關係。

1798, 1, 8　　憲法修正案第十一條批准生效。

　　3, 19　　總統向國會提出報告，說明與法國談判失敗之經過。

　　4, 7　　國會通過法律，設立密西西比特區（Mississippi Territory）。

　　4, 30　　聯邦政府設立海軍部，為軍政部以外的一個獨立單位。

　　6, 13　　國會通過決議，中止與法國及其屬地的商務關係。

　　6, 25　　國會通過外僑管理法（Alien Act）。

　　7, 3　　亞當斯總統任命前任總統華盛頓為陸軍中將及合眾國軍
隊總司令，以應付與法國日益嚴重的危機。

　　7, 6　　國會通過敵國僑民管理法（Alien Enemies Act）。

　　7, 7　　美國宣佈廢止與法國簽訂的所有條約。

　　7, 11　　國會通過法律，建立海軍陸戰隊。

　　7, 14　　國會通過處理叛亂法（Sedition Act）。

　　11, 16　　肯塔基州通過決議（為湯瑪斯·傑遜佛所起草），宣佈
外僑管理法及處理叛亂法為違憲，因憲法並未賦予國會
制定此種法律的權限。

　　12, 24　　維吉尼亞州通過決議（為詹穆斯·麥迪遜所起草），宣

佈上述兩項法律為違憲。

1799, 1, 14　參議院完成對田納西州參議員布龍特（Senator William Blount）彈劾案的審判，但並未定罪。這是國會對參議員行使彈劾權的第一次。

　　2, 18　參議院拒絕同意穆雷（William Vans Murray）為駐法公使。

　　3, 29　紐約州通過逐漸解放奴隸法。

　12, 14　前總統華盛頓逝世。

1800　　　美國人口五，三〇八，四八三人。

1800, 2　美國首都自費城移往華府。

　　3, 8　拿破崙（Napoleon Bonaparte）接見美國駐法公使。

　　4, 24　國會圖書館（Library of Congress）成立。

　　9, 30　美、法公約在巴黎簽字，結束兩國間的海軍戰爭。

　10, 1　西班牙將路易斯安那（Louisiana）秘密讓與法國。

　11, 17　國會第一次在華府集會。

1801, 1, 20　亞當斯提名馬歇爾（John Marshall）為最高法院院長，參議院于 1 月 27 日同意其任命案，馬歇爾于 1 月 31 日正式就任。

　　2, 17　眾議院于第三十六次投票中選出傑佛遜為第三任總統，亞朗・布爾為副總統。（按：這次選舉因無人得總統選舉人票之半數，依法由眾議院選舉總統。）

2.3　異聞趣事

——亞當斯是在麻薩諸塞州出生的第一位總統。

——他的兒子約翰・昆西・亞當斯是美國第六任總統，且及身見其就任（小亞當斯于 1825 年就任總統，老亞當斯于 1826 年去世），父子皆為總統，為美國歷史上的首次，第二次為布希父子。

——他是由最高法院院長監誓的第一位總統。

——他是住進白宮的第一位總統。

——華盛頓被大陸議會選舉為革命軍總司令，亞當斯是原始提名人。

——他是獨立宣言起草委員之一，但並未參與憲法之制訂，因 1787
　　年費城制憲會議時，他正擔任駐英公使。

——根據他擔任八年副總統之經驗，他認為副總統這一位子是「人
　　們所發明或所能想像得出的最不重要的職位」。

——他與他的副總統傑佛遜因政見不合，感情極壞，當傑佛遜當選
　　總統後，他立即召回其任普魯士公使的兒子約翰・昆西・亞當
　　斯，以免遭受傑佛遜的折辱。他因不願見其政敵就職時的光輝，
　　拒絕參加傑佛遜的就職典禮，他的兒子也和他一樣，沒有參加
　　第七任總統傑克遜的就職典禮，他們父子都僅做了一任四年的
　　總統，故對繼任人心存芥蒂。

——他與他的政敵傑佛遜于同年同月同日去世（即 1826 年美國獨立
　　五十週年紀念的 7 月 4 日）。當傑佛遜退任總統後，亞當斯曾
　　恢復與他通信，但過去的不愉快仍使他無法忘懷，故臨終時猶
　　在打聽傑佛遜的情況，據說他最後的一句話是：「傑佛遜還活
　　著嗎？」言下之意，早他而死，心有未甘，實則傑佛遜已在同
　　日上午九時五十分早他數小時而去。他們兩人在五十年前同為
　　獨立宣言的起草委員，其後又皆榮任美國總統，最後在同年同
　　月同日去世，堪稱異數。

2.4　副總統

傑佛遜（Thomas Jefferson）
　　任　期：1797, 3, 4—1801, 3, 4
　　（餘見第三任總統傑佛遜）

第三任總統

T. 傑佛遜

（Thomas Jefferson）

生　卒：　1743, 4, 13—1826, 7, 4

任　期：　1801, 3, 4—1809, 3, 4

出生州：　維吉尼亞州（Virginia）

代表州：　同上

教　育：　威廉瑪麗學院畢業

宗　教：　無特殊教派

政　黨：　民主共和黨（Democratic-Republican Party, 美國最早的政黨）

簡　歷：　律師，維吉尼亞殖民地議會議員，大陸議會代表，維吉尼亞州長，駐法公使，國務卿，副總統。

祖　先：　威爾斯人（Welsh）

夫　人：　Martha Wayles Skelton（為 Bathurst Skelton 的遺孀），1772 年與傑佛遜結婚。

子　女：　一子（出生未及一個月夭折），五女

3.1　生平大事記要

1743, 4, 13	生于維吉尼亞殖民地的 Shadwell, Goochland County（即今 Albemarle County）。
1757, 8, 17	父親去世，承繼二千五百英畝土地及三十名奴隸。
1760	入威廉瑪麗學院肄業。
1762, 4, 25	威廉瑪麗學院畢業。
1767	通過律師考試。
1769, 5, 11	當選維吉尼亞殖民地議會議員。
1770	移居維吉尼亞殖民地的 Monticello.
1772, 1, 1	在 Williamsburg 與 Martha Wayles Skelton 結婚。
1775, 3, 25	當選第二屆大陸議會副代表。
1776, 7, 2	擔任大陸議會獨立宣言起草委員會主席。
7, 4	大陸議會通過傑佛遜所起草的獨立宣言。
1779, 6, 1	當選維吉尼亞州長。
1780, 6, 2	當選連任州長。
1781, 6	辭州長職。
1782, 9, 6	夫人去世，得年僅三十三歲。
1783, 6	負責起草維吉尼亞州憲法。
1785, 3, 10	膺命駐法特命全權公使。
1786-1787	兼任駐英國特使。
1789	為法國起草權利憲章（Charter of Rights）。
1789, 9, 26	被華盛頓總統任命為國務卿。
11, 23	自法返國。
1790, 2, 14	就任國務卿。
1793, 12, 31	辭國務卿職。
1797, 1	當選哲學會理事長。
1797, 3, 4- 1801, 3, 4	擔任亞當斯的副總統。

1800	編著國會議事手冊（Parliamentary Manual）。
1801, 2, 17	當選美國第三任總統。
3, 4	宣誓就任總統。
1804, 12, 5	當選連任總統。
1805, 3, 4	連任總統宣誓就職。
1809, 3, 4	交卸總統職務。
1814, 9	將其私人藏書售給國會圖書館。
1819, 3, 29	創辦維吉尼亞大學並出任首任校長。
1822, 11, 12	摔跤受傷，左臂折斷。
1826, 7, 4	在維吉尼亞州的 Charlottesville 逝世，享壽八十三歲，葬于 Charlottesville。

3.2　任內大事記要

1801, 3, 4	傑佛遜在華府就任美國第三任總統。
5, 14	Tripoli 對美宣戰。
8, 1	Tripoli 的海盜船被美國海軍擄獲。
12, 8	傑佛遜以書面方式向國會致送國情咨文，打破華盛頓及亞當斯親自向國會宣讀的成例，此一破例直至威爾遜總統時始告恢復。
1802, 1, 8	美國給付英國二百六十六萬四千美元，作為革命戰爭中英國所受的損害賠償。
2, 6	美國對 Tripoli 宣戰。
3, 16	西點軍校（West Point Military Academy）成立。
5, 3	國會通過法律，哥倫比亞特區（District of Columbia，即華府）設市，市長由總統直接任命。
1803, 1, 12	門羅（James Monroe）被任為駐法大使，並賦予與法國談判購買 New Orleans 及 Floridas 之全權。

1803, 2, 24　在 Marbury V. Madison 一案中，聯邦最高法院院長馬歇
　　　　　　爾宣佈 1789 年的司法法（Judiciary Act of 1789）中的
　　　　　　部分條款違憲，為最高法院取得司法審核權之始。

　　3, 1　俄亥俄（Ohio）成為美國第十七州。

　　4, 30　路易斯安那購買條約（Louisiana Purchase Treaty）談判
　　　　　　成立，美國以八千萬法郎（約合一千五百萬美元）向法
　　　　　　國購得路易斯安那區，該約于 5 月 2 日正式簽字。

　10, 31　美艦 Philadelphia 號在 Tripoli 港被敵軍俘虜。

　12, 20　法國在紐奧良正式將路易斯安那區移交美國。

1804, 2, 15　新澤西州通過逐漸解放奴隸法。

　　3, 12　新漢普夏州聯邦區域法院法官皮克林（John Picker-
　　　　　　ing），被國會彈劾去職，為聯邦法院法官被彈劾的第
　　　　　　一人。

　　7, 11　漢彌頓（Alexander Hamilton）在與副總統亞朗・布爾
　　　　　　（Aaron Burr）的決鬥中，被後者擊中殞命。此一決鬥
　　　　　　起因漢彌頓揭發布爾的叛國陰謀，決鬥地點在新澤西州
　　　　　　的 Weehawken.

　　9, 25　憲法修正案第十二條批准生效，明定總統、副總統之選
　　　　　　舉應舉行分別投票。

　　12, 5　傑佛遜當選連任總統。

1805, 1, 11　密西根特區（Michigan Territory）成立。

　　3, 1　參議院于審判蔡斯法官（Justice Samuel Chase）的彈劾
　　　　　　案後，宣佈其無罪。蔡斯是被國會彈劾的第一位最高法
　　　　　　院法官。

　　3, 3　路易斯安那特區（Louisiana Territory）成立。

　　3, 4　傑佛遜在華府就職連任。

　　6, 4　美國與 Tripoli 簽訂和約，結束兩國間為期五年的戰爭
　　　　　　狀態。

1807, 1, 22 傑佛遜正式通知國會有關前任副總統亞朗・布爾企圖建立一獨立國家的叛國陰謀。

2, 19 布爾在阿拉巴馬（Alabama）以叛國罪被捕。

3, 2 國會通過法律，禁止在 1808 年 1 月 1 日以後輸入奴隸。

5, 22 布爾叛國案在維吉尼亞州的 Richmond 開審，最高法院院長馬歇爾任審判長。本案于 9 月 1 日審判終結，宣佈無罪，因其並未參與實際叛亂行為。

8, 17 富爾頓（Robert Fulton）所發明的汽船 Clermont 號在紐約的哈德遜河（Hudson River）作處女航，自紐約市至奧巴尼（Albany）為時三十二小時。

12, 22 傑佛遜簽署禁運法（Embargo Act），禁止所有美國船隻航行外國港口，以迫使英、法等國放棄其對美國貿易的限制。

1808, 1, 1 禁止輸入非洲黑奴法生效。

4, 17 拿破崙下令扣留法國港內的所有美國船隻。

12, 7 麥迪遜當選美國第四任總統。

1809, 2, 3 伊利諾特區（Illinois Territory）成立。

2, 20 在 U.S.v. Judge Peters 一案中，最高法院判認聯邦法院的權力在各州法律之上。

3, 1 廢止禁運法，代之以非交流法（Non-Intercourse Act），禁止與英、法兩國的貿易，但維持與其他國家的貿易。

3.3　異聞趣事

——傑佛遜是在維吉尼亞州出生的第二位總統，第一位為華盛頓。

——他是與寡婦結婚的第二位總統。

——他是在華府就職的第一位總統。

——他是由眾議院選舉產生的第一位總統。1800 年的總統選舉，新

成立的民主共和黨獲勝，但該黨的兩位候選人傑佛遜及布爾各
得總統選舉人票七十三票，依憲法第二條第一項第二款的規定，
遇此情形應由眾議院就二位得票相同的候選人中選舉一人為總
統，眾議院經過三十六次投票，傑佛遜當選為總統，布爾當選
為副總統。

——他是第一位要賓客以握手禮見總統的白宮主人，這一禮節始于
1801 年 7 月 4 日在白宮舉行的總統國慶紀念招待會。在華盛頓
及亞當斯時代，賓客見總統均須行鞠躬禮。

——由於早年喪偶（1782），在他擔任總統時白宮並無女主人，所
有白宮的官式招待會，均由他的大女兒 Martha 及國務卿麥迪遜
的夫人分任女主人之職。

——傑佛遜起草獨立宣言時，年僅三十三歲，這一重大任務所以落
到他的頭上，據說主要是因為他是南方人，較易獲得大陸議會
通過之故。獨立宣言起草委員會包括委員五人，傑佛遜為主席，
其餘四人為：Benjamin Franklin, John Adams, Robert Livingston
及 Roger Sherman.

——1787 年費城制憲會議時，傑佛遜正擔任駐法公使，所以沒有出
席。他對於這部憲法大致感到滿意，但有兩點失望：一是憲法
沒有保障人民權利和自由的規定（以後憲法修正案第一至十條
的所謂民權法案大多出自他的構想），二是允許總統連任，容
易導致獨裁。

——在華盛頓及亞當斯時代，每年的國情咨文均由總統親自向國會
宣讀，傑佛遜打破此例，改以書面代替，這一方式維持了一百
多年，直至威爾遜總統才恢復親自向國會宣讀的先例。

——1803 年 5 月 2 日，傑佛遜以一千五百萬美元的代價向法國拿破
崙購得路易斯安那區域（據說每英畝只花三分美金），使當時
美國的面積增加將近一倍。這一廣大的區域包括今日的阿肯色、
科羅拉多、愛阿華、堪薩斯、路易斯安那、明尼蘇達、密蘇里、

蒙他拿、內布拉斯加、北達科他、南達科他、奧克拉荷馬、懷俄明等十餘州。

——他的墓誌銘是其生前自撰，文中並未提及他任總統及其他政治經歷，因為他認為那些是不值得一提的事，全文如下：「埋骨于此的湯瑪斯・傑佛遜是美國獨立宣言的起草者，維吉尼亞宗教自由法案的主稿人，及維吉尼亞大學之父。」

3.4　副總統

第一任期　布爾（Aaron Burr）

生　卒：1756, 2, 6—1836, 9, 14

任　期：1801, 3, 4—1805, 3, 4

出生州：新澤西州（New Jersey）

教　育：新澤西學院（即今普林斯頓大學）畢業

政　黨：民主共和黨

簡　歷：律師，州議員，紐約州總檢察長，紐約州制憲會議代表，聯邦參議員。

第二任期　克林頓（George Clinton）

生　卒：1739, 7, 26—1812, 4, 20

任　期：1805, 3, 4—1809, 3, 4

出生州：紐約州（New York）

教　育：未進大學。

政　黨：民主共和黨

簡　歷：律師，法官，州議員，大陸議會代表，紐約州長，紐約州聯邦憲法批准會議主席。

第四任總統

J. 麥迪遜

（James Madison）

生　　卒：　1751, 3, 16—1836, 6, 28
任　　期：　1809, 3, 4—1817, 3, 4
出生州：　維吉尼亞州（Virginia）
代表州：　同上
教　　育：　新澤西學院（即今普林斯頓大學）畢業
宗　　教：　聖公會（Episcopalian）
政　　黨：　民主共和黨（Democratic-Republican Party）
簡　　歷：　律師，州議員，大陸議會代表，費城制憲會議代表，聯
　　　　　　邦眾議員，國務卿。
祖　　先：　英格蘭人（English）
夫　　人：　Dorothea Dandridge Payne Todd（為 John Todd 的遺孀），
　　　　　　1794 年與麥迪遜結婚。
子　　女：　無（其妻有二子，皆與前夫所生）

4.1　生平大事記要

1751, 3, 16	生于維吉尼亞殖民地的 Port Conway.
1763-1767	在 Donald Robertson 學校讀書。
1767-1768	跟馬丁神父（Rev. Thomas Martin）研究神學。
1769-1772	在新澤西學院（即今普林斯頓大學）讀書，于 1771 年 9 月 25 日獲學士學位後，繼續留校研究一年。
1772	通過律師考試。
1772-1774	因健康不良，在家自修兼休養。
1776, 5, 6	出席威廉斯堡會議（Williamsburg Convention）。
1776-1777	任維吉尼亞州議會議員。
1778, 1, 14	當選維州革命行動執行委員會委員。
1779, 12, 14	被維州議會選舉為大陸議會代表。
1780-1783	擔任大陸議會代表。
1784-1786	重任維州議會議員。
1786-1788	再任大陸議會代表。
1787, 5, 2	當選費城制憲會議代表。
1788, 6, 2	任維州聯邦憲法批准會議代表。
1789, 3, 4- 1797, 3, 3	連任四屆聯邦眾議員。
1794, 9, 15	與 John Todd 的遺孀 Dorothea Dandridge Payne Todd 結婚。
1799, 10	復任維州議會議員。
1801, 5, 2- 1809, 3, 3	擔任傑佛遜總統的國務卿。
1808, 12, 7	當選美國第四任總統。
1809, 3, 4	就任總統。
1812, 12, 2	當選連任總統。
1813, 3, 4	連任就職。

1817, 3, 3	交卸總統職務，息影 Montpelier。
1826	繼傑佛遜為維吉尼亞大學校長。
1829	當選維吉尼亞州憲法會議代表。
1836, 6, 28	在維吉尼亞州的 Montpelier 逝世，享壽八十五歲，葬于 Montpelier.

4.2　任內大事記要

1809, 3, 4	麥迪遜就任美國第四任總統。
4, 19	麥迪遜總統發表聲明，恢復對英國貿易。
6, 27	約翰・昆西・亞當斯被任為駐俄公使。
8, 9	美國再度停止對英貿易。
9, 30	與印地安人的 Treaty of Fort Wayne 談判成立，印地安人將 Wabash River 的三百萬英畝土地讓與美國政府，由印地安那特區總督哈里遜將軍（General William Henry Harrison）代表接受。
1810	美國人口七,二三九,八八一人。
1810, 3, 16	在 Fletcher v. Peck 一案中，最高法院宣佈喬治亞州的一項法律為無效。
3, 23	拿破崙下令扣留並拍賣美國在法國港內的所有船隻。
10, 27	麥迪遜下令將西佛羅里達歸併于奧良特區（Territory of Orleans）。
1811, 4, 2	門羅（James Monroe）被任為國務卿。
10, 1	美國汽船第一次自匹茲堡航抵紐奧良。
11, 7	哈里遜將軍大敗印地安人于 Tippecanoe.
1812, 3, 14	美國發行第一次戰時公債。
4, 20	喬治・克林頓去世，為美國副總統死于任所的第一人。
4, 30	路易斯安那（Louisiana）成為美國第十八州。

1812, 6, 1	麥迪遜向國會致送戰爭咨文。
6, 4	密蘇里特區（Territory of Missouri）成立。
	同日，眾議院以七十九票對四十九票通過對英宣戰。
6, 17	參議院以十九票對十三票通過對英宣戰。
6, 18	美國正式對英宣戰。
8, 16	美國哈爾將軍（General William Hull）在底特律向英軍投降。
8, 19	美艦 Constitution 號俘虜英艦 Guerriere 號。
9, 13	俄皇亞歷山大一世（Alexander I）表示願調停美、英戰爭。
10, 4	美軍擊敗英軍于紐約州的 Ogdensburg。
10, 13	美軍于攻擊加拿大的 Queenstown 時，遭受嚴重失敗，死傷千餘人。
10, 25	美艦 United States 號擊毀英艦 Macedonian 號。
11, 27	英國海軍封鎖 Delaware 及 Chesapeake 灣。
12, 2	麥迪遜當選連任總統，愛布里基・傑利（Elbridge Gerry）當選為副總統。
1813, 3, 4	麥迪遜連任總統就職。
3, 11	麥迪遜接受俄皇的調停，但為英國所拒絕。
4, 27	美軍攻擊多倫多（Toronto），並焚燬其政府大廈。
5, 27	美軍佔領加拿大的 Fort George.
6, 1	英艦 Shannon 號俘虜美艦 Chesapeake 號。
9, 1	俄皇重申其調停英、美戰爭的意願，仍為英國所拒絕。
9, 10	美國海軍在伊利湖（Lake Erie）大捷。
9, 30	美軍收復底特律。
12, 30	英軍焚燒布法羅（Buffalo）。
1814, 5, 6	英軍擊毀紐約州的 Fort Oswego.
5, 31	英軍進攻麻薩諸塞及康乃狄克兩州。

1814, 8, 8	美國和談代表五人與英代表會晤于荷蘭的 Ghent.
8, 25	英軍攻入華府，美國首都被焚，國會大廈及白宮均被燒燬。
9, 11	美軍與英軍在紐約的 Lake Champlain 大戰，美軍獲決定性勝利。
9, 12-14	英國陸、海軍攻擊巴的摩爾，但未得逞。
11, 7	傑克遜將軍（General Andrew Jackson）肅清東佛羅里達的英軍。
11, 23	副總統傑利去世。
12, 15	新英格蘭諸州代表在 Hartford 集會，反對美國繼續與英國作戰。
12, 24	美國與英國在根特簽訂條約（Treaty of Ghent）。
1815, 1	紐奧良大戰，美軍大勝英軍。
2, 17	根特條約批准生效。
3, 3	國會通過法律將全國陸軍減為一萬人，將領裁減為六人（少將兩人，准將四人）。
7, 3	英、美商務條約在倫敦簽字。
1816, 3, 16	國會民主共和黨議員提名門羅為該黨總統候選人。
3, 20	在 Martin v. Hunter's Lessee 一案中，最高法院確認該院判決的效力在各州法院判決之上。
12, 4	門羅當選為美國總統。
12, 11	印地安那（Indiana）成為美國第十九州。
1817, 2, 5	美國第一家汽燈公司在巴的摩爾成立。
3, 3	阿拉巴馬特區（Alabama Territory）成立。

4.3 異聞趣事

——麥迪遜是在維吉尼亞州出生的第三位總統，前兩位是華盛頓及

傑佛遜。

——他是以國務卿競選總統成功的第一人。

——他是曾任聯邦眾議員的第一位總統。

——他參加費城制憲會議時，年僅三十六歲，但憲法上的許多基本制度，如國會採兩院制，總統的間接選舉，行政、立法、司法三權的互相制衡等，多出自他的設計，故後世譽他為「憲法之父」（Father of the Constitution）。

——1814 年 8 月 24 日，英軍進逼華府，美國首都兵力空虛，而賴以拱衛首都的溫德將軍（General William Henry Winder）所部又在華府近郊的 Bladensburg（屬馬里蘭州）全軍覆沒。麥迪遜為鼓舞士氣，親赴前線督戰，這是美國總統第一次直接行使其統帥權。但因兵微將寡，無法挽回危局。8 月 25 日英軍攻陷華府，大事焚燒，國會大廈、白宮及各部辦公房舍多被付之一炬。這是美國首都被外軍攻陷的第一次，也是迄今為止僅有的一次。

——當英軍攻入華府時，因未遭遇任何抵抗，大出意料之外，英軍指揮官疑為美國故設陷阱，不敢久留，乃下令焚燬各主要建築物後，匆匆退出。實則華府乃是空城，毫無埋伏可言，此與蜀漢諸葛武侯的「空城計」相映成趣，可為一粲。

——白宮未被英軍焚燬前，其顏色本非白色，因牆壁被燒後已成灰黑，為求美觀起見，乃于修理時將整個牆壁粉刷成白色，這是「白宮」（White House）一詞的由來。

——他的兩位副總統都死在任所，第一任內的副總統克林頓于 1812 年 4 月 20 日去世，在任三年又四十七天。第二任內的副總統傑利于 1814 年 11 月 23 日去世，在任僅二百六十四天。美國副總統缺位，以麥迪遜時代為第一次。

——他是美國最矮小的總統，身高五呎四吋，體重約一百磅。美國最肥胖的總統為塔虎脫，體重的最高紀錄為三百十四磅，超過麥迪遜三倍有餘。

——他于 1836 年去世，享壽八十五歲，為參加費城制憲會議及在聯
邦憲法上簽字的最後一位去世者。

——他是與寡婦結婚的第三位總統，前兩位是華盛頓及傑佛遜。

——他的夫人是白宮的最佳女主人，因為在傑佛遜總統時代，她曾
代行此一職務若干次，所以駕輕就熟，應付裕如。

——麥迪遜去世後，眾議院曾通過決議，在該院議場中給予他的夫
人一個固定的榮譽座，這是美國總統夫人獲得是項殊榮的僅有
的一次。

4.4　副總統

第一任期　克林頓（George Clinton）

　　生　卒：1739, 7, 26—1812, 4, 20

　　任　期：1809, 3, 4—1812, 4, 20

　　出生州：紐約州（New York）

　　教　育：未進大學

　　政　黨：民主共和黨

　　簡　歷：律師，法官，州議員，大陸議會代表，紐約州長，紐
　　　　　　約州聯邦憲法批准會議主席，副總統（傑佛遜總統第
　　　　　　二任期內）。

第二任期　傑利（Elbridge Gerry）

　　生　卒：1744, 7, 17—1814, 11, 23

　　任　期：1813, 3, 4—1814, 11, 23

　　出生州：麻薩諸塞州（Massachusetts）

　　教　育：哈佛學院畢業

　　政　黨：民主共和黨

　　簡　歷：麻薩諸塞殖民地議會議員，大陸議會代表，費城制憲
　　　　　　會議代表，聯邦眾議員，麻州州長。

第五任總統

J. 門羅

（James Monroe）

生　卒：　1758, 4, 28—1831, 7, 4
任　期：　1817, 3, 4—1825, 3, 4
出生州：　維吉尼亞州（Virginia）
代表州：　同上
教　育：　威廉瑪麗學院肄業
宗　教：　聖公會（Episcopalian）
政　黨：　民主共和黨（Democratic-Republican Party）
簡　歷：　軍人，州議員，大陸議會代表，律師，聯邦參議員，駐
　　　　　英、法公使，維吉尼亞州長，國務卿，軍政部長。
祖　先：　蘇格蘭人（Scottish）
夫　人：　Elizabeth Kortright，1786 年與門羅結婚。
子　女：　一子（早夭）二女

5.1　生平大事記要

1758, 4, 28　生于維吉尼亞殖民地的 Westmoreland County.

1774-1775　肄業于威廉瑪麗學院。

1775, 9, 28　投筆從戎，參加維吉尼亞第三步兵團，擔任少尉軍官。

1776, 6, 24　晉升中尉。

　　　9, 16　在紐約的 Harlem Heights 戰役中受傷。

　　　12, 26　參加 Trenton（在新澤西州）戰役，再度受傷，因功受勳，並晉升上尉。

1777, 11, 20　升任少校參謀。

1780　任維吉尼亞州長傑佛遜的中校軍事專員，並從傑佛遜研究法律。

1781-1783　擔任維州政務委員會委員。

1782　當選維州議會議員。

1783-1786　任大陸議會代表。

1786, 2, 16　與 Elizabeth Kortright 在紐約結婚。

1786, 10　通過律師考試，設律師事務所于維吉尼亞州的 Fredericksburg.

1788, 6, 2　當選維州憲法會議代表。

1790-1794　聯邦參議員。

1794-1796　駐法公使。

1799-1802　維吉尼亞州長。

1803, 1, 12　重任駐法公使。

　　　4, 18　兼任駐英公使。

1804, 2, 14　任駐西班牙外交特使。

1806, 5, 12　任對英條約談判代表。

1808　自歐返美。

1810　重任維州議會議員。

1811	再度當選維州州長。
1811, 4, 6- 1817, 3, 3	擔任麥迪遜總統的國務卿。
1814, 8, 30- 1815, 3, 1	兼任軍政部長。
1816, 3, 20	被國會民主共和黨議員提名為該黨總統候選人。
12, 4	當選美國第五任總統。
1817, 3, 4	宣誓就任總統。
1820, 12, 6	以壓倒多數票當選連任總統。
1821, 3, 5	連任總統就職。
1825, 3, 4	交卸總統職務。
1829, 10, 5	與麥迪遜同時當選維州憲法會議主席。
1831, 7, 4	在紐約市逝世，享壽七十三歲，葬于維吉尼亞州的 Richmond.

5.2　任內大事記要

1817, 3, 4	門羅就任美國第五任總統。
7, 4	伊利運河（Erie Canal）開工。
9, 27	俄亥俄州的印地安人與美國政府簽訂條約，將其所據有 的四百萬英畝土地讓與美國。
12, 10	密西西比（Mississippi）成為美國第二十州。
1818, 4, 4	國會通過法律，制定美國國旗：以紅、白相間十三條 （七紅條，六白條）為底，左上角藍底白星，每一顆星 代表一州。（白星的數目隨州數的增加而增加，至1959 年起美國增至五十州，故白星已增至五十顆。）
5, 24	傑克遜（Andrew Jackson）自西班牙人手中奪得佛羅里 達的 Pensacola。

1818, 10, 19	Chickasaw 族的印地安人將密西西比河以東，北至田納西的土地完全讓與美國。
12, 3	伊利諾（Illinois）成為美國第二十一州。
1819, 2, 2	在 Dartmouth College v. Woodward 一案中，最高法院宣稱：達茅斯學院據以成立的章程為一種契約，州政府不得侵犯，故新漢普夏州欲將該學院改為州立大學的法律為違憲。
2, 22	美國自西班牙人手中購得佛羅里達區域。
3, 2	阿肯色特區（Arkansas Territory）成立。
3, 6	在 Mc Culloch v. Maryland 一案中，最高法院判稱：馬里蘭州對在該州內的聯邦銀行無權課稅。
6, 19	麻薩諸塞州同意原屬該州的緬因區（District of Maine）獨立成州。
12, 14	阿拉巴馬（Alabama）成為美國第二十二州。
1820	美國人口九,六三八,四五三人。
1820, 3, 3	國會通過亨利‧克萊（Henry Clay）的密蘇里妥協案（Missouri Compromise）。
3, 15	緬因（Maine）成為美國第二十三州。
5, 15	國會通過法律，禁止與外國奴隸買賣，違犯者得處以死刑。
12, 6	門羅以壓倒多數票當選連任總統。
1821, 3, 3	在 Cohens v. Virginia 一案中，最高法院宣稱：凡涉及聯邦權利的案件，最高法院的權力優於各州法院。
3, 5	門羅連任總統就職。
8, 10	密蘇里（Missouri）成為美國第二十四州。
1822, 3, 8	門羅向國會建議，美國承認拉丁美洲各共和國。
3, 30	佛羅里達特區（Florida Territory）成立。
6, 19	美國承認南美的哥倫比亞（Colombia）為獨立共和國。
12, 12	美國承認墨西哥為獨立國。

1823, 8, 20	英國向美國提議，由兩國發表聯合宣言，不容許西班牙在美洲的殖民地轉讓給任何第三國。
12, 2	門羅總統在其致國會的國情咨文中，提出美國對歐洲及拉丁美洲的外交政策要點：美國將不干涉歐洲的事務，亦不容許歐洲列強干涉美洲的事務，是為「門羅主義」（Monroe Doctrine）。
1824, 3, 2	在 Gibbons v. Ogden 一案中，最高法院的判決建立了州際通商的基本原則。
3, 19	在 Osborn v. Bank of the United States 一案中，最高法院確立了聯邦銀行的合憲性，並認為聯邦政府具有保障聯邦銀行不受各州干涉的權力。
12, 1	總統選舉人投票選舉總統，亞當斯（John Quincy Adams）得八十四票，傑克遜（Andrew Jackson）得九十九票，克勞福（William H. Crawford）得四十一票，克來（Henry Clay）得三十七票，因無人得總統選舉人票之半數，改由眾議院選舉總統。在另一方面，卡爾洪（John C. Calhoun）以一百八十二票當選為副總統。
1825, 2, 9	眾議院投票選舉總統，亞當斯以十三票當選（眾議院選舉時每州只算一票），其他候選人傑克遜得七票，克勞福得四票，克來的支持票全部投給亞當斯。

5.3 異聞趣事

——門羅是在維吉尼亞州出生的第四位總統，前三位為華盛頓、傑佛遜及麥迪遜。美國的最初五位總統，四位屬於維吉尼亞州，堪稱人傑地靈。

——他是曾任聯邦參議員的第一位總統。

——他是以國務卿競選總統成功的第二人，第一人為麥迪遜。

——他是在 3 月 5 日就職的第一位總統。按照規定，他的連任就職
　典禮應于 1821 年 3 月 4 日舉行，因適值星期日，又逢大雪，故
　改在 3 月 5 日舉行。

——他競選連任時，獲得全部二百三十二張總統選舉人票中的二百
　三十一票，只有新漢普夏州的普拉麥（William Plumer, Sr.）一
　票投給約翰‧昆西‧亞當斯。據說普拉麥並非反對門羅，只是
　認為以全票當選總統的榮譽應為華盛頓保留。否則門羅可能已
　以全票當選。于此可見門羅在其前四年任內的政績之佳與聲譽
　之隆已達於全國一致擁戴的程度。

——1823 年 12 月 2 日，門羅向國會致送國情咨文，提出美國的外交
　政策方針，要點包括：(1)西半球不能再成為歐洲列強未來殖民
　的對象。(2)美國當尊重歐洲列強在西半球現有的殖民地，但已
　經獲得獨立的國家不容歐洲列強干涉。(3)美國不干涉歐洲各國
　的內政，亦不參加他們彼此間的戰爭。(4)歐洲列強今後對西半
　球的任何擴張企圖，均將被認為是對美國和平安全的危害，美
　國不能坐視。因這些美國外交原則是由門羅總統提出，故稱門
　羅主義（Monroe Doctrine）。

——美國的現行國旗是在門羅總統任內制定，其時間為 1818 年 4 月
　4 日。此一國旗的式樣是以紅、白相間的十三條（七紅條，六白
　條）為底，左上角為藍底白星，每顆星代表一州。白星的數目
　隨州數的增加而增加，現在美國有五十州，故其國旗上有五十
　顆星。

——在門羅的八年任內，美國聯邦增加了五個州，即：密西西比（第
　二十州）、伊利諾（第二十一州）、阿拉巴馬（第二十二州）、
　緬因（第二十三州）及密蘇里（第二十四州）。

——1822 年美國殖民社在西非的 Upper Guinea 購得一塊土地，將一
　批已在美國獲得自由的黑人送往該地去定居。1824 年 8 月 25 日
　該地改為賴比瑞亞（Liberia），因感於門羅總統對他們的贊助，

乃將其首府稱為門羅維亞（Monrovia），藉作永久紀念。這是
非洲以美國總統為名的第一個城市。

——門羅未曾參加費城制憲會議，他是當年反對批准聯邦憲法的主
將之一，因為該憲法沒有保障人民權利的規定。

——他于卸任總統後，只留得兩袖清風，經濟情況之慘，甚至無法
維持生活。1830 年他的愛妻逝世，精神又失去寄託，最後迫使
他賣去故鄉為數甚微的財產，到紐約去依附他的女兒，所以他
的晚景非常淒涼。

——他于 1831 年 7 月 4 日在紐約的女兒家逝世，為在國慶日去世的
第三位總統，前兩位為亞當斯及傑佛遜，同在 1826 年的 7 月 4
日去世。

5.4　副總統

湯普金斯（Daniel D. Tompkins）

生　卒：1774, 6, 21—1825, 6, 11

任　期：1817, 3, 4—1825, 3, 4

出生州：紐約州（New York）

教　育：哥倫比亞學院（即今哥倫比亞大學）畢業

政　黨：民主共和黨

簡　歷：律師，州議員，聯邦眾議員，紐約最高法院法官，紐
　　　　約州長。

第六任總統

J. Q. 亞當斯

（John Quincy Adams）

（係第二任總統 J. 亞當斯的兒子）

生　卒：　1767, 7, 11—1848, 2, 23
任　期：　1825, 3, 4—1829, 3, 3
出生州：　麻薩諸塞州（Massachusetts）
代表州：　同上
教　育：　哈佛學院（即今哈佛大學）畢業
宗　教：　唯一神教派（Unitarian）
政　黨：　聯治派（1808 年以前），民主共和黨（1808—1825），
　　　　　國民共和黨（即惠格黨，1825 年以後）。
簡　歷：　律師，教授，州議員，駐荷、普、俄、英等國公使，聯
　　　　　邦參議員，國務卿。
祖　先：　英格蘭人（English）
夫　人：　Louisa Catherine Johnson，1797 年與小亞當斯結婚。
子　女：　三子一女

6.1　生平大事記要

1767, 7, 11	生于麻薩諸塞殖民地的 Braintree（即今 Quincy）。
1778	隨父赴歐洲。
1778-1780	在法國及荷蘭等地求學。
1781	得父特許，隨美國駐俄首任外交代表 Francis Dana 赴莫斯科，擔任其私人秘書，時年僅十四歲。
1782	周遊德、法、瑞典、丹麥等國，為時六個月。
1785	自歐返美，入哈佛學院讀書，于 1787 年畢業。
1790	通過律師考試，設律師事務所于波士頓。
1794, 5, 30	華盛頓總統任其為駐荷蘭公使，年僅二十六歲。
1796	轉任駐葡萄牙公使。
1797, 6, 1	其父（時為美國總統）派其為駐普魯士公使。
7, 26	在倫敦與 Louisa Catherine Johnson 結婚。
1801	辭駐普魯士公使職，自歐返美，在波士頓重操律師業務。
1802	當選麻薩諸塞州議會（參議院）議員。
1803, 3, 4-1808, 6, 8	擔任聯邦參議員。
1806-1809	兼任哈佛學院教授。
1809-1814	麥迪遜總統任其為美國駐俄首任公使。
1814	奉命擔任英、美根特條約美方談判代表之一。
1815-1817	轉任駐英公使。
1817, 9, 22-1825, 3, 3	擔任門羅總統的國務卿。
1824, 12, 1	競選美國總統，未獲過半數的總統選舉人票，改由眾議院選舉總統。
1825, 2, 9	在眾議院總統選舉中，以十三票當選總統。
3, 4	就任美國第六任總統。

1828, 11, 4	競選連任總統，敗于傑克遜。
1829, 3, 4	交卸總統職務。
1831, 3, 4- 1848, 2, 23	連任聯邦眾議員九屆。
1846	患麻痺症，在家休養 4 月。
1848, 2, 23	在華府逝世，享壽八十歲，葬于故鄉 Quincy.

6.2　任內大事記要

1825, 3, 4	亞當斯就任美國第六任總統。
10, 26	自紐約市至大湖區的伊利運河開始通航。
12, 5	美國與中美洲邦聯（Central American Confederation）簽訂友好通商條約。
1826, 4, 8	國務卿克來（Henry Clay）與倫道夫（John Randolph）舉行決鬥，起因於後者指控前者于眾議院選舉總統時與亞當斯蒙混舞弊。
7, 4	前總統亞當斯與傑佛遜同日逝世。
11	國會中期選舉，反亞當斯派佔先。
1827, 2, 2	在 Martin v. Mott 一案，最高法院判稱：總統于國家緊急危難時，有權徵召各州國民兵服聯邦役。
3, 8	巴的摩爾與俄亥俄鐵路公司在馬里蘭州成立。
7, 30	美國保護貿易主義者在賓州的哈里斯堡（Harrisburg）集會，要求聯邦政府提高進口關稅。
1828, 1, 12	美國與墨西哥簽訂邊界條約，規定兩國以 Sabine River 為界。
5, 24	國會通過互惠貿易法（Reciprocity Act）。
7, 4	巴的摩爾與俄亥俄間的鐵路開工建築。
12, 3	總統選舉人選舉總統，民主黨候選人傑克遜以一百八十三票當選總統。

6.3　異聞趣事

——約翰‧昆西‧亞當斯是出生于麻薩諸塞州的第二位總統。第一
　　位是他的父親約翰‧亞當斯（美國第二任總統），父子同為總
　　統，在美國歷史上是首次，布希父子是第二次。

——他的父親約翰‧亞當斯于 1785 年至 1788 年之間曾任美國駐英
　　公使，他自己于 1815 年至 1817 年之間擔任駐英公使，他的幼子
　　查爾斯‧佛蘭西斯‧亞當斯（Charles Francis Adams,1807—1886）
　　于 1861 年至 1868 年之間也任駐英公使，祖孫三代出使同一國
　　家，又皆係哈佛畢業，實屬罕聞。

——他于十四歲時出任美國駐俄外交代表的私人秘書，二十六歲時
　　膺命美國駐荷蘭公使，可謂少年得志。

——他是在國外（倫敦）結婚的第一位總統，他的夫人 Louisa Cath-
　　erine Johnson 是美國駐英領事 Joshua Johnson 的女兒。

——他是最不講究穿著的總統，他的禮帽十年不換是常事。

——他的身材不大（僅五呎七吋），但精力充沛。為了鍛鍊身體，
　　每天必步行數英里，夏天則恆常游泳，據說他擔任總統期間，
　　最喜在波多麻河（Potomac River）游水，有一次正游水間突然
　　一陣狂風把他的衣服吹失，只好半裸地跑回白宮。

——他就任總統時，五位前任總統，除華盛頓外，都仍健在，他們
　　是傑佛遜、麥迪遜、門羅及他的父親約翰‧亞當斯。

——他是以國務卿競選總統成功的第三人，前兩人為麥迪遜及門羅。

——他于 1820 年與門羅競選總統時，在二百三十二張總統選舉票
　　中，僅得一票，其餘二百三十一票概歸門羅所有，為美國總統
　　選舉史上敗得最慘的一人。

——他是未得人民選票過半數及總統選舉人票過半數而告當選的唯
　　一總統。1824 年大選時，他得普選票十一萬五千六百九十六
　　票，總統選舉人票八十四票；傑克遜得普選票十五萬二千九百

三十三票，總統選舉人票九十九票；克勞福（William H. Craw-ford）得普選票四萬六千九百七十九票，總統選舉人票四十一票；克來（Henry Clay）得選票四萬七千一百三十六票，總統選舉人票三十七票。由於無人得總統選舉人票半數，依法由眾議院選舉總統。1825 年 2 月 9 日眾議院選舉總統時，亞當斯與克來取得秘密協議，由克來退出競選，全力支持亞當斯，亞當斯當選後則以國務卿一職給克來，以為交換條件。投票結果，亞當斯以十三票（眾議院選舉總統時，每州只算一票，其時美國只有二十四州，共為二十四票，傑克遜得七票，克勞福得四票）當選為美國第六任總統。眾議院選舉總統，這是第二次，第一次為傑佛遜。

——他的四年任內，內政、外交均無顯著成就，故在 1828 年競選連任時敗于傑克遜。他交卸總統後感到極為苦悶，一度想自殺，他在日記中寫道：「當一切所預料的壞結果到來時，我已失去生存的意願。」1830 年當麻州的人民自動選舉他為聯邦眾議員時，他又在日記中寫道：「沒有任何選舉或任命比我這次當選更高興的了。」他于退任總統後，又擔任眾議員十八年（連任九屆），直到 1848 年 2 月 23 日去世為止，為退任總統再任聯邦眾議員的僅有的一人。

6.4 副總統

卡爾洪（John Caldwell Calhoun）

生　卒：1782, 3, 18—1850, 3, 31

任　期：1825, 3, 4—1829, 3, 4

出生州：南卡羅來納州（South Carolina）

教　育：耶魯學院（即今耶魯大學）畢業

政　黨：民主共和黨

簡　歷：律師，州議員，聯邦眾議員，軍政部長，聯邦參議員，國務卿。

第七任總統

A. 傑克遜

（Andrew Jackson）

生　卒：　1767, 3, 15—1845, 6, 8

任　期：　1829, 3, 4—1837, 3, 4

出生州：　南卡羅來納州（South Carolina）

代表州：　田納西州（Tennessee）

教　育：　未進大學

宗　教：　長老會（Presbyterian）

政　黨：　民主黨（Democratic Party，首位民主黨總統）

簡　歷：　軍人，律師，法官，佛羅里達軍事總督，聯邦眾議員，
　　　　　聯邦參議員。

祖　先：　蘇格蘭人（Scottish）

夫　人：　Rachel Donelson Robards（為一離婚女子），1791 年與傑
　　　　　克遜結婚。

子　女：　無

7.1　生平大事記要

1767, 3, 15　生于南卡羅來納殖民地的 Waxhaw.

1780　母親去世，隨他哥哥 Robert 加入他叔父所指揮的民團，與英軍作戰，時年僅十三歲。

1781　被英軍俘虜，囚禁集中營中，不久因病獲釋。

1784　在北卡羅來納州的 Salisbury 研究法律。

1787, 11, 21　通過律師考試。

1788　設律師事務所于 Nashville，同年 10 月出任北卡羅來納州西區（今為田納西州）法院檢察官。

1791, 8, 1　與 Rachel Donelson Robards 結婚。

1794, 1, 17　在田納西的 Nashville 與 Rachel 舉行第二次結婚儀式。

1796, 1　出席田納西憲法會議。

1796, 12, 5　當選田納西州第一次選出的聯邦眾議員。

1797, 3, 4　就任田州選出的聯邦參議員，于 1798 年 4 月自動辭職。

1798-1804　擔任田州最高法院法官。

1804　移居田州的 Hermitage.

1806, 6, 5　在決鬥中殺死神槍手 Charles Dickinson.

1812-1814　參加志願軍與英軍作戰。

1814, 5, 1　晉升美國陸軍少將。

1815, 1, 8　大敗英軍于紐奧良，因功獲國會頒授金質獎章。

1817-1818　在 Seminole War（與印地安人）中擔任美軍總指揮官。

1821, 3, 10　出任佛羅里達特區軍事總督。

1823, 3, 4-
1825, 10, 14　重任聯邦參議員。

1824, 12, 1　在總統選舉中獲較多數票，但因未獲總統選舉人票之半數，于 1825 年 2 月 9 日眾議院選舉總統時，敗于約翰・昆西・亞當斯。

1828, 11, 4	在大選中擊敗亞當斯，當選美國第七任總統。
12, 22	愛妻 Rachel 去世。
1829, 3, 4	就任總統。
1832, 12, 5	當選連任總統。
1833, 3, 4	連任就職。
1837, 3, 4	交卸總統職務，息影 Hermitage.
1845, 6, 8	在 Hermitage 逝世，享壽七十八歲，葬于田納西州的 Nashville.

7.2 任內大事記要

1829, 3, 4	傑克遜就任美國第七任總統。
8, 8	英製 Stourbridge Lion 蒸汽火車頭開始在美國賓州的鐵路使用。
8, 25	傑克遜向墨西哥提出購買德克薩斯（Texas）的建議，為墨方所拒絕。
10, 17	Delaware 河與 Chesapeake 灣間的運河開通。
12, 2	德克薩斯宣佈不受墨國總統于 9 月 15 日所頒佈的「反奴令」的拘束。
12, 8	傑克遜在其向國會致送的第一次國情咨文中，對聯邦銀行（Bank of the United States）繼續存在的合理性表示懷疑。
1830	美國人口一二,八六六,○二○人。
1830, 1	麻薩諸塞州參議員韋伯斯特（Daniel Webster）與南卡羅來納州參議員海恩（Robert Young Hayne）對憲法上有關邦權與聯邦權的問題展開大辯論。海恩主張各州應有獨立的地位與退出聯邦的自由，韋伯斯特則認為：「自由與聯邦，現在及永遠，為一體而不可分。」

（Liberty and Union, now and forever, one and inseparable.）

1830, 4, 6　　Joseph Smith 在紐約州的 Fayette 組織 Church of Latter-Day Saints〔即摩門（Mormon）教〕。

同日，墨西哥通過殖民法禁止美國再在德克薩斯殖民，並禁止再向該地輸入黑奴。

　　4, 13　　傑克遜在傑佛遜的生日紀念會上宣稱：「我們的聯邦必須保持。」

1831, 1, 15　　美國自製的第一個火車頭良友（Best Friend）號開始行駛。

　　3, 18　　在 Cherokee Nation v. Georgia 一案中，最高法院否定印地安人在聯邦法院的起訴權。

　　4, 5　　美國與墨西哥簽訂商務協定。

　　8, 21　　喬治亞州的黑人暴動，殺死五十五名白人。

　　12, 12　　國民共和黨（National Republican Party）在巴的摩爾集會，提名克來（Henry Clay）為該黨總統候選人，沙進特（John Sergeant）為副總統候選人。

同日，麻州眾議員前總統亞當斯將賓州要求在哥倫比亞特區廢止奴隸制度的請願書提出于眾議院。

1832, 3, 3　　在 Worcester v. Georgia 一案中，最高法院判稱：聯邦政府對於各州境內的印地安人及印地安人所據有的土地具有專屬而排他的處分權。

　　5, 21　　民主黨第一屆全國代表大會在巴的摩爾舉行，提名傑克遜為該黨總統候選人，范布倫為副總統候選人。

　　6, 28　　紐約市發生霍亂症，三個月之內死亡達四千人。

　　7, 10　　傑克遜否決國會所通過延長聯邦銀行法案。

　　11, 24　　南卡羅來納州宣佈聯邦關稅法無效。

　　12, 5　　傑克遜當選連任總統，范布倫當選為副總統。

　　12, 18　　美國與俄國簽訂商務條約。

1832, 12, 28　卡爾洪辭副總統職，轉任海恩（Robert Young Hayne）所遺留的聯邦參議員，海恩已于12月13日就任南卡羅來納州長。副總統自動辭職為美國史上的第一次。

1833, 1, 16　傑克遜要求國會授權在南卡羅來納州執行關稅法。

　　　2, 16　在 Barron v. Baltimore 一案中，最高法院宣稱：憲法上的民權法案（按指憲法修正案第一至十條）只適用於聯邦政府的行為。

　　　3, 4　傑克遜連任總統就職。

　　　3, 20　美國與暹羅（Siam）的商務條約在曼谷簽字。

　　　6, 6　傑克遜出巡大西洋海岸各州。

　　　8, 28　英國宣佈廢止其各殖民地中的奴隸制度。

　　　9, 23　財政部長杜恩（William J. Duane），因對聯邦銀行的存廢問題與總統意見相左，被傑克遜免職。

　　　12, 4　美國反奴社（American Anti-Slavery Society）在費城成立。

1834, 1, 29　傑克遜下令聯邦軍隊鎮壓運河工人的暴動，為聯邦軍隊干涉勞工糾紛的第一次。

　　　3, 28　參議院通過克來的提案，對傑克遜總統將聯邦銀行的存款轉往各州銀行的措施，提出糾正。

　　　4, 15　傑克遜對參議院的糾正案提出抗議，使該糾正案歸於消滅（參議院于1837年1月16日通過決議，將此一糾正案自該院公報中剔除）。

　　　6, 24　參議院以二十八票對十八票拒絕譚尼（Roger Brooke Taney）任財政部長，為閣員任命案被參議院拒絕的第一次。

1835, 1, 30　傑克遜總統被一精神不正常者行刺，險遭不測。

　　　5, 20　民主黨在巴的摩爾舉行大會，提名范布倫為下屆總統候選人，理查‧詹森為副總統候選人。

1835, 7, 6	最高法院院長馬歇爾（John Marshall）在費城去世，享壽八十歲。在任三十五年，為任職最久的美國最高法院院長。
12, 14	惠格黨提名哈里遜（W. H. Harrison）為總統候選人，格倫傑（Francis Granger）為副總統候選人。
12, 28	佛羅里達的印地安人對白人大屠殺，被殺者達數百人，包括湯普遜將軍（General Wiley Thompson）在內。
1836, 3, 2	德克薩斯對墨西哥宣佈獨立。
3, 15	參議院通過譚尼（Roger Brooke Taney）繼馬歇爾為最高法院院長。
3, 17	德克薩斯共和國通過憲法，明定奴隸在該國為合法。
4, 20	威斯康辛特區（Territory of Wisconsin）成立。
6, 15	阿肯色（Arkansas）成為美國第二十五州。
7, 4	國會通過決議，美國承認德克薩斯為獨立國。
9	德克薩斯舉行公民投票，贊成與美國合併。
10, 22	休士頓（Samuel Houston）宣誓就任德克薩斯共和國總統。
12, 7	范布倫當選為美國第八任總統。
1837, 1, 26	密西根（Michigan）成為美國第二十六州。
2, 8	參議院選舉理查‧詹森為副總統（因1836年12月7日選舉時，無副總統候選人獲得選舉人票之半數，依法由參議院選舉副總統）。
3, 3	國會通過法律，最高法院法官自七名增為九名。同日，美國正式承認德克薩斯共和國。

7.3　異聞趣事

——傑克遜是在南卡羅來納州出生的第一位總統。

——他是遺腹子，他的父親在他未出生前的數月即已去世。十三歲
　那年母親又病亡，舉目無親，只好隨他哥哥到軍中去依附他的
　叔叔（時任革命軍中少校連長）。由於自少缺乏管束，養成他
　頑強無比的個性。當他在其叔父軍中時，曾一度被英軍俘虜，
　管俘虜的英國軍官要這一頑童替他擦馬靴，被他悍然拒絕，雖
　遭毒打而不為所屈，但這次鞭傷在他身上所留下的痕跡，畢生
　未曾磨滅，所以每一提起英國人，總使他咬牙切齒，恨之入骨。

——他是與離婚女子結婚的第一位總統。他的夫人 Rachel Donelson
　Robards 原係 Lewis Robards 上尉的太太，因與丈夫感情不洽，
　經常住在 Nashville 的娘家。傑克遜在該處任法院檢察官時寄住
　于她們家，兩人一見鍾情。不久 Robards 自故鄉肯塔基來到 Nas-
　hville，並將 Rachel 帶回肯州，期對過去的不愉快有所補救。傑
　克遜捨不得 Rachel，乃偷偷地追蹤而去，卒得 Rachel 的同意，
　與他雙雙私奔。Robards 向法院控告傑克遜妨害婚姻，並提出離
　婚之訴。Rachel 誤以為離婚手續已完成，乃于 1791 年 8 月與傑
　克遜宣告結褵。Robards 心有未甘，故意拖延訴訟程序，使他們
　精神上備受折磨。1794 年初離婚正式生效，他們又在 Nashville
　補行一次結婚儀式。

——他性子急躁，最喜與人決鬥。他一生中不知道與人決鬥過多少
　次，也曾在決鬥中多次負傷。最有名的一次是與當時田納西州
　的神槍手 Charles Dickinson，因後者對他的太太出言不遜。傑克
　遜約他于 1806 年 6 月 5 日在肯塔基州的紅河邊決鬥，屆期兩人
　相距二十四呎，信號一起，雙槍同發，互相擊中對方，傑克遜
　胸骨折斷，Dickinson 則當場死亡。1813 年在另一次決鬥中（也
　是因對方批評他的太太而起），一顆子彈打入他的左臂，直至
　他任總統時才動手術取出。

——他是由民主黨大會提名的第一位總統候選人。

——他是曾經獲得人民選票及總統選舉人票較多數而並未獲選的總

統落選人。1824 年的總統選舉，他所得的普選票及總統選舉人票均較亞當斯為多，但在眾議院選舉總統時卻敗給亞當斯。（詳見約翰‧昆西‧亞當斯總統的異聞趣事）。

——他的許多重要政策都決定於白宮廚房之中，故在他任內有「廚房內閣」（Kitchen Cabinet）之稱。此事與所謂「伊頓太太事件」（Affair of Mrs. Eaton）有關，在此值得一提。伊頓（John Eaton）是傑克遜的密友，也是他競選總統時的經理。當伊頓擔任參議員時，曾與華府的一位有夫之婦發生曖昧關係。1828 年該婦的丈夫（為一海軍軍官）在海上遇難（一說因其妻與伊頓的關係憤而自殺），傑克遜私下勸伊頓與該女結婚。伊頓接受其勸告，于傑克遜就任總統前的兩個月與該女完成婚事。傑克遜就任後任命伊頓為軍政部長，但他的太太為華府的高級社交圈所不容，特別是副總統卡爾洪的太太及卡派三位閣員的太太，因對她心存輕視，拒絕與她交往。傑克遜對此事極為憤怒，特為此召集一次內閣會議，要求閣員們命令他們的太太善待伊頓太太，否則應即自動辭職。閣員們以太太們的事他們無權過問，拒絕接受傑克遜的建議，亦不自動辭職。傑克遜自知理虧，對他們亦無可奈何，但他從此以後，一切大政方針都不就商於內閣閣員，而在白宮的廚房中與一批次要的僚屬共膳時決定一切。這就是「廚房內閣」一詞的由來。

——傑克遜是美國「分贓制度」（Spoils System）的確立者。所謂「分贓制度」，用中國的術語來說，就是「一朝天子一朝臣」，即新總統上任時，可隨意任用其私人及黨人擔任政府公職，以酬庸他們的功勞。這制度始於傑佛遜時代，至傑克遜乃告確立。至於這一名詞的由來，據說始於紐約州選出的參議員馬西（William L. Marcy），他于 1831 年在參議院辯論時，曾有「贓物屬於勝利者」（To the victor belongs the spoils.）之語。

——他是任命天主教徒擔任最高法院院長的第一位總統。譚尼（Rog-

er Brooke Taney）為傑克遜的好友，信奉天主教，1834 年傑克
遜提名他為財政部長為參議院所拒絕（為閣員任命案被參議院
拒絕的第一次），1836 年再提名他繼馬歇爾為最高法院院長，
則獲參議院通過。

——他的愛妻 Rachel 于他當選總統後不久去世，這是他畢生最感傷
心的事。據說 Rachel 係因憂鬱而死，因她自知過去的一段無法
使他適應白宮女主人的職務，她曾私下對朋友說，寧願死去，
不願隨傑克遜去白宮。傑克遜的白宮女主人，最初是由他太太
的姪女兒充任，後來因為這位姪女兒亦不願與伊頓太太來往，
為傑克遜所不喜，改以他養子的太太代替。

——傑克遜是美國強有力的總統之一，他曾不惜以使用武力為威脅，
迫使南卡羅來納州遵守國會制定的關稅法。他的最後幾年，政
績斐然，深得人民的擁護，原有三次連任的希望，但鑒於華盛
頓拒絕三次連任，而在他以前也無總統連任三次的先例，故拒
絕考慮再競選連任，而改為支持范布倫競選。

——他于 1837 年卸任總統時，已經年高七十歲，為此前美國總統離
任時年歲最大者。

——他的副總統（第一任期）卡爾洪于任期屆滿前自動辭職（1832
年 12 月 28 日），為美國副總統自動辭職的第一次，第二次為
尼克森的副總統安格紐（1973 年 10 月 10 日）。

7.4　副總統

第一任期　卡爾洪（John Caldwell Calhoun）
　　任　期：1829, 3, 4—1832, 12, 28（任期未滿，自動辭職。）
　　（餘見第六任總統約翰・昆西・亞當斯的副總統）

第二任期　范布倫（Martin Van Buren）
　　任　期：1833, 3, 4—1837, 3, 4
　　（餘見第八任總統范布倫）

第八任總統

M. 范布倫

（Martin Van Buren）

生　卒：　1782, 12, 5—1862, 7, 24
任　期：　1837, 3, 4—1841, 3, 4
出生州：　紐約州（New York）
代表州：　同上
教　育：　未進大學
宗　教：　荷蘭改革教會（Dutch Reformed Church）
政　黨：　民主黨（Democratic Party）
簡　歷：　律師，法官，州議員，紐約州長，聯邦參議員，國務卿，
　　　　　副總統。
祖　先：　荷蘭人（Dutch）
夫　人：　Hannah Hoes，1807 年與范布倫結婚。
子　女：　四子

8.1　生平大事記要

1782, 12, 5	生于紐約州的 Kinderhook.
1796-1802	隨 Francis Silvester 律師研究法律，並在其事務所擔任書記。
1802	在紐約市隨 William P. Van Ness 律師研究法律。
1803	通過律師考試，設律師事務所于 Kinderhook.
1807, 2, 21	與 Hannah Hoes 在紐約州的 Catskill 結婚。
1808, 2, 20	出任紐約州 Columbia County 管理遺產的法官。
1809	移居紐約州的 Hudson.
1812-1820	紐約州議會參議員。
1815-1819	紐約州政府檢察長。
1819, 2, 5	其妻 Hannah Hoes 在 Albany 去世。
1821	出席紐約州第三屆憲法會議。
1821, 3, 4- 1828, 12, 20	聯邦參議員。
1829, 1, 1	就任紐約州長，未及三個月因接受國務卿的任命自動辭職。
1829, 3, 28- 1831, 5, 23	擔任傑克遜總統的國務卿。
6, 25	出任駐英公使。
1832, 1, 25	因參議院拒絕同意其任命案，乃自英返美。
12, 5	在傑克遜全力支持下，當選副總統。
1833, 3, 4- 1837, 3, 4	傑克遜的副總統。
1836, 12, 7	當選總統。
1837, 3, 4	就任美國第八任總統。
1840, 12, 2	競選連任，敗于惠格黨候選人哈里遜。
1841, 3, 4	交卸總統職務，暫時息影故鄉 Kinderhook.

1844, 5, 29　競選民主黨總統候選人提名，敗于波克。

1848, 8, 9　被自由土地黨（Free Soil Party）提名為該黨總統候選人。

　　 11, 7　在大選中慘敗，未獲任何總統選舉人票，從此退出政壇。

1862, 7, 24　在故鄉逝世，享壽七十九歲，葬于故鄉 Kinderhook.

8.2　任內大事記要

1837, 3, 4　范布倫就任美國第八任總統。

　　 5, 10　美國開始為期七年的經濟不景氣，自本日開始至本年底止，全國銀行倒閉者達六百十八家。

　　 6, 17　Charles Goodyear 獲橡皮專賣權。

　　 8, 25　美國拒絕德克薩斯共和國與其合併之請求。

　　 9, 4　范布倫向國會特別會期致送咨文，要求制定獨立國庫制度法，並授權發行臨時國庫券，以應付當前的經濟危機。

　　 12, 25　泰羅將軍（General Zachary Taylor）大敗佛羅里達印地安人。

1838, 1, 5　范布倫對英、加糾紛宣佈中立。

　　 2, 14　前總統約翰・昆西・亞當斯在眾議院提出三百五十件人民請願案，反對奴隸制度及合併德克薩斯，均被眾議院置諸不理。

　　 5, 17　費城贊成蓄奴的暴民焚燬「賓夕凡尼亞大廈」（Pennsylvania Hall），因反對分子曾在該處集會。

　　 6, 12　愛阿華特區（Iowa Territory）成立（自威斯康辛特區分出）。

　　 6, 16　約翰・昆西・亞當斯在眾議院開始為期三週的演說，以反對德克薩斯的合併。

　　 10, 12　德克薩斯正式撤回其與美國合併的請求。

1839, 2, 20　國會通過法律，決鬥不得在哥倫比亞特區內舉行。

1839	4, 11	美國與墨西哥簽訂賠償仲裁條約。
	9, 25	法國與德克薩斯簽訂商務條約，為歐洲承認德克薩斯獨立地位的第一個國家。
	12, 4-7	惠格黨（Whig）全國代表大會在賓州的哈里斯堡舉行，提名哈里遜（William Henry Harrison）為該黨總統候選人，泰勒（John Tyler）為副總統候選人。
1840		美國人口一七,〇六九,四五三人。
1840, 3, 31		總統發佈行政命令，規定聯邦公務員每日辦公十小時。
	5, 5	民主黨全國代表大會在巴的摩爾舉行，提名范布倫為該黨總統候選人。
	7, 4	獨立國庫法批准生效。英國與德克薩斯簽訂商務條約，承認其為獨立國家。
	12, 2	美國大選，惠格黨的哈里遜當選總統，泰勒當選副總統。

8.3　異聞趣事

——范布倫是在紐約州出生的第一位總統。

——他是出生時（1782 年）即為美國公民的第一位總統。

——他是以副總統身分競選總統成功的第三人，前此為約翰・亞當斯及湯瑪斯・傑佛遜。

——他做人圓滑，善于逢迎，尤擅幕後交易。當他擔任傑克遜的國務卿時，由於所謂「伊頓太太事件」，使總統與閣員間的關係弄得極不愉快，范布倫是鰥夫（他的太太已于 1819 年去世），沒有牽涉在內。為謀打開總統與閣員間的僵局，他首先自動辭職，軍政部長伊頓繼之以去，傑克遜乘機全部刷新內閣人事，調動反對他的其他三位閣員。此事范布倫做得極為漂亮，使傑克遜大為高興，而允諾全力支持他競選下屆總統。1836 年范布倫得以當選總統，此為一重要關鍵。他這種犧牲小利獲取大利的手段，使他在當時美國政壇上被稱為「魔術師」。

——他曾在不及一百天內連續變動三項重要職務。他于 1828 年 12 月 20 日辭去聯邦參議員，1829 年 1 月 1 日就任紐約州長，同年 3 月 28 日轉任美國國務卿。

——他的副總統詹森（Richard Mentor Johnson）是美國歷史上唯一由參議院選舉產生的副總統，因為 1836 年的大選，沒有副總統候選人獲得過半數的選舉人票，依法改由參議院選舉，詹森以三十三票當選。（按：參議院選舉副總統時每一參議員算一票，眾議院選舉總統時則每州算一票，這是兩者不同之處。）

——在他任內美國眾議院產生了一位最年輕的議長，此即維吉尼亞州的漢特（Robert Mercer Taliaferro Hunter）。他于 1839 年 12 月 16 日當選眾議院議長時，年僅三十歲又七個月。

——自他 1841 年卸任時起至他 1862 年逝世時止，二十一年間，美國經歷了八位總統，為美國的退職總統看到後任總統最多的一人。

——他于卸任總統後雄心不減，又于 1844 年及 1848 年兩度參加競選，均未成功。1848 年他代表自由土地黨競選，竟未得總統選舉人票一票，使他大為灰心。從此息影故鄉，至他 1862 年逝世時止，未再過問政治。

8.4　副總統

詹森（Richard Mentor Johnson）

　　生　卒：1780, 10, 17—1850, 11, 19

　　任　期：1837, 3, 4—1841, 3, 4

　　出生州：肯塔基州（Kentucky）

　　教　育：未進大學

　　政　黨：民主黨

　　簡　歷：律師，州議員，軍人，聯邦眾議員，聯邦參議員。

第九任總統

W. H. 哈里遜

（William Henry Harrison）

生　卒：　1773, 2, 9—1841, 4, 4
任　期：　1841, 3, 4—1841, 4, 4（在任一個月）
出生州：　維吉尼亞州（Virginia）
代表州：　俄亥俄州（Ohio）
教　育：　漢普登席德尼學院肄業
宗　教：　聖公會（Episcopalian）
政　黨：　惠格黨（Whig Party）
簡　歷：　軍人，州議員，印地安那特區總督，駐哥倫比亞公使，
　　　　　聯邦眾議員，聯邦參議員。
祖　先：　英格蘭人（English）
夫　人：　Anna Tuthill Symmes，1795 年與哈里遜結婚。
子　女：　六子四女

9.1　生平大事記要

1773, 2, 9　　生于維吉尼亞殖民地的 Berkeley, Charles City County.

1787-1790　　在漢普登席德尼學院求學，但未畢業。

1791　　　　入賓州大學研究醫學，為期僅數月即棄學從軍。

1791, 8, 16　任步兵第一團旗手。

1792, 6, 2　　升任少尉軍官。

1793　　　　擔任韋恩將軍（General Antlony Wayne）侍從副官。

1794-1798　　在各地與印地安人作戰，積功升至上尉。

1795, 11, 25　在俄亥俄州的 North Bend 與 Anna Tuthill Symmes 結婚。

1798, 6, 1　　辭去軍職，受命為西北特區（Northwest Territory）秘書，不久當選該區選舉的聯邦代表。

1799, 3, 4-
1800, 5, 14　　聯邦眾議員。

1801-1813　　印地安那特區總督兼管理印地安人事務監督。

1812, 9, 2　　晉升美國陸軍准將。

1813, 3, 2　　膺命西北特區總指揮，並升少將。

　　10, 5　　大敗英軍及印地安人于 Thames 河。

1814, 5, 31　　辭去軍職。

1816, 10, 8-
1819, 3, 3　　聯邦眾議員（俄亥俄州選出）。

1818, 3, 24　　國會授予勳章，獎勵其與英軍及印地安人作戰的輝煌功績。

1819-1821　　擔任俄亥俄州議會議員。

1822　　　　競選聯邦眾議員失敗。

1825, 3, 4-
1828, 5, 20　　聯邦參議員（俄亥俄州選出）。

1828, 5, 24- 1829, 9, 26	美國駐南美哥倫比亞首任公使。
1829-1836	因與傑克遜總統政見不合，暫時退出政壇，擔任 Hamilton 縣（屬俄亥俄州）縣法院書記官及縣農會理事長。
1836, 11, 8	代表惠格黨競選總統，敗于民主黨候選人范布倫。
1840, 5, 5	再度被惠格黨提名為該黨總統候選人。
11, 3	在大選中擊敗在任總統范布倫，當選美國第九任總統。
1841, 3, 4	就任總統。
4, 4	在白宮逝世，享壽六十八歲，葬于俄州的 North Bend。

9.2　任內大事記要

哈里遜總統在任僅一個月即去世，任內無何大事可記，本項從略。

9.3　異聞趣事

——威廉・亨利・哈里遜是在維吉尼亞州出生的第五位總統，前四位是華盛頓、傑佛遜、麥迪遜及門羅。

——他是死于任所的第一位總統，也是在白宮去世的第一位總統。

——他是美國歷史上任職最短的總統，在任僅一個月。

——他就任總統時年已六十八歲，為此前就任時年歲最大者。

——他的孫子本傑明・哈里遜是美國第二十三任總統，祖孫榮任美國總統，與亞當斯父子前後媲美，同為美國歷史上的佳話。

——他是不代表其出生州的第二位總統。他生于維吉尼亞州，競選時代表俄亥俄州。另一位為傑克遜，生于南卡羅來納州，代表田納西州。

——他的就職演說長達八千五百七十八字，宣讀時歷一小時又四十五分鐘，為歷屆總統就職演說的最長者。最短者為華盛頓的第

二次就職演說，全文僅一百三十五字。

──他就職時雖已年近古稀，但拒絕在酷寒的就職典禮中穿大衣戴禮帽（美國總統就職典禮例在戶外舉行，而 3 月初的華府氣候仍是很冷的季節），據說因此而感受風寒，其後轉成肺炎，而于 4 月 4 日去世，在任剛滿一個月。

──他家四代豪傑，其父 Benjamin 為簽署獨立宣言者之一，其兄 Carter Bassett 曾任聯邦眾議員六年，其子 John Scott 曾任聯邦眾議員四年，其孫 Benjamin（與曾祖父同名，為 John Scott 之子）則為美國第二十三任總統。

9.4　副總統

泰勒（John Tyler）

　　任　期：1841, 3, 4─1841, 4, 6

　　（哈里遜在任僅一個月即病逝，由副總統泰勒繼任為總統，餘見第十任總統泰勒。）

第十任總統

J. 泰勒

（John Tyler）

生　卒：　1790, 3, 29—1862, 1, 18
任　期：　1841, 4, 6—1845, 3, 4
出生州：　維吉尼亞州（Virginia）
代表州：　同上
教　育：　威廉瑪麗學院畢業
宗　教：　聖公會（Episcopalian）
政　黨：　惠格黨（原屬民主黨，因反對傑克遜，改投惠格黨。）
簡　歷：　律師，州議員，聯邦眾議員，維吉尼亞州長，聯邦參議員，副總統。
祖　先：　英格蘭人（English）
夫　人：　元配 Letitia Christian，1813 年與泰勒結婚，1842 年病逝白宮；續弦 Julia Gardiner，1844 年與泰勒在白宮結婚。
子　女：　元配三子五女；續弦五子二女

10.1 生平大事記要

1790, 3, 29	生于維吉尼亞州的 Charles City County.
1802	進入維州的威廉瑪麗學院肄業，年僅十二歲。
1807, 7, 4	威廉瑪麗學院畢業。
1809	通過律師考試，設律師事務所于 Charles City.
1811-1816	維吉尼亞州議會議員。
1813, 3, 29	與元配 Letitia Christian 結婚。
1816,12,16-1821, 3, 3	聯邦眾議員。
1823-1825	重任維州議會議員。
1825-1827	維吉尼亞州長。
1827, 3, 4-1836, 2, 29	聯邦參議員，因反對傑克遜總統辭職。
1835, 3, 3-1836, 2, 29	參議院臨時議長。
12, 7	代表惠格黨競選副總統失敗。
1838	擔任維吉尼亞州非洲殖民社理事長。
1838-1840	再任維州議會議員，並擔任議長。
1839	競選聯邦參議員失敗。
1839, 12, 7	再被惠格黨提名為該黨副總統候選人。
1840, 12, 2	當選為哈里遜的副總統。
1841, 3, 4	就任副總統。
4, 4	哈里遜總統去世。
1841, 4, 6-1845, 3, 3	繼哈里遜為美國第十任總統。
1842, 9, 10	元配夫人在白宮逝世。
1844, 6, 26	續娶 Julia Gardiner.

1844, 8, 20　宣佈退出競選連任。

1845, 3, 3　交卸總統職務。

1859　出任母校威廉瑪麗學院校長。

1861　當選在華府舉行的南北和平會議主席。

1861, 7, 20　當選南方聯盟臨時國會議員。

1862, 1, 18　在維吉尼亞州的 Richmond 逝世，享壽七十一歲，葬于 Richmond.

10.2　任內大事記要

1841, 4, 4　哈里遜總統在白宮病逝。

4, 6　泰勒宣佈繼任為美國第十任總統。

4, 10　紐約論壇報（Tribune）創刊，格瑞利（Horace Greeley）為主編。

8, 13　獨立國庫法廢止。

8, 16　泰勒否決國會通過的 Fiscal Bank Act.

9, 9　泰勒第二次否決國會通過的 Fiscal Bank Act.

9, 11　六名內閣閣員，除國務卿韋伯斯特（Daniel Webster）外，全體辭職，以抗議總統對銀行法的連續否決。

1842, 3, 4　在 Dobbins v. Commissioner 一案中，最高法院宣稱：各州對聯邦政府官員的薪水不得課稅。

6, 10　Charles Wilkes 于遠征太平洋與南冰洋後返抵紐約港，此行為期四年，行程九萬英里。

8, 9　美、英簽訂 Webster-Ashburton 條約，明定美國與加拿大的邊界，同月 20 日在參議院通過。

8, 26　美國的財政年度自 1 月 1 日改為 7 月 1 日開始。

8, 30　課徵鴉片進口稅。

1842, 10, 18　紐約港開始舖設水底電線。

1842, 12, 30　泰勒在其致國會的年度咨文中宣稱：美國對任何國家想攫取夏威夷群島的企圖將不能坐視。

1843, 3, 3　Edward Kavanagh 就任緬因州州長，為美國天主教徒擔任州長的第一人。

5, 8　國務卿韋伯斯特辭職。

8, 14　美國與 Seminole 印地安人的第二次戰爭結束。

8, 23　墨西哥總統提出警告稱：美國如通過合併德克薩斯的法案將被認為是對墨西哥政府宣戰。

1844, 2, 28　美國軍艦 Princeton 號于演習時突然發生爆炸，海軍部長及國務卿等政府高級官員多人死亡。

3, 6　前副總統卡爾洪（John C. Calhoun）繼任國務卿。

4, 12　美與德克薩斯簽訂合併條約（Texas Annexation Treaty）。

5, 1　惠格黨大會在巴的摩爾舉行，提名克來（Henry Clay）為該黨總統候選人，佛林谷生（Theodore Frelinghuysen）為副總統候選人。

5, 24　摩斯（Samuel F. B. Morse）所發明的電報正式用以傳遞新聞消息。

5, 27-29　民主黨大會在巴的摩爾舉行，提名波克為總統候選人，達拉斯為副總統候選人。

6, 8　參議院以三十五票對十六票拒絕德克薩斯合併條約。

7, 3　美國與中國簽訂和平友好通商條約。

8, 20　泰勒宣佈放棄競選連任。

12, 4　美國大選，波克當選總統。

1845, 1, 23　國會通過法律，明定今後的總統選舉應于選舉年的 11 月內的第一個星期一後的星期二舉行，自此以後美國總統舉選日，恆在 11 月 2 日至 8 日之間。

3, 1　國會以兩院聯合決議通過德克薩斯合併條約。

3, 3　佛羅里達（Florida）成為美國第二十七州。

10.3 異聞趣事

——泰勒是由副總統繼任總統的第一位總統。美國原憲法只規定：總統因故去位，其職權由副總統行使之，至於此時的副總統是否已正式繼任為總統，或仍以副總統的身分代行總統職權，法無明文，頗滋疑義。當哈里遜總統逝世後，泰勒即自行宣告他已正式繼任為美國總統，當時美國的輿論多以泰勒曲解憲法規定，加以指責，但當時的國會對於泰勒此一宣告並未提出異議，由是乃成定例。在哈里遜之後，美國又有七位總統死於任所，皆援泰勒之例，由副總統繼任為總統。美國人民對於這一成例固無異詞，但其憲法性仍多見仁見智之論。為免將來再生紛擾，1967 年批准生效的憲法修正案第二十五條乃明確規定：「總統因免職，或因亡故，辭職而去位時，由副總統繼任。」

——他是在維吉尼亞州出生的第六位總統。

——他的元配 Letitia Christian 是在白宮去世的第一位總統夫人。他于 1844 年 6 月 26 日續娶 Julia Gardiner，也是美國第一位在任內再結婚的總統。

——他的兒女成群，與兩位夫人前後生育八個兒子和七個女兒，為美國子女最多的總統。

——1841 年 9 月 11 日，他的六位部長中的五位（只國務卿韋伯斯特除外），因對他連續否決國會通過的銀行法不滿，于同日全部辭職，這是美國歷史上絕無僅有的事。

——1844 年 2 月 28 日，泰勒與內閣閣員，外交使節及國會議員們登臨美國軍艦 Princeton 號，參觀該艦的試砲演習，不意突然發生爆炸，死傷數十人，政府高級官員多人，包括國務卿 Abel Parker Upshur 及海軍部長 Thomas Walker Gilmer，均當場死亡，而泰勒毫髮未損，堪稱異數。

——他在四年任內，曾否決國會通過的法案多次，但在他任期的最

後一天，國會曾以三分之二的多數再通過一件他所否決的法案，使他非常難堪。

——他極力主張德克薩斯與美國合併，當參議院拒絕合併條約時，他立即與眾議院合作，改以兩院聯合決議通過條約，卒于他卸任前的兩日簽署生效，完成合併手續，了卻他一大心願。

——南北戰爭發生後，泰勒支持南方，並以前任總統之尊，出任南方聯盟臨時國會議員，深為北方各州所痛恨，故當他于 1862 年 1 月 8 日在 Richmond 逝世時，聯邦政府毫無表示，為美國總統逝世時所受政府待遇最冷淡的一次。

10.4　副總統

無（泰勒由副總統繼任總統，副總統缺位。）

第十一任總統

J. K. 波克

（James Knox Polk）

生　卒：　1795, 11, 2—1849, 6, 15

任　期：　1845, 3, 4—1849, 3, 4

出生州：　北卡羅來納州（North Carolina）

代表州：　田納西州（Tennessee）

教　育：　北卡羅來納大學畢業

宗　教：　長老會（Presbyterian）

政　黨：　民主黨（Democratic　Party）

簡　歷：　律師，州議員，聯邦眾議員，聯邦眾議院議長，田納西
州長。

祖　先：　蘇格蘭人（Scottish）

夫　人：　Sarah Childress，1824 年與波克結婚。

子　女：　無

11.1　生平大事記要

1795, 11, 2	生于北卡羅來納州的 Mecklenburg County.
1806	全家移居田納西州。
1818, 6, 4	北卡羅來納大學畢業。
1820	通過律師考試，設律師事務所于田納西州的 Columbia.
1821-1823	任田州議會（參議院）首席書記官。
1823-1825	田州議會（眾議院）議員。
1824, 1, 1	與 Sarah Childress 結婚。
1825, 3, 4- 1839, 3, 3	連任聯邦眾議員七屆。
1835, 12, 7- 1839, 3, 3	擔任聯邦眾議院議長。
1839-1841	田納西州州長。
1841	競選州長連任失敗。
1843	再度競選州長失敗。
1844, 5, 29	被民主黨提名為該黨總統候選人。
11, 5	在大選中擊敗惠格黨及自由黨候選人，當選總統。
1845, 3, 4	就任美國第十一任總統。
1848	拒絕競選連任。
1849, 3, 3	交卸總統職務。
6, 15	在田納西州的 Nashville 逝世，享壽五十三歲，葬于 Nashville.

11.2　任內大事記要

1845, 3, 4	波克就任美國第十一任總統。
3, 6	墨西哥駐美公使對德克薩斯與美國合併提出嚴重抗議。

1845, 3, 28	墨西哥政府宣佈與美國斷絕外交關係。
6, 15	國務卿布坎南（James Buchanan）向德克薩斯提出保證，美國將對其加以保護。
6, 23	德克薩斯議會同意與美國合併。
8, 27	德克薩斯制定設州憲法。
10, 10	美國海軍官校在馬里蘭州的 Annapolis 成立。
12, 29	德克薩斯（Texas）成為美國第二十八州。
1846, 3, 4	密西根州議會通過法律，廢止死刑。
4, 25	美、墨軍隊開始交戰。
4, 27	國會通過兩院聯合決議，授權總統廢止 1827 年與英國簽訂的奧勒岡條約。
5, 8	泰羅將軍（General Zachary Taylor）擊敗墨西哥軍隊于 Palo Alto.
5, 9	泰羅將軍再度在 Resaca de la Palma 獲勝。
5, 13	美國正式對墨西哥宣戰。
6, 3	美軍奉命進取新墨西哥及加利福尼亞。
6, 15	美、英重訂奧勒岡邊界條約。
8, 6	國會通過法律，恢復獨立國庫制法。
9, 24	泰羅將軍攻佔墨西哥的 Monterrey.
11, 23	施高特將軍（General Winfield Scott）受命為墨西哥灣區美國遠征軍指揮官。
12, 28	愛阿華（Iowa）成為美國第二十九州。
1847	美國征服加利福尼亞區。
2, 23	在 Buena Vista 大戰中，泰羅將軍擊敗墨軍總司令 Santa Anna.
3, 29	施高特將軍攻佔 Vera Cruz.
4, 15	波克總統任命曲斯特（Nicholas P. Trist）為美國與墨西哥談和專員。

1847, 5, 15	施高特將軍擊敗墨軍于 Puebla.
6, 6	在英國的安排下，曲斯特與墨國開始和平談判。
7, 24	布里漢・楊（Brigham Young）率領摩門徒眾抵達猶他州的鹽湖邊。
9, 14	施高特將軍佔領墨西哥城（Mexico City）。
1848, 1, 24	馬歇爾（James W. Marshall）在加利福尼亞發現金礦，各地財迷聞風擁至，掘金狂至 1849 年達於最高潮。
2, 2	美國與墨西哥簽訂 Guadalupe Hidalgo 條約，結束兩國間的戰爭。墨西哥承認以 Rio Grande 河為對美國的邊界，並以美金一千五百萬元的代價將加利福尼亞等地讓與美國。此一地區後來成為美國的加州、新墨西哥州、亞利桑那州、內華達州、猶他州，及科羅拉多、懷俄明兩州的一部分。
5, 22-26	民主黨大會在巴的摩爾舉行，提名凱斯（Lewis Case）為總統候選人，巴特勒 William O. Butler 為副總統候選人。
5, 29	威斯康辛（Wisconsin）成為美國第三十州。
6, 7-9	惠格黨大會在費城舉行，提名泰羅將軍（General Zachary Taylor）為總統候選人，費爾摩（Millard Fillmore）為副總統候選人。
7, 4	華盛頓紀念塔在華府奠基。
7, 19	第一次婦女民權大會在紐約舉行。
8, 9	以反奴為號召的自由土地黨（Free Soil Party）在紐約州的布法羅舉行大會，提名前總統范布倫為總統候選人，亞當斯（Charles Francis Adams）為副總統候選人。
11, 7	美國大選，泰羅當選總統。
12, 5	波克在其致送國會的咨文中，正式證實加利福尼亞發現金礦。

1849, 2, 28　　第一批來自東方的淘金者抵達舊金山。

　　3, 3　　　聯邦政府設立內政部。

11.3　異聞趣事

——波克是在北卡羅來納州出生的第一位總統。

——他是迄今為止唯一曾任眾議院議長的總統。

——他是美國第一位「黑馬」（Dark Horse）總統。所謂「黑馬」，
是指其本人原無競選總統的意圖，但因政黨大會時，對總統候
選人的提名，幾經投票仍無法決定，為打開僵局，乃由他人提
出其名字參加競選，而竟意外地獲選者而言。1844 年在巴的摩
爾舉行的民主黨大會，經過七次投票，仍無法產生總統候選人，
而在此七次投票中，波克並非其中的候選人之一。在第八次投
票前，他的名字突然被人提出，表決結果，他得四十四票，范
布倫得一百零四票，凱斯得一百十四票，仍無人獲半數票，於
是大會陷于非常混亂的狀態。後經各方協商，再舉行第九次投
票，波克竟以全票（二百六十六票）當選提名。

——他當選民主黨總統候選人提名的消息，是用電報自巴的摩爾傳
抵華府，這是美國以電報傳遞政治新聞的第一次。

——美國與墨西哥的戰爭（1846—1848）是在波克任內發生，結果
美國大獲全勝，不但迫使墨西哥承認以 Rio Grande 河為美、墨
兩國邊界，且僅以一千五百萬美元的代價購得加利福尼亞一帶
廣達一百多萬平方英里的土地。此一地區包括今加州、新墨西
哥州、亞利桑那州、內華達州、猶他州，及科羅拉多與懷俄明
兩州的一部分。就擴張美國的領域而言，波克的功績僅次于傑
佛遜。

——他做了四年總統，感到心滿意足，故拒絕競選連任。但他並不
是一位平庸的總統，他就任時所提出的四大目標：(1)減低關

稅，(2)建立獨立國庫制度，(3)解決奧勒岡邊界問題，(4)取得加利福尼亞區，均于四年內次第實現，故被譽為美國最有效能的總統之一。

——他於交卸總統職務後不過三個月即以霍亂病逝世，享壽僅五十三歲。

11.4　副總統

達拉斯（George Mifflin Dallas）

生　卒：1792, 7, 10——1864, 12, 31

任　期：1845, 3, 4——1849, 3, 4

出生州：賓夕凡尼亞州

教　育：新澤西學院（即今普林斯頓大學）畢業

政　黨：民主黨

簡　歷：律師，法官，費城市長，聯邦參議員，駐俄公使。

第十二任總統

Z. 泰羅

（Zachary Taylor）

生　卒：　1784, 11, 24—1850, 7, 9
任　期：　1849, 3, 4—1850, 7, 9
出生州：　維吉尼亞州（Virginia）
代表州：　路易斯安那州（Louisiana）
教　育：　未進大學
宗　教：　聖公會（Episcopalian）
政　黨：　惠格黨（Whig Party）
簡　歷：　職業軍人，美墨戰爭中的名將及英雄。
祖　先：　英格蘭人（English）
夫　人：　Margaret Mackall Smith，1810 年與泰羅結婚。
子　女：　一子五女

12.1　生平大事記要

1784, 11, 24	生于維吉尼亞州的 Montebello, Orange County.
1803	參加肯塔基州民團為志願兵。
1808, 5, 3	任第七步兵團少尉軍官。
1810, 6, 21	與 Margaret Mackall Smith 在肯塔基州的 Louisville 結婚。
1814, 5, 15	升任第二十六步兵團少校。
1815, 6, 16	暫時退伍。
1816, 5, 17	恢復軍職，任第三步兵團少校。
1819, 4, 20	晉升中校。
1822, 11, 9	奉命建立路易斯安那州的 Fort Jesup.
12	接任路州勞勃遜兵營（Cantonment Robertson）指揮官。
1829, 7, 18	轉任密西根特區內 Fort Crawford 指揮官。
1832, 4, 4	晉升第一步兵團上校團長。
1837, 12, 25	因與印地安人作戰有功，加准將銜。
1846, 4-5	在美、墨戰爭的序幕戰中，屢敗墨西哥軍，迭建功勳。
5, 28	因功加少將銜。
6, 29	正式晉升美國陸軍少將。
7, 18	因戰功受國會嘉獎。
1847, 2, 23	與墨西哥總統兼總司令安拉（Santa Anna）在 Buena Vista 展開決戰，大獲全勝。
1848, 6, 9	接受惠格黨提名，為該黨總統候選人。
11, 7	美國大選，泰羅當選總統。
1849, 1, 31	辭去軍職。
3, 5	就任美國第十二任總統。
1850, 7, 9	在白宮逝世，享壽六十五歲，葬于肯塔基州的 Springfield.

12.2　任內大事記要

1849, 3, 5　　泰羅就任美國第十二任總統。

　　3, 10　　密蘇里州議會通過決議:「禁止奴隸制度的權力,應專屬於人民。」

　　9, 1　　加利福尼亞制憲會議揭幕,會期四十餘天,通過憲法,禁止奴隸制度,並申請以自由州身分加入聯邦。

　　12, 4　　泰羅在其國情咨文中,向國會建議准許加利福尼亞加入聯邦。

　　12, 20　　美國與夏威夷群島簽訂友好通商航海條約。

　　12, 22　　喬治亞州的柯布(Howell Cobb)在第六十三次投票中當選聯邦眾議院議長,歷時三週,情況至為紊亂。

1850　　　　美國人口二三,一九一,八九六人。

1850, 1-5　　國會展開在新地區中奴隸制度的大辯論。

　　5, 19　　美、英簽訂Clayton-Bulwer條約,規定兩國處理中美洲事務的基本原則。

　　7, 9　　泰羅總統病逝白宮。

12.3　異聞趣事

——泰羅是在維吉尼亞州出生的第七位總統。

——他是死於任所的第二位總統,在任為一年又一百二十七天。第一位死于任所的總統為威廉‧亨利‧哈里遜,在任僅一個月。

——他是一位職業軍人,從未受過正式學校教育,在他當選總統前也從未有過任何政治經驗,但他戰功彪炳,特別是 Buena Vista 一役,他以五千之師,擊敗由墨西哥總統兼總司令安拉親自指揮的兩萬之眾,使他成為美、墨戰爭中的最大英雄,而被惠格黨選為該黨總統候選人。

——當在費城舉行大會的惠格黨提名他為總統候選人的通知寄達時
　　（其時他住路易斯安那州的 Baton Rouge），因信封上未貼郵
　　票，郵局要他先付郵資然後取信，泰羅誤以為普通信件，因不
　　願付郵資而拒絕接受那封信。

——他至六十二歲時才有資格行使第一次投票權，因他為職業軍人，
　　一生戎馬，轉戰各地，居無定所，從未在一處住滿足以行使投
　　票權的時間。

——因為 1849 年的 3 月 4 日為星期日，他的就職典禮改在 3 月 5 日
　　舉行，遂使美國歷史上出現了一位任職僅一天的總統的趣聞。
　　依當時的美國法律，前任總統的任期應於 3 月 3 日午夜十二時
　　屆滿，3 月 4 日泰羅既未就職，根據 1789 年的總統繼任法，總
　　統、副總統均缺位時，應由參議院臨時議長代行職權。當時參
　　議院臨時議長為密蘇里州選出的參議員艾其遜（David Rice At-
　　chison），在理論上說，他就是 1849 年 3 月 4 日的美國總統。
　　艾氏于 1886 年逝世後，密蘇里州議會曾通過一項特別決議，撥
　　款一萬五千元，為他建立一個紀念碑，上面刻著：「大衛・來
　　斯・艾其遜，1807—1886，為任職一天的美國總統，律師，政
　　治家及法學家。」（David Rice Atchison, 1807-1886, President of
　　the U.S. one day, lawyer, statesman and jurist.）

——他欠缺政治經驗，任期只不過一年多，所以在他任內殊無政績
　　可言。但他軍人木色，處事明快，當國會的南方議員們聲言要
　　將聯邦軍隊逐出新墨西哥區時，他斷然地稱：假如有人膽敢那
　　樣做，我將親統大軍去殺死所有叛徒。他籍隸南方，但對於南
　　北奴隸問題之爭執，卻站在北方的一面。丹尼爾・韋伯斯特
　　（Daniel Webster）嘗說：假如泰羅總統不早死，南北戰爭恐怕
　　在 1850 年就爆發了。

——泰羅的夫人進入白宮時，年已六十一歲，加以生性恬淡，不喜
　　應酬，故在白宮期間，拒絕在任何公眾場合露面，所有酬酢均

由他的女兒伊麗沙白代行女主人之職。

12.4　副總統

費爾摩（Millard Fillmore）

　　任　期：1849, 3, 4—1850, 7, 9

　　（泰羅總統在任僅一年多即病逝，由費爾摩繼任總統，餘見第
十三任總統費爾摩。）

第十三任總統

M. 費爾摩

（Millard Fillmore）

生　卒：　1800, 1, 7—1874, 3, 8

任　期：　1850, 7, 10—1853, 3, 4

出生州：　紐約州（New York）

代表州：　同上

教　育：　未進大學

宗　教：　唯一神教派（Unitarian）

政　黨：　惠格黨（Whig Party）

簡　歷：　律師，州議員，聯邦眾議員，大學校長，副總統。

祖　先：　英格蘭人（English）

夫　人：　元配：Abigail Powers，1826 年與費爾摩結婚。

　　　　　續弦：Caroline Carmichael McIntosh，1858 年與費爾摩結婚。

子　女：　子、女各一人，皆元配所生，續弦無所出

13.1　生平大事記要

1800, 1, 7	生于紐約州的 Cayuga County.
1815	進入製衣廠當學徒。
1818	在女友 Abigail Powers 的協助下，離開製衣廠，謀得一小學教師職務。
1819	開始跟一縣級法院法官研習法律。
1823	通過律師考試，設律師事務所于紐約州的 East Aurora.
1826, 2, 5	與 Abigail Powers 小姐結婚。
1829-1831	紐約州議會議員。
1830	移居紐約州的布法羅（Buffalo）。
1833, 3, 4-1835, 3, 3	聯邦眾議員。
1834	競選聯邦眾議員失敗，重操律師業務。
1837, 3, 4-1843, 3, 3	再任聯邦眾議員，並當選眾議院籌款委員會主席。
1844	競選紐約州長失敗。
1846	出任布法羅大學（University of Buffalo, N.Y.）校長。
1848, 6, 9	被惠格黨提名為該黨副總統候選人。
11, 7	當選副總統。
1849, 3, 4	就任副總統。
1850, 7, 9	泰羅總統在白宮逝世。
7, 10	費爾摩宣誓繼任總統。
1852, 6	爭取惠格黨總統候選人提名，敗于美、墨戰爭中的名將施高特（Winfield Scott）。
1853, 3, 3	交卸總統職務，重操律師業務。
3, 30	元配夫人 Abigail Powers 去世。
1856, 11, 4	代表惠格黨及美國黨（American Party，又稱 Know-

Nothing Party）競選總統，敗于民主黨候選人布坎南
（James Buchanan）。

1858, 2, 10　續娶富孀 Caroline Carmichael McIntosh，為 Ezekiel C.
McIntosh 的未亡人。

1874, 3, 8　在布法羅逝世，享壽七十四歲，葬於布法羅。

13.2　任內大事記要

1850, 7, 10　第十二任總統泰羅于 9 日病逝，費爾摩于本日宣誓繼
任，是為美國第十三位總統。

9, 9　加利福尼亞（California）成為美國第三十一州。

9, 18　國會通過逃奴法（Fugitive Slave Act）。

9, 20　國會通過法律，規定自 1851 年 1 月 1 日起，在哥倫比
亞特區禁止奴隸買賣。

10, 21　芝加哥市議會通過決議，拒絕執行逃奴法。

1851, 6, 2　緬因州議會通過禁酒法。

7, 4　國會大廈南翼擴建部分破土奠基。

9, 18　紐約時報（New York Times）開始發行。亨利・雷蒙
（Henry J. Raymond）為主編。

12, 24　國會大廈失火，部分焚燬，國會圖書館藏書損失三分之
二。

1852, 2, 20　自東部至芝加哥的火車道接通。

6, 1-6　民主黨大會在巴的摩爾舉行，提名皮爾斯為總統候選
人，金氏為副總統候選人。

6, 16-21　惠格黨大會在巴的摩爾舉行，提名施高特（Winfield
Scott）為總統候選人，葛雷翰（William A. Graham）為
副總統候選人。

8, 11　反對奴隸制度的自由土地黨（Free Soil Party）在匹茲堡

集會，提名哈爾（John P. Hale）為總統候選人，朱理安 George W. Julian 為副總統候選人。

1852, 11, 2　　美國大選，皮爾斯當選總統。

1853, 3, 2　　劃分奧勒岡特區的北部區域為華盛頓特區（Territory of Washington）。

13.3　異聞趣事

——費爾摩是第一位十九世紀（1800 年）出生的美國總統

——他是在紐約州出生的第二位總統，第一位為第八任總統范布倫。

——他是以副總統繼任總統的第二人，第一人為約翰·泰勒，因威廉·亨利·哈里遜總統去世而繼任總統。

——他完全靠自修成功，少時因家貧，父母無法使其上學，乃一面自修一面入成衣廠當學徒。十八歲那年認識大他兩歲的一位教師 Abigail Powers 小姐，兩人一見鍾情。在 Abigail 的鼓勵與資助下，得以三十美元的代價向成衣廠主人贖回自由之身，並在附近一學校謀得一教職。自十九歲起開始跟一在縣級法院任法官的朋友研習法律，于四年後通過律師考試，取得律師資格，其勤勉奮發的精神，實屬難能可貴。

——他畢生未受正式教育，但卻于四十六歲時榮任布法羅大學（University of Buffalo, N.Y.）校長，為美國總統曾任大學校長的第一人。

——白宮之有圖書館，始于費爾摩任內，因他的夫人 Abigail Powers Fillmore 曾任教師多年，酷喜讀書，乃將白宮二樓的一間大房改裝成一小型圖書館，自 1851 年起，國會每年均撥專款，供總統購買圖書之用。

——他就任總統時，前任泰羅總統的七位閣員全部辭職，他都一一接受，未嘗挽留一人，這是美國歷史上副總統繼任總統時，一

次更新全部閣員僅有的一例。

——他在任兩年又八個月,正值南北兩方對奴隸制度爭執最烈的一個階段,他贊成 1850 年國會所通過的妥協案,為北方各州所不喜,他自己原屬反奴陣線的一分子,又為南方各州所疑懼,結果兩面不討好,所以 1852 年惠格黨大會中,未能當選總統候選人提名。

13.4　副總統

無(費爾摩由副總統繼任總統,副總統缺位。)

第十四任總統

F. 皮爾斯

（Franklin Pierce）

生　卒：　1804, 11, 23—1869, 10, 8

任　期：　1853, 3, 4—1857, 3, 4

出生州：　新漢普夏州（New Hampshire）

代表州：　同上

教　育：　包杜因學院畢業

宗　教：　聖公會（Episcopalian）

政　黨：　民主黨（Democratic Party）

簡　歷：　律師，州議員，州議會議長，聯邦眾議員，聯邦參議員。

祖　先：　英格蘭人（English）

夫　人：　Jane Means Appleton，1843 年與皮爾斯結婚。

子　女：　三子

14.1　生平大事記要

1804, 11 , 23	生于新漢普夏州的 Hillsboro.
1824, 9, 1	畢業于緬因州的包杜因學院。
1827	通過律師考試，設律師事務所于故鄉 Hillsboro.
1829, 6, 3- 1833, 3, 3	新漢普夏州議會議員。
1832	當選為新漢普夏州議會議長。
1833, 3, 4- 1837, 3, 3	聯邦眾議員。
1834, 11, 10	與 Jane Means Appleton 結婚。
1837, 3, 4- 1842, 2, 28	聯邦參議員。
1842	在夫人的堅持下，辭參議員職，回新漢普夏州的 Concord 做律師，並擔任本州民主黨主席。
1845	出任新漢普夏州聯邦區域法院檢察官。
1846	婉拒出任聯邦政府司法部長。
1847, 2, 16	志願參加美、墨戰爭，任第九步兵團上校團長。
3, 3	晉升准將。
8, 19	在陣前墜馬受傷。
1848, 3, 20	白軍中退役。
	同年拒絕競選新漢普夏州長。
1850, 11, 6	出席新漢普夏州第五屆憲法大會，並當選為主席。
1852, 6, 5	被民主黨大會提名為該黨總統候選人。
11, 2	當選總統。
1853, 3, 4	就任美國第十四任總統。
1856, 6	爭取民主黨總統候選人提名，敗於布坎南。
1857, 3, 3	交卸總統職務後周遊歐洲。

1860	拒絕朋友建議，再爭取民主黨總統候選人提名。
1863, 12, 2	夫人病逝。
1869, 12, 8	在新漢普夏州的 Concord 逝世，享壽六十四歲，葬于 Concord.

14.2 任內大事記要

1853, 3, 4	皮爾斯就任美國第十四任總統。
4, 18	副總統威廉‧金病逝，在任僅月餘。
7, 8	美國海軍准將培理（Commodore Mathew Calbraith Perry）航抵日本浦賀，並代表皮爾斯總統留書日皇，表示親善友好之意。
12, 30	美國以一千萬美元向墨西哥購得 Gila River 南岸的狹長地帶，以便建築自德克薩斯至加利福尼亞的鐵路。
1854, 3, 4	參議院通過 Kansas-Nebraska Bill.
3, 31	美國與日本簽訂友好通商條約。
5, 26	眾議院通過 Kansas-Nebraska Bill.
5, 30	皮爾斯簽署 Kansas-Nebraska Act，廢止密蘇里協約。
6, 5	美國與英國簽訂條約，規定美國與加拿大在航海、貿易、漁業等方面的互惠條款。
7, 6	美國共和黨（Republican Party）在密西根的 Jackson 正式定名。
10, 18	美國駐英、法及西班牙三國公使集會于比利時的 Ostend，並發表宣言（Ostend Manifesto）稱：西班牙如不願將古巴賣給美國，美國政府應即以武力的方式取得。
1855, 1, 16	內布拉斯加第一屆區域議會集會。
3, 30	堪薩斯第一屆區域議會集會。
10, 23	堪薩斯反奴派在 Topeka 通過憲法，禁止奴隸制度。

1856, 1, 24	皮爾斯向國會致送特別咨文，承認堪薩斯特區保奴派議會，並譴責反奴分子。
2, 22	美國黨（American Party，由 Know-Nothing Party 改組而成）在費城集會，提名前任總統費爾摩為該黨總統候選人。
5, 21	堪薩斯特區內的保奴派以武力攻佔反奴派所控制的 Lawrence.
6, 2-5	民主黨大會在辛辛拉堤舉行，提名布坎南為該黨總統候選人，布勒肯立奇為副總統候選人。
6, 17-19	以反對奴隸制度為號召的共和黨，在費城舉行第一次全國代表大會，提名福利蒙（John C. Fremont）為該黨總統候選人，戴敦（William L. Dayton）為副總統候選人。
7, 3	眾議院通過法案准許堪薩斯以自由州加入聯邦，但于 7 月 8 日為參議院所否決。
9, 17	惠格黨大會在巴的摩爾舉行，同意以美國黨候選人費爾摩為該黨總統候選人。
11, 4	美國大選，民主黨候選人布坎南當選總統，布勒肯立奇當選副總統。

14.3　異聞趣事

——皮爾斯是在新漢普夏州出生的第一位總統。

——他是在十九世紀出生（1804）的第二位總統，第一位為費爾摩。

——他是美國總統候選人提名史上的第二匹「黑馬」，1852 年 6 月在巴的摩爾舉行的民主黨大會，對於該黨總統候選人的提名陷于僵局，皮爾斯的名字于第三十五次投票時始被提出，而于第四十九次投票時以壓倒多數獲選。

——他就職時的誓詞，未說「我莊嚴地宣誓」（I do solemnly swear），

而說「我莊嚴地矢言」（I do solemnly affirm）。按美國聯邦憲法第二條第一項第七款所規定總統就職時的誓詞，其第一句為"I do solemnly swear（or affirm）……"，原有選擇性，皮爾斯是選擇後者的唯一總統。

——他久任律師，雄辯滔滔，其記憶力之強尤為驚人，他的就職演說長達三千三百十九字，乃是從頭背到尾，自始未看講稿一字，為歷任總統以演講代替宣讀講稿僅有的一次。

——在他的四年任期中，七名閣員未曾調換一人，也沒有人病故或辭職，大家全始全終，堪稱美國政壇上的佳話。

——他的副總統金氏是在古巴的哈瓦那宣誓就職，監誓人為美國駐哈瓦那領事沙基（William L. Sharkey），這是美國副總統在外國宣誓就職的唯一的一次。金氏于 1853 年 4 月 18 日去世，在任僅四十餘天。

——他的夫人 Jane Means Appleton，是他的母校包杜因學院院長的女兒，因自小患有肺病，素性好靜，特別討厭交際，當皮爾斯在華府擔任眾議員及參議員的期間，她因不喜華府的煩囂，寧願獨自留住老家，皮爾斯單獨在華府，感到百無聊賴，終日以酒消愁。1842 年為了順應夫人的意願，不惜辭去一般人求之不得的參議員，回到故鄉重操律師業務。1852 年 6 月當皮爾斯被民主黨提名為總統候選人後，他的朋友根本不敢告訴他的夫人。果然在她聽到此一消息時，當場昏厥。更不幸的是，在他當選總統後，有一次他和他的夫人及十一歲的兒子 Benjamin 自波士頓乘火車回新漢普夏的 Concord，車子突然在途中出軌，他們夫婦只受輕傷，而他們僅有的兒子（他們共生三子，兩子早夭）卻當場死亡。皮爾斯親見他僅有的兒子死於非命，感到極度悲傷；他的夫人更是怨天尤人，萬念俱灰，所以她既不參加皮爾斯的就職典禮，也未參加白宮的任何活動。

14.4　副總統

金氏（William Rufus Devane King）

　　生　卒：1786, 4, 7——1853, 4, 18

　　任　期：1853, 3, 4——1853, 4, 18（就任月餘即死於任所）

　　出生州：北卡羅來納州（North Carolina）

　　教　育：北卡羅來納大學畢業

　　政　黨：民主黨

　　簡　經：律師，州議員，聯邦眾議員，駐法公使，聯邦參議員。

第十五任總統

J. 布坎南

（James Buchanan）

生　卒：　1791, 4, 23—1868, 6, 1
任　期：　1857, 3, 4—1861, 3, 4
出生州：　賓夕凡尼亞州（Pennsylvania）
代表州：　同上
教　育：　狄金遜學院畢業
宗　教：　長老會（Presbyterian）
政　黨：　民主黨（Democratic Party）
簡　歷：　律師，州議員，聯邦眾議員，聯邦參議員，駐英、俄公
　　　　　使，國務卿。
祖　先：　蘇格蘭人（Scottish）
夫　人：　畢生未結婚。
子　女：　無

15.1　生平大事記要

1791, 4, 23	生于賓州的 Cove Gap.
1809	狄金遜學院畢業。
1812, 11, 17	通過律師考試，設律師事務所于賓州的 Lancaster.
1814-1815	賓州議會眾議員。
1816	競選聯邦眾議員失敗，重操律師業務。
1821, 3, 4- 1831, 3, 3	連任五屆聯邦眾議員。
1832, 1, 4- 1833, 8, 5	任美國駐俄公使。
1834, 12, 6- 1845, 3, 5	聯邦參議員，並曾擔任參議院外交委員會主席。
1844, 5, 29	競選民主黨總統候選人提名失敗。
1845, 3, 6- 1849, 3, 6	擔任波克總統的國務卿。
1848, 5, 25	競選民主黨總統候選人提名再度失敗。
1849	拒絕競選賓州州長，暫時息影。
1852, 6, 4	競選民主黨總統候選人提名第三次失敗。
1853, 4, 11	接受皮爾斯總統任命，出任美國駐英公使，至 1856 年辭職回國競選總統。
1854, 10, 18	與美國駐法國及西班牙公使，集會于比利時的 Ostend，共同發表宣言（Ostend Manifesto），要求美國政府以武力取得古巴。
1856, 6, 4	被民主黨大會提名為該黨總統候選人。
11, 4	當選總統。
1857, 3, 4	就任美國第十五任總統。
1861, 3, 3	交卸總統職務。

1868, 6, 1　　在賓州的 Lancaster 逝世，享壽七十七歲，葬于 Lancaster.

15.2　任內大事記要

1857, 3, 4　　布坎南就任美國第十五任總統。

　　3, 6　　在 Dred Scott v. Sanford 一案中，最高法院宣佈：1820
　　　　　年國會所通過的密蘇里協約（Missouri Compromise）為
　　　　　違憲，使南北兩方對奴隸制度的爭執更趨尖銳化。

　　8, 24　　美國發生經濟恐慌，為期三年，在本年內全國商業公司
　　　　　倒閉者達四千九百三十二家，1858 年倒閉者為四千二
　　　　　百二十五家，1849 年為三千九百十三家。

　　9, 11　　自東部向加利福尼亞移民的一百二十人，于途經猶他特
　　　　　區時，被印地安人集體屠殺，事因布坎南總統免除布里
　　　　　漢・楊（Brigham Young）的猶他特區總督職，為當地
　　　　　摩門教徒所不滿，乃唆使印地安人屠殺前往西部移民的
　　　　　白人。

　　10, 5　　堪薩斯反奴派議會成立。

　　10, 19　　堪薩斯保奴派召開憲法會議。

　　12, 8　　布坎南在其國情咨文中，要求國會承認堪薩斯保奴派所
　　　　　通過的憲法。

1858, 2, 2　　布坎南向國會建議，准許堪薩斯以蓄奴州身分加入聯
　　　　　邦。

　　5, 11　　明尼蘇達（Minnesota）成為美國第三十二州。

　　6, 16　　林肯在接受伊利諾州共和黨參議員候選人提名時發表演
　　　　　說稱：「一幢自行分裂的房屋是站不住的，我相信這個
　　　　　半奴役半自由的政府是不能持久的。」

　　6, 18　　美國與中國簽訂和平友好通商條約。

1858, 7, 29	美國與日本簽訂貿易條約。
8, 5	第一條大西洋海底電線裝設完成。
8, 21- 10, 15	林肯與伊利諾州在任參議員道格拉斯（Stephen A. Douglas）就奴隸制度問題展開七次大辯論，林肯根本反對奴隸制度，道格拉斯則主張奴隸制度的存廢，應由當地人民決定。
10, 13	林肯在一次辯論中宣稱：就共和黨而言，奴隸制度乃是「道德上，社會上及政治上的一項錯誤。」
12, 6	布坎南在國情咨文中，要求國會撥款購買古巴。
1859, 2, 14	奧勒岡（Oregon）成為美國第三十三州。
3, 7	在 Ableman v. Booth 一案中，最高法院宣佈 1850 年的逃奴法為合憲。
8, 27	Edwin L. Drake 在賓州 Titusville 附近開採油礦，為美國現代石油工業之始。
12, 17	喬治亞州議會通過法律，自由黑人犯罪者應即變為奴隸。
1860	美國人口三一,四四三,三二一人。
1860, 4, 23	民主黨全國代表大會在南卡羅來納州的 Charleston 舉行，因政綱上的歧見，南方各州代表退會，造成民主黨的嚴重分裂。
5, 16-18	共和黨大會在芝加哥舉行，提名林肯為總統候選人，韓慕林為副總統候選人。
6, 18-23	民主黨北方派大會在巴的摩爾舉行，提名道格拉斯（Stephen A. Douglas）為總統候選人，詹森（Herschel V. Johnson）為副總統候選人。
6, 28	民主黨南方派大會在巴的摩爾舉行，提名布勒肯立奇（John C. Breckinridge）為總統候選人，蘭氏（Joseph Lane）為副總統候選人。

1860, 11, 6	美國大選，共和黨候選人林肯當選總統。
12, 3	布坎南在其國情咨文中向國會表示，南方各州無權脫離聯邦，聯邦政府亦無權阻止各州脫離。
12, 20	南卡羅來納州首先宣佈脫離聯邦。
12, 29	南卡羅來納州要求布坎南總統立即撤退在該州Charleston港的聯邦軍隊。
12, 30	南卡羅來納州軍隊佔領Charleston的聯邦軍火庫。
1861, 1, 3	喬治亞州軍隊佔領Fort Pulaski.
1, 4	阿拉巴馬州軍隊佔領Mount Vernon的聯邦軍火庫。
1, 6	紐約市長Fernando Wood提議，美國聯邦分裂時，該市應保持自由與中立。
1, 9	密西西比州宣佈脫離聯邦。
1, 10	佛羅里達州宣佈脫離聯邦。 同日路易斯安那州佔領Baton Rouge的聯邦兵營及軍火庫。
1, 11	阿拉巴馬州宣佈脫離聯邦。
1, 14	聯邦眾議院三十三人委員會（Committee of Thirty-three）建議嚴格執行逃奴法（Fugitive Slave Act），並提議修改憲法，保證此後聯邦政府不再干涉各州的奴隸制度。此一憲法修正案曾獲國會兩院通過，但未為各州批准。
1, 19	喬治亞州宣佈脫離聯邦。
1, 26	路易斯安那州宣佈脫離聯邦。
1, 29	堪薩斯（Kansas）成為美國第三十四州。
2, 1	德克薩斯州宣佈脫離聯邦。
2, 4-27	由維吉尼亞州召集的南北和平協商會議在華府舉行，二十一州派有代表參加，公推前總統泰勒（John Tyler）為主席，會議無結果而散。

1861, 2, 4	與聯邦脫離關係的各州在阿拉巴馬州的蒙哥馬利（Montgomery）集會，商議組織臨時政府。
2, 8	蒙哥馬利會議通過憲法，並成立美洲同盟國（Confederate States of America，習稱南方聯邦或南方同盟，為求行文便利，以下概稱南方同盟。）
2, 9	南方同盟國會選舉戴維斯（Jefferson Davis）為臨時總統，史蒂芬斯（Alexander H. Stephens）為臨時副總統，並宣佈聯邦法律與南方同盟憲法不牴觸者仍屬有效。 同日，田納西州人民舉行複決投票，拒絕召開與聯邦脫離的大會。
2, 13	維吉尼亞州召開全州大會，對是否脫離聯邦的問題，意見紛歧，未能成立最後決議。
2, 18	戴維斯正式就任南方同盟臨時總統。
2, 28	密蘇里州代表大會拒絕考慮與聯邦脫離。
3, 2	內華達特區（Nevada Territory）及達科他特區（Dakota Territory）同時成立。
3, 4	聯邦部隊全部官兵共一萬三千零二十四人。

15.3　異聞趣事

——布坎南是在賓夕凡尼亞州出生的第一位總統。

——他是畢生未結婚的美國唯一總統。他所以抱獨身主義，與他年輕時的一次婚姻失敗有關。他在二十八歲時，曾與二十三歲的 Ann Coleman 小姐訂婚。Ann 的父親是賓州 Lancaster 一家大煉鋼廠的主人，家財鉅萬。她父母對布坎南的印象都不好，認為布坎南與他們的女兒訂婚，乃是看中他們的錢財，並非真愛他們的女兒。Ann 在父母的壓力下只好與布坎南解除婚約。不久

即神祕地死亡（有的說她是吞服鴉片過量致死，有的說她是自殺），她的父母遷怒于布坎南，甚至不許他參加他們女兒的葬禮。布坎南傷痛至極，他在給朋友的信上說：「我感到幸福已永遠離我而去。」也許是由於這一悲劇，使他從此不再談婚事。

——由於他是獨身，在他任總統期間，白宮的各種應酬均由他妹妹的女兒 Jane Lane 充任女主人。Jane 七歲喪母，九歲喪父，幼時非常孤苦，但極得布坎南的喜愛，所以就任總統後，就將她接入白宮，視為己出。後來她與 Henry Elliott Johnson 結婚時，適在布坎南的總統任內，喜事辦得極為風光。

——他的四年任內，南北敵對之局已經非常明顯，在他卸任前的三個月內，南方已有七個州宣佈脫離聯邦，他對此特殊情勢，態度模稜，認為各州無權脫離聯邦，聯邦政府亦無權阻止各州脫離，所以缺乏積極的對策。他的主要目的，在將南北兵戎相見的責任，推到下任總統共和黨的林肯頭上，這一目的他是達到了，卻也引起後人不少的指責。

——他曾三次競選民主黨總統候選人提名失敗，第四次才告成功，可見他對總統職位的熱衷。但他在做了兩年多的總統後，卻對此一職位感到非常厭倦。他在 1859 年 9 月 19 日給前任總統波克夫人的一封信上說：「我現在已快近六十五歲的人了，我對總統這個職位已經感到十分厭倦，我將于 1861 年 3 月初離職。如天假以年，讓我活到那個時候，我將比就任時感到更大更多的滿足。」

——他的副總統布勒肯立奇是美國歷史上最年輕的副總統，于 1857 年 3 月就任時，只有三十六歲。布氏于卸任副總統後，曾參加南方同盟對北軍作戰，被聯邦政府通緝，一度逃往歐洲，于 1867 年返回故鄉肯塔基州的 Lexington 做律師。

15.4　副總統

布勒肯立奇（John Cabell Breckinridge）

生　卒：1821, 1, 21—1875, 5, 17

任　期：1857, 3, 4—1861, 3, 4

出生州：肯塔基州（Kentucky）

教　育：中央學院畢業

政　黨：民主黨

簡　歷：律師，州議員，聯邦眾議員。

第十六任總統

A. 林肯

（Abraham Lincoln）

生　卒：　1809, 2, 12—1865, 4, 15
任　期：　1861, 3, 4—1865, 4, 15
出生州：　肯塔基州（Kentucky）
代表州：　伊利諾州（Illinois）
教　育：　未進大學
宗　教：　無特殊教派
政　黨：　共和黨（Republican Party，美國共和黨的第一位總統）
簡　歷：　小商店售貨員，渡船駕駛，土地測量員，郵政局長，律師，州議員，聯邦眾議員。
祖　先：　英格蘭人（English）
夫　人：　Mary Todd，1842 年與林肯結婚。
子　女：　四子

16.1　生平大事記要

1809, 2, 12　生于肯塔基州的 Hardin County.

1816　　　　隨父母自肯塔基州移居印地安那州的 Spencer County。

1818, 10, 5　生母 Nancy Hanks 去世，翌年其父再與 Sarah Bush Johnston 結婚。

1827　　　　受僱為印地安那州 Anderson River 的渡船駕駛。

1828　　　　轉任平底船駕駛，航行于印地安那州的 Rockport 及路易斯安那州的紐奧良（New Orleans）之間。

1830, 3, 1　全家再自印地安那州移居伊利諾州的 Macon County.

1831　　　　離家獨立門戶，暫居伊州的 New Salem，並在 Sangamon Town 的一家平底船造船廠工作。

1832　　　　與人合股做小生意失敗，志願從軍與印地安人作戰，並被選為隊長，但數月後即退伍。

1832, 8, 6　競選州議會議員失敗。

1833, 3, 6　取得開沙龍的營業執照，在伊州的 Springfield 賣酒。

　　　5, 7　出任伊州 New Salem 的郵政局長。並開始自修法律。

1835-1842　伊利諾州議會議員。

1837, 3, 1　通過律師考試，設律師事務所于 Springfield，自是定居該地。

1842, 11, 4　與 Mary Todd 結婚。

1846　　　　當選聯邦眾議員（屬惠格黨）。

1847, 3, 4-
1849, 3, 3　聯邦眾議員（只任一屆，未再競選連任。）

1849-1854　在 Springfield 做律師。

1855, 2, 8　代表惠格黨競選聯邦參議員失敗。

1856, 6, 17-
　　　19　共和黨第一屆全國代表大會在費城舉行，林肯的名字（他自己並未出席）被人提出為該黨副總統候選人，但

未獲選。

1858, 6, 16   接受伊利諾州共和黨聯邦參議員候選人提名，並發表反對奴隸制度的演說。

8, 21-   與伊州民主黨參議員候選人（競選連任者）道格拉斯

10, 15   （Stephen A. Douglas）就奴隸制度的存廢問題展開七次大辯論，因林肯見解精闢，引起全國注意。

11, 2   在參議員選舉中，敗于道格拉斯。

1860, 5, 18   被共和黨提名為該黨總統候選人。

11, 6   當選總統（為共和黨當選總統的第一人）。

1861, 3, 4   就任美國第十六任總統。

1863, 1, 1   發表「黑奴解放宣言」（Emancipation Proclamation）。

11, 19   發表蓋茨堡（Gettysburg，在賓州）演說。

1864, 11, 8   當選連任總統。

1865, 3, 4   連任總統就職。

4, 14   在華府福特戲院觀劇時被 John Wilkes Booth 行刺。

4, 15   清晨七時二十二分傷重逝世，享壽五十六歲，葬于伊利諾州的 Springfield.

16.2 任內大事記要

1861, 3, 4   林肯就任美國第十六任總統。

3, 11   南方同盟國會通過憲法，于 4 月底被脫離聯邦各州批准生效。

4, 12   Fort Sumter（位于南卡羅來納州的 Charleston 港）的聯邦守軍遭受南軍的猛烈攻擊，揭開南北戰爭的序幕。

4, 14   Fort Sumter 聯邦守軍向南軍投降。

4, 15   林肯宣佈南方同盟叛亂狀態的存在，並下令招募七萬五

千聯邦志願軍。（按 3 月 4 日林肯就任總統時，聯邦現
役部隊全部官兵共只一萬三千零二十四人。）

1861, 4, 17　維吉尼亞州宣佈脫離聯邦。

4, 19　林肯下令封鎖南卡羅來納、喬治亞、佛羅里達、阿拉巴
馬、密西西比、路易斯安那及德克薩斯各州港口。4 月
27 日擴大封鎖範圍，包括維吉尼亞及北卡羅來納兩州。

4, 20　羅伯‧李（Robert E. Lee）辭去聯邦部隊陸軍上校職，
而于 3 日後接任維吉尼亞州軍總指揮。

5, 6　南方同盟國會宣佈與聯邦政府戰爭狀態的存在。
同日，阿肯色州宣佈脫離聯邦。

5, 13　英國女皇維多利亞宣佈，在美國內戰中，英國將保持中
立。

5, 20　北卡羅來納州宣佈脫離聯邦。

6, 8　田納西州宣佈脫離聯邦。

6, 10　法國宣佈在美國內戰中採取中立。

6, 17　西班牙宣佈在美國內戰中採取中立。

6, 27　中央太平洋鐵路公司在舊金山成立，由史丹福（Leland
Stanford）任董事長。

7, 2　林肯授與施高特將軍（General Winfield Scott）中止人
身保護狀（Habeas Corpus）的權力。

7, 4　林肯召集第三十七屆國會的特別會議，討論聯邦政府平
亂事宜。

7, 13　國會特別會議通過決議，確認南方各州叛亂狀態的存在。

7, 20　南方同盟國會在維吉尼亞州的 Richmond 集會，並定該
地為其首都。

7, 21　南北軍隊第一次 Bull Run 大戰（在維吉尼亞州的東北
部），南軍獲勝。

8, 5　國會通過直接稅法，全年收入超過八百元者，在其超過

部分課徵 3%的所得稅。

1861, 8, 16　林肯發布命令，禁止與叛亂各州貿易。

8, 28　南方同盟臨時總統戴維斯任命梅遜（James M. Mason）為駐英外交特派員，史立斗（John Slidell）為駐法外交特派員。

8, 30　密蘇里境內聯邦部隊指揮官佛利蒙將軍（General John C. Fremont）發佈軍事命令：凡密蘇里人民武裝對抗聯邦政府者，其所擁有的黑奴均視為當然獲得自由。林肯總統以其違背現行法精神，于 9 月 2 日下令加以糾正。

9, 6　格蘭特將軍（General Ulysses S. Grant）佔領肯塔基州的 Paducah.

10, 21　波多麻河邊的 Ball's Bluff 大戰，北軍失利。

11, 1　林肯任命馬克利蘭將軍（General George B. MeClellan）取代施高特將軍（General Winfield Scott）為聯邦部隊總司令。

11, 2　佛利蒙將軍因違抗總統命令，被林肯免職。

11, 6　戴維斯正式被選為南方同盟的總統。

11, 7　密蘇里州的 Belmont 大戰，南軍得勝，北軍指揮官格蘭特率部退守伊利諾州的 Cairo.

11, 8　英船 Trent 號于搭載南方同盟駐英、法特派員梅遜及史立斗赴任途中，被 Charles Wilkes 指揮的聯邦軍艦 San Jacinto 號截獲，導致美國與英國的外交危機，美國史稱「杜倫特事件」（Trent Affair）。

1862, 1, 19-20　肯塔基境內的 Mill Springs 大戰，由湯瑪斯將軍（General George H. Thomas 指揮的北軍大勝南軍。

2, 16　防守 Fort Donelson（在田納西州）的南軍一萬四千人，于被圍四天後，向格蘭特將軍投降。

2, 18　維吉尼亞州的親聯邦分子在惠林（Wheeling）集會，通

過決議，成立西維吉尼亞州（West Virginia）。

1862, 2, 23　林肯任命安德魯・詹森（Andrew Johnson）為田納西州軍事總督。

2, 27　南方同盟國會授與戴維斯總統中止人民人身保護狀之權力。

3, 11　林肯下令劃分聯邦部隊軍區，由馬克利蘭將軍指揮波多麻河流域軍區部隊，哈勒克將軍（General Henry W. Halleck）指揮西部軍區部隊。

4, 5　馬克利蘭將軍圍攻 Yorktown（在維吉尼亞州），並于5月4日全部佔領。

4, 7　美國與英國簽訂條約，對奴隸買賣作有效管制。

4, 10　林肯簽署國會兩院聯合決議，對自願解放黑奴者作適當補償。

4, 16　南方同盟國會通過法律，要求十八歲至三十五歲的所有白人，入伍服役三年。

　　　同日，聯邦國會通過法律，在哥倫比亞特區廢止奴隸制度。

5, 5　維吉尼亞州的 Williamsburg 大戰，雙方傷亡甚眾，北軍死四百五十六人，傷一千四百一十人，南軍傷亡一千五百七十人。

5, 9　漢特將軍（General David Hunter）下令，宣佈在他指揮的轄區內（包括喬治亞、佛羅里達及南卡羅來納三州）全部黑奴獲得解放。此一命令于5月19日為林肯總統所否定。

5, 15　聯邦政府增設農業部。

5, 20　國會通過農園法（Homestead Act），凡願維護改良達五年以上者，任何人得向政府免費領取一百六十英畝的土地。

1862, 5, 31- 6, 1	Fair Oaks（在維吉尼亞州）大戰，北軍獲勝，是役北軍死七百九十人，傷三千五百八十四人，南軍死九百八十人，傷四千七百四十九人。南軍指揮官莊士頓將軍（General Joseph E. Johnston）亦負重傷。
6, 2	李將軍（Robert E. Lee）受命為南軍東維吉尼亞及北卡羅來納區指揮官。
6, 19	聯邦國會通過法律，在美國各特區（Territories）內廢止奴隸制度。
6, 25- 7, 2	在維吉尼亞州的半島地區，雙方激戰七日，北軍被迫退守 James River。是役雙方傷亡慘重，據統計：由馬克利蘭將軍指揮的北軍死一千七百三十四人，傷八千零六十二人，失蹤六千零五十三人；由李將軍指揮的南軍死三千四百七十八人，傷一萬六千二百六十一人，失蹤八百七十五人。
7, 2	同日，聯邦國會通過法律，凡當選聯邦政府公職者，均須宣誓效忠政府。
7, 11	林肯任命哈勒克將軍為聯邦部隊陸軍總司令，總部設于華府。
7, 17	聯邦國會授權總統，召集各州十八歲至四十五歲的國民兵服聯邦役九個月。 同日，國會通過叛亂分子財產沒收法，並規定已獲自由的黑人得參加聯邦部隊服役。
7, 22	林肯將「黑奴解放宣言」（Emancipation Proclamation）初稿提出于內閣會議討論，引起部分閣員的震驚。
7, 29	由英國承造的南方同盟巡洋艦阿拉巴馬（Alabama）號建造完成，自英國利物浦（Liverpool）港啟航。

1862, 8, 2　國務卿西華德（William H. Seward）訓令美國駐英公使
亞當斯（Charles F. Adams），拒絕英國對美國內戰的
調停。

8, 20　紐約論壇報主編格瑞利（Horace Greeley），以「為兩
千萬人祈禱」為題在該報發表社論，要求林肯總統堅定
解放黑奴的決心。

8, 22　林肯對格瑞利的社論提出答覆，略謂：「我在這次鬥爭
中的最高目標，乃在挽救聯邦，既不是保護奴隸制，也
不是廢棄奴隸制度。」

8, 30　第二次 Bull Run 大戰，北軍失利。

9, 15　南軍猛將傑克遜（Thomas J. Jackson）佔領馬里蘭州的
Harpers Ferry，北軍一萬二千人被俘。

9, 17　馬里蘭州的 Antietam 大戰，南軍李將軍退守波多麻河，
是役南軍死二千七百人，傷九千零二十九人，北軍死二
千一百零八人，傷九千五百四十九人。

9, 22　林肯的「黑奴解放宣言」初稿在內閣會議中通過，並于
23 日在報紙上發表。

9, 27　南方同盟國會通過第二次徵兵法，授權戴維斯總統召集
三十五歲至四十五歲的役齡入伍。

10, 7　英國財政部長 W.E. Gladstone 發表演說稱：「由戴維斯
等所領導的南方同盟已經成為一個國家，我們深信他們
將成功地自北方分離。」

11　南卡羅來納州第一黑奴志願兵團組織完成，由希敬遜上
校（Colonel Thomas Wentworth Higginson）任指揮官。
這是黑奴參加聯邦部隊行列的第一支軍隊。

12, 13　維吉尼亞州的 Fredericksburg 大戰，南軍獲勝，北軍死
一千二百八十四人，傷九千六百人，南軍死五百九十五
人，傷四千零六十一人。

1863, 1, 1 「黑奴解放宣言」正式公佈，凡叛亂地區的奴隸自本日起全部解放。

2, 6 法王拿破崙三世表示願調停美國內戰，但為林肯所拒絕。

2, 24 亞利桑那特區（Territory of Arizona）成立。

3, 3 國會通過法律，聯邦最高法院法官自九名增至十名。

同日，國家科學院（National Academy of Science）成立。

同日，國會通過兩院聯合決議，反對外國介入美國內戰。

5, 1-4 維吉尼亞州的 Chancellorsville 大戰，南軍險勝。是役雙方傷亡達兩萬餘人，南軍猛將傑克遜〔Thomas Jonathan Jackson，因作戰勇猛，外號石牆將軍（General Stonewall）〕負重傷，並于 5 月 10 日死亡。

5, 18- 由格蘭特將軍指揮的北軍，包圍密西西比的 Vicksburg，
7, 4 雙方苦戰四十餘日，傷亡近兩萬人。

6, 15 林肯總統下令，再召集十萬志願軍入伍。

6, 20 西維吉尼亞（West Virginia，即維吉尼亞州的西部）成為美國第三十五州。

6, 24 南軍李將軍率八萬之眾，度過波多麻河，進襲賓夕凡尼亞州。

7, 1-3 賓州蓋茨堡（Gettysburg）大戰，北軍苦戰得勝，扭轉了北軍的頹勢。此役雙方傷亡之慘重，為內戰中所僅見：北軍死三千一百五十五人，傷一萬四千五百二十九人，失蹤五千三百六十五人；南軍死三千九百零三人，傷一萬八千七百三十五人，失蹤五千四百二十五人。

7, 4 林肯總統正式向全國宣佈蓋茨堡大捷。

同日，南軍李將軍率部自蓋茨堡向維吉尼亞州退卻。

同日，密西西比州的 Vicksburg 南軍守將潘伯頓（John C. Pemberton）率部三萬人向北軍格蘭特將軍投降。

1863, 7, 13-16　紐約市發生反徵兵大暴動，死傷千餘人。

9, 19-20　喬治亞州（Chickamauga）大戰，北軍失敗。雙方傷亡數：北軍死一千六百五十七人，傷九千七百五十六人，失蹤四千七百五十七人；南軍死二千三百十二人，傷一萬四千六百七十四人，失蹤一千四百六十八人。

10, 16　格蘭特將軍受命為聯邦部隊西區總指揮。

10, 17　林肯下令召集三十萬志願兵入伍服役三年。

11, 19　林肯親往賓州蓋茨堡主持陣亡將士墓奉獻禮，並發表簡短演說，是即舉世傳誦的蓋茨堡演說（Gettysburg Address）。

11, 23-25　南北雙方在西區戰場的主力在田納西州的 Chattanooga 展開大戰，南軍不敵，自田州總退卻。是役傷亡數：北軍死七百五十三人，傷四千七百二十二人，失蹤三百四十九人，南軍死三百六十一人，傷二千一百六十人，失蹤四千一百四十六人。

11　林肯總統發佈命令，定 11 月內的最後一個星期四為全國性的感恩節（Thanksgiving Day）。1939 年羅斯福總統改為 11 月內的倒數第二個星期四。1941 年國會通過法案，明定 11 月內的第四個星期四為法定感恩節。

1864, 1, 19　阿肯色州通過反奴憲法。

2, 1　林肯下令徵募五十萬人，入伍服役三年。

3, 10　林肯任命格蘭特（Ulysses S. Grant）為聯邦軍隊總司令，並晉升陸軍中將。

5, 5-6　南北主帥在維吉尼亞州 Wilderness 展開大戰，雙方死傷

近三萬人。

1864, 5, 26　蒙他拿特區（Montana Territory）成立。

6, 1-3　南軍李將軍擊敗格蘭特將軍于維吉尼亞州的 Cold Harbor，北軍死傷達一萬二千人。

6, 7　共和黨大會在巴的摩爾舉行，提名林肯競選連任總統，安德魯・詹森（Andrew Johnson）為副總統候選人。

6, 10　南方同盟國會通過法律，凡十七歲至十八歲的青年及四十五歲至五十歲的中年人均須入伍服役。

6, 19　南軍戰艦 Alabama 號被北軍戰艦 Kearsarge 號擊沉。

6, 28　聯邦國會廢止 1850 年的逃奴法。

7, 17　紐約論壇報主編格瑞利，在林肯總統的許可下，與南方同盟使者初步會晤于 Niagara Falls，以探討和平的可能性。

7, 23　路易斯安那州通過反奴憲法。

8, 29　民主黨大會在芝加哥舉行，提名馬克利蘭將軍為該黨總統候選人，潘多頓（George H. Pendleton）為副總統候選人。

9, 2　北軍薛門將軍（General William T. Sherman）攻佔喬治亞州的阿特蘭大（Atlanta）。

10, 13　馬里蘭州通過反奴憲法。

10, 31　內華達（Nevada）成為美國第三十六州。

11, 8　美國大選，林肯以壓倒多數當選連任總統。

12, 6　蔡斯（Salmon P. Chase）繼譚尼（Roger Taney，於是年10 月 12 日去世）為聯邦最高法院院長。

1865, 1, 9　田納西州通過反奴憲法修正案。

1, 31　戴維斯總統任命李將軍（General Robert E. Lee）為南方同盟軍隊總司令。

同日，聯邦國會提議修改憲法，廢止奴隸制度。

1865, 2, 3　林肯偕國務卿西華德，在聯邦運輸艦 River Queen 號上，與南方同盟副總統史蒂芬斯（Alexander Hamilton Stephens）及其他兩名代表，就南北和平問題舉行初步會談，但無具體結果，美國史稱此一會談為（Hampton Roads Conference）。

2, 4　聯邦國會通過兩院聯合決議，剔除南方十一個叛亂州的總統選舉人票。

2, 17　薛門將軍攻佔南卡羅來納州的 Columbia.

2, 18　北軍攻陷南卡羅來納州的 Charleston 港。

2, 22　北軍攻陷北卡羅來納州的 Wilmington 港。至是南方同盟的所有對外港口均告淪陷。

3, 3　聯邦國會通過法律，設立自由黑人事務局（Freedmen's Bureau）。

3, 4　林肯連任總統就職，新任副總統安德魯‧詹森同時宣誓就任。

3, 13　南方同盟國會通過法律，凡黑奴志願入伍服役者，均給予自由人身分。

3, 27-28　林肯與聯邦軍隊總司令格蘭特將軍會晤，就對南方同盟和平條款問題有所磋商。

4, 2　南方同盟總統戴維斯及其閣員們撤離其首都 Richmond.

4, 3　北軍佔領南方同盟首都 Richmond 及 Petersburg（均在維吉尼亞州境內）。

4, 5　林肯總統巡視 Richmond，並向當地人民明白表示其和平解決南北爭執的意願。

4, 7　南軍總司令李將軍向北軍總司令格蘭特將軍探詢投降條件。

4, 9　李將軍率部二萬八千人，在維吉尼亞州的 Appomattox 正式向格蘭特將軍投降。至此南軍大勢已去，內戰接近

尾聲。

1865, 4, 14　林肯總統在華府的福特戲院觀劇時遇刺，刺客為戲子布
　　　　　　斯（John Wilkes Booth）。

　　　　　　同日，臥病在床的國務卿西華德被布斯的同黨用刀砍傷。

　　4, 15　林肯傷重逝世，副總統安德魯・詹森宣誓繼任總統。

16.3　異聞趣事

──林肯是在肯塔基州出生的第一位總統。

──他是死于任所的第三任總統，前兩位是第九任總統威廉・亨利
　・哈里遜及第十二任總統柴卡利・泰羅。

──他是被人謀殺的第一位總統。1865 年的 4 月 14 日，是南軍李將
　軍向北軍格蘭特將軍投降的第五日，為時四年的內戰，至此已
　近尾聲。林肯為鬆弛一下身心，特偕夫人前往華府的福特戲院
　（Ford's Theater）觀看當時名劇 Our American Cousin.這是由
　Tom Taylor 編劇而由 Laura Keene 主演的三幕喜劇。大約晚上十
　時半左右，布斯（John Wilkes Booth）右手持槍，左手持刀，潛
　至林肯包廂的後面，一槍從他的後腦打入，林肯應槍倒地，被
　送至附近的朋友家急救，但因傷及要害，回天乏術，延至 15 日
　晨七時二十一分五十五秒不治逝世。布斯是當時一個頗為有名
　的演員，在內戰中因同情南方，對林肯及聯邦政府極為痛恨，
　現在南方已戰敗，乃決定刺殺林肯以洩憤。他在行刺後于混亂
　中逃脫，4 月 26 日被緝兇者擊斃于馬棚中。

──他是第一位留鬍子的總統。據說林肯留鬍子，是接受一個十一
　歲小女孩的建議。這件事發生于 1860 年。當林肯在紐約州競選
　時，他接到寄自該州 Westfield 一封署名貝黛兒（Grace Bedell）
　的信（信上的日期為 1860 年 10 月 15 日），信中一派童言童
　語，極為親切有趣，特迻譯如下：「我是一個十一歲的小女孩，

我非常希望你當選美國的總統。像你這樣的一位偉大人物，一定不會介意我如此冒昧地給你寫信。你有與我年齡相仿的女兒嗎？如有，就請你代我向她們問好，並要她們給我寫信，假如你沒有時間回這封信的話。我有四個哥哥，他們之中自然有的會選你，不過如你願留鬍子，我就要求他們全投你的票。你如有鬍子，將會好看得多，因為你的臉孔太瘦削了。所有太太們都喜歡鬍子，假如你有鬍子，她們就會強迫她們的先生都投你的票，這樣你就成為總統了。」林肯讀了以後，很為感動，立刻親自回她的信（1860 年 10 月 19 日），全文如下：「妳 15 日的親切來信我收到了，我要遺憾地說，我沒有女兒，我只有三個兒子（按林肯共生四子，其中一個早夭），一個十七歲，一個九歲，一個七歲。這些孩子，加上他們的母親，就是我的全部家人了。說到鬍子，我從未留過，假如現在留起來的話，妳不覺得人們會說我有點裝腔作態嗎？」林肯當選總統後，果然把鬍子留起來。當他赴白宮上任時，他所乘坐的火車，特地在離 Westfield 最近的一站停車，林肯問聚集在那裏歡迎他的群眾，有沒有一位名叫 Grace Bedell 的小姐在內，貝黛兒聽到她的名字，馬上從人叢中飛躍上前，縱身入懷，林肯把她高高舉起，親切地吻她，並向群眾宣佈說：「她曾給我寫信，勸我留鬍子，因為她覺得我有鬍子會好看些。」引起大家哄堂大笑，一時傳為佳話。

——林肯就任總統時，有五位前任總統仍然健在，他們是第八任總統范布倫、第十任總統泰勒、第十三任總統費爾摩、第十四任總統皮爾斯及第十五任總統布坎南。

——美國內戰時，南北兩方的總統都是在肯塔基州出生。林肯是聯邦政府的總統，他是 1809 年 2 月 12 日在肯州的 Hardin County 出生。戴維斯（Jefferson Davis）是南方同盟的總統，他是 1808 年 6 月 3 日在肯州的 Todd County 出生。戴維斯於 1828 年畢業

于西點軍校，曾任聯邦眾議員，軍政部長（皮爾斯總統任內）及聯邦參議員等職。他是維護奴隸制度的中堅分子，當林肯當選總統後，南方各州紛紛宣佈脫離聯邦，他于 1861 年 1 月 20 日辭去聯邦參議員職，馳赴南方各州活動，而于同年 2 月 18 日被選為南方同盟的總統。內戰結束後，他以叛國罪被捕下獄，但在 1867 年即交保釋放，並赴國外旅行，返國後定居密西西比州的 Beauvoir。1881 年他出版一書，題為《同盟政府的興起與敗亡》（*Rise and Fall of the Confederate Government*）。1889 年 12 月 6 日在路易斯安那州的紐奧良去世，享壽八十一歲。

——世人皆知奴隸問題是南北戰爭的主因，林肯係因反對奴隸制度而當選總統，但他在宣誓就職時，卻公開宣稱：「我沒有直接的或間接的意向，來干涉各州現行存在的奴隸制度，我相信我沒有合法的權力這樣做，也沒有意思這樣做。」這段話曾受到不少反奴分子的指責，認為林肯的言行前後不符。但擔任總統後的林肯，卻有其不得已的苦衷，因為作為一國的元首，其最高的目標乃在維持聯邦的統一，其次才是謀求奴隸的解放，這在他致紐約論壇報主編格瑞利的一封信中說得極為明白，他說：「我在這一場鬥爭中的最高目標，是挽救聯邦，而不是挽救或毀棄奴隸制度。假如我能挽救聯邦而沒有解放任何奴隸，我會這樣做；假如我能挽救聯邦而又能使所有奴隸獲得自由，我願意這樣做；假如我能挽救聯邦而能使部分奴隸得到自由，我也願這樣做……我說這些話是依照我的職守觀點，我無意改變我向所表示的一個願望，即一切人均應有自由。」

——「黑奴解放宣言」是林肯的偉績之一，但這一宣言在 1863 年 1 月 1 日頒佈時，並無實質的效力，因為宣言中所指名解放黑奴的地區，僅限于南方敵對的諸州，不包括南北接壤的德拉瓦、馬里蘭、肯塔基、密蘇里等所謂邊界諸州的黑奴在內〔這幾州也擁有不少的黑奴，但在內戰期間仍站在聯邦政府的一邊，故

又稱忠誠的蓄奴州（Loyal Slave States）〕。南方各州既敢與聯邦政府公然作戰，則林肯的解放宣言對他們自不生任何效力。論者有謂，就當時的情勢而言，「黑奴解放宣言」與其說是解放黑奴，毋寧說是林肯的一項戰略運用，因為這一宣言一方面揭示了「為何而戰」，可以鼓舞北軍的士氣，他方面又揭示了「為誰而戰」，使黑人踴躍志願參軍，以增加北軍的兵源。再說聯邦國會兩院為北方反奴派所控制，解放宣言的頒佈可滿足他們的要求，從而給予總統更多的支持與合作，實屬一舉數得的事。如就法律的觀點言，則林肯的「黑奴解放宣言」，僅是總統的一道行政命令，並無憲法上的效力。黑奴的正式解放，應自廢止奴隸制度的憲法修正案第十三條批准生效時（1865 年 12 月 18 日）算起。

——林肯反對奴隸制度，也非常同情黑人，這是沒有問題的。但他對於解放後的黑人處置方法，卻不為一般黑人所喜。林肯是不贊成黑人與白人通婚的，因為他覺得黑、白生活在一起，彼此都會感到痛苦，所以他認為處置解放後的黑人的最好辦法，是把他們送往世界的其他地區，去建立他們自己的殖民地。例如他曾提及中美的巴拿馬及非州的賴比瑞亞（賴國是于 1822 年由美國遣送的一批自由黑人建立的，1847 年宣佈成立共和國，政治制度仿照美國，為在非洲成立的第一個黑人共和國）。1862 年的 8 月，林肯對一群去白宮見他的黑人說：「你們（指黑人）和我們（指白人）是不同的種族，孰好孰壞，姑不置論，但這種體能上的差異，對我們彼此都有不利。我想到你們生活在我們當中遭遇著極大的痛苦，我們的感受也是一樣。總之一句話，我們生活在一起，彼此都會痛苦。假如我們承認這一點，那麼我們應該分離，至少是不無理由的。」這種論調不僅為當時的黑人所反對，也不為今日的大多數美國黑人所能接受。所以林肯處置黑人的方法，至今仍為許多人所詬病。

——1863 年的 7 月 1 日至 3 日，南北雙方在賓州的蓋茨堡（Gettysburg）展開一場大戰，戰況的慘烈，為內戰中所僅見，雙方的傷亡近五萬人。是年的 11 月 19 日，蓋茨堡舉行陣亡將士公墓奉獻典禮，林肯特地自華府前去主持，並發表演說。這篇演說詞全文僅二百六十七字，簡短有力，聽者動容，至今被譽為舉世最偉大演說之一，其最後的一句說：「民有民治民享的政府，永不會從地球上消滅。」據說這一偉大的演說，事先並無講稿，是林肯在華府至蓋茨堡的火車上，臨時用鉛筆寫在便條紙上的。

——林肯連任就職時，有一營黑人部隊參加典禮，這是美國黑人部隊參加總統就職典禮的第一次。

——林肯的一生，留下許多不朽的書信，其中之一，為 1864 年 11 月 22 日致波士頓的畢克斯比太太（Mrs. Lydia Bixby）的信。林肯是從軍政部的檔案中看到一件文卷，說畢克斯比太太的五個兒子，全部在內戰中光榮殉職，所以特地去信慰問。實則他所根據的文件並不正確，因為畢家的五兄弟，只有兩人光榮捐軀，其他三個，有一人逃亡，兩人被南軍俘虜。

——林肯的太太 Mary Todd，曾受聯邦政府的安全調查，因為她出生于肯塔基州的望族，她的許多親戚都參加南軍對北軍作戰，因此引起各方懷疑，認為她有通敵之嫌。林肯對此極感困擾，為了澄清謠言，他特地出席參議院戰爭行為調查委員會作證：「就我所知，在我的家人中，並無與南方通敵者。」

——據說 Mary Todd 是一個很奢侈的白宮女主人，她曾在四個月之內，買過三百雙手套，又花五千美元做三套晚禮服。在 1865 年林肯連任總統時，她購置衣物的負債，達二萬七千美元。林肯死後，她在精神上遭受重大打擊，身體也日益衰弱，到了 1875 年，甚至不得不住到瘋人院去療養。

——林肯的長子羅伯・陶德・林肯（Robert Todd Lincoln，（1843—

1926）曾目睹三位美國總統被刺。1865 年 4 月 14 日他的父親在華府福特戲院被刺時，他正在該戲院觀劇。1881 年他任加菲爾總統的軍政部長，是年的 7 月 2 日他在華府火車站親見加菲爾被刺。1901 年 9 月 6 日，他應麥金來總統之邀，前往紐約的布法羅（Buffalo）參觀泛美博覽會，當他到達會場時，只見許多人圍觀一倒臥在地的人，近前一看，原來是麥金來總統被人行刺。美國歷史上共有四位總統被人刺殺，（第四位為 1963 年的甘迺迪），林肯的兒子竟親眼看到三次，寧非怪事！

16.4　副總統

第一任期：韓慕林（Hannibal Hamlin）

生　卒：1809, 9, 29—1891, 7, 4

任　期：1861, 3, 4—1865, 3, 4

出生州：緬因州（Maine）

教　育：未進大學

政　黨：共和黨

簡　歷：律師，州議員，州議會議長，聯邦眾議員，聯邦參議員，州長。

第二任期：詹森（Andrew Johnson）

任　期：1865, 3, 4—1865, 4, 15

（餘見第十七任總統安德魯・詹森）

第十七任總統

A. 詹森

（Andrew Johnson）

生　卒：　1808, 12, 29—1875, 7, 31
任　期：　1865, 4, 15—1869, 3, 4
出生州：　北卡羅來納州（North Carolina）
代表州：　田納西州（Tennessee）
教　育：　未受任何正規學校教育
宗　教：　無特殊教派
政　黨：　民主黨（Democratic party，與林肯總統不同黨，為美國
　　　　　政壇一特例）
簡　歷：　裁縫師，市議員，市長，州議員，聯邦眾議員，田納西
　　　　　州長，聯邦參議員，副總統。
祖　先：　蘇格蘭人（Scottish）
夫　人：　Eliza McCardle，1827 年與詹森結婚。
子　女：　四子二女

17.1　生平大事記要

1808, 12, 29	生于北卡羅來納州的 Raleigh.
1822, 2, 18	開始在裁縫店當學徒。
1824	自開裁縫店于南卡羅來納州的 Laurens.
1826	移居田納西州的 Greensville，仍開裁縫店。
1827, 5, 5	在田州的 Greensville 與 Eliza McCardle 結婚。
1828-1830	任 Greensville 市議員。
1830-1833	Greensville 市長。
1835, 10, 5	當選田納西州議會議員。
1837	競選連任州議員失敗。
1839-1841	重任州議會議員。
1843, 3, 4- 1853, 3, 3	連任聯邦眾議員五屆。
1852	因田納西州眾議員選區重劃，他的本選區已為惠格黨所控制，未能當選連任聯邦眾議員，轉而競選田州州長，幸告成功。
1853-1855	田納西州州長。
1857, 10, 8- 1862, 3, 4	聯邦參議員。
1861	南方同盟政府成立時，詹森表示激烈反對，並宣佈繼續留任聯邦參議員，效忠聯邦政府。
1862, 3, 4- 1865, 3, 3	接受林肯總統的任命，出任田納西州軍事總督。
1864, 6, 7	以民主黨員的身分，被共和黨大會提名為該黨副總統候選人。
11, 8	當選副總統。
1865, 3, 4	宣誓就任副總統。

4, 15	林肯于14日遇刺而于本日傷重不治，詹森宣誓繼任總統。
1868, 2, 24	被聯邦眾議院提出彈劾。
5, 16	彈劾案被聯邦參議院否決，宣告無罪。
7	爭取民主黨總統候選人提名失敗。
1869, 3, 3	交卸總統職務，同年競選田州的聯邦參議員失敗。
1872	競選田州的聯邦眾議員失敗。
1874	再度競選田州的聯邦參議員，卒告成功。
1875, 3, 4	就任聯邦參議員。
7, 31	在田納西州的 Carter's Station 病逝，享壽六十六歲，葬于田州的 Greensville.

17.2 任內大事記要

1865, 4, 15	林肯總統傷重逝世，詹森宣誓繼任總統。
4, 26	南軍部隊三萬七千人，在北卡羅來納州的 Hillsboro 向北軍投降。 同日，刺殺林肯的兇手布斯（John Wilkes Booth），在維吉尼亞州 Bowling Green 的馬棚中被擊斃。
5, 2	詹森懸賞十萬美元，通緝南方同盟總統戴維斯。
5, 10	戴維斯在喬治亞州的 Irwinsville 被捕。
5, 26	南軍史密斯將軍（General Kirby Smith）率所部在紐奧良向北軍投降，至是南軍的抵抗全部停止，內戰宣告結束。美國四年內戰，雙方傷亡近百萬人。據統計：北軍死三十五萬九千五百二十八人，傷二十七萬五千一百七十五人；南軍死約二十五萬八千人，傷約十萬人。
6, 6	密蘇里州通過新憲法，剝奪同情南方分子的選舉權。 同日，詹森下令，凡南軍戰俘願宣誓效忠聯邦政府者，均予釋放。

1865, 6, 13-　詹森任命南方各州臨時州長。

　　　　7, 13

　　　　7, 7　謀殺林肯的布斯同黨四人，以絞刑正法。

　　　　9, 1　美國國債超過二十八億美元。

　　　12, 1　詹森下令，恢復北方各州的人身保護狀特權。

　　　12, 4　第三十九屆國會集會，否認南方同盟各州所選出的聯邦
　　　　　　　眾議員及參議員的資格。

　　　12, 18　憲法修正案第十三條批准生效，奴隸制度正式廢止。

1866, 2, 19　詹森否決延長自由黑人事務局（Freedmen's Bureau）
　　　　　　　法，加深國會與總統的裂痕。

　　　3, 2　國會通過兩院聯合決議，前南方同盟叛亂各州所已選出
　　　　　　　的聯邦參議員及眾議員，除非國會宣告承認，不生代表
　　　　　　　效力。

　　　4, 2　詹森頒發命令，宣佈南方各州叛亂狀態的終止。

　　　4, 9　詹森否決民權法 Civil Rights Act，同日被國會再通過生
　　　　　　　效。

　　　6, 16　國會通過憲法修正案第十四條。

　　　7, 16　詹森再否決自由黑人事務局新法，同日被國會再通過生
　　　　　　　效。

　　　7, 19　田納西州批准憲法修正案第十四條。

　　　7, 23　國會通過法律，以逐漸減少的方式，將聯邦最高法院的
　　　　　　　法官名額減為七人，以減少總統對最高法院法官的任命
　　　　　　　權。

　　　7, 24　國會通過兩院聯合決議，恢復田納西州在聯邦中的地
　　　　　　　位。

　　　7, 25　國會通過法律，規定聯邦參議員選舉的時間與方式。

，　　　7, 28　國會通過法律，美國度量衡採用米突制（Metric Sys-
　　　　　　　tem）。

1866　8, 20　全國勞工聯盟（National Labor Union）成立。

　　　　9, 3　南方各州的共和黨員在費城集會，支持國會對南方的重建政策。

　　　　9, 25　共和黨籍的退伍軍人在匹茲堡集會，支持國會對南方的重建政策。

1867, 1, 7　詹森否決賦予哥倫比亞特區黑人參政權的法案，翌日（1 月 8 日）國會再通過生效。

　　　　1, 31　國會通過法律，賦予美國各特區內的黑人參政權。

　　　　2, 9　詹森否決國會法律，拒絕內布拉斯加加入聯邦。

　　　　3, 1　截至本日為止，憲法修正案第十四條，已被三十七州中的十二州否決，前南方同盟的各州，除田納西外，全部拒絕批准。

　　　　　　　同日，國會再度通過詹森的否決案，使內布拉斯加（Nebraska）正式成為美國第三十七州。

　　　　3, 2　國會通過法律，設立教育部（Department of Education），但無內閣地位。

　　　　　　　同日，國會打消總統的否決，使任期法（Tenure of Office Act）再度通過生效。依其規定，非經參議院同意，總統不得對任何聯邦官吏行使免職權。

　　　　　　　同日，國會打消總統的否決，使重建法（Reconstruction Act）再度通過生效。依其規定，曾參加叛亂的南方十州（按田納西州已于 1866 年 7 月 24 日恢復在聯邦中的地位）應劃分為五個區，接受軍事管理。至是否准其重歸聯邦，視其能否給予黑人參政權及批准憲法修正案第十四條而定。

　　　　3, 11　詹森根據重建法的規定，任命南方五個軍區的指揮官。

　　　　3, 23　詹森否決重建法的補充法，當日國會再通過生效。

　　　　3, 30　美國與俄國簽訂條約，以七百二十萬美元的代價自俄國

購得阿拉斯加（Alaska）。該約於 4 月 9 日獲參議院通過，10 月 10 日俄國正式將阿拉斯加移交美國。

1867 4, 16　紐約州議會通過法律，設立免費公立學校。

5, 13　前南方同盟總統戴維斯于交保後自獄中釋放。

7, 19　國會打消詹森的否決，使重建法的第三項補充法再通過生效。

8, 5　詹森要求軍政部長史丹頓（Edwin McMasters Stanton）辭職，史氏拒不受命。

8, 12　詹森下令軍政部長史丹頓停職，並任命格蘭特將軍暫代軍政部長。

8, 28　美國據有太平洋中的中途島（Midway Islands）。

11, 25　國會眾議院司法委員會認為詹森總統違法失職，建議該院對他提出彈劾案。

12, 7　眾議院以一百零八票對五十七票，拒絕對詹森總統提出彈劾案。

12, 12　詹森向參議院致送咨文，申述軍政部長史丹頓停職的理由。

1868, 1, 13　參議院以三十五票對六票，拒絕軍政部長史丹頓停職，14 日史丹頓復職。

2, 21　史丹頓再度被詹森總統停職。

2, 24　眾議院以一百二十六票對四十七票，正式對詹森提出彈劾案，這是國會對總統提出彈劾案僅有的一次。

3, 5　參議院組織審判庭，審理總統的彈劾案，由最高法院院長蔡斯（Salmon Portland Chase）任審判長，正式審判于 3 月 13 日開始。

5, 16　彈劾案在參議院審判終結，舉行表決，贊成者三十五票，反對者十九票，以一票之差，未獲法定的三分之二多數，本案不成立，詹森總統宣告無罪。

1868, 5, 20-　共和黨大會在芝加哥舉行，提名格蘭特將軍為該黨總統
　　　21　候選人，考法斯（Schuyler Colfax）為副總統候選人。
　　5, 26　軍政部長史丹頓自動辭職。
　　5, 29　參議院同意以史各菲（John M. Schofield）繼任軍政部
　　　　　長。
　　6, 25　國會通過法律，建立聯邦公務員每日工作八小時的制
　　　　　度。
　　7, 4-9　民主黨大會在紐約舉行，提名賽穆爾（Horatio Sey-
　　　　　mour）為總統候選人，布來爾（Francis P. Blair, Jr.）為
　　　　　副總統候選人。
　　7, 25　懷俄明特區（Territory of Wyoming）成立。
　　7, 28　憲法修正案第十四條批准生效，使公民權獲得進一步保
　　　　　障。
　　11, 3　美國大選，共和黨的格蘭特當選總統。
　　12, 25　詹森總統頒佈大赦，所有在內戰中參加叛亂的分子，包
　　　　　括南方同盟總統戴維斯在內，均無條件免罪。
1869, 1, 12　第一次全國黑人代表大會在華府舉行。
　　2, 26　國會通過憲法修正案第十五條。

17.3　異聞趣事

——詹森是在北卡羅來納州出生的第二位總統，第一位為波克。
——他是結婚最早的總統，他結婚時只有十八歲，他的太太只有十
　　六歲。
——他是第一位早年不曾做律師或軍人的總統。
——他從未受過任何學校教育，他到十七歲時才由他的女朋友 Eliza
　　McCardle（即後來的太太）教他識字讀書。
——他是內戰爆發後，南方各州的國會議員，唯一繼續留任者。1862

年，當南北兩方正式以兵戎相見時，他是代表田納西州（其時已正式宣佈脫離聯邦）的聯邦參議員。為表示他擁護聯邦的決心及信念，他在參議院鄭重宣稱：「讓我們來維護我們的憲法，只有保存憲法，才能挽救聯邦，只有維持聯邦的完整，才能確保這個地球上最偉大的政府。」這一明確的聲明，贏得林肯總統及北方議員們的一致讚揚。1862 年，林肯命他回田納西州，擔任該州聯邦軍隊控制區的軍事總督，固是一種政略運用，也是對他忠貞的一項嘉勉。

——他是民主黨員，但在 1864 年共和黨卻提名他為該黨的副總統候選人。這是美國政黨政治中一個極為奇特的現象，但明眼人都知道，這又是林肯及共和黨人在當時的一種政略運用。因為詹森是南方人，卻是維護聯邦完整的一個堅強支持者，用他為副總統，可增加南方對聯邦政府的向心力。他在這種夾縫中脫穎而出，誠所謂時勢造英雄。

——在 1865 年 3 月 4 日總統、副總統就職的那一天，他因曾患傷寒，尚未完全復原，深怕宣誓就職時，精神不濟，於是自作聰明，以酒提神。當他到達典禮會場時，已經醺醺大醉，繼而瘋言瘋語，大談其出身微賤的事，使許多貴賓為之驚訝不已，這是歷來美國總統就職典禮上最大的笑話，但大家頗能諒解他，因為詹森不會喝酒，是眾所周知的事。

——他是被國會提出彈劾的第一位美國總統。南北戰爭結束後，國會仍為北方的激進共和黨員所控制。詹森是南方人，一向以維持聯邦的統一為職志，對戰後南方的重建政策，力持寬大，所以他對國會所通過不利于南方的各種法案，一律加以否決，引起國會的憤怒，乃于 1868 年的 2 月 24 日由眾議院對他提出彈劾案。但本案于同年 5 月在參議院審判終結時，因未獲法定的三分之二多數通過（表決時為三十五票對十九票，只差一票），未能成立，宣告無罪。

——1867 年 3 月 30 日，美國以七百二十萬美元向俄國購得 Alaska，
　　至今被認為是安德魯‧詹森任內最大的政績。

——他于卸任總統後，曾于 1869 年競選聯邦參議員，1872 年競選聯
　　邦眾議員，均遭失敗。1874 年再度競選聯邦參議員，終告成
　　功，這是前任總統再任參議員的僅有的一次。但在任僅三個月
　　餘即與世長辭。

17.4　副總統

無〔詹森以副總統繼任總統（他是林肯總統的副總統，林肯被刺身
　　亡後，繼任為總統），副總統缺位。〕

第十八任總統

U. S. 格蘭特

（Ulysses Simpson Grant）

生　卒：　1822, 4, 27—1885, 7, 23

任　期：　1869, 3, 4—1877, 3, 4

出生州：　俄亥俄州（Ohio）

代表州：　伊利諾州（Illinois）

教　育：　西點軍校畢業（U. S. Military Academy, West Point, N. Y.）

宗　教：　美以美教（Methodist）

政　黨：　共和黨（Republican Party）

簡　歷：　職業軍人，曾任美國陸軍各級部隊指揮官，南北戰爭後期北軍總司令，代理軍政部長。

祖　先：　蘇格蘭人（Scottish）

夫　人：　Julia Doggs Dent，1848 年與格蘭特結婚。

子　女：　三子一女

18.1　生平大事記要

1822, 4, 27	生于俄亥俄州的 Point Pleasant.
1823	全家自 Point Pleasant 移居 Georgetown.
1839, 7, 1	保送西點軍校。
1843, 7, 1	西點軍校畢業，在全班三十九人中，名列第二十一。畢業後分發第四步兵團任少尉軍官。
1846-1848	參加美、墨戰爭，先後受泰羅（Zachary Taylor）及施高特（Winfield Scott）兩將軍的指揮。
1847, 9, 8	晉升中尉。
1848, 8, 22	與 Julia Boggs Dent 結婚。
1853, 8, 5	晉升上尉。
1854-1859	自軍中退役，在密蘇里州的聖路易經營農場及地產生意。
1860-1861	移居伊利諾州的 Galena，幫助父親經營五金業及皮革店。
1861, 5, 17	內戰爆發後恢復軍職，任伊利諾州第二十一志願步兵團上校團長，對南軍作戰。 同年晉升准將。
1862, 2, 13-16	指揮 Fort Donelson（在田納西州境內）戰役，大獲全勝，俘南軍一萬四千人。
7, 11	受命為田納西州西區聯邦軍隊指揮官。
1863, 7, 4	攻克密西西比州的 Vicksburg，南軍投降者近三萬人，因功晉升美國陸軍少將。
10, 16	受命為聯邦軍隊西區指揮官。
11, 23-25	指揮 Chattanooga（在田納西州境內）會戰，苦戰得勝。
1864, 3, 10	膺命聯邦軍隊總司令，並晉升陸軍中將。
6, 1-3	在維吉尼亞州的 Cold Harbor 會戰中，敗于南軍羅伯‧李將軍。
1865, 4, 9	在維吉尼亞州的 Appomattox，接受南軍總司令羅伯‧

李將軍（General Robert E. Lee）的投降。

1866, 7, 25	晉升陸軍上將。
1867, 8, 12- 1868, 1, 13	代理軍政部長。
5, 21	被共和黨提名為該黨總統候選人。
11, 3	當選總統。
1869, 3, 4	就任美國第十八任總統。
1872, 11, 5	當選連任總統。
1873, 3, 4	連任總統就職。
1877, 3, 3	交卸總統職務。
1877-1879	周遊世界。
1880, 6, 7	爭取共和黨總統候選人失敗。
1883, 12, 24	跌倒受傷，從此以拐杖助步。
1884	在紐約投資失敗，損失所有財產。
1885	投資失敗後，著手撰述回憶錄，于逝世前四日完成，家人將其出賣，賺取版稅五十萬美元。
4, 2	正式受洗為美以美教徒。
7, 23	病逝紐約市，享壽六十三歲，葬于紐約市哈德遜河畔的河邊公園。

18.2 任內大事記要

1869, 3, 4	格蘭特就任美國第十八任總統。
3, 15	國會通過兩院聯合決議，提議修改憲法，賦予婦女參政權。
4, 10	國會修改司法法，恢復最高法院法官九人之數。
4, 13	參議院拒絕通過美國與英國所簽訂有關 Alabama 號賠償案的 Johnson-Clarendon 條約。

1869, 5, 10	美國東西橫貫鐵路全線通車。
7, 13	舊金山發生反對中國勞工暴動。
9	全國禁酒黨（National Prohibition Party）在芝加哥成立。
12, 6	美國黑人勞工大會在華府舉行。
1870	美國人口三八,五五八,三七一人。
1870, 3, 30	憲法修正案第十五條（保障公民投票權）批准生效。
3, 31	國會通過憲法修正案第十五條的執行法。
7, 15	國會通過法律，恢復喬治亞州在聯邦中的地位。至此南方同盟的十一州全部重歸聯邦。
7, 24	第一輛自西岸橫貫大陸的火車駛抵紐約市。
8, 22	格蘭特總統宣佈，美國在普、法戰爭中保守中立。
12, 5	第四十一屆國會第三會期開議，各州均有議員代表，為自 1860 年 12 月南北分裂以來，國會第一次大團圓。
1871, 2, 21	國會通過法律，設立哥倫比亞特區區域政府。
3, 3	國會通過法律，設立文官委員會（Civil Service Commission）。
3, 9	參議院通過決議，解除薩姆拉參議員（Senator Charles Summer）的外交委員會主席職務。
4, 20	國會通過制裁三 K 黨法（Ku-Klux-Klan Act），授權總統得停止人身保護狀（Writ of Habeas Corpus）及使用武力，以鎮壓南方各州專以威嚇黑人為目的的三 K 黨徒。
5, 8	美國與英國簽訂華盛頓條約，延長美國與加拿大漁業協定的效期，並規定 Alabama 號賠償案的仲裁方法。
10, 8	芝加哥大火，延燒達二十四小時，二百人死亡，七萬人無家可歸，財產損失近兩億美元。
10, 24	洛杉磯發生種族暴動，十五名中國人被殺。
1872, 2, 2	國會通過法律，規定自 1876 年開始，國會議員的選

舉，應于選舉年的 11 月內第一個星期一後的星期二舉行。

1872, 2, 22　禁酒黨全國代表大會在俄州的哥倫布（Columbus）舉行，提名布拉克（James Black）為總統候選人，羅素（John Russell）為副總統候選人。

3, 1　國會通過法律，設立國立黃石公園（Yellowstone National Park）。

5, 1　自由共和黨（Liberal Republican Party）在俄亥俄州的辛辛拉提（Cincinnati）舉行大會，提名格瑞利（Horace Greeley）為總統候選人，布朗（B. Gratz Brown）為副總統候選人。

5, 10　平權黨〔Equal Rights Party，又稱人民黨（People's Party）〕在紐約集會，提名伍德哈爾太太（Mrs. Victoria Claflin Woodhull）為總統候選人，為美國第一位女總統候選人，道格拉斯（Frederick Douglass）為副總統候選人，為美國第一位黑人副總統候選人。

6, 5-6　共和黨大會在費城舉行，提名格蘭特競選連任總統，威爾遜為副總統候選人。

6, 10　國會通過法律，自由黑人事務局自本月 10 日起廢止。

7, 9　民主黨大會在巴的摩爾舉行，提名格瑞利為總統候選人，布朗為副總統候選人。

9, 14　日內瓦仲裁法庭裁定 Alabama 號案，英國應賠償美國一千五百五十萬美元。

11, 5　美國大選，格蘭特當選連任總統。

1873, 3, 3　國會通過法律，總統年薪自二萬五千元增至五萬元，國會議員年薪自五千元增至七千五百元。

3, 4　格蘭特總統連任就職。

4, 14　在 Slaughter-House 等案中，最高法院判稱：憲法修正

案第十四條的規定，于專屬於各州的民權事務，不適用之。這是最高法院對本條適用範圍的第一次解釋。

1873, 9　美國發生經濟恐慌，紐約證券交易所于本月 20 日至 30 日關閉十天。至本年底，全國商業公司倒閉者達五千餘家。

1874, 1, 21　威特（Morrison R. Waite）繼蔡斯（Salmon Portland Chase）（已于 1873 年 5 月 7 日去世）為最高法院院長。

　　3, 4　在 Bartemeyer v. Iowa 一案中，最高法院判稱：否定人民賣酒的權利，于憲法修正案第十四條有關公民權的保障，並無違背。

　　5, 8　麻薩諸塞州通過法律，規定職業婦女每天工作的時間，不得超過十小時。

　　6, 20　哥倫比亞特區政府廢止，改以國會直接管理。

　　12, 7　密西西比州的 Vicksburg 發生種族暴動，七十五名黑人被殺。

1875, 2, 30　美國與夏威夷簽訂互惠商務條約，並規定夏威夷的領土不受任何第三國的處置。

　　3, 1　國會通過民權法（Civil Rights Act），保障黑人享受公共場所及參加陪審團的平等權利。

　　3, 30　在 Minor v. Happersett 一案中，最高法院判稱：憲法修正案第十四條的規定，並不剝奪各州設立其公民參政權要件之權力。

　　5, 29　格蘭特總統勉強宣佈，並無競選第三次連任的意圖。

　　11, 22　副總統威爾遜（Henry Wilson）在華府去世。

　　12, 6　第四十四屆國會開議，民主黨在眾議院佔多數席次，為 1859 年以來的第一次。

1876, 3, 2　眾議院以軍政部長柏克那普（William W. Belknap）違法失職，對他提出彈劾案，本案在參議院審判後，于 8 月 1 日宣告無罪。

1876, 3, 10　　貝爾（Alexander Graham Bell）電話機正式使用通話。

　　　3, 27　　在 United States v. Cruikshank 一案中，最高法院判稱：
　　　　　　　憲法修正案第十四條保障公民權的規定，只能拘束各州
　　　　　　　政府的行為，不及于各州人民的個人行為。這一判決使
　　　　　　　1871 年制裁三 K 黨法的效果大為減低。
　　　　　　　同日，在 United States v. Reese 一案中，最高法院判
　　　　　　　稱：憲法修正案第十五條保障公民投票權的規定，只有
　　　　　　　消極地禁止聯邦及各州對公民的投票權加以某些限制，
　　　　　　　並未積極地賦予公民以投票權。這一解釋使南方各州黑
　　　　　　　人的參政權受到極大阻礙。

　　　5, 10　　為期七個月的國際博覽會，在費城的費蒙公園（Fair-
　　　　　　　mont Park）揭幕，以慶祝美國建國百週年，格蘭特總
　　　　　　　統親自前往主持盛典。展品中以打字機及電話最引起觀
　　　　　　　眾的興趣，于 11 月 10 日圓滿閉幕。

　　6, 14-16　　共和黨大會在辛辛拉提舉行，提名海斯為總統候選人，
　　　　　　　惠勒為副總統候選人。

　　6, 27-29　　民主黨大會在聖路易舉行，提名狄爾登（Samuel J. Til-
　　　　　　　den）為總統候選人，漢粹克（Thomas A. Hendricks）
　　　　　　　為副總統候選人。

　　　8, 1　　科羅拉多（Colorado）成為美國第三十八州。

　　　11, 7　　美國大選，因選票計算發生糾紛，無法判定何人當選總
　　　　　　　統，據初步統計，民主黨候選人狄爾登得總統選舉人票
　　　　　　　一百八十四票，共和黨候選人海斯得一百六十五票，均
　　　　　　　未獲全部總統選舉人票半數的一百八十五票。

　　　12, 12　　禁酒的憲法修正案，首次由新漢普夏州眾議員布來爾
　　　　　　　（Henry W. Blair）提出于眾議院。

1877, 1, 29　　國會通過總統選舉人票計算法（Electoral Count Act），
　　　　　　　設立一選票計算委員會，由國會兩院及最高法院各選五

位代表組織之，以審定 1876 年 11 月 7 日各黨總統候選人所得選舉人票的確數。

1877, 3, 2　國會正式宣佈，共和黨總統候選人海斯得總統選舉人票一百八十五票，民主黨候選人狄爾登得一百八十四票，海斯當選總統。

18.3　異聞趣事

——格蘭特是在俄亥俄州出生的第一位總統。

——他一生曾三次改名，出生時父母給他取名 Hiram Ulysses Grant，長大後他自己將第一字與第二字易位，改為 Ulysses Hiram Grant，1839 年他被保送西點軍校時，保薦他的本區聯邦眾議員哈默（Thomas Lyon Hamer），把他的名字誤寫為 Ulysses Simpson Grant，他對此並未提出更正，從此就一直使用這個名字。

——他是西點軍校畢業的第一位總統，第二位為艾森豪。他在西點畢業時（1843 年），名列全班三十九人中的第二十一。

——他的成名，始于南北戰爭，在此以前，可以說籍籍無名。內戰爆發後，他是西區北軍主要指揮官之一，由於在戰爭中屢建奇功，深得林肯總統的賞識。1864 年 3 月 10 日林肯任命他為聯邦軍隊總司令，並晉升陸軍中將。為表示隆重，林肯特地請他至華府，在白宮內閣會議廳親自主持佈達式，並發表簡短演說，讚揚他的戰功，聯邦政府顯要，包括全體內閣閣員，均在場觀禮，使格蘭特深為感動。

——格蘭特認為他畢生最大的光榮，乃是 1865 年 4 月 9 日在維吉尼亞州的 Appomattox 接受南軍總司令羅伯·李的投降。李將軍（General Robert Edward Lee）于 1807 年 1 月 19 日生于維吉尼亞州，1829 年畢業于西點軍校，較格蘭特早十四年。其人允文允武，智勇雙全，在美、墨戰爭中已經嶄露頭角，其後歷任重

要軍職及西點軍校校長。內戰爆發時，林肯任其為聯邦軍隊陸
軍指揮官，拒不受命，轉而返回故鄉維吉尼亞州，擔任本州部
隊總指揮，對北軍作戰。憑其天賦的智勇，在南北戰爭初期，
幾乎戰無不勝，攻無不克，使北軍聞名喪膽。1863 年 7 月賓州
蓋茨堡一役，遭遇挫折敗退，自是南方同盟一蹶不振。1865 年
2 月臨危受命，接任南軍總司令，終以大勢已去，無法挽回，乃
于同年 4 月 9 日率部向北軍總司令格蘭特投降。內戰結束後，
出任 Washington College 校長，于 1870 年 10 月 12 日病逝維州
的 Lexington，享壽六十三歲。

——格蘭特是一個喜抽雪茄煙的癮君子。據說他這一習慣的養成，
始于 1862 年 2 月的 Fort Donelson 戰役。在此役中，他大勝南
軍，俘敵一萬四千人，各地報紙在報導此一大捷時，有一花邊
新聞，說他在大戰正酣時，口銜雪茄，精神百倍，使得將士用
命，奮勇向前，乃獲全勝云。於是大戰結束後，各地人民前往
勞軍者，莫不攜帶大批雪茄，前後竟達數萬支。為了不辜負人
民的好意，乃開始大抽雪茄，終於上了癮，以後每天非二十支
不可。

——1884 年他在紐約從事銀行投資失敗，全部財產虧蝕一光。國會
為使他生活無慮，曾于 1885 年 3 月 3 日通過一項特別法案，恢
復其退役陸軍上將職，使他得領全部上將年俸。他于投資失敗
後，感到百無聊賴，因而集中心力寫回憶錄，此書于他逝世前
四日完成，在他死後才正式出版。一時洛陽紙貴，為他的家人
賺得五十萬美元的版稅。

——格蘭特死後葬于紐約市，其墓在曼哈頓（Manhattan）西區的哈
德遜河畔，為一圓形建築，離哥倫比亞大學不遠。遜清名臣李
鴻章訪美時，曾在墓旁植樹一棵，並立碑記其事，至今樹、碑
猶在，常為旅遊紐約的中國人士憑弔之處。（筆者在哥大求學
時，亦曾數度帶國人去其墓地參觀）。

18.4　副總統

第一任期：考法斯（Schuyler Colfax）

　　生　卒：1823, 3, 23—1885, 1, 13

　　任　期：1869, 3, 4—1873, 3, 4

　　出生州：紐約市（New York）

　　教　育：未進大學

　　政　黨：共和黨

　　簡　歷：報人，印地安那憲法會議代表，聯邦眾議員，眾議院
　　　　　　議長。

第二任期：威爾遜（Henry Wilson）

　　生　卒：1812, 2, 16—1875, 11, 22

　　任　期：1873, 3, 4—1875, 11, 22（死於任所）

　　出生州：新漢普夏州（New Hampshire）

　　教　育：未進大學

　　政　黨：共和黨

　　簡　歷：報人，麻薩諸塞州議會議員，聯邦參議員。

第十九任總統

R. B. 海斯

（Rutherford Birchard Hayes）

生　卒：　1822, 10, 4—1893, 1, 17

任　期：　1877, 3, 4—1881, 3, 4

出生州：　俄亥俄州（Ohio）

代表州：　同上

教　育：　肯庸學院及哈佛大學法學院畢業

宗　教：　無特殊教派

政　黨：　共和黨（Republican Party）

簡　歷：　律師，檢察官，聯邦眾議員，俄亥俄州長。

祖　先：　英格蘭人（English）

夫　人：　Lucy Ware Webb，1852 年與海斯結婚。

子　女：　七子一女

19.1　生平大事記要

1822, 10, 4	生于俄亥俄州的 Delaware.
1838	肄業于俄亥俄州的 Academy of Norwalk.
1838	入肯庸學院深造。
1842, 8, 3	肯庸學院畢業。
1843-1845	哈佛大學法學院研究，于 1845 年畢業。
1845	通過律師考試，設律師事務所于俄州的 Sandusky（現為 Fremont）。
1849	移居辛辛拉堤，繼續做律師。
1852, 12, 30	與 Lucy Ware Webb 結婚。
1857-1861	任辛辛拉堤市政府檢察官。
1861, 6, 27	投筆從戎，任俄州第二十三志願步兵團少校，在西維吉尼亞一帶對南軍作戰。
10, 24	晉升中校。
1862, 9, 14	在馬里蘭州的 South Mountain 戰役中奮戰負傷，因功晉升上校。
1863	轉戰各地，並曾一度代理師長。
1864, 9, 22	大勝南軍于 Fisher's Hill（在維吉尼亞州）。
10, 9	晉升志願軍准將。
10, 19	在 Cedar Creek（在維吉尼亞州）戰役中，因戰馬被敵軍射殺，摔地受傷。
1865, 3, 3	因功加志願軍少將銜。
1865, 3, 4- 1867, 7, 20	聯邦眾議員。
1867, 8	接受俄亥俄州共和黨州長提名。
1868, 1, 13	當選俄亥俄州長。
1869	當選連任州長。

1872	競選聯邦眾議員失敗，暫時退出政壇。
1876, 1, 10- 1877, 3, 2	重任俄州州長。
1876, 6, 15	被共和黨提名為總統候選人。
11, 7	在大選中所得選票較民主黨候選人狄爾登為低，但因選票計算發生糾紛，無法確定何人當選。
1877, 3, 2	國會審查選票結果，正式宣佈他當選總統。
3, 5	宣誓就任美國第十九任總統（因3月4日為星期日，故宣誓典禮改于本日舉行）。
1880	拒絕競選連任。
1881, 3, 3	交卸總統職務，專心從事慈善事業。
1883	當選全國監獄協會（National Prison Association）理事長。
1889, 6, 25	夫人去世。
1893, 1, 17	病逝俄亥俄州的 Fremont，享壽七十歲，葬于 Fremont.

19.2 任內大事記要

1877, 3, 5	海斯就任美國第十九任總統。
4, 24	海斯下令撤退駐路易斯安那州紐奧良市的聯邦部隊，結束聯邦政府對南方的軍事統治。
6, 14	美國慶祝第一屆國旗節，紀念美國國旗建立百週年。
1878, 1, 17	美國與太平洋中的 Samoa 簽訂友好通商條約，並獲得在後者的 Pago Pago Harbor 設立海軍基地之權。
2, 19	愛迪生（Thomas Alva Edison）取得留聲機專利權。
3, 25	在 Pensacola Telegraph Co. v. Western Union Telegraph Co.一案中，最高法院判稱：規定州際通商之權，包括規定通商工具之發展在內。

1878, 7, 11　海斯免除紐約港海關監督亞瑟（Chester A. Arthur，即
　　　　　　後來的美國第二十一任總統）的職務。

　　10, 4　海斯接見中國駐美大使館官員，為美國總統接見中國外
　　　　　　交使節的第一次。

　　11, 5　國會改選，民主黨控制參、眾兩院，為 1858 年以來的
　　　　　　第一次。

　　12, 17　阿拉巴馬州聯邦參議員摩根，在參議院的一項辯論中，
　　　　　　首次提出所謂「堅固的南方」（Solid South）一詞，意
　　　　　　謂南方各州為民主黨的堅固基地，無論民意代表或總統
　　　　　　候選人，均非民主黨員莫屬。自 1928 年以後，此一傳
　　　　　　統已被打破。

1879, 2, 15　國會通過法律，准許女律師在聯邦最高法院執行業務。

　　3, 1　海斯否決國會所通過限制中國移民的法律，因該法有違
　　　　　　1868 年中、美條約精神。

　　5, 7　加州人民投票通過新憲法，內有禁止中國人在該州工作
　　　　　　的規定。

　　10, 21　愛迪生發明電燈。

1880　　　美國人口五〇,一五五,七八三人。

1880, 3, 1　在 Strauder v. West Virginia 一案中，最高法院宣佈西維
　　　　　　吉尼亞州的一條法律違憲，因該條法律禁止黑人參加陪
　　　　　　審團。

　　5, 6　反對總統第三次連任的共和黨員在聖路易集合，拒絕考
　　　　　　慮前總統格蘭特再為該黨總統候選人。

　　6, 2-8　共和黨大會在芝加哥舉行，提名加菲爾為總統候選人，
　　　　　　亞瑟為副總統候選人。

　　6, 22-24　民主黨大會在辛辛拉堤舉行，提名漢考克將軍（Gen-
　　　　　　eral Winfield S. Hancock）為總統候選人，英格力斯
　　　　　　（William H. English）為副總統候選人。

1880, 11, 2　　美國大選，加菲爾當選總統。

　　　11, 7　　美國與中國簽訂華工禁約（Chinese Exclusion Treaty），
　　　　　　　滿清政府給予美國「規定，限制或停止」華工入境之
　　　　　　　權。

　　　12, 20　紐約百老匯路（Broadway）開始裝設電燈。

19.3　異聞趣事

——海斯是在俄亥俄州出生的第二位總統，第一位為格蘭特。

——他是在 3 月 5 日（因 3 月 4 日為星期日）宣誓就職的第三位總
統，前兩位是門羅（1821 年 3 月 5 日）及泰羅（1849 年 3 月 5
日），均因 3 月 4 日為星期日，順延一日。

——1876 年的總統選舉，是美國歷史上最滋糾紛的一次。就已經確
定的票數而言，民主黨候選人狄爾登（Samuel Jones Tilden，時
任紐約州長）得人民選票四百三十萬零五百九十票，總統選舉
人票一百八十四票；共和黨候選人海斯得人民選票四百零三萬
六千二百九十八票，總統選舉人票一百六十五票。狄爾登所得
的人民選票較海斯多二十餘萬票，總統選舉人票多十九票。依
常理判斷，是年的總統當選人應為狄爾登，而非海斯，因為這
年總統選舉人票的總數為三百六十九票，過半數為一百八十五
票，狄爾登所得，離法定多數，僅差一票，只要在四個選票計
算發生糾紛的州（佛羅里達四票，路易斯安那八票，南卡羅來
納七票，奧勒岡的三票中，兩票已確定為海斯所得，只有一票
因總統選舉人資格發生問題，無法判定誰屬，合而言之，發生
糾紛的總統選舉人票共為二十票）再多得一票，就告當選總統，
但這年的情勢非常特別，在四個選票發生糾紛的州，民主、共
和兩黨各有一份選舉報告，都說本黨獲勝。遇此情形，原應由
國會兩院組織一聯合委員會，判定選票的歸屬。但當時的眾議

院為民主黨所控制，參議院為共和黨所控制，即使組織聯合委員會，仍無法打開僵局。無可奈何，只好由兩院通過一特別法案，成立一 Electoral Commission，由參、眾兩院及最高法院各選代表五人組織之，期以五位大法官的超然地位，來解決此一糾紛。惟五位法官代表中，三位原屬共和黨，兩位原屬民主黨，雖曰法官應超出黨派以外，遇此重要問題，仍無法免俗，於是委員會以八票對七票（1877 年 3 月 2 日），判定全部引起糾紛的二十張總統選舉人票，皆歸海斯所得，海斯遂以一百八十五票（法定的最低當選票數）當選總統。由於這一判決，不能使人折服，所以海斯的外號又有「騙來總統」（Fraud President）之稱。

——他因當選總統時，招致不少物議，故在做滿一任四年後，拒絕競選連任。他對自己能在白宮平安度過四年，感到頗為滿足。1881 年 1 月 1 日，他在給他的老同學 Guy Bryan 的信上說：「我現在快要離開總統職務了，與其他總統比較起來，我將以較少的遺憾，較少的失望，較少的傷心，或較多的滿足，離開此一職務。」

——在海斯的四年總統任內，美國在科學上有卓越的成就。白宮的電話及電燈，都是在這一期間內裝設。當愛迪生發明留聲機時，海斯曾請他親自到白宮表演。

——他的夫人 Lucy Ware Webb 畢業于 Cincinnati's Wesleyan Female College，為第一位大學畢業的白宮女主人。她畢生滴酒不沾，在白宮期間，所有招待會，皆以檸檬汁代替，所以她的綽號又叫「檸檬汁露西」（Lemonade Lucy）。他們夫婦都是虔誠的基督徒，每日起床後必跪地禱告，就寢前必唱讚美詩，數十年如一日，從未間斷。

——海斯于 1881 年 3 月 4 日交卸總統後，即乘火車離華府，不意在巴的摩爾附近發生撞車事件，導致兩人死亡，數十人受傷的慘

劇。海斯從他的座位上摔出老遠,但全身竟毫髮未損,可謂吉人天相。

19.4 副總統

惠勒(William Almon Wheeler)

　　生　卒:1819, 6, 30—1887, 6, 4

　　任　期:1877, 3, 4—1881, 3, 4

　　出生州:紐約州

　　教　育:佛蒙特大學肄業,University of Vermont, Burlington, Vt.

　　政　黨:共和黨

　　簡　歷:律師,法官,州議員,聯邦眾議員。

第二十任總統

J. A. 加菲爾

（James Abram Garfield）

生　卒：　1831, 11, 19—1881, 9, 19
任　期：　1881, 3, 4—1881, 9, 19（在任半年多，死於任所）
出生州：　俄亥俄州（Ohio）
代表州：　同上
教　育：　威廉斯學院畢業
宗　教：　基督聖教徒（Disciples of Christ）
政　黨：　共和黨（Republican Party）
簡　歷：　律師，教授，州議員，聯邦眾議員，聯邦參議員（已當
　　　　　選，但未就任）。
祖　先：　英格蘭人（English）
夫　人：　Lucrelia Rudolph，1858 年與加菲爾結婚。
子　女：　五子二女

20.1　生平大事記要

1831, 11, 19	生于俄亥俄州的 Orange.
1833, 5, 8	父親去世。
1841-1847	在農場幫寡母做工，利用餘暇在附近學校讀書。
1848-1849	在俄亥俄州的運河區擔任木匠及舵手。
1849, 3, 6	正式入俄州的 Geauga Seminary 肄業。
1851-1854	肄業于俄州的 Western Reserve Eclectic Institute（後改為 Hiram College）。
1854	轉入麻薩諸塞州的 Williams College（Williamstown, Mass.）三年級肄業。
1856	畢業于 Williams College.
1856-1857	執教于母校 Hiram College，主講希臘文、拉丁文、高級數學、歷史學及哲學。
1858	被任為 Hiram College 校長，年僅二十六歲。至 1861 年投筆從戎時為止，在任共四年。
1858, 11, 11	與 Lucrelia Rudolph 結婚。
1859-1861	擔任俄州議會參議員，仍兼校長。
1860	參加律師公會。
1861, 8, 21	參加內戰，任俄州第四十二志願軍步兵團中校。
11, 27	晉升上校。
1862, 1, 11	晉升志願軍准將。
	同年 11 月當選聯邦眾議員，仍留軍中服務。
1863, 9, 19	晉升志願軍少將。
12, 5	自軍中退役，就任聯邦眾議員，自本年起至 1880 年止，連任眾議員九次。
1876	當選眾議院共和黨領袖。
1880, 1, 13	被俄州議會選舉為聯邦參議員，其任期自 1881 年 3 月

4 日開始。

1880, 6, 8	被共和黨提名為該黨總統候選人。
11, 2	在大選中擊敗民主黨候選人漢考克（Winfield Scott Hancock），當選美國總統。
11, 8	辭去聯邦眾議員職。
12, 23	因已當選總統，放棄聯邦參議員當選人資格。
1881, 3, 4	就任美國第二十任總統。
7, 2	在華府火車站被 Charles Julius Guiteau 行刺重傷。
9, 6	自華府移往新澤西州的 Elberon 養傷。
9, 19	在 Elberon 去世，享壽四十九歲，葬于俄亥俄州克利夫蘭市的 Lake View Cemetary.

20.2　任內大事記要

1881, 3, 4	加菲爾就任美國第二十任總統。
3, 23	加菲爾任命紐約州聯邦參議員康克林的政敵勞勃森（William H. Robertson）為紐約港海關監督。
5, 16	紐約州的兩位聯邦參議員康克林（Roscoe Conkling）及浦拉特（Thomas C. Platt），因加菲爾對勞勃森的任命案事前未徵詢彼等意見，提出抗議無效，同時向參議院提出辭職。
5, 18	參議院正式通過勞勃森的任命案。
5, 21	美國紅十字會成立。
7, 2	加菲爾總統在華府賓夕凡尼亞火車站遇刺，延至 9 月 19 日傷重逝世。

20.3　異聞趣事

——加菲爾是在俄亥俄州出生的第三位總統，前兩位為第十八任總統格蘭特及第十九任總統海斯。

——他是死于任所的第四位總統，前三位為威廉・亨利・哈里遜、泰羅及林肯。

——他是被刺身亡的第二位總統，第一位為林肯。1881年7月2日，加菲爾擬自華府乘火車前往麻薩諸塞州，參加母校 Williams College 同班畢業同學二十五週年的團聚。不料于登車前突然遇刺，身中兩槍，一在手臂，一在後背。其時愛克斯光尚未發明，背上的一顆子彈，始終無法找出其正確部位，延至9月19日不治逝世。在任不過二百天，享壽未滿五十歲。兇手 Charles Julius Guiteau，為一謀職不遂者，他曾千方百計謀求美國駐巴黎的領事職務而無法償願，於是遷怒于總統，出此行刺的下策。他于1881年11月14日判處死刑，1882年6月31日絞死于華府獄中。由於加菲爾的被刺，使美國朝野深切體認到分贓制度的弊害，於是國會于1883年1月通過 Pendleten Civil Service Act，實行以考試取士的文官制度。

——他是用左手寫字的第一位總統。

——加菲爾素以勇敢著稱。當南北戰爭發生後，他以大學校長的身分投筆從戎，每戰身先士卒，不二年積功升至少將。1863年，他在馬里蘭州的 Chestertown 發表演說，闡述廢止奴隸制度的精義，為聽眾中的南方同情分子投擲雞蛋，加菲爾極為憤怒，聲色俱厲地說：「我剛從戰場上回來，與頑敵搏殺尚且不怕，豈懼汝等懦夫叛徒！」說罷繼續演說，一股懍然不可侵犯的神態，使那些搗亂分子抱頭鼠竄而去。

——他也是一位黑馬總統，1880年6月在芝加哥舉行的共和黨總統候選人提名大會，爭取提名的兩位主角是前任總統格蘭特及前

任聯邦眾議院議長布賴恩（James Gillespie Blaine），加菲爾只是陪襯而已。他在第一次投票時未得一票，在第二、三、四、五次投票時只得一票，因此中途宣佈退出競選。及至第十九次投票時，因見候選人仍無法產生，重又參加競選，但一直到第三十次投票時仍僅獲得兩票，而其後的三次投票，復又減為一票。直至第三十四次投票時才開始峰迴路轉，直線上升，終在第三十六次投票中以三百九十九票獲選提名。是年共和黨大會的代表總數為七百五十五人，過半數為三百七十八票。

在這年 11 月 2 日的大選中，他也僅以九千四百六十四票的微末多數，險勝民主黨候選人漢考克。不過他得到的總統選舉人票為二百十四票，漢考克僅有一百五十五票。

——他在 1880 年的 11 月 2 日，具有三項聯邦要職的資格。他是現任聯邦眾議員，任期要到 1881 年 3 月 3 日終止。他于 1880 年 1 月 13 日被俄州議會選舉為聯邦參議員，任期從 1881 年的 3 月 4 日開始，現在又當選為美國總統，所以在 11 月 2 日他一人兼具三項榮銜，即：聯邦眾議員、聯邦參議員當選人及總統當選人。

——他幼年喪父，少年貧寒，但二十六歲時榮任大學校長，三十一歲時官拜陸軍少將，所以一向自視極高，他曾傲然地說：「別人對我怎麼想，怎麼說，我全不理會，我只重視一個人的意見，那就是我加菲爾的意見。」

20.4　副總統

亞瑟（Chester Alan Arthur）

　　任　期：1881, 3, 4—1881, 9, 19

　　（餘見第二十一任總統亞瑟）

第二十一任總統

C. A. 亞瑟

（Chester Alan Arthur）

生　卒：　1830, 10, 5—1886, 11, 18
任　期：　1881, 9, 20—1885, 3, 4
出生州：　佛蒙特州（Vermont）
代表州：　紐約州（New York）
教　育：　聯合學院畢業
宗　教：　聖公會（Episcopalian）
政　黨：　共和黨（Republican Party）
簡　歷：　教員，律師，軍法官，紐約港海關監督，副總統。
祖　先：　蘇格蘭人（Scottish）
夫　人：　Ellen Lewis Herndon，1859 年與亞瑟結婚。
子　女：　二子一女

21.1　生平大事記要

1830, 10, 5	生于佛蒙特州的 Fairfield.
1844	在紐約州 Schenectady Lyceum School 讀書。
1845	進入 Union College（Schenectady, N.Y.）二年級肄業。
1848	畢業于 Union College.
1848-1853	一面教書，一面自修法律。
1851	任佛蒙特州 North Pownal 學校校長。
1853	通過律師考試，設律師事務所于紐約市。
1857	任紐約州民軍第二旅軍法官。
1859, 10, 25	與 Ellen Lewis Herndon 結婚。
1860	任紐約州民軍同准將總工程師。
1862, 7, 10	轉任同准將補給局長，支援紐約州民軍對南軍作戰。
1863	辭去公職，在紐約市重操律師業務。
1869	出任紐約市稅務局顧問。
1871, 11, 24	接受格蘭特總統任命，出任紐約港海關監督。
1878, 7, 11	被海斯總統免除紐約港海關監督職務。
1878	恢復紐約市的律師業務。
1880, 6, 8	被共和黨提名為該黨副總統候選人。
11, 2	當選副總統。
1881, 3, 4	就任副總統。
7, 2	加菲爾總統被刺重傷。
9, 19	加菲爾傷重去世。
9, 20	宣誓繼任總統。
1884, 6	爭取共和黨總統候選人提名失敗。
1885, 3, 3	交卸總統職務，息影紐約市。
1886, 11, 18	在紐約市逝世，享壽五十六歲，葬于紐約州的 Albany.

21.2　任內大事記要

1881, 9, 20　加菲爾總統于 19 日傷重不治，亞瑟於本日宣誓繼任總統。

11, 14　行刺加菲爾的兇手 Charles Guiteau 以謀殺罪判處死刑，于 1882 年 6 月 31 日絞死華府獄中。

12, 1　國務卿布賴恩（James G. Blaine）宣佈：夏威夷群島為美國體系中的一部分，在門羅主義適用範圍之內。

12, 12　國務卿布賴恩辭職，亞瑟任命佛林谷生（Frederick T. Frelinghuysen）繼任。

1882, 1, 2　洛克菲勒（John D. Rockefeller）組織標準汽油信託公司（Standard Oil Trust）。

3, 22　國會通過 Edmunds Act，禁止多妻主義者服公職及行使投票權。

4, 4　亞瑟總統否決限制華工移民法。

5, 6　國會通過法律，禁止中國勞工入境十年。

5, 22　美國與高麗簽訂友好通商條約，承認後者的獨立地位。

11, 7　克利夫蘭（Grover Cleveland）當選紐約州長。

1883, 1, 16　國會通過 Pendleton Civil Service Reform Act，建立以考試取士的聯邦文官制度。

3, 9　文官委員會（Civil Service Commission）成立。

11, 8　美國制定標準時間，將全國劃分為四個時區。

1884, 3, 4　愛阿華州通過禁酒法。

5, 6　前總統格蘭特在紐約市的證券交易所倒閉，全部財產損失精光。

5, 14　紐約市發生經濟恐慌，影響所及，全國銀行倒閉者達一萬零六百九十八家。

5, 17　阿拉斯加特區政府成立。

6, 3-6　共和黨大會在芝加哥舉行，提名布賴恩為總統候選人，

羅根（John A. Logan）為副總統候選人。

1884, 6, 27　國會通過法律，在內政部設立勞工局（Bureau of Labor）。

7, 8-11　民主黨大會在芝加哥舉行，提名克利夫蘭為總統候選人，漢粹克為副總統候選人。

7, 23　禁酒黨在匹茲堡集會，提名約翰（John Pierce St. John）為總統候選人，丹尼爾（William Daniel）為副總統候選人。

11, 4　美國大選，克利夫蘭當選總統。

12, 16　世界工業棉花百年展覽會在紐奧良揭幕。

1885, 2, 21　華府的華盛頓紀念塔（Washington Monument）舉行奉獻典禮，由亞瑟總統親自主持，紀念塔于 1848 年 7 月 4 日破土奠基，1884 年 12 月 6 日建築完成，費時三十六年。

21.3　異聞趣事

——亞瑟是在佛蒙特州出生的第一位總統。

——他是第四位以副總統身分繼任的總統，前三位為泰勒、費爾摩及安德魯・詹森。

——就資歷而言，在美國所有總統中，以亞瑟為最差。他在當選副總統以前，從未當選過任何公職。他擔任公務員的最高職務為紐約港海關監督，他從無野心甚至未夢想到會成為美國總統。1880 年 6 月共和黨大會在芝加哥舉行時，他只是該黨紐約州的代表之一，他的主要目的是在幫他的老靠山前總統格蘭特，再度爭取共和黨總統候選人提名。但是年共和黨內的兩位主要候選人格蘭特及布賴恩勢均力敵，以致在三十多次投票中，仍無人獲選提名。至第三十六次投票時，共和黨的改革派加菲爾異

軍突起,在布賴恩的充分支持下,意外地獲得提名,總統候選人既為改革派所得,為了保持黨內的團結,增加競選時的號召力,加菲爾希望以紐約代表團為主力的格蘭特派提出一位副總統候選人。紐約代表們因格蘭特未獲提名,極為憤怒,不願提出任何人選,在這當兒,亞瑟福至心靈,自願出來一試。亞瑟曾任紐約港海關監督近八年,人緣頗好,在紐約州的共和黨內也頗有影響力,所以他自願出馬爭取副總統候選人提名,並未受到如何阻力,於是在表決時,獲得順利通過。後來在大選中共和黨獲勝,使他坐上了聯邦政府的第二把交椅,至此他已覺心滿意足,更無他求。不料加菲爾就任後不到四個月即被人刺傷,旋于 9 月 19 日傷重逝世,遂使一個默默無聞的政客,跨上了美國總統的寶座,謂非福星高照,寧有是理!

——亞瑟擔任紐約港海關監督時,因過分引用私人,遭受各方指責,因此被海斯總統免職。不想這位在分贓制度下翻雲覆雨的人物,竟成為美國文官制度的催生者。原來亞瑟繼任總統後,感于過去在紐約港海關監督任內引用私人之不當,又因加菲爾總統之被刺,為一謀職不遂者所為,深恐對分贓制度再不謀求補救之道,必將導致更大災禍。於是在接任總統後不久,即促國會制定改革文官制度法,該法于 1883 年 1 月 16 日在國會完成立法程序,是即 Pendleton Civil Service Reform Act.如說亞瑟在其三年多的任內有何成就,則應以此為首。

21.4 副總統

無(第二十任總統加菲爾遇刺身亡,亞瑟以副總統繼任總統,副總統缺位。)

第二十二任總統

G. 克利夫蘭

（Grover Cleveland）

生　卒：　1837, 3, 18—1908, 6, 24
任　期：　第 22 任——1885, 3, 4—1889, 3, 4
　　　　　第 24 任——1893, 3, 4—1897, 3, 4
出生州：　新澤西州（New Jersey）
代表州：　紐約州（New York）
教　育：　未進大學
宗　教：　長老會（Presbyterian）
政　黨：　民主黨（Democratic Party）
簡　歷：　盲人學校教師，律師，助理檢察官，公安局長，紐約州
　　　　　布法羅市長，紐約州長。
祖　先：　英格蘭人（English）
夫　人：　Frances Folsom，1886 年與克利夫蘭結婚。
子　女：　二子三女

22.1　生平大事記要

1837, 3, 18	生于新澤西州的 Caldwell.
1841	隨父母移居紐約州的 Fayetteville.
1851-1852	在 Fayetteville 一家雜貨店做店員。
1853, 10, 5	開始在紐約市盲人學校任助理教師。
1855, 8	辭去盲人學校教職，進入紐約州布法羅市（Buffalo）的一家律師事務所學習律師業務，最初以免費抄寫換取律師的指導，後來每週補助生活費四元，至 1858 年，年薪增至五百元。
1859	通過律師考試，升任律師事務所首席助理。
1863-1865	任紐約州 Erie County 助理檢察官。
1865	競選同縣檢察官失敗，自設律師事務所于布法羅。
1871	當選 Erie County 公安局長（Sheriff）。
1873	公安局長任滿，重操律師業務。
1881	當選布法羅市長。
1882	當選紐約州長。
1883, 1, 1- 1885, 1, 6	紐約州長。
1884, 7, 11	被民主黨提名為該黨總統候選人。
11, 4	當選美國總統。
1885, 3, 4	就任美國第二十二任總統。
1886, 6, 2	與 Frances Folsom 在白宮結婚。
1888, 6, 5	接受民主黨提名，競選總統連任。
11, 6	在大選中敗于共和黨總統候選人本傑明・哈里遜。
1889, 3, 3	交卸總統職務，定居紐約市，繼續做律師。
1892, 6, 22	再度被民主黨提名為該黨總統候選人。
11, 8	在大選中擊敗共和黨候選人現任總統哈里遜，重新當選

總統。

1893, 3, 4　　就任美國第二十四任總統。

1897, 3, 4　　交卸總統職務後，息影新澤西州的普林斯頓。

1901, 10, 15　出任普林斯頓大學董事會董事。

1908, 6, 24　在普林斯頓寓所病逝，享壽七十一歲，葬于普林斯頓。

22.2　任內大事記要

1885, 3, 4　　克利夫蘭就任美國第二十二任總統。

　　4, 24　　美國海軍陸戰隊五百人，在巴拿馬的 Isthmus 登陸，
　　　　　　以保護美國的僑民及財產。

　　7, 1　　美國廢止與加拿大的互惠漁業協定。

　　11, 7　　克利夫蘭下令，制裁西岸華盛頓特區內反華暴動的肇事
　　　　　　分子。

　　11, 25　副總統漢粹克（Thomas A. Hendricks）在 Indianapolis
　　　　　　病逝。

1886, 1, 19　國會修改總統繼任法（Presidential Succession Act），
　　　　　　規定總統、副總統均死亡缺位時，其代行總統職權者之
　　　　　　順序應為：國務卿，財政部長，軍政部長，司法部長，
　　　　　　郵政部長，海軍部長，內政部長。

　　2, 7　　西雅圖發生反華暴動，使四百餘中國人無家可歸，聯邦
　　　　　　部隊奉命至現場鎮壓暴動分子。

　　5, 10　　聯邦最高法院在 Yick Wo. v. Hopkins 一案中宣稱：外國
　　　　　　人亦是人，各地方政府歧視中國洗衣店的法令，違反憲
　　　　　　法修正案第十四條的規定。
　　　　　　同日，最高法院在 Santa Clara County v. Southern Pacific
　　　　　　Railroad 一案中判稱：法人具有人格，應受憲法修正案
　　　　　　第十四條的保障。

1886, 9, 4　在亞利桑那及新墨西哥一帶領導印地安人反抗美國的酋長 Geronimo 被俘，結束美國與印地安人間的最後一次重要戰爭。

10, 25　在 Wabash, St. Louis and Pacific Railway Co. v. Illinois 一案中，最高法院宣稱：規定州際貿易之權，完全屬於聯邦，各州無權過問。

10, 28　由法國贈送的自由女神（Statue of Liberty），在紐約港的 Bedloe's 島上裝置完成，舉行奉獻禮。

12, 8　美國勞工聯盟（American Federation of Labor，簡稱 AFL）組織成立。

1887, 1, 20　美國向夏威夷租借珍珠港（Pearl Harbor），作為海軍基地。

2, 4　國會通過州際貿易法，設立州際貿易委員會（Interstate Commerce Commission）。

2, 23　國會通過法律，禁止自中國輸入鴉片。

3, 3　國會廢止任期法（Tenure of Office Act，本法于 1867 年 3 月 2 日通過于國會，1869 年曾加修正，其主旨在限制總統的免職權，故其廢止，對克利夫蘭總統而言，實屬一項勝利）。

3, 22　州際貿易委員會正式成立。

9, 15-18　美國行憲百週年紀念，在費城盛大舉行。

12, 5　在 Mugler v. Kansas 一案中，最高法院宣稱：各州所通過的禁酒法，旨在保護人民的道德與健康，與憲法修正案第十四條的規定並無違背。

12, 6　克利夫蘭在其致送國會的年度國情咨文中，以全部篇幅討論減低關稅問題，其他內政外交大事概未提及，在美國歷史上實屬罕見之例。

1888, 3, 19　在 Bowman v. Chicago and Northwestern Railway Co. 一案

中，最高法院判稱：一州禁止自他州輸入酒類的法律，因其違反州際通商的原則，應屬無效。

1888, 3, 23　最高法院院長威特（Morrison R. Waite）病逝。

4, 30　克利夫蘭任命富勒（Melville W. Fuller）繼任最高法院院長，是為美國聯邦最高法院的第八任院長。

5, 30　禁酒黨在印地安那波利斯（Indianapolis）舉行大會，提名費斯克（Clinton B. Fisk）為該黨總統候選人，布魯克（John A. Brooks）為副總統候選人。

6, 5　民主黨大會在聖路易舉行，提名克利夫蘭競選連任總統，瑟門（Allen G. Thurman）為副總統候選人。

6, 13　國會通過法律，勞工局改為獨立的勞工部（Department of Labor），但無內閣地位。

6, 19-25　共和黨大會在芝加哥舉行，提名本傑明·哈里遜為總統候選人，摩頓（Levi P. Morton）為副總統候選人。

7, 1　內戰期中南北兩方的退伍軍人，在賓州的蓋茨堡聚會，紀念蓋茨堡大戰二十五週年。

10, 1　國會通過排華法，禁止離境的中國勞工，不得重返美國僑居地。

11, 6　美國大選，本傑明·哈里遜當選總統。

1889, 2, 9　國會通過法律，將農業部升格為內閣中的一部。

3, 2　堪薩斯州通過反托辣斯法（Anti-Trust Law），為通過此類法律的第一州。至本年底止，緬因、密西根、田納西等州相繼通過類似法律。

22.3　異聞趣事

——克利夫蘭是在新澤西州出生的第一位總統。

——他是南北戰爭後屬於民主黨的第一位總統。

——他曾兩度當選總統，但在時間上並不連接，這是迄今為止美國歷史上唯一的特例。他的第一任期是 1885 年至 1889 年，1888 年曾被民主黨提名，競選連任，不幸敗于共和黨候選人本傑明·哈里遜。1892 年捲土重來，又告當選，再任四年（1893—1897）。由於克利夫蘭的特殊情形，美國總統任期的計算，可有兩種方式。如以一人連續擔任總統的時間算一任，則今日的歐巴馬應為美國第四十四任總統。如以一人算一任，則自華盛頓至歐巴馬，美國只有四十三位總統。一般美國人皆以第一種方式為準，所以本書亦依此通說，將克利夫蘭分別列為第二十二任及第二十四任總統。

——克利夫蘭少年刻苦，中年勵志，半生忙于事業，未遑顧及婚事，直至擔任總統後，才于 1886 年與 Frances Folsom 在白宮結婚，為美國總統在白宮舉行婚禮的第一人。他結婚時年已四十九歲，他的夫人只有二十二歲。由於兩人年歲相差太遠，克利夫蘭于 1908 年以七十一高齡去世時，他的夫人不滿四十四歲，所以在 1913 年又與普林斯頓大學考古學教授 Thomas Jex Preston, Jr.結婚。美國總統遺孀與人再婚者，以她為第一人。第二人為甘迺迪總統的遺孀賈克琳。

——1893 年 9 月 9 日，他的二女兒 Esther 在白宮降生，為美國總統子女在白宮出生的第一人。

——克利夫蘭以喜歡否決國會的法案著稱。在他第一任期的四年期間，國會法案被他否決者，達四百十四件，超過以前二十一位總統否決國會法案總數（共二百零三件）的一倍有餘。加上他第二任期內所否決的一百七十件，八年之中共否決五百八十四件。與佛蘭克林·羅斯福的六百三十一件相較，固稍有不及，但羅斯福在任的時間為十二年多，克利夫蘭則僅有八年，兩相比較，克利夫蘭對國會的強硬態度，似乎尤勝羅斯福一籌。

——1893 年 6 月，克利夫蘭發現口腔癌，醫師檢查的結果，須將上

顎立即割去。時值美國發生經濟恐慌，全國人心浮動，克利夫蘭怕人民對他的健康失去信心，乃秘密馳往紐約，請醫生在一艘遊艇上進行割治手術，並以橡皮填補割去的部分，情形非常良好。由於保密得宜，此事在他離開白宮數年後才被人發現。

——他早年擔任紐約州伊利縣公安局長時，曾數次充任劊子手，親自執行死囚的絞刑，他是曾做劊子手的唯一總統。

——內戰爆發時，他是一個反戰的北方民主黨員，所以當聯邦政府徵召他入伍當兵時，他以三百元的代價，僱用一位替身，代他去服兵役。

22.4　副總統

漢粹克（Thomas Andrews Hendricks）

生　卒：1819, 9, 7—1885, 11, 25

任　期：1885, 3, 4—1885, 11, 25

出生州：印地安那州

教　育：漢諾威學院畢業

政　黨：民主黨

簡　歷：律師，州議員，聯邦眾議員，聯邦參議員，印地安那州長。

第二十三任總統

B. 哈里遜

（Benjamin Harrison）

（係第 9 任總統 W. H. 哈里遜的孫子）

生　卒：　1833, 8, 20—1901, 3, 13
任　期：　1889, 3, 4—1893, 3, 4
出生州：　俄亥俄州（Ohio）
代表州：　印地安那州（Indiana）
教　育：　（俄亥俄州）邁阿密大學畢業
宗　教：　長老會（Presbyterian）
政　黨：　共和黨（Republican Party）
簡　歷：　律師，法院仲裁員，檢察官，印地安那州最高法院書記
　　　　　官，聯邦參議員。
祖　先：　英格蘭人（English）
夫　人：　元配：Caroline Lavinia Scott，1853 年與哈里遜結婚。
　　　　　續弦：Mary Scott Lord Dimmick，1896 年與哈里遜結婚。
子　女：　元配生一子一女
　　　　　續弦生一女

23.1　生平大事記要

1833, 8, 20　　生于俄亥俄州的 North Bend.

1847　　　　　入辛辛拉堤附近的 Farmer's College 肄業。

1850　　　　　轉學邁阿密大學（Miami University, Oxford, Ohio）。

1850, 8, 15　　生母去世。

1852, 6, 24　　邁阿密大學畢業。

1853, 10, 20　與 Caroline Lavinia Scott 結婚。

1854　　　　　通過律師考試，移居印地安那州，並設律師事務所于該
　　　　　　　州首府 Indianapolis.

1855　　　　　被任為印州賠償法院仲裁員。

1857　　　　　當選 Indianapolis 市檢察官。

1860　　　　　當選印州最高法院書記官。

1862, 7, 14　　參加內戰，初任中尉，繼升上尉，至是年底升至印州第
　　　　　　　七志願步兵團上校團長。

1865, 1, 23　　晉升准將。

　　　 6, 8　　自軍中退役，重任印州最高法院書記官。

1867　　　　　恢復律師業務。

1876　　　　　競選印州州長失敗。

1880　　　　　當選聯邦參議員。

1881, 3, 4-
　　　　　　　聯邦參議員。
1887, 3, 3

1886　　　　　競選參議員連任失敗。

1888, 6, 24　　被共和黨提名為該黨總統候選人。

　　　11, 6　　在大選中擊敗民主黨候選人現任總統克利夫蘭，當選總統。

1889, 3, 4　　就任美國第二十三任總統。

1892, 6, 9　　被共和黨提名，競選連任總統。

　　　10, 25　　元配夫人 Caroline 在華府逝世。

1892, 11, 8	在大選中敗于民主黨候選人前任總統克利夫蘭。
1893, 3, 4	交卸總統職務,恢復律師業務,自是年底至 1894 年,曾應史丹福大學之邀,擔任法律講座數月。
1896, 4, 6	與前妻的姪女 Mrs. Mary Scott Lord Dimmick 在紐約結婚。
1899	應委內瑞拉共和國之聘,擔任該國與英國邊界糾紛案的首席法律顧問。
1991, 3, 13	在印地安那州的 Indianapolis 逝世,享壽六十七歲,葬于 Indianapolis.

23.2　任內大事記要

1889, 3, 4	本傑明‧哈里遜就任美國第二十三任總統。
4, 22	哈里遜下令,開放印地安人區域中的奧克拉荷馬(Oklahoma)區給人民定居。
4, 30	紐約市慶祝第一任總統華盛頓在該市就職百週年。
5, 13	哈里遜任命西奧多‧羅斯福為聯邦文官委員會主席。
5, 31	賓州的 Johnstown 大水,溺死數千人。
6, 14	美國與英、德簽訂條約,將南太平洋的 Samoa 群島置于三國保護之下。
10, 2	第一屆泛美會議在華府揭幕。
11, 2	北達科他(North Dakota)成為美國第三十九州。同日,南達科他(South Dakota)成為美國第四十州。
11, 8	蒙他拿(Montana)成為美國第四十一州。
11, 11	華盛頓(Washington,在西岸)成為美國第四十二州。
12, 6	前南方同盟總統戴維斯(Jefferson Davis)在紐奧良病逝。
1890	美國人口六二,九四七,七一四人。
1890, 2, 18	全美婦女參政權協會(National American Woman Suffrage Association)成立。

1890, 4, 28	在 Leisy v. Hardin 一案中，最高法院宣稱：任何州禁止自他州輸入酒類的法律，均屬違憲。
5, 2	奧克拉荷馬特區（Oklahoma Territory）成立。
7, 2	國會通過反托辣斯法（Sherman Anti-Trust Act）。
7, 3	愛達荷（Idaho）成為美國第四十三州。
7, 10	懷俄明（Wyoming）成為美國第四十四州。
10, 1	國會通過麥金來關稅法（McKinley Tariff Act），提高工業成品的入口關稅。
11, 1	密西西比州通過新憲法，以閱讀能力為行使參政權的要件，旨在限制該州的黑人投票權。
1891, 3, 3	國會通過法律，在全國設立九個聯邦巡迴上訴法院（Circuit Court of Appeal）。
	同日，國會通過法律，設立移民監督局（Office of Superintendent of Immigration）。
3, 4	國會通過國際版權法（International Copyrights Act），以互惠的原則，承認他國的版權。
3, 14	紐奧良發生暴動，十一個義大利移民被暴民殺死。
4, 7	內布拉斯加州通過法律，建立勞工每日工作八小時的制度。
11, 3	麥金來當選俄亥俄州長。
1892, 5, 5	排斥華人法延長效期十年，並規定在美國境內的現有中國居民，須于一年內向美國政府辦理登記，否則驅逐出境。
6, 7-10	共和黨大會在 Minneapolis 舉行，提名哈里遜競選連任總統，黎德（Whitelaw Reid）為副總統候選人。
6, 21-23	民主黨大會在芝加哥舉行，提名前總統克利夫蘭為該黨總統候選人，史蒂文生（Adlai E. Stevenson）為副總統候選人。
11, 8	美國大選，克利夫蘭再當選總統。
1893, 1, 17	夏威夷發生政變，Liliuokalani 皇后被廢。

1893, 2, 1　　美國駐夏威夷公使史蒂文斯（John L. Stevens），應該
　　　　　　　地臨時政府之請求，正式宣佈夏威夷為美國保護國，並
　　　　　　　在檀香山政府大廈升起美國國旗。

　　　2, 15　　哈里遜將夏威夷合併條約送交參議院審議。

　　　3, 1　　國會通過外交撥款法，規定美國駐外使節，應與他國駐
　　　　　　　美使節同等階級。

23.3　異聞趣事

——本傑明・哈里遜是在俄亥俄州出生的第四位總統，前三位為格
蘭特、海斯及加菲爾。

——他與他的曾祖父同名，老本傑明・哈里遜（1726—1791）為美
國開國元老之一，曾任大陸議會代表，並曾在獨立宣言上簽字。

——他的祖父威廉・亨利・哈里遜是美國第九任總統，在任僅一個
月（1841 年 3 月 4 日至 4 月 4 日）即去世，為美國任期最短的總
統。他們祖孫當選總統時都不是代表其出生州。他生于俄亥俄
州，代表印地安那州。他的祖父生于維吉尼亞州，代表俄亥俄
州。

——他的前任及後任都是克利夫蘭總統，1889 年 3 月 4 日哈里遜送
走克利夫蘭，1893 年 3 月 4 日，克利夫蘭送走哈里遜。

——在他的四年任內，美國聯邦增加了六個州，即：北達科他（第
三十九州）、南達科他（第四十州）、蒙他拿（第四十一州）、
華盛頓（第四十二州）、愛達荷（第四十三州）及懷俄明（第
四十四州）。

——他的元配夫人 Caroline Scott 是美國革命女兒會（National Society
of the Daughters of the American Revolution，成立于 1890 年 10
月 11 日）的第一任主席。他的續弦夫人 Mary Scott Lord Dim-
mick 是元配夫人的姪女。Mary 是 Walter Erskine Dimmick（死

于 1882 年）的未亡人。Caroline 去世後，Mary 曾在白宮代行女主人之職。他們係于 1896 年在紐約結婚。

23.4　副總統

摩頓（Levi Parsons Morton）

生　卒：1824, 5, 16—1920, 5, 16

任　期：1889, 3, 4—1893, 3, 4

出生州：佛蒙特州（Vermont）

教　育：未進大學

政　黨：共和黨

簡　歷：教員，商人，銀行家，聯邦眾議員，駐法公使，卸任副總統後，曾任紐約州長（1895—1897）。

第二十四任總統

G. 克利夫蘭

（Grover Cleveland）

（註：美國的第二十二任總統與第二十四任同屬一人，即格洛佛・克利夫蘭，
故除任期及副總統外，其他資料相同）

24.1　生平大事記要（見 22.1）

24.2　任內大事記要

1893, 3, 4　克利夫蘭就任美國第二十四任總統。

　　3, 9　克利夫蘭以美國與夏威夷簽訂的合併條約，出于不光明的手段，有損美國清譽，自參議院撤回該約〔按該約係于本年 2 月 15 日由哈里遜總統提交參議院審議。因夏威夷發生政變及該約之簽訂，均為美國公使史蒂文斯（John L. Stevens）一手導演，故克利夫蘭就任後即自參議院撤回該約，以免引起國際的指責〕。

1893, 5, 1-　世界哥倫布博覽會（World's Columbian Exposition）在
　　10, 5　芝加哥舉行，紀念哥倫布發現新大陸四百週年，克利夫蘭親往主持揭幕式。

　　6, 27　紐約股票市場陷于混亂狀態，美國經濟恐慌日甚。本年內全國銀行倒閉者達六百家，商業公司破產者達一萬五千家。終克利夫蘭之任，美國經濟未曾完全復原。

　　7, 1　克利夫蘭在紐約港的一艘遊艇上，秘密動手術切去其口腔癌。

　　7, 17　克利夫蘭派 J. H. Blount 赴夏威夷，調查該地革命真相。調查結果，發現此次革命主要為美國人所鼓動，而美國駐該地公使史蒂文斯實為幕後策劃者。

　　8, 8　克利夫蘭召集國會特別會，要求廢止 Sherman Silver Purchase Act.

　　11, 1　國會廢止雪門購銀法。

　　11, 7　科羅拉多州舉行公民投票，給予婦女參政權。

| 1894, 3, 17 | 美國與中國簽訂華工禁約（Chinese Exclusion Treaty），中國再度同意美國禁止華工入境。 |

1894, 3, 17　美國與中國簽訂華工禁約（Chinese Exclusion Treaty），
　　　　　　中國再度同意美國禁止華工入境。

1894, 5, 31　參議院通過決議，夏威夷應維持獨立狀態，任何第三國
　　　　　　對該地的干涉，均將被認為是對美國的不友好行為。

　　　6, 28　國會通過法律，規定每年9月的第一個星期一為勞工節。

　　　7, 4　夏威夷共和國宣佈成立。

　　　8, 1　中、日戰爭（即甲午戰爭）開始。

　　　8, 8　克利夫蘭總統宣佈美國承認夏威夷共和國。

　　　8, 18　國會通過法律，設立移民局（Bureau of Immigration）。

　　　11, 6　美國中期選舉，共和黨控制參、眾兩院。

　　　11, 22　美國與日本簽訂商業條約。

1895, 1, 21　在 United States v. E. C. Knight Co.一案中，最高法院宣
　　　　　　稱：Sherman Anti-Trust Act 僅限制州際貿易的獨佔，不
　　　　　　限制工業製造的獨佔。

　　　2, 24　古巴發生反對西班牙統治大暴動。

　　　5, 20　在 Pollock v. Farmers' Loan And Trust Co.一案中，最高
　　　　　　法院宣稱：Wilson-Gorman Tariff Act（1894 年 8 月 27
　　　　　　日國會通過）中有關人民所得稅的規定為違憲。

　　　6, 12　克利夫蘭發表聲明，籲請美國人民與政府合作，對古巴
　　　　　　反西班牙暴動保守中立。

　　　7, 20　國務卿奧尼（Richard Olney）照會英國政府，要求英國
　　　　　　就其與南美委內瑞拉的邊界糾紛之仲裁問題，表明態
　　　　　　度，因委國在門羅主義適用範圍之內，美國至表關切
　　　　　　云。

　　　11, 26　英國答覆奧尼照會，認為該國與委內瑞拉之邊界糾紛，
　　　　　　與門羅主義無關，故美國無權過問。

　　　11, 28　美國第一次汽車比賽，在芝加哥舉行，全程五十四英
　　　　　　里，冠軍速度為每小時七英里半。

1896, 1, 4　　猶他（Utah）成為美國第四十五州，其憲法禁止多妻制，並賦予婦女參政權。

4, 4　　國務卿奧尼發表聲明，願與西班牙充分合作，以維持古巴的和平。

5, 18　　在 Plessy v. Ferguson 一案中，最高法院宣稱：路易斯安那州有關黑人與白人在車上分區而坐的法律（即所謂 Jim Crow Car Law），于聯邦憲法的精神並無違背，由是而建立了所謂「分離而平等」（Separate but equal）的原則。

5, 22　　西班牙拒絕美國對古巴問題的調停。

6, 16-18　　共和黨大會在聖路易舉行，提名麥金來為總統候選人，賀巴特為副總統候選人。其競選政綱為：保護關稅、金本位制、古巴獨立、及開鑿尼加拉瓜運河。

7, 7-11　　民主黨大會在芝加哥舉行，提名布乃安（William J. Bryan）為總統候選人，施華爾（Arthur Sewall）為副總統候選人。

8, 28　　李鴻章訪美抵紐約，翌日獲克利夫蘭總統接見。

11, 3　　美國大選，麥金來當選總統。

11, 12　　美國與英國達成協議，同意將委內瑞拉邊界糾紛交付仲裁。

1897, 1, 11　　美國與英國簽訂邊界糾紛仲裁條約，即所謂 Olney-Pauncefote Convention.

3, 2　　克利夫蘭否決以識字測驗為移民要件的法律，認該法與美國國策相違背。

24.3　異聞趣事（見 22.3）

24.4　副總統

史蒂文生（Adlai Ewing Stevenson）

　　生　卒：1835, 10, 23—1914, 6, 14

　　任　期：1893, 3, 4—1897, 3, 4

　　出生州：伊利諾州（Illinois）

　　教　育：未進大學

　　政　黨：民主黨

　　簡　歷：律師，法官，聯邦眾議員，助理郵政部長。

第二十五任總統

W. 麥金來

（William McKinley）

生　卒：　　1843, 1, 29—1901, 9, 14

任　期：　　1897, 3, 4—1901, 9, 14

出生州：　　俄亥俄州（Ohio）

代表州：　　同上

教　育：　　阿勒格尼學院肄業；阿爾巴尼法學院畢業。

宗　教：　　美以美教（Methodist）

政　黨：　　共和黨（Republican Party）

簡　歷：　　教員，律師，檢察官，聯邦眾議員，俄亥俄州長。

祖　先：　　蘇格蘭人（Scottish）

夫　人：　　Ida Saxton，1871 年與麥金來結婚。

子　女：　　二女

25.1　生平大事記要

1843, 1, 29	生于俄亥俄州的 Niles.
1852	隨父母移居俄州的 Poland 附近。
1860	進入賓州的 Allegheny College 肄業，未滿一年即因病休學。
1861	在一鄉間學校教書，並兼附近郵局郵務員。
1861, 6, 11	參加俄亥俄州第二十三志願步兵團，對南軍作戰。
1862, 4, 15	升任軍曹。
9, 24	晉升少尉。
1863, 2, 7	晉升中尉。
1864, 7, 25	晉升上尉。
1865, 3, 13	晉升少校。
7, 26	自軍中退伍。
1865-1867	研習法律，于 1867 年畢業于 Albany Law School, N.Y.
1867	通過律師考試，設律師事務所于俄州的 Canton。
1868	當選 Canton 青年會主席。
1869-1871	任俄州 Stark County 檢察官。
1871, 1, 25	與 Ida Saxton 結婚。
1877, 3, 4- 1883, 3, 3	聯邦眾議員。
1885, 3, 4- 1891, 3, 3	重任聯邦眾議員。
1889	擔任眾議院籌款委員會主席。
1890	競選眾議員連任失敗。
1891	當選俄亥俄州長。
1892, 1, 11- 1896, 1, 13	兩任俄亥俄州長。

1892, 6, 9	爭取共和黨總統候選人提名，敗于本傑明・哈里遜。
1896, 6, 17	被共和黨提名為該黨總統候選人。
11, 3	當選總統。
1897, 3, 4	就任美國第二十五任總統。
1900, 6, 20	被共和黨提名競選連任總統。
11, 6	當選連任。
1901, 3, 4	連任總統就職。
9, 6	在紐約州布法羅（Buffalo）泛美博覽會遇刺重傷。
9, 14	在布法羅逝世，享壽五十八歲，葬于俄亥俄州的 Canton.

25.2　任內大事記要

1897, 3, 4	麥金來就任美國第二十五任總統。
4, 21	美國駐英大使海約翰（John Hay，依我國對外國人名的通常譯法，應為約翰・海，但國人多稱其為海約翰，姑從之）到倫敦抵任。其首要任務在謀求英、美兩國對世界共同利益之協調。
6, 16	夏威夷再與美國簽訂合併條約。
6, 19	日本抗議夏威夷與美國合併。該地有日本僑民約二萬五千人。
9, 14	夏威夷共和政府批准與美國合併的條約，其流亡華府的廢后 Liluokalani 發表聲明，表示異議。
9, 23	美國再度向西班牙表示，願為古巴和平的調停人。
10, 23	西班牙政府向美國公使保證，將給予古巴自治。
1898, 1, 25	美艦 Maine 號駛抵古巴之哈瓦那（Havana）作友好訪問。
2, 3	英國殖民部長張伯倫（Joseph Chamberlain）秘密向英國副外相巴爾福（Arthur James Balfour）提議，由英、

美共同實行對中國的「門戶開放政策」（Open Door Policy）。

1898, 2, 15　美艦 Maine 號在哈瓦那港被炸沉，官兵死亡二百六十人。

2, 25　美國助理海軍部長西奧多・羅斯福密電美國遠東艦隊指揮官杜威准將（Commodore George Dewey），準備進攻菲律賓。

3, 8　英國駐美大使秘密詢問美國政府，是否願與英國合作在中國實行門戶開放政策，為美國政府所拒絕。

3, 9　美國軍隊開始總動員。

3, 21　美國政府發表調查報告，認為 Maine 號的沉沒，是由於外力的破壞。

3, 22　西班牙政府發表調查報告，認為 Maine 號的沉沒，是由於內部的爆炸。

3, 28　在 United States v. Wong Kim Ark 一案中，最高法院判稱：在美國出生的中國人子女均為美國公民，其再入境不受國會 Chinese Exclusion Law 的限制。

4, 6　六國駐美大使向麥金來總統致送聯合照會，希望美國與西班牙和平解決古巴問題。

4, 11　麥金來向國會致送戰爭咨文，要求國會授權，于必要時得使用武力，以維持古巴的和平。

4, 19　國會通過兩院聯合決議，承認古巴的獨立，要求西班牙自該島撤退，並授權總統于必要時得使用武力，以達上述目的。但同時聲明，美國無合併古巴的任何意圖。

4, 20　美國向西班牙致送最後通牒。

4, 22　美艦 Nashville 號向西班牙商船 Buena Venlura 號開火，為美、西戰爭的前奏。

4, 22　麥金來下令召集志願軍十二萬五千人。

1898, 4, 24　西班牙對美國宣戰，美、西戰爭正式開始。

　　　　　　同日，美國遠東艦隊指揮官杜威奉命率部進攻菲律賓。

　　　　　　同日，英國宣佈在美、西戰爭中保守中立。

4, 25　美國對西班牙宣戰，並追溯兩國戰爭狀態的存在，自 4 月 21 日開始。

　　　　同日，國務卿雪門（John Sherman）辭職。

4, 26　國會通過議案，將美國正規軍增至六萬人。

　　　　同日，戴氏（William R. Day）奉命繼任國務卿。

4, 27　美國艦隊轟擊古巴 Matanzas 的防禦砲臺。

4, 28　法國宣佈在美國、西戰爭中保守中立。

5, 1　美國遠東艦隊擊敗西班牙艦隊于菲律賓的馬尼拉灣（Manila Bay）。是役西班牙死三百八十一人，艦艇被燬十艘，美國僅八人負輕傷。

5, 11　遠東艦隊指揮官杜威晉升海軍少將。

5, 12　美國艦隊砲轟波多黎各（Puerto Rico）的 San Juan.

　　　　同日，路易斯安那州通過新憲法，以識字及財產為取得投票權的要件，旨在限制黑人的參政權。

5, 25　麥金來下令再召集志願軍七萬五千人。

6, 10　美國海軍陸戰隊在古巴的 Guantanamo Bay 登陸。

6, 20　美國軍艦 Charleston 號佔領西班牙在太平洋的屬地關島（Guam）。

6, 30　美國遠征軍第一批開抵馬尼拉灣。

7, 1-2　美軍與西班牙軍隊大戰于古巴的 San Juan Hill，戰況慘烈，美軍傷亡一千五百餘人。

7, 4　美軍佔領威克島（Wake Island）。

7, 7　麥金來簽署國會兩院聯合決議，批准夏威夷與美國合併。

7, 10　美軍進攻古巴的 Santiago。

7, 17　防守 Santiago 的西班牙軍隊，于激戰不敵後向美軍投

降，美軍苦戰得勝，傷亡逾一千七百人。

1898, 7, 26　西班牙經由法國大使向美乞和。

8, 12　西班牙與美國在華府簽訂停戰協定。

同日，夏威夷群島正式歸併美國。

9, 20　麥金來任命海約翰（John Hay）繼戴氏（William R. Day）為國務卿。

10, 1　美、西和會在巴黎開幕，美方代表五人，由前國務卿戴氏任首席代表。

11, 8　南達科他州通過憲法修正案，採用創制複決制度，為美國各州行使創制複決兩權之始。

12, 10　美、西和約在巴黎簽字，西班牙放棄對古巴的主權，割讓關島及波多黎各作為對美國的戰爭賠償，並以兩千萬美元的代價將菲律賓讓與美國。

1899, 1, 17　美國正式取得威克島（Wake Island）的所有權。

2, 4　菲律賓發生大暴動，反對美國的佔領。

2, 6　參議院以五十七票對二十七票通過美、西和約。

3, 2　國會通過授權法，將美國正規軍增至六萬五千人，並另招募三萬五千志願軍，以鎮壓菲律賓的暴動。

5, 29　麥金來下令裁減聯邦公務員四千人。

7, 29　美國簽訂和平調整國際爭端公約（Convention For Peaceful Adjustment of International Differences）。此約為設立海牙常設仲裁法庭的張本。

8, 8　颶風橫掃波多黎各，二千人為之喪生。

9, 6　國務卿海約翰照會英、德、俄、義、法、日六國，要求各國共同維持對中國的門戶開放。

11, 21　副總統賀巴特（Garret A. Hobart）病逝新澤西州的 Paterson.

12, 2　美、英、德三國簽訂 Samoan Treaty，明定由美、德兩

國瓜分該群島。

1900 　　　　美國人口七五,九九四,五七五人。

1900, 1, 26 　紐約州長西奧多‧羅斯福（Theodore Roosevelt）在和朋友討論美國外交政策的一封信中說：「說話溫和，手握巨棒，將所向無阻。」（Speak softly and carry a big stick, you'll go far.）這是其後羅氏任總統時實行「巨棒外交」的由來。

　2, 6 　　麥金來任命塔虎脫（William Howard Taft）為菲律賓委員會主席。

　　　　同日，西奧多‧羅斯福宣稱：在任何情形下將不接受副總統候選人提名。

　3, 20 　國務卿海約翰宣佈，列強對其主張在中國維持門戶開放的照會，在原則上均已表示同意。

　4, 7 　　麥克阿瑟將軍（General Arthur MacArthur，即二次大戰時美國名將道格拉斯‧麥克阿瑟的父親）受命出任駐菲律賓軍事總督。

　6, 19-21 共和黨大會在費城舉行，提名麥金來競選連任，西奧多‧羅斯福為副總統候選人。

　6, 20-
　8, 14 　各國駐華使節被中國義和團分子圍困于北京英國使館中。

　7, 3 　　國務卿海約翰照會列強稱：美國對中國的政策，在維持中國的永久和平與安全，及保持其領土完整與行政獨立；各國對華貿易，應在平等的基礎上進行。

　7, 4-6 　民主黨大會在堪薩斯市舉行，提名布乃安（William J. Bryan）為總統候選人，史蒂文生（Adlai E. Stevenson）為副總統候選人。

　8, 14 　美國派兵二千五百人與其他七國軍隊聯合，以救援駐北京的各國使節團，中國稱其為八國聯軍之役。

1900, 11, 3	第一次汽車展覽會在紐約市揭幕。
11, 6	美國大選，麥金來當選連任總統。
1901, 2, 25	摩根（John Pierpont Morgan）在新澤西州設立美國最大鋼鐵公司，全部資金逾十億美元。
3, 3	國會通過法律，設立國家標準局（National Bureau of Standards）。
3, 4	麥金來連任總統就職，副總統西奧多・羅斯福同時宣誓就任。
3, 23	領導菲律賓人反抗美國統治的游擊領袖 Aguinaldo 被美軍俘虜。
7, 4	塔虎脫（William H. Taft）出任美國駐菲律賓總督。
9, 6	麥金來總統在紐約布法羅（Buffalo）的泛美博覽會中遇刺，兇手 Leon Czolgosz 為一無政府主義者。
9, 7	列強與中國簽訂賠償條約（即辛丑和約），中國賠償各國因拳匪之亂所受損失三億三千三百萬美元，美國所得賠償費約為二千五百萬美元。
9, 14	麥金來總統在布法羅傷重逝世，副總統羅斯福宣誓繼任總統。

25.3　異聞趣事

——麥金來是在俄亥俄州出生的第五位總統，前四位是格蘭特、海斯、加菲爾及本傑明・哈里遜。

——他是死於任所的第五位總統，前四位是威廉・亨利・哈里遜、泰羅、林肯及加菲爾。

——他是被刺身亡的第三位總統，前二位是林肯及加菲爾。1901 年 9 月 5 日，麥金來應邀赴紐約州布法羅市的泛美博覽會發表演說，強調美國的閉關自守時代已成過去，痛斥美國孤立主義者

的無知。9 月 6 日當他在博覽會場舉行一項盛大招待會時，無政府主義者的 Leon Czolgosz 向他連發兩槍，一中胸部，一中腹部。麥金來當場重傷倒地，經送往附近醫院急救，取出胸部子彈，但腹中子彈，因無法發現正確部位，使得群醫束手，延至 9 月 14 日不治逝世。兇手經紐約最高法院判處死刑，于同年 10 月 29 日以電刑正法于紐約州的 Auburn 獄中。

——美國與西班牙的戰爭，是在麥金來任內發生。這是一場在美國歷史上為時最短，犧牲最小，而收穫最大的戰爭。這一戰爭導因於美國同情古巴獨立，為西班牙所不滿，乃于 1898 年 4 月 24 日對美國宣戰。結果西班牙戰敗，而于同年 8 月 12 日與美國簽訂停戰協定，為時不及四個月，美軍傷亡數僅四千餘人，其中真正陣亡者不過數百人。根據 1898 年 12 月 10 日美、西兩國在巴黎簽訂的和約，西班牙放棄對古巴的主權，割讓關島及波多黎各作為對美國的戰爭賠償，並以兩千萬美元的代價將菲律賓讓與美國。

——美國勢力真正伸入遠東，應自麥金來時代開始。在他的任內，不僅合併了夏威夷，而且以美、西戰爭的勝利者，自西班牙手中取得菲律賓及關島。列強對中國的所謂「門戶開放」政策，也是麥金來的國務卿海約翰所促成。

——麥金來以對太太體貼入微著稱，但他的家庭生活卻非常不幸。他的夫人 Ida Saxton 貌美而脆弱。他們婚後一年，第一個女兒即告降生，再過一年又生第二個女兒，但在三年之內兩女都先後夭折。Ida 本就體弱多病，經此重大刺激後，不幸得了癲癇症。從此發作無時，終身不癒。她雖患絕症，卻極喜熱鬧，任何社交場合都要她丈夫相偕同往。麥金來愛妻情切，對她的任何要求，無不順從，每當在社交場合她的癲癇症突然發作時，他總是用手絹或餐巾矇住她的臉孔，抱她入附近房間，溫言撫慰，毫無怨言。不僅此也，當麥金來任俄亥俄州長時（1892—1896），

由於他們的住宅就在州長辦公室的對面，Ida 要他每天下午三時
從州長辦公室的窗戶中以手絹向她揮舞三次示意，他也照做不
誤，四年如 1 日，從不間斷。據說 Ida 另有一怪癖，只要有時間
就拚命做臥房用的拖鞋，數十年樂此不疲，所成拖鞋不下千餘
雙，真是怪事。

25.4　副總統

第一任期：賀巴特（Garret Augustus Hobart）
　　生　卒：1844, 6, 3—1899, 11, 21
　　任　期：1897, 3, 4—1899, 11, 21
　　出生州：新澤西州（New Jersey）
　　教　育：魯特格學院畢業
　　政　黨：共和黨
　　簡　歷：教員，律師，州議員。
第二任期：羅斯福（Theodore Roosevelt）
　　任　期：1901, 3, 4—1901, 9, 14
　　（餘見第二十六任總統 T. 羅斯福）

第二十六任總統

T. 羅斯福

（Theodore Roosevelt）

生　卒： 1858, 10, 27—1919, 1, 6

任　期： 1901, 9, 14—1909, 3, 4

出生州： 紐約州（New York）

代表州： 同上

教　育： 哈佛大學畢業

宗　教： 荷蘭改革教會（Dutch Reformed Church）

政　黨： 共和黨（Republican Party）

簡　歷： 州議員，聯邦文官委員會主席，紐約市警察局長，助理
海軍部長，紐約州長。

祖　先： 荷蘭人（Dutch）

夫　人： 元配：Alice Hathaway Lee，1880 年與羅斯福結婚。
續弦：Edith Kermit Carow，1886 年與羅斯福結婚。

子　女： 元配生一女
續弦生四子一女

26.1　生平大事記要

1858, 10, 27	生于紐約市。
1876	入哈佛大學肄業。
1880, 6, 30	哈佛大學畢業。
10, 27	與元配 Alice Hathaway Lee 結婚。
1880-1881	入哥倫比亞大學法學院研究法律，因興趣不合，未及一年即自動退學。
1881, 11, 8	當選紐約州議會議員，年僅二十三歲。
1882-1884	紐約州議會議員。
1884, 2, 14	母親 Martha Bulloch 與愛妻 Alice Hathaway Lee 同日去世。
1886	競選紐約市長失敗。
1886, 12, 2	與童年膩友 Edith Kermit Carow 在英國倫敦結婚，並在歐洲度蜜月，至翌年春天始返美。
1889-1895	任聯邦文官委員會主席。
1895, 5, 6	出任紐約市警察局長。
1897, 4, 19	被麥金來總統任為助理海軍部長。
1898, 4	辭助理海軍部長職，任美國志願騎兵團上校，在波多黎各一帶與西班牙軍作戰。
	同年底當選紐約州長。
1899-1901	紐約州長。
1900, 6, 21	被共和黨提名為該黨副總統候選人。
11, 6	當選副總統。
1901, 3, 4	就任副總統。
9, 6	麥金來總統在布法羅遇刺重傷。
9, 14	麥金來傷重不治，羅斯福宣誓繼任總統。
1904, 6, 22	被共和黨提名競選連任。

11, 8　　　當選連任。

1905, 3, 4　　連任總統就職。

1906, 12, 10　因調停日、俄戰爭有功，獲諾貝爾和平獎。

1909, 3, 3　　交卸總統職務，旋赴非洲探險旅行。

1912, 6　　　再度爭取共和黨總統候選人提名，敗于在任總統塔虎脫。

　　8, 7　　　被進步黨提名為該黨總統候選人。

　　11, 5　　　在大選中敗于民主黨候選人威爾遜，但得票較共和黨候選人塔虎脫為多。

1913-1914　　在南美探險，並任探險隊隊長。

1917, 4　　　美國對德宣戰後，羅斯福自請率一旅之師赴歐洲作戰，但為威爾遜總統所拒絕。

1918, 7, 14　五子 Quentin 在法國作戰陣亡。

1919, 1, 6　　病逝紐約的 Oyster Bay，享壽六十歲，葬于 Oyster Bay 的 Young's Memorial Cemetery.

26.2　任內大事記要

1901, 9, 14　麥金來傷重逝世，羅斯福繼任總統。

　　10, 16　　羅斯福在白宮款待黑人教育家華盛頓（Booker T. Washington），引起南方各州的強烈反感。

　　11, 28　　阿拉巴馬州通過新憲法，以識字及財產為行使參政權的要件，旨在限制黑人的投票權。

1902, 3, 6　　國會通過法律，設立人口調查局（Bureau of Census）。

　　4　　　　菲律賓反美暴動全部終止。

　　5, 20　　古巴共和國政府正式成立。

　　6, 2　　　奧勒岡州通過憲法修正案，採用創制複決制度。

　　7, 1　　　國會通過菲律賓政府組織法。

　　7, 4　　　羅斯福頒佈大赦令，對菲律賓反抗美國的革命分子赦免

其罪。

1902, 8, 11　羅斯福任命荷姆斯（Oliver Wendell Holmes）為最高法院法官。

9, 15　美國將其與墨西哥有關 Pious Fund 的糾紛，提交海牙國際常設仲裁法院仲裁，為該院受理的第一件仲裁案件。

10, 25　威爾遜就任普林斯頓大學校長。

11, 4　美國中期選舉，共和黨繼續控制兩院。

12, 14　太平洋海底電線自舊金山開始舖設。

1903, 2, 14　聯邦政府設立工商部。

2, 23　美國向古巴租借 Guantanamo 及 Bahia Honda 作為海軍基地。

4, 27　在 Giles v. Harris 一案中，最高法院判稱：阿拉巴馬州憲法修正案以識字及財產為行使參政權要件之規定，于聯邦憲法並無違背。

5, 23　威斯康辛州對政黨候選人採用直接初選制（Direct Primary），為美國採用此制的第一州。

7, 4　自舊金山至菲律賓的海底電線舖設完成。

10, 8　中、美簽訂商務條約，內含門戶開放原則之條款。

11, 3　巴拿馬革命分子，在美國幕後支持下，發生反哥倫比亞（Colombia）暴動。

11, 4　巴拿馬宣佈獨立。

11, 6　美國承認巴拿馬共和國。

11, 18　美國與巴拿馬簽訂條約，巴拿馬同意將運河沿岸十哩寬的地帶讓與美國，以換取美國對巴拿馬獨立的保障。

12, 17　萊特兄弟（Orville and Wilbur Wright）在南卡羅來納州的 Kitty Hawk 附近試驗飛機飛行成功。

1904, 1, 4　在 Gonzales v. Williams 一案中，最高法院宣稱：波多黎各為美國的屬領，其人民移入美國，不受移民法的限制。

1904, 2, 1	羅斯福任命塔虎脫（William Howard Taft）為軍政部長。
2, 10	日本對俄宣戰，揭開日、俄戰爭序幕。
5, 9	羅斯福任命海軍少將華克（John G. Walker）為巴拿馬運河開鑿委員會主席，華萊士（John F. Wallace）為總工程師。
6, 6	奧勒岡州採用直接初選制。
6, 21-23	共和黨大會在芝加哥舉行，提名羅斯福競選連任總統，費爾班克（Charles W. Fairbanks）為副總統候選人。
7, 6-10	民主黨大會在聖路易舉行，提名派克（Alton B. Parker）為總統候選人，戴維斯（Henry G. Davis）為副總統候選人。
10, 27	紐約市第一條地道車路（Subway，簡稱地鐵）通車。
11, 8	美國大選，西奧多‧羅斯福總統當選連任。
1905, 1, 13	國務卿海約翰發表聲明：美國的政策在「維持中國的領土完整及遠東的門戶開放。」
2, 23	哈里斯（Paul H. Harris）在芝加哥成立美國第一個扶輪社（Rotary Club）。
3, 4	羅斯福總統連任就職。
6, 8	羅斯福正式向日、俄兩國提出停戰調停。
7, 1	國務卿海約翰（John Hay）病逝，在任近七年。
7, 19	羅斯福任命魯特（Elihu Root）繼任國務卿。
7, 29	美國與日本簽訂秘密協定，美國不干涉日本在韓國的自由行動，日本保證不侵犯菲律賓。
8, 9	日、俄和會在美國新漢普夏州的 Portsmouth 揭幕。
9, 5	日、俄簽訂朴茲茅斯條約（Treaty of Portsmouth）。
1906, 4, 18-19	舊金山連續發生大地震，全市三分之二被毀，五百餘人死亡，財產損失超過十億美元。
5, 7	國會通過議案，准許阿拉斯加在國會眾議院派一觀察員。

1906, 7, 27　國務卿魯特向第三屆美洲國際會議發表演說稱：「我們不希望有勝利，只希望有和平；除我們自己的領土主權外，我們不希望有其他的領土及主權。」就是美國「善鄰政策」（Good Neighbor Policy）的由來。

9, 29　古巴發生反政府的暴動，美國應該國政府之請求，派兵前往維持治安。

10, 11　舊金山教育會通過決議，實行學校的種族隔離，規定中國，日本及高麗的學童只准進入專為東方人設立的學校就讀。此一種族歧視的規定，引起日本駐美大使的強烈抗議，而于 1907 年 3 月 13 日宣告取消。

11, 9　羅斯福總統乘美國軍艦 Louisiana 號，前往巴拿馬及波多黎各訪問，為美國在任總統專程訪問國外的第一人。

12, 10　羅斯福因調停日、俄戰爭成功，有助世界和平之促進，獲諾貝爾和平獎，為美國總統獲是項榮譽的第一人。

1907, 1, 26　國會通過法律，禁止公司行號捐助公職候選人的競選費用。

2, 20　國會通過移民法，禁止不受歡迎的人物移入美國，並將留美外國居民的人頭稅提高至每人美金四元。

2, 26　國會通過一般撥款法（General Appropriation Act），將副總統、眾議院議長及內閣閣員的年薪提高至一萬二千美元，參、眾兩院議員年薪提高至七千五百美元。

同日，羅斯福總統任命戈泰爾將軍（General George W. Goethals）為建築巴拿馬運河的總工程師。

3, 21　宏都拉斯（Honduras）發生革命，美國派兵保護其僑民及財產。

6, 15　第二屆海牙和平會議（Second Hague Peace Conference）揭幕。此一會議之召開主要係出于羅斯福總統之建議，主題是如何限制各國軍備，會議于 10 月 18 日閉幕，並未達成預期目標。

1907, 7, 30	菲律賓舉行第一次議會選舉。
11, 16	奧克拉荷馬（Oklahoma）成為美國第四十六州。
1908, 1, 21	紐約市議會通過 Sullivan Ordinance，明定婦女在公共場所抽煙者為不法行為。
2, 10	美國與法國簽訂一般仲裁條約，為其後兩年內美國與其他十餘國簽訂類似條約的第一件。
2, 18	美國與日本簽訂「君子協定」（Gentlemen's Agreement），日本默許不再對其苦力發給移民美國的護照。
5, 25	國會通過議案，將八國聯軍之役中國對美國的賠償費 $24,440,700 之半數，移作中國留美學生之教育基金。
6, 1	奧勒岡州通過憲法修正案，規定選民得對由選舉產生之該州官員行使罷免權。
6, 16-20	共和黨大會在芝加哥舉行，提名塔虎脫為該黨總統候選人，雪門為副總統候選人。
7, 7-10	民主黨大會在科羅拉多州的丹佛（Denver）舉行，提名布乃安（William J. Bryan）為該黨總統候選人，寇恩（John W. Kern）為副總統候選人。
11, 3	美國大選，共和黨候選人塔虎脫當選總統。
12, 4	倫敦海軍會議（London Naval Conference）揭幕，美國為與會的十國之一。
1909, 1, 28	美國結束其在古巴的第二次軍事佔領，將行政權正式移交古巴政府。
2, 9	國會通過法律，禁止鴉片輸入美國，但為醫學用途所必要者不在此限。
3, 4	國會通過法律，總統年薪自五萬元增至七萬五千元。

26.3　異聞趣事

——西奧多·羅斯福是在紐約州出生的第三位總統，前兩位是范布倫及費爾摩。

——他是獲得諾貝爾和平獎的第一位美國總統，第二位為威爾遜總統，第三位為歐巴馬總統。

——他是美國最年輕的總統，1901 年 9 月 14 日他繼任總統時，年僅四十二歲又三百二十二日。次年輕者為甘迺迪總統，1961 年 1 月 20 日甘氏就任時，年為四十三歲又二百三十六日。但甘迺迪是靠自己的力量競選成功，而羅斯福則是因麥金來總統遇刺身亡，以副總統繼任。1905 年他自己競選成功連任時，已逾四十六歲。所以美國最年輕的總統可有兩種說法，如以就任時而言，則以西奧多·羅斯福為最年輕，如以當選時而言，則以甘迺迪為最年輕。

——他是第一位前往國外訪問的在任總統。他于 1906 年的 11 月乘美國軍艦「路易斯安那」號訪問巴拿馬三天，回程中又順道訪問波多黎各。

——他崇尚權力，好武好鬥，嘗謂：「和平的勝利，不如戰爭勝利的偉大。」當美、西戰爭發生時，他即辭去助理海軍部長的職務，與伍德（Leonard Wood）組成義勇騎兵團，在古巴 San Juan Hill 之役，一舉擊敗西班牙軍，奠定美國的勝利基礎，由是聲名大噪，而他的騎兵部隊也被譽為「鐵騎」（Rough Riders）。他就任總統後，更以武力為外交的後盾，以「巨棒政策」擴大「門羅主義」的實用，認為美國對於西半球具有警察的權力。

——他熱衷政治，自視極高，甚且不作第二人想。1900 年他正擔任紐約州長，共和黨人士有意要他擔任麥金來的副總統候選人，他立即公開發表聲明，在任何情形下不願接受共和黨的副總統候選人提名，後因紐約州的共和黨政客不願繼續支持他競選連

任州長，始在不得已的情形下，接受此一他最不喜歡的職務。不意就任僅半年，麥金來即遇刺身亡，終於使他如願以償，坐上了美國第一把交椅。

——1912 年他想捲土重來，又欲爭取共和黨的總統候選人提名，但是年的共和黨大會卻支持在任總統塔虎脫競選連任，他不甘失敗，乃自組進步黨，並為該黨的總統候選人，結果兩敗俱傷，使民主黨的候選人威爾遜漁翁得利。

——他精力充沛，性喜冒險。他是第一個嘗試汽車及飛機的總統。1909 年卸任總統後，即赴非洲探險旅行，其後又以退任總統之尊，擔任南美探險隊的隊長。

——他畢生著作等身，出版的書籍數達三十餘種，其中又以他的自傳最為膾炙人口。

——他的母親與他的元配夫人，于 1884 年 2 月 14 日同日去世，母親死于傷寒，夫人死于腎臟炎。

——他有子女六人，四男兩女，在四個兒子中有三個為國捐軀。五兒 Quentin 死于第一次世界大戰，二兒 Theodore 及三兒 Kermit 均死于第二次世界大戰。

26.4　副總統

第一任期　無（羅斯福以副總統繼任總統，副總統缺位。）

第二任期　費爾班克（Charles Warren Fairbanks）

生　卒：1852, 5, 11—1918, 6, 4

任　期：1905, 3, 4—1909, 3, 4

出生州：俄亥俄州

教　育：俄亥俄魏斯理安大學畢業

政　黨：共和黨

簡　歷：律師，聯邦參議員。

第二十七任總統

W. H. 塔虎脫

（William Howard Taft）

生　卒：　1857, 9, 15—1930, 3, 8
任　期：　1909, 3, 4—1913, 3, 4
出生州：　俄亥俄州（Ohio）
代表州：　同上
教　育：　耶魯大學畢業；辛辛拉提法學院畢業。
宗　教：　唯一神教派（Unitarian）
政　黨：　共和黨（Republican Party）
簡　歷：　律師，法官，聯邦檢察長，辛辛拉提大學法學院長，駐
　　　　　菲律賓總督，軍政部長，聯邦最高法院院長（卸任總統
　　　　　後）。
祖　先：　英格蘭人（English）
夫　人：　Helen Herron，1886 年與塔虎脫結婚。
子　女：　二子一女

27.1　生平大事記要

1857, 9, 15	生于俄亥俄州的辛辛拉提（Chincinnati）。
1874, 6, 5	畢業于辛辛拉提的 Woodward High School.
	同年秋入耶魯大學肄業。
1878, 6, 27	耶魯大學畢業，旋入 Cincinnati Law School 研究法律。
1880, 5, 1	辛辛拉提法學院畢業。
5, 5	通過律師考試。
1880-1881	在辛辛拉提市擔任當地報紙的法律記者。
1881-1882	擔任俄州 Hamilton County 助理檢察官。
1882-1883	任俄州第一區聯邦稅務處長。
1886, 6, 19	在辛辛拉提與 Helen Herron 結婚。
1887-1890	任俄州高等法院法官。
1890-1892	聯邦政府司法部檢察長。
1892-1900	聯邦巡迴上訴法院法官。
1896-1900	兼任辛辛拉提大學法學院院長。
1900	菲律賓管理委員會（U.S. Philippine Commission）主席。
1901-1904	美國駐菲律賓總督。
1904-1908	聯邦政府軍政部長。
1908, 6, 19	被共和黨提名為該黨總統候選人。
11, 3	當選美國總統。
1909, 3, 4	就任美國第二十七任總統。
1912, 6, 21	被共和黨提名競選連任。
11, 5	在大選中敗于民主黨候選人威爾遜。
1913, 3, 3	交卸總統職務。
4, 1	應耶魯大學之聘，擔任該校法律學教授，為時八年。
1921, 6, 30	接受哈定總統之任命，出任聯邦最高法院院長。
1930, 2, 3	因心臟病辭去最高法院院長。

1930, 3, 8　　病逝華府，享壽七十二歲，葬于維吉尼亞州阿靈頓國家
　　　　　　　公墓 Arlington National Cemetery.

27.2　任內大事記要

1909, 3, 4　　塔虎脫就任美國第二十七任總統。

　　 4, 6　　Robert E. Peary 發現北極，並在該地插上美國國旗。

　　 7, 12　　憲法修正案第十六條（徵收所得稅）提交各州批准。

　　 7, 27　　萊特（Orville Wright）設計製造的飛機表演成功。

　　 8, 2　　美國政府購買第一架飛機。

　　 11, 6　　國務卿諾克斯（Philander C. Knox）提議，以國際貸款
　　　　　　　的方式，購買中國東北的鐵路，使其中立化。因日俄兩
　　　　　　　國堅決反對，作罷。

1910　　　　美國人口九一,九七二,二六六人。

1910, 2, 8　　美國男童子軍會（Boy Scouts of America）在華府正式
　　　　　　　成立。

　　 3, 19　　國會眾議院通過決議，將該院程序委員會（Rules Commit-
　　　　　　　tee）改由選舉方式產生，旨在削減眾議院議長的權力。

　　 5, 13　　美、英、德、法四國銀行團聯合貸款中國政府，建築粵
　　　　　　　漢鐵路。

　　 6, 25　　國會通過法律，設立郵政儲蓄銀行。
　　　　　　　同日，國會通過捐助競選費用公佈法（Publicity of Cam-
　　　　　　　paign Contribution Act）。

　　 11, 8　　美國中期選舉，民主黨在國會及地方選舉中均佔先。
　　　　　　　同日，華盛頓州通過憲法修正案，賦予婦女參政權。
　　　　　　　同日，威爾遜（Woodrow Wilson）當選新澤西州長。
　　　　　　　同日，佛蘭克林・羅斯福（Franklin D. Roosevelt）當選
　　　　　　　紐約州議員。

1911, 2, 21　美國與日本簽訂通商航海條約，內含 1908 年兩國所同意的「君子協定」（Gentlemen's Agreement）。

3, 7　墨西哥發生革命，美國在德克薩斯州的美、墨邊境陳兵兩萬，以防意外。

5, 5　威爾遜在堪薩斯市（Kansas City）發表演說，對創制複決及罷免的直接民權表示支持。

5, 15　塔虎脫任命史汀生（Henry L. Stimson）為軍政部長。

5, 29　在 United States v. American Tobacco Co.一案中，最高法院判稱：美國煙草公司具有壟斷性，違反「反托辣斯法」，應即解散。

6, 6　美國與尼加拉瓜（Nicaragua）簽訂 Knox-Castrillo Convention，規定該國關稅由美國控制，為塔虎脫「金元外交」（Dollar Diplomacy）著例之一。

9, 17-　Calbraith P. Rodgers 駕飛機橫渡美國大陸。9 月 17 日離
11, 5　紐約，11 月 5 日抵加州的 Pasadena，但實際飛行時間僅三天半，為飛渡美國大陸的第一人。

10, 10　加利福尼亞州通過憲法修正案，賦予婦女參政權。

12, 21　國會通過兩院聯合決議，廢除 1832 年與俄國簽訂的通商條約，因該國拒絕給予美籍猶太人的簽證。

12, 23　西奧多・羅斯福致函郝蘭德（William B. Howland），提出其再度爭取共和黨總統候選人提名的意圖。

1912, 1, 6　新墨西哥（New Mexico）成為美國第四十七州。

2, 10　七位共和黨州長聯名致函西奧多・羅斯福，敦促他再度出山，競選共和黨總統候選人。

2, 12　塔虎脫在紐約共和黨俱樂部發表演說，對該黨進步派大加抨擊。

2, 14　亞利桑那（Arizona）成為美國第四十八州。

,　2, 23　國務卿諾克斯向尼加拉瓜國會發表演說，明示美國對他

國沒有任何領土野心。

1912, 2, 24 西奧多‧羅斯福答覆七位共和黨州長的聯名函，表示願意接受共和黨總統候選人提名。

3, 12 美國女童子軍會（Girl Scouts of America）成立。

3, 14 塔虎脫下令對墨西哥武器禁運。

4, 15 郵輪鐵達尼（Titanic）號在其處女航中，沉沒于北大西洋中，一千五百餘人葬身海底，包括不少美國要人在內。

4, 17 國會通過聯合決議，對中國改建共和，表示祝賀。

5, 16 憲法修正案第十七條（聯邦參議員改由人民直接選舉）提交各州批准。

6, 18-22 共和黨大會在芝加哥舉行，提名塔虎脫及雪門競選連任總統副總統。

6, 22 共和黨內的西奧多‧羅斯福派，在芝加哥組織進步黨（Progressive Party）。

6, 25- 民主黨大會在巴的摩爾舉行，提名威爾遜為該黨總統候
7, 2 選人，馬歇爾為副總統候選人。

7, 13 國會參議院宣佈取消伊利諾州參議員勞瑞默（William L. Lorimer）的資格，因據該院調查的結果，勞氏于兩年前競選時有違法舞弊的情事。

8, 2 參議院通過決議（Henry Cabot Lodge 所提），將門羅主義的對象擴及非歐洲國家，因當時謠傳，日本將在加州海岸外的 Magdalena Island 購買土地，為免日本對美國的直接威脅，故有此一適時的決議。

8, 5-7 進步黨在芝加哥集會，提名西奧多‧羅斯福為該黨總統候選人，Hiram Johnson 為副總統候選人。

10, 30 副總統雪門病逝。

1912, 11, 5　美國大選，民主黨的威爾遜當選總統。

1913, 2, 25　憲法修正案第十六條（授權國會徵收所得稅）批准生效。

　　3, 4　國會通過法律，將工商部分為勞工及商業兩部，並規定兩部部長均具內閣閣員地位。

27.3　異聞趣事

——塔虎脫是生于俄亥俄州的第六任總統，前五位為格蘭特、海斯、加菲爾、本傑明・哈里遜及麥金來。

——他是國務卿以外的內閣閣員（軍政部長）競選總統成功的第一人。

——他的畢生「大患」是飲食過量，因為好吃，所以自小有「胖子」之稱。他在耶魯大學畢業時，成績優越，名列同屆畢業生一百三十二人中的第二名，但他其時（年僅二十一歲）的體重已達二百二十五磅，為全體畢業生中之冠，他曾自我解嘲說：「我的成績雖在一人之下，我的體重卻在眾人之上，亦堪自慰矣。」他任總統時體重曾增至三百十四磅，為美國歷任總統之冠。由於太胖，極易打瞌睡，有時在公開場合也不免呼呼入睡，而成為華府政治圈中趣談之一。

——他與西奧多・羅斯福原是莫逆之交，1908 年塔虎脫被共和黨提名為總統候選人，全靠羅斯福的支持，但他當選總統後，其政見與做法均與羅斯福的期望背道而馳，使得他們的感情愈來愈壞。1912 年共和黨分裂為兩派，一派支持塔虎脫，一派支持羅斯福。塔虎脫稍佔優勢，故塔虎脫被共和黨大會提名競選連任。羅派不服，乃另組進步黨，並以羅斯福為總統候選人。由於共和黨嚴重分裂，遂使民主黨的威爾遜漁翁得利。選舉結果，威爾遜在四十州中獲勝，羅斯福在六州中獲勝，而塔虎脫僅在猶他及佛蒙特兩州中獲勝，所得總統選舉人票只佔 1.51%，為歷來在任總統競選連任者敗得最慘者。

——在他的任內，新墨西哥成為美國第四十七州，亞利桑那成為美國第四十八州。自此至 1959 年，美國一直保持四十八州之數。塔虎脫是美國四十八州的第一位總統。

——華府之有櫻花，始于塔虎脫任內。這些櫻花是由日本所贈送，塔虎脫夫人 Helen Herron 是將第一株日本櫻花栽植于華府者。

——他于卸任總統後，又曾擔任最高法院院長九年餘，為美國退任總統再任最高法院院長僅有的一人。塔虎脫對最高法院的職務素有興趣，1902 年西奧多‧羅斯福原有意任命他為最高法院法官，因他的太太及家人反對作罷。因為他們認為，最高法院法官的地位雖清高，但將成為將來競選總統的絆腳石。1921 年塔虎脫的好友哈定繼威爾遜為美國總統。不數月，最高法院院長懷特（Edward D. White）病逝，哈定立即任命塔虎脫繼任。自 1921 年 6 月 30 日就任，至 1930 年 2 月 3 日因病辭職，在任九年又七個月餘。由於夙願得償，塔虎脫把這段時間許為他畢生最愉快的歲月。

——俄亥俄州的塔虎脫家，是該州的豪門之一。塔虎脫的父親 Alphonso Taft，歷任美國駐奧匈帝國公使、駐俄公使、聯邦政府司法部長及軍政部長等要職。他的長子 Robert Alphonso Taft 曾任聯邦參議員十五年，為參議院共和黨領袖，且曾先後與威爾基、杜威及艾森豪角逐共和黨總統候選人提名，故有「共和黨先生」的雅號。他的幼子 Charles Phelps Taft 曾任辛辛拉堤市長。他的孫子 Robert Taft（即「共和黨先生」之子）為現任美國參議員。

——塔虎脫的墳墓在華府近郊的維吉尼亞州阿靈頓國家公墓，他是入葬于該處的第一位美國總統，第二位為甘迺迪總統。

27.4　副總統

雪門（James Schoolcraft Sherman）

　　生　卒：1855, 10, 24—1912, 10, 30

　　任　期：1909, 3, 4—1912, 10, 30

　　出生州：紐約州（New York）

　　教　育：漢彌頓學院畢業

　　政　黨：共和黨

　　簡　歷：律師，市長，聯邦眾議員。

第二十八任總統

W. 威爾遜

（Woodrow Wilson）

生　卒：　1856, 12, 28—1924, 2, 3

任　期：　1913, 3. 4—1921, 3, 4

出生州：　維吉尼亞州（Virginia）

代表州：　新澤西州（New Jersey）

教　育：　普林斯頓大學學士，約翰霍浦金斯大學博士

宗　教：　長老會（Presbyterian）

政　黨：　民主黨（Democratic Party）

簡　歷：　律師，教授，普林斯頓大學校長，新澤西州長。

祖　先：　蘇格蘭人（Scottish）

夫　人：　元配：Ellen Louise Axson，1885 年與威爾遜結婚。

　　　　　續弦：元配死後，1915 年與 Edith Bolling Galt 結婚。

子　女：　元配生女三人；續弦無所出

28.1　生平大事記要

1856, 12, 28	生于維吉尼亞州的 Staunton.
1870	隨父母移居南卡羅來納州的 Columbia.
1873	入戴維遜學院肄業（Davidson College, Davidson, N.C.）。
1874	因病休學。
1875, 9	轉學普林斯頓大學。
1879, 6, 18	普大畢業。
10, 2	入維吉尼亞大學法學院研究法律。
1880	再度因病休學。
1882	通過律師考試，設律師事務所于喬治亞州的 Atlanta.
1883-1886	在約翰霍浦金斯大學修讀博士學位。
1885, 6, 24	與元配 Ellen Louise Axson 結婚。
1885-1888	任布倫馬爾學院（Bryn Mawr College, Pa.）政治歷史系教授。
1886, 6	獲約翰霍浦金斯大學政治學博士學位（Ph. D.）。
1888-1890	執教于魏斯利安大學（Wesleyan University, Middletown, Conn.）。
1890-1902	普林斯頓大學教授，主講政治經濟及法理學。
1902, 10, 25	出任普林斯頓大學校長。
1910, 9, 15	被民主黨提名為新澤西州長候選人。
10, 23	辭去普大校長職務。
11, 8	當選新澤西州長。
1911, 1, 7	就任新澤西州長。
1912, 7, 2	被民主黨提名為該黨總統候選人。
11, 5	在大選中擊敗西奧多‧羅斯福及塔虎脫，當選美國總統。
1913, 3, 1	交卸新澤西州長。
3, 4	就任美國第二十八任總統。

1914, 8, 6	元配 Ellen Louise Axson 在華府病逝。
1915, 12, 18	與 Norman Galt 的遺孀 Edith Bolling Galt 在華府結婚。
1916, 6, 15	被民主黨提名競選連任。
11, 7	當選連任總統。
1917, 3, 5	連任總統就職典禮。
1918, 12, 4	親率美國代表團參加巴黎和會。
1919, 2, 24	自歐返美，向國人解說國際聯盟的必要。
3, 5	再度赴歐，繼續出席和會。
6, 28	簽訂凡爾賽和約。
7, 8	自法返美。
9, 26	在科羅拉多州的 Pueblo 旅行演說時，突然中風病倒。
10, 2	右半身全部癱瘓。
1920, 12, 10	獲諾貝爾和平獎。
1921, 3, 4	交卸總統職務，息影華府。
1924, 2, 3	在華府逝世，享壽六十七歲，葬于華府的 National Cathedral.

28.2 任內大事記要

1913, 3, 4	威爾遜就任美國第二十八任總統。
3, 15	威爾遜為連絡輿論感情，在白宮舉行記者招待會。
3, 18	威爾遜拒絕支持美國銀行團對中國貸款。
4, 7	國會召開特別會，討論關稅立法。
4, 8	威爾遜親往國會宣讀其關稅咨文，自傑佛遜停止前往國會宣讀咨文後，此為總統親往國會宣讀咨文的第一次。
5, 2	美國承認中華民國政府。
5, 31	憲法修正案第十七條（聯邦參議員改由各州人民直接選舉）批准生效。

1913, 6, 23　威爾遜親往國會宣讀一項特別咨文，要求國會制訂改革銀行及幣制的法律。

　　7, 1-5　內戰時南北兩方的退伍軍人，在賓州的蓋茨堡（Gettysburg）集會，紀念該地大戰的五十週年。

　10, 27　威爾遜發表演說，闡釋其對拉丁美洲的政策，表示美國將不再以「門羅主義」之名干涉南美各國的事務。

　12, 23　威爾遜簽署聯邦準備制度法（Federal Reserve Act）。

1914, 1, 5　亨利·福特（Henry Ford）宣佈：福特汽車公司的員工每日的工資至少五元，每日工作以八小時為度，所得紅利由員工分享。

　1, 20　威爾遜向國會兩院聯席會議發表演說，建議國會加強反托辣斯法。

　2, 12　華府林肯紀念堂（Lincoln Memorial）破土奠基。

　4, 6　美國與哥倫比亞簽訂條約，美國對 1903 年兩國間的不愉快事件表示遺憾，並同意以二千五百萬元作為哥國喪失巴拿馬的補償。

　6, 28　奧匈帝國王儲斐迪南大公（Archduke Franz Ferdinnand）被塞爾維亞的民族主義者刺殺。

　7, 28　奧匈帝國對塞爾維亞宣戰，第一次世界大戰開始。

　7, 30　俄國下令總動員。

　7, 31　因歐洲局勢突變，紐約證券交易所休業。

　8, 1　德國對俄宣戰。

　8, 3　德國對法宣戰。

　8, 4　美國發表宣言，對歐洲衝突採取中立。

　　　　同日，英國對德宣戰。

　　　　同日，德軍進攻比利時。

　8, 5　美國表示願意調停歐洲衝突。

　8, 6　奧匈帝國對俄宣戰。

1913, 8, 15　巴拿馬運河（Panama Canal）開鑿完成，正式開放通航。

8, 19　威爾遜籲請美國人民對歐戰保守嚴格中立。

8, 23　日本對德宣戰。

9, 26　國會通過法律，設立聯邦貿易委員會（Federal Trade Commission）。

10, 15　國會通過反托辣斯法（Clayton Anti-Trust Act）。

1914, 11, 2　英國宣佈北海（North Sea）為交戰區，中立國船隻航行該區者，應由其自己擔負危險。

11, 16　聯邦準備銀行（Federal Reserve Bank）成立。

12, 26　美國對英國干涉其商船貿易行為提出嚴重抗議。

1915, 1, 25　紐約與舊金山間的直接長途電話正式通話。

1, 28　美國商船 William P. Frye 號，于載運小麥赴英途中，被德國巡洋艦擊沉于南大西洋。

1, 30　豪斯上校（Colonel Edward M. House）代表威爾遜總統，赴歐斡旋和平。

2, 4　德國宣佈英倫三島為交戰區，德國潛艇將執行封鎖任務，中立國船隻進出該地者，應由其本身擔負一切危險。

2, 10　美國向德國提出嚴重抗議，明確表示美國船隻進出英國如被德國艦隻擊沉，應由德國負完全責任。

5, 1　美國油輪 Gulflight 號被德國潛艇擊沉。

5, 7　英國客輪 Lusitania 號被德國潛艇擊沉于愛爾蘭海外，乘客一千一百九十八人喪生，內含一百二十四美國人。

5, 13　美國務卿訓令其駐德大使，要求德國賠償美國一百二十四人的生命損失。

5, 28　德國悍拒美國要求，認為 Lusitania 號載運軍火，德國潛艇加以擊沉，乃屬正當防衛行為。

6, 8　國務卿布乃安（William Jennings Bryan）辭職。

6, 17　美國勵行和平同盟（League to Enforce Peace）在費城成

立，由前總統塔虎脫擔任主席，在該組織的計劃中含有
國際聯盟的構想。

1915, 6, 21　最高法院宣佈奧克拉荷馬及馬里蘭兩州憲法中有關歧視
黑人的「祖父條款」（Grandfather Clause）違背聯邦憲法。

1915, 6, 23　蘭辛（Robert Lansing）繼任國務卿。

7, 25　美國商輪 Leelanaw 號在蘇格蘭海外被德國潛艇擊沉。

7, 28　美國海軍陸戰隊在海地（Haiti）登陸平亂，開始為期十
九年的佔領。

8, 5　拉丁美洲各國代表在華府與威爾遜總統會商，討論平息
墨西哥亂事的方式。

9, 8　美國要求奧匈帝國召回其駐美大使敦巴博士（Dr. Con-
stantin Dumba）。

9, 16　美國與海地簽訂條約，置該國于美國保護之下。

10, 15　美國銀行團對英、法兩國政府貸款五億美元。

10, 19　美國承認墨西哥 Carranza 政府。

11, 15　美國三 K 黨在喬治亞州的 Atlanta 恢復活動，其領導人
為席蒙斯上校（Colonel William J. Simmons）。

12, 1　美國政府要求德國召回其駐美大使館的陸軍及海軍武官。

12, 7　威爾遜向國會致送咨文，要求將常備軍增至十四萬二千
人，後備軍增至四十萬人。

12, 8　威爾遜總統的私人代表豪斯上校，再度赴歐斡旋和平。

1916, 1, 24　在 Bushaber v. Union Pacific Railrood Co. 一案中，最高
法院宣佈聯邦所得稅法為合憲。

1, 27　威爾遜赴美國西部各州旅行演說，要求美國人民對世局
提高警覺，準備應變。

1, 28　威爾遜提名 Louis D. Brandeis 為最高法院法官，參議院
于 6 月 1 日通過其任命案，為美籍猶太人出任最高法院
法官的第一人。

1916, 2, 16 德國駐美大使照會美國務卿，德國願對 Lusitania 號上美國人的生命損失擔負賠償責任。

2, 22 美代表豪斯上校與英外相格瑞爵士（Sir Edward Grey）在倫敦達成一項協議：「如同盟國願接受美國提議，召開一項結束戰爭的會議，而德國拒絕參加時，美國將考慮對德宣戰。」

3, 6 軍政部長加里遜（Lindley M. Garrison）辭職，威爾遜任命貝克（Newton D.Baker）繼任。

4, 18 國務卿蘭辛向德國致送備忘錄：德國如不放棄其擊毀商船的潛艇戰，美國將被迫與其斷絕外交關係。

5, 27 威爾遜向勵行和平同盟發表演說，首次公開支持國際聯盟的觀念。

6, 3 國會通過國防法（National Defense Act），美國常備軍在五年內增至十七萬五千人，國民防衛軍（National Guard）增至四十六萬人，並建立後備軍官團。

6, 7-10 共和黨大會在芝加哥舉行，提名休士（Charles Evans Hughes）為總統候選人，費爾班克（Charles Warren Fairbanks）為副總統候選人。

6, 7 進步黨在芝加哥集會，再度提名西奧多‧羅斯福競選總統，但為羅斯福所拒絕，羅氏希望該黨黨員全力支持共和黨及其候選人。

6, 14-16 民主黨大會在聖路易舉行，提名威爾遜及馬歇爾競選連任總統、副總統。

7, 17 國會通過聯邦農業貸款法（Federal Farm Loan Act），設立聯邦農業貸款局，並在全國各地設立農業貸款銀行。

8, 4 美國與丹麥簽訂條約，以二千五百萬美元購買大西洋中的丹屬處女島（Virgin Islands，在波多黎各的西南）。

1916, 8, 25　國會通過法律，在內政部下設立國家公園事務局（National Park Service）。

8, 29　國會通過撥款法，以三億一千三百萬元建設海軍，二億六千七百萬元建設陸軍，並設立國防會議（Council of National Defense）。

9, 8　國會通過緊急稅收法 Emergency Revenue Act，將所得稅率增加一倍。

10, 26　威爾遜總統向辛辛拉堤商會發表演說稱：「我相信所謂中立之事已成過去，現代戰爭的性質，使任何國家無法置身事外。」

11, 7　美國大選，威爾遜當選連任總統；民主黨繼續控制國會兩院。

同日，蒙他拿州的藍金（Jeanette Rankin）女士當選聯邦眾議員，為美國婦女當選國會議員的第一人。

1917, 1, 22　威爾遜向參議院發表演說，闡釋「無勝利的和平」（Peace without victory）之精義。

1, 31　德國政府宣佈，自 2 月 1 日起，該國所實施之潛艇戰將不受任何限制。

2, 3　美國商船 Housatonic 號被德國潛艇擊沉。

同日，美國與德國斷絕外交關係。

2, 26　威爾遜要求國會制定武裝商船法。

3, 1　美國務院公佈德外交部給其駐墨西哥公使的訓令（此一情報係由英國海軍情報員于 1 月 16 日截獲而轉送美國政府者）：將來美國與德國作戰時，墨西哥如願站在德國一邊，則德國將對墨國提供大量經濟援助，並助其向美國奪回德克薩斯、新墨西哥及亞利桑那三州的土地。

3, 2　國會通過法律，賦予波多黎各人民美國公民的資格。

3, 5　威爾遜連任總統就職。

1917, 3, 11	Carranza當選墨西哥總統，美國對墨西哥新政府立予承認。
3, 12	威爾遜下令，武裝航行德國潛艇區的美國商船。
	同日，美國非武裝商船Algonquin號被德國潛艇擊沉。
3, 15	俄國革命消息傳抵華府，沙皇尼古拉二世（Nicholas II）退位。
	翌日（16日）俄國臨時政府成立。
3, 18	德國潛艇又擊沉三艘美國商船。
3, 20	威爾遜召集內閣會議，全體閣員一致認為，戰爭已屬不可避免。
3, 21	威爾遜要求國會于4月2日舉行特別會議，以便聽取其「國家嚴重問題的報告」。
3, 22	美國宣佈承認俄國新政府，為世界各國承認俄國新政府的第一個國家。
4, 2	威爾遜向國會特別會報告國情，要求國會對德宣戰。
4, 6	美國正式對德國宣戰。
4, 8	奧匈帝國與美斷絕外交關係。
4, 20	土耳其與美斷絕外交關係。
4, 22	英外相巴爾福（Authur J. Balfour）抵華府會商。
4, 24	國會通過緊急貸款法〔Emergeney Loan Act，亦稱自由貸款法（Liberty Loan Act）〕，授權政府發行公債五十億美元，其中二十億支持戰費，三十億貸給盟邦。
4, 25	美國貸給英國二億美元。
	同日，法國代表團抵華府會商。
5, 10	紅十字會戰時委員會（Red Cross War Council）成立，在一週之內募得一億美元，遠較預期目標為多。
5, 16	聯邦政府設立飛機生產局（Aircraft Production Board）。
5, 18	國會通過兵役法，凡在二十一歲至三十一歲之間的役齡男子均在被徵召之列。

同日，第一批美國遠征軍奉命開拔赴歐。

1917, 5, 23　義大利代表團抵華府會商。

6, 5　美國兵役登記日，全國役齡男子赴各地兵役處登記者達九百五十八萬六千五百零八人。

6, 8　美國遠征軍先頭部隊運抵英國利物浦。

6, 13　美軍第一師離美赴法。

7, 4　美國遠征軍總司令潘興（General John Joseph Pershing）率所部第一批一萬四千五百人，在巴黎市區遊行。

7, 6　潘興將軍通知軍政部，在 1918 年 5 月前，美軍一百萬人必須運抵歐洲。

7, 9　威爾遜總統頒發禁運令，凡燃料、食物、鋼鐵及其他戰爭物資之出口，均由政府統制。

7, 28　聯邦政府設立戰爭工業局（War Industries Board）。

8, 6　福格森夫人（Mrs. James Ferguson）當選德克薩斯州長，為美國婦女擔任州長的第一人。

8, 10　威爾遜任命胡佛（Herbert Hoover）為糧食署長（Food Administrator）。

9, 21　布利斯少將（Major General Tasker H. Bliss）被任為美國陸軍參謀長。

10, 3　國會通過戰時稅收法（War Revenue Act），將 1916 年稅收法所定之所得稅率再提高一倍。

10, 12　威爾遜以行政命令設立郵電檢查局（Censorship Board）。

10, 27　美國婦女兩萬人在紐約市遊行，爭取婦女參政權。

11, 2　美國與日本簽訂蘭辛石井協定（Lansing-Ishii Agreement），美國承認日本在中國的特殊利益，乃係由於其與中國在地理上的鄰近。

11, 6-7　俄國發生布爾什維克革命，克倫斯基之臨時政府，被列寧、托洛斯基所領導之共產分子推翻。

美國拒絕承認俄國共產政權。

1917, 11, 16　威爾遜下令，敵國在美居民應向美國政府辦理登記。

12, 7　美國對奧匈帝國宣戰。

12, 17　國會通過憲法修正案第十八條（禁酒），提交各州批准。

12, 28　威爾遜下令，全國鐵路由政府接管。

1918, 1, 8　威爾遜向國會兩院聯席會議發表演說，提出其對戰後世界和平的十四點原則。

1, 26　糧食署長胡佛要求美國人民在每星期的二、四、六日以「勝利麵包」代替肉食，藉以支援前線作戰。

2, 5　英艦 Tuscania 號于裝運美軍二千人赴歐途中，被德國潛艇擊沉于愛爾蘭海外，美軍二百一十人喪失。

2, 12　紐約百老匯各戲院全部關閉，藉以節省煤電。

3, 10　軍政部長貝克抵法，考察歐洲戰情。

3, 26　法國元帥福煦（Ferdinand Foch）受命為歐洲盟軍統帥。

4, 8　威爾遜下令，成立全國戰時勞工局（National War Labor Board）由前總統塔虎脫擔任主席。

5, 16　國會通過煽動叛亂懲治法（Sedition Act）。

7, 1　軍政部長向威爾遜報告，美軍投入歐洲戰場者，已達一百零一萬九千人。

7, 16　國會通過聯合決議，由政府控制電話電報。

7, 18-
8, 6　美軍二十五萬人參加 Marne 會戰，德軍不敵敗退，盟軍反攻開始。

7, 19　德軍開始自 Marne 退卻。

7, 21　美、法聯軍收復 Chateau-Thierry.

7, 24　自本日起，美國每週停電四晚，藉以節省燃料。

9, 12　美國第三次兵役登記日，凡年在十八歲至四十五歲之男子均須辦理登記手續，至此，全美辦完兵役登記者，達二千四百二十三萬四千零二十一人。

1918, 9, 12- 14	由潘興將軍指揮的美國第一軍團，在 St. Mihiel 大捷。
9, 16	奧匈帝國向英、美兩國政府提出其謀求和平的意向。
9, 26- 11, 11	美軍一百二十萬人與德軍大戰于 Meuse-Argonne 地區，雙方鏖戰四十七日，美軍傷亡達十二萬人。
9, 27	威爾遜在紐約市發表演說，認為國際聯盟組織，乃謀致世界和平不可或缺的工具。
10, 3	德國新任首相 Prince Maximilian of Baden，向美總統威爾遜提出停戰要求。
11, 4	奧匈帝國宣佈投降。
11, 5	美國中期選舉，共和黨控制國會兩院。
11, 8	德國使者接受福煦元帥的停戰條件。
11, 11	上午十一時停戰協定正式簽字，第一次世界大戰宣告結束。據美國官方統計：美國參加此次戰爭的全部陸、海軍及海軍陸戰隊共四百六十萬九千一百九十人；傷亡共三十三萬三千七百三十四人，其中死十三萬零二百七十四人，傷二十萬三千四百六十人；戰費共十七億五千五百萬美元。
12, 4	美國參加巴黎和會代表團離美赴法，由威爾遜總統親自率領。
12, 26	威爾遜自法至英，作五日訪問旅行。
1919, 1, 3	威爾遜抵羅馬，在義大利訪問四天。
1, 6	前總統西奧多·羅斯福病逝。
1, 18	巴黎和會在凡爾賽宮正式揭幕，美國與會代表除威爾遜總統外，包括國務卿蘭辛，參議員懷特（Henry White），豪斯上校，及布利斯將軍（General Tasker H. Bliss）。
1, 25	和會第二次全體會議，通過威爾遜所提設立國際聯盟的建議；大會並選舉威爾遜為國聯盟約起草委員會主席。

1919, 1, 29	憲法修正案第十八條（禁酒）經各州批准，將自 1920 年 1 月 16 日正式實施禁酒。
2, 14	威爾遜將國聯盟約（Covenant of the League of Nations）提出于和會第三次全體會議。
2, 24	威爾遜自法返抵波士頓。
2, 26	威爾遜在白宮邀宴國會兩院外交委員會委員，就國聯問題交換意見。
2, 28	參議員洛奇（Henry Cabot Lodge）在參議院發表演說，強烈反對國聯盟約。
3, 2	三十九位參議員及參議員當選人發表聯合聲明：國際聯盟問題應俟和約簽訂後再行討論。
3, 4	威爾遜在紐約大都會歌劇院（Metropolitan Opera House），向五千聽眾發表演說，對反對國聯的參議員，加以猛烈抨擊。
3, 5	威爾遜再赴巴黎參加和會。
4, 28	威爾遜根據國內輿論及前總統塔虎脫等的意見，建議將國聯盟約稍加修正，並徵得各主要國的同意再度提出于和會全體會議，當經大會接受，作為和約的一部分。
6, 5	國會通過憲法修正案第十九條（婦女參政），送交各州批准。
6, 28	和約在凡爾賽宮的鏡廳簽字，是即凡爾賽條約（Treaty of Versailles）。
7, 8	威爾遜自法返美。
7, 10	凡爾賽條約提交參議院審議。
7, 14- 9, 10	參議院外交委員會對凡爾賽條約之審議，故意拖延。
8, 19	威爾遜邀請參議院外交委員會委員們至白宮磋商，對他親自簽訂的凡爾賽條約有所闡釋。

1919, 9, 1	美國共產黨在芝加哥舉行第一次大會，並成立第三國際美國支部。
9, 3	威爾遜離華府，開始其在西部各州的旅行演說，以爭取美國人民對凡爾賽條約及國際聯盟的支持。
9, 10	共和黨的洛奇參議員將外交委員會對凡爾賽條約的審議報告提出于參議院，其中包括四十五項修正及四項保留。
9, 26	威爾遜在科羅拉多州旅行演說時中風病倒，結束了他籲請美國人民支持凡爾賽條約及國際聯盟的奔走呼號。他自離華府至此，已歷二十三天，先後發表的演說共達四十次之多。
10, 29	國際勞工會議在華府揭幕，通過決議，設立國際勞工組織（International Labor Organization，ILO）。
11, 19	參議院以五十三票對三十八票否決凡爾賽條約（按參議院通過條約須經出席參議員三分之二的可決，是日表決時的出席參議員為九十一人，須六十一人的贊成票始算通過）。
12, 21	俄國共產嫌疑分子二百四十九人被美國政府遞解出境。
1920	美國人口一〇五,七一〇,六二〇人。
1920, 1, 1	美國司法部在各大小城市進行突擊檢查，捕獲共產分子數千人。
1, 16	憲法修正案第十八條所規定之禁酒，自本日午夜時正式實施。
	同日，國聯理事會第一次會議在巴黎揭幕。
3, 19	參議院覆議凡爾賽條約，再以四十九票對三十五票遭否決，本案至此宣告終結。由於此約之被否決，使美國無由成為國際聯盟之一員。
4, 1	紐約社會黨州議員五人，被紐約州議會除名，彼等于重選時再度當選，但未為州議會所接受。

1920, 5, 1	美國共產黨與共產主義工人黨合併為聯合共產黨（United Communist Party）。1921 年 12 月再改為工人黨（Workers Party）。
6, 4	國會通過陸軍改組法，規定美國平時陸軍為二十九萬八千人。
6, 7	在七件有關禁酒問題的訟案中，最高法院確認憲法修正案第十八條的效力，凡違反該條規定的各州法律均屬無效。
6, 8-12	共和黨大會在芝加哥舉行，提名哈定為該黨總統候選人，柯立芝為副總統候選人。
6, 28- 7, 5	民主黨大會在舊金山舉行，提名科克斯（James M. Cox）為總統候選人，佛蘭克林・羅斯福（Franklin D. Roosevelt）為副總統候選人。該黨政綱的重心為支持國際聯盟。
7, 7	國務院宣佈解除美國對俄國的貿易限制，但在外交上的不承認主義並未改變。
7, 21-22	禁酒黨在內布拉斯加的 Lincoln 城舉行大會，提名瓦特金斯（Aaron S. Watkins）為總統候選人。
8, 26	憲法修正案第十九條（婦女參政）批准生效。
11, 2	美國大選，共和黨候選人哈定當選總統。
12, 10	威爾遜獲 1919 年的諾貝爾和平獎。
1921, 3, 3	威爾遜否決緊急關稅法（Emergency Tariff Bill）。

28.3　異聞趣事

——威爾遜是在維吉尼亞州出生的第八位總統，在二十八位總統中，維州獨佔其八，誠所謂地靈人傑。不過「維吉尼亞王朝」也從此暫時告一段落，因為自威爾遜以後，尚無美國總統在維吉尼亞出生者。

——他是南北戰爭以來屬於民主黨籍的第二位總統，第一位為克利夫蘭。

——他是第四位于 3 月 5 日就職的總統（1917 年的 3 月 4 日為星期日，故順延一天），前三位是門羅、泰羅及海斯。

——他是迄今為止由自己讀得博士學位的唯一美國總統。他的博士學位係于 1886 年 6 月由約翰霍浦金斯大學（Johns Hopkins University, Baltimore, Md.）所授予。其論文題目為〈國會政府：美國政治之研究〉（Congressional Government: A Study in American Politics）。不過威爾遜的博士學位之取得，並非依據正常程序，他在約翰霍浦金斯大學修完博士學分後，即前往賓州的布倫馬爾學院（Bryn Mawr College）執教，其上述論文即係在此完成，並于 1885 年出版。翌年即以此書向約大申請博士學位，不意竟獲通過，並獲准免除博士候選人考試（Comprehensive examination）。由於此書內容充實，頗受學界重視，至今仍為研究美國政府者的主要參考書之一，現已發行至第十五版。

——威爾遜曾任普林斯頓大學校長八年，為美國學術地位最高的總統。

——他自幼具有政治雄心，他在普林斯頓唸書時，常以維吉尼亞州的參議員自命，蓋以參議院為美國政治家的養成所，乃走向白宮的必要途徑也。他不僅說說而已，且真的練習起「維吉尼亞州參議員伍德羅・威爾遜」的簽名來，同學們都笑他異想天開，他卻毫不理會，練習如故，具見其對政治熱衷之一斑。不過他最後雖然如願以償地做了總統，卻沒有經過參議員的階段，這是他始料所不及的。

——事實上，他是美國從政資歷最短的總統。在 1910 年以前，他從未有參加實際政治的機會，是年的 9 月，他受民主黨的敦促，以普大校長的身分，出而競選新澤西州長，一舉成功。1912 年民主黨再提名他為總統候選人，又告當選。從普大的教室邁進華府的白宮，為時兩年而已，可謂一帆風順。

——他于 1912 年當選總統，也可說是時勢造英雄。這年的美國總統
選舉，是一個鼎足而三的局面，因為共和黨內部分裂，在任總
統塔虎脫被共和黨大會提名為總統候選人，共和黨的反塔虎脫
派乃另組進步黨，而以前任總統西奧多‧羅斯福為總統候選人。
選舉結果，塔、羅兩敗俱傷，遂使代表民主黨的威爾遜漁翁得
利。如非共和黨選票分散，則鹿死誰手，未可逆料，因為塔、
羅兩人所得人民選票的總和，實較威爾遜為多也。

——1913 年 4 月 7 日，國會為討論關稅問題舉行特別會，威爾遜親
往國會宣讀其關稅咨文，自傑佛遜停止親往國會宣讀其國情咨
文以來，這是總統前往國會宣讀咨文的第一次。自是以後，每
次國情咨文均由總統親向國會宣讀，現已成為定例。

——威爾遜是在白宮舉行記者招待會的第一位總統，其時間為 1913
年 3 月 15 日，應邀到會的記者約一百二十五人。

——他是前往歐洲訪問的第一位在任總統。1918 年 12 月 4 日，他親
率美國代表團離美赴法，參加巴黎和會，1919 年 2 月 24 日返
美，在此期間曾先後訪問英國及義大利。1919 年 3 月 5 日再度
赴巴黎與會，于同年 7 月 8 日返國，在歐洲停留的時間，前後
達七個月，為美國有史以來在任總統停留國外最久的一次。

——1918 年 1 月 8 日，威爾遜向國會兩院聯席會議發表演說，提出
其對戰後世界和平的十四點原則。這些原則不但是當時打擊敵
人最有效的武器，也是其後巴黎和會的談判基礎，其要點如次：
①以公開的方式締結和平條約。
②維護海洋上的航行自由。
③自由國際貿易。
④裁減軍備。
⑤公平調整各國對殖民地的權利主張。
⑥協助俄國人民依其自由意志建立其自己的政府。
⑦恢復比利時的領土，並撤退佔領軍。

⑧ Alsace-Lorraine 應歸還法國。

⑨重新調整義大利疆界。

⑩奧地利與匈牙利自治。

⑪重新調整巴爾幹各國的界限。

⑫對土耳其帝國統治下的各民族賦予自決的機會。

⑬恢復波蘭的獨立。

⑭設立國際聯盟組織。

——如所周知，威爾遜為國際聯盟的主要催生者，但因美國參議院否決了凡爾賽條約，竟使美國未能成為國聯的會員國，此不僅是對美國的一大諷刺，亦為世界和平的大不幸。1920 年 12 月 10 日，諾貝爾獎金委員會議決，以 1919 年的和平獎授與威爾遜，以獎勵其對世界和平及國際聯盟的偉大貢獻，可見公道自在人心。威爾遜是獲得諾貝爾和平獎的美國第二位總統，第一位為西奧多·羅斯福，因調停日、俄戰爭有功，于 1906 年獲得同一榮譽。

——威爾遜以書生從政，遭逢世界大變，在政治上講求道德，在外交上堅持原則，只求真理，不問恩怨，其天下為公的襟懷，在美國歷任總統中無出其右。他研究政治學，有許多不朽的名著，對於總統職位、國會權能、政黨制度，以及美國對世界所負的責任，均有真知灼見，公認為美國歷史上最有學問的總統。他秉政八年，在美國的內政及外交上，均有許多建樹，被譽為美國六位偉大總統之一。他一手創立的國際聯盟，就是今日聯合國的前身，當 1946 年國際聯盟正式宣佈解散，而將它的希望、理想和遺產移交給新成立的聯合國時，國聯的末任主席挪威籍的漢布羅提醒世人說：「我們現在將國際聯盟過去所獲得的經驗與教訓，移交這個新的組織，願世人共同覺悟，來維護這個新的世界和平機構，……在此國際聯盟生命的最後一瞬間，願世人為它的創造者伍德羅·威爾遜作一次最後的致敬。」

28.4 副總統

馬歇爾（Thomas Riley Marshall）

生　卒：1854, 3, 14——1925, 6, 1

任　期：1913, 3, 4——1921, 3, 4

出生州：印地安那州（Indiana）

教　育：華貝斯學院畢業

政　黨：民主黨

簡　歷：律師，印地安那州長。

第二十九任總統

W. G. 哈定

（Warren Gamaliel Harding）

生　卒： 　1865, 11, 2—1923, 8, 2
任　期： 　1921, 3, 4—1923, 8, 2
出生州： 　俄亥俄州（Ohio）
代表州： 　同上
教　育： 　俄亥俄州中央學院畢業
宗　教： 　浸信會（Baptist）
政　黨： 　共和黨（Republican Party）
簡　歷： 　報人，州議員，俄亥俄州副州長，聯邦參議員。
祖　先： 　英格蘭人（English）
夫　人： 　Florence Kling De Wolfe，1891 年與哈定結婚。
子　女： 　無

29.1　生平大事記要

1865, 11, 2	生于俄亥俄州的 Morrow County.
1879	入俄亥俄州中央學院肄業。
1882	大學畢業，同年移居俄州的 Marion，並在一鄉間學校教書，月薪三十元。
1884, 11, 26	與朋友集資三百元，購得當地一家小報 Marion Star，並任發行人兼編輯。
1891, 7, 8	與當地首富之女名 Florence Kling De Wolfe 者結婚，Florence 大他五歲，為一離婚女子，其前夫名 Henry De Wolfe.
1892	競選縣審計官失敗。
1895	再度競選縣審計官，卒告當選。
1899	當選俄亥俄州議會議員。
1901	連任州議會議員。
1903	當選俄亥俄州副州長。
1905	副州長任滿，未競選連任，恢復報人生活。
1910	競選俄亥俄州長失敗。
1912, 6	在芝加哥共和黨總統候選人提名大會中，被選為在任總統塔虎脫競選連任的提名人，其英俊的外表及動人的演說，使與會的共和黨代表印象深刻。
1914	當選聯邦參議員。
1915, 3, 4-1921, 1, 13	聯邦參議員。
1920, 6, 12	被共和黨大會提名為總統候選人。
1920, 11, 2	當選總統。
1921, 3, 4	就任美國第二十九任總統。
1923, 8, 2	于訪問阿拉斯加及加拿大的歸途中，病逝舊金山，享壽

五十七歲，葬于故鄉俄州 Marion 的 Hillside Cemetery.

29.2　任內大事記要

1921, 3, 4　哈定就任美國第二十九任總統。

3, 25　蘇聯要求美國與其恢復正常貿易關係，美國拒予理會。但美國私人工商業欲與蘇聯貿易者，則不在禁止之列。

4, 20　參議院正式通過美國與哥倫比亞所簽訂之賠償條約（1914 年 4 月 6 日簽字），以二千五百萬美元作為哥國喪失巴拿馬的賠償，但原約中美國對哥倫比亞的「道歉條款」（Apology Clause）則已刪除。

4, 25　內布拉斯加州通過法律，禁止外國居民在該州購買土地。

5, 19　國會通過移民緊急名額法（Emergency Quota Act），限定各國對美國之移民額，不得超過各該國于 1910 年時在美居民的 3%。

5, 31　國務院照會日本駐美大使館，對日本于列強在西伯利亞（Siberia）撤軍後，獨自在該地增加其武力，提出嚴重抗議。

6, 10　國會通過法律，設立預算局（Bureau of Budget），道斯（Charles G. Dawes）為首任局長。

6, 30　哈定任命前總統塔虎脫為最高法院院長，為退任總統再任最高法院院長的第一人，也是迄今為止僅有的一人。

7, 2　哈定簽署國會兩院聯合決議，終止美國與德國間的戰爭狀態。

8, 9　國會通過法律，設立聯邦退伍軍人局（U.S. Veterans' Bureau）。

8, 11　美國正式邀請中、英、日、法、義、比、荷、葡八國集會華府，討論太平洋區限制軍備及其他有關問題，史稱

華盛頓九國會議。

1921, 8, 18　班斯（William J. Burns）被任為司法部調查局長（Director of Bureau of Investigation），是即聯邦調查局（FBI）的前身。

8, 24　美國與奧國在維也納簽訂和約。

8, 25　美國與德國在柏林簽訂和約，除有關國際聯盟的條款剔除外，凡爾賽條約中其他與美國有關的條款均包括在內。

8, 29　美國與匈牙利在布達佩斯 Budapest 簽訂和約。

9, 26　哈定在華府召集失業救濟會議（Unemployment Conference），由商務部長胡佛（Herbert C. Hoover）擔任主席，是年全美失業人數達三百五十萬人。

10, 15　伍德將軍（General Leonard Wood）宣誓就任駐菲律賓總督。

11, 12　九國限制軍備會議在華盛頓揭幕，該會于 1922 年 2 月 6 日閉幕，歷時約三個月。

12, 13　美、英、法、日四國，在華盛頓會議中簽訂四強太平洋條約（Four-Power Pacific Treaty）。

12, 22　國會通過俄國饑荒救濟法（Russian Famine Relief Act.），撥款二千萬元購買糧食，救濟俄國飢民。

1922, 1, 30　國際常設法庭（Permanent Court of International Justice）在海牙（The Hague）和平宮（Palace of Peace）正式開庭。

2, 6　九國公約（Nine-Power Treaty）在華盛頓簽字，內含尊重「中國的主權，獨立，領土及行政完整」的條款，所謂門戶開放政策，至此獲得列強正式承認。

同日，美、英、法、義、日五國簽訂限制海軍條約（Five-Power Naval Treaty）。

3, 28　紐約州通過法律，禁止外國人在該州公立學校中執教。

1922, 5, 30	華府的林肯紀念堂（Lincoln Memorial）舉行落成奉獻禮，堂內的林肯彫像為名彫刻家佛倫區（Daniel Chester French）的精心傑作。
6, 16	美國航業局試驗直升飛機成功。
9, 19	國會通過新關稅法（Fordney-McCumber Tariff Act），將美國進口關稅提高至空前未有的程度。
9, 21	國會通過兩院聯合決議，贊成猶太人在巴勒斯坦（Palestine）定居。
10, 3	喬治亞州長任命費爾頓女士（Rebecca L. Felton）為聯邦參議員，為美國婦女擔任參議員的第一人。
1923, 1, 10	哈定總統下令，美國在萊因區 Rhine 的佔領軍撤退回國，結束美國對德國的佔領。
2, 24	哈定向參議院致送咨文，希望美國參加國際法庭。
3, 4	內政部長華爾（Albert B. Fall）因貪污案離職。在此前不久，退伍軍人局長福布斯（Charles R. Forbes），亦因貪污案離職。
4, 9	在 Adkins v. Children's Hospital 一案中，最高法院判認在哥倫比亞特區（即華府）所實施的婦女最低工資法為違憲。
4, 14	美、日雙方同意，廢止蘭辛石井協定（Lansing-Ishii Agreement，1917 年 11 月 2 日簽訂）中的部分條款。
6, 4	在 Robert T. Meyer v. State of Nebraska 一案中，最高法院判認各州禁止在公立學校中教授外國語文的法律為違憲。
6, 20	哈定離華府，前往西部及阿拉斯加等地訪問。
8, 2	哈定于訪問阿拉斯加的歸途中，病逝舊金山。同日，美國鋼鐵公司開始每日工作八小時制，在此以前，該公司工作人員每日須工作十二小時。

29.3　異聞趣事

——哈定是在俄亥俄州出生的第七位總統，前六位是格蘭特、海斯、加菲爾、本傑明‧哈里遜、麥金來及塔虎脫。就美國各州產生總統的人數而言，俄亥俄州僅次于維吉尼亞州（前後八人），但自產生總統的時間而言，則俄州尤勝于維州，因自格蘭特至哈定，美國共經歷十二位總統，為時不過五十二年，而在此十二位總統中，俄州獨佔其七，平均每七年半中產生一位總統，可謂獨佔鰲頭。

——他是死于任所的第六位總統，前五位是威廉‧亨利‧哈里遜、泰羅、林肯、加菲爾及麥金來。

——他是與離婚女子結婚的第二位總統。第一位是傑克遜。他的夫人 Florence Kling 的前夫名 Henry De Wolfe，因感情不合宣告離異。Florence 與哈定結婚時年已三十一歲，大哈定五歲。據說他們的結合乃是互相利用，並非基于感情，因 Florence 的家乃俄州 Marion 的首富，有錢而無勢，而哈定則為當地報紙的發行人兼主編，有勢而無錢，兩人結合，彼此可以照應也。

——他是乘坐汽車參加就職典禮的第一位總統。

——1920 年的大選日，賓州匹茲堡的 KDKA 電臺廣播總統選舉結果，乃美國電臺傳播總統選情的第一次。

1921 年 3 月 4 日哈定就職時，其典禮實況經由電臺轉播，在美國亦屬創舉。

——1920 年的美國總統選舉，民主、共和兩黨的候選人都屬俄亥俄州，而且同是報人出身。共和黨候選人哈定是 Marion Star 的主人兼編輯，民主黨候選人科克斯（James M. Cox）是 Dayton Daily News 的主人兼發行人。

——在美國歷任總統中，哈定是屬於軟弱者之一。他優柔寡斷，缺乏開創精神，處處順從國會，偶有創意，一經國會阻撓，即作罷論。在他兩年又五個月的任期中，最值得一提的，厥為華盛

頓的九國會議，這一會議是由美國所提議，但該提議並非出于
哈定的主動，而是由於國務卿休士（Charles Evans Hughes）的
敦促。

──在美國歷史上，貪污腐化幾乎成為哈定任內的代名詞。他的內
閣閣員中雖不乏有守有為之士，如國務卿休士、財政部長梅龍
（Andrew William Millon）、商務部長胡佛（Herbert Clark Hoo-
ver）、農業部長華萊士（Henry Cantwell Wallace），皆屬一時
之選，但其他官員中多屬貪污腐化之徒，如內政部長華爾（Al-
bert Bacon Fall）及退伍軍人局長福布斯（Charles R. Forbes）均
因貪污案判罪。司法部長道格泰（Harry M. Daugherty）亦曾因
嚴重貪污嫌疑，遭受審訊，而哈定的密友史密斯（Jesse Smith）
更因被指控與道格泰朋比為奸，鬻官賣職，畏罪自殺。這些貪
污分子都是哈定最親密的朋友，他們經常在白宮玩牌作樂，豪
飲達旦。時值美國禁酒時期，一般人民飲酒屬於犯罪行為，而
白宮每日杯觥交錯，痛飲無忌，難怪要引起人民怨憤了。至於
這些貪污案件是否與哈定本人有關，外界不得而知。但有件事
值得玩味，即哈定死後，他的所有私人的機密文件，包括與朋
友的來往函件，均遭他的太太焚燬。不僅此也，哈定在舊金山
病逝時，因為死因不明，醫生們要求解剖檢驗，為他的太太率
然拒絕，於是外界猜測紛紛，有謂哈定之死，是被人謀害者，
因恐哈定活著，更多貪污案件將被揭發也。曾任哈定商務部長
的美國第三十一任總統胡佛嘗謂：「哈定乃是一位被朋友出賣
的悲劇人物」，以胡佛與哈定交往之深，其言或屬的論。

29.4　副總統

柯立芝（Calvin Coolidge）

　　任期：1921, 3, 4—1923, 8, 2

　　（餘見第三十任總統柯立芝）

第三十任總統

C. 柯立芝

（Calvin Coolidge）

生　卒：　1872, 7, 4─1933, 1, 5

任　期：　1923, 8, 3─1929, 3, 4

出生州：　佛蒙特州（Vermont）

代表州：　麻薩諸塞州（Massachusetts）

教　育：　阿姆赫斯特學院畢業

宗　教：　公理會（Congregationalist）

政　黨：　共和黨（Republican Party）

簡　歷：　律師，市議員，麻州州議員，麻州參議院議長，麻州副
　　　　　州長、州長，副總統。

祖　先：　英格蘭人（English）

夫　人：　Grace Anna Goodhue，1905 年與柯立芝結婚。

子　女：　二子

30.1　生平大事記要

1872, 7, 4	生于佛蒙特州的 Plymouth.
1884-1890	在佛蒙特州 Ludlow 的 Black River Academy 讀書。
1891	入麻薩諸塞州的阿姆赫斯特學院肄業。
1895	阿姆赫斯特學院優等畢業。
1895-1897	在麻州Northampton的一家律師事務所工作，並自修法律。
1897, 7, 2	通過律師考試，設律師事務所于 Northampton.
1899	當選 Northampton 市政委員會委員。
1900-1901	任同市法院檢察官。
1905, 10, 4	與 Grace Anna Goodhue 結婚。
1907-1908	麻薩諸塞州議會眾議員。
1909	恢復律師業務。
1910	當選 Northampton 市長，任期兩年。
1912-1915	麻州議會參議員，並于最後一年膺選為議長。
1915	當選麻州副州長。
1916-1918	兩任麻州副州長。
1919-1920	麻州州長。
1919	因阻止波士頓警察罷工，名聞全國。
1920, 6, 12	被共和黨提名為該黨副總統候選人。
1921, 3, 4	就任副總統。
1923, 8, 3	宣誓繼任總統。
1924, 6, 10	接受共和黨提名，競選連任總統。
11, 4	當選連任。
1925, 3, 4	連任總統就職。
1928	拒絕再競選連任。
1929, 3, 4	交卸總統職務，退隱Northampton，專心撰述自傳，于

同年底出版。

1930　　　　當選美國骨董社理事長，並常為報紙撰寫專欄。

1933, 1, 5　　在 Northampton 寓所洗澡間刮鬍子時心臟病突發逝世，
　　　　　　享壽六十歲，葬于佛蒙特州的 Plymouth.

30.2　任內大事記要

1923, 8, 2　　哈定總統病逝舊金山。

　　8, 3　　柯立芝在佛蒙特州的 Plymouth 宣誓繼任總統。

　　9, 15　　奧克拉荷馬州三 K 黨猖獗，該州州長華頓（J.C. Walton）
　　　　　　為維持治安，宣佈全州進入戒嚴狀態。

　　12, 6　　柯立芝在其致送國會的國情咨文中，建議美國參加海牙
　　　　　　國際法院。

　　12, 8　　美國與德國簽訂友好通商及領事條約。

　　12, 18　　國務卿休士對俄國所要求之外交承認，加以拒絕。

1924, 2, 3　　前總統威爾遜病逝華府。

　　2, 21　　柯立芝反對給予菲律賓的獨立地位。

　　2, 29　　哈定總統時代的退伍軍人局長福布斯（Charles R. For-
　　　　　　bes）因貪污舞弊案被提起公訴，舞弊標的物價值二億
　　　　　　五千萬美元，1925 年 2 月 4 日判處兩年徒刑，併科一
　　　　　　萬元罰金。

　　3, 1　　前司法部長道格泰（Harry M. Daugherty）因貪污嫌疑
　　　　　　被參議院調查。

　　4, 10　　日本駐美大使照會國務卿休士，美國如放棄「君子協
　　　　　　定」及繼續排斥日本移民，將引起嚴重後果。

　　5, 26　　國會通過新移民法，限定各國每年對美國的移民數額，
　　　　　　不得超過各該國于 1890 年在美居民的 2%，但加拿大
　　　　　　及拉丁美洲各國移民不在此限，而日本移民則完全在排

斥之列。

1924, 6, 2	國會通過法律，凡在美國出生的印地安人，均屬美國公民。
6, 5	禁酒黨在俄亥俄州的哥倫布（Columbus）集會，提名華瑞斯（H.P. Faris）為總統候選人，布列姆（Miss Marie C. Brehm）為副總統候選人。
6, 10-12	共和黨大會在克利夫蘭舉行，提名柯立芝為該黨總統候選人，道斯為副總統候選人。
6, 24-	民主黨大會在紐約舉行，提名戴維斯（John W. Davis）。
7, 10	為總統候選人，布乃安（Charles W. Bryan）為副總統候選人。
6, 30	哈定總統時代的內政部長華爾（Albert B. Fall）因貪污舞弊案被提起公訴。
7, 10	工人黨（即美國共產黨）在芝加哥集會，提名福斯特（William Z. Foster）為總統候選人，吉特勞（Benjamin Gitlow）為副總統候選人。
11, 4	美國大選，共和黨的柯立芝當選連任總統。
11, 17	美國派代表參加國聯所召集在日內瓦舉行的鴉片會議（Opium Conference）。
11, 30	美國無線電公司（Radio Corporation of America, RCA）表演無線電傳真成功。
1925, 1, 5	羅絲（Nellie Tayloe Ross）女士就任懷俄明州長。
3, 3	眾議院通過決議，贊成美國加入國際法院。
3, 4	柯立芝連任總統就職。
4, 13	芝加哥與底特律之間開闢商用航空交通。
6, 8	在 Gitlow v. New York 一案中，聯邦最高法院維持紐約州法院的原判，確認在美國出版共產刊物為犯罪行為，最高法院法官荷姆斯（Oliver Wendell Holmes）及布蘭戴斯（Louis Dembitz Brandeis）二人對此表示異議。

1925, 6, 17　　美國在禁止毒氣及細菌戰公約上簽字。

　　　　9, 1　　聯邦政府公佈所得稅紀錄，全美個人所得稅以洛克菲勒二世（John D. Rockefeller, Jr.）為最多，計六百二十七萬七千六百九十九美元；公司所得稅以福特公司（Henry Ford Company）居首，計一千六百四十九萬三千一百六十美元。

　　　　9, 12　　聯邦政府設立全國航空局（National Aircraft Board）。

　　　　12, 8　　在其國情咨文中，柯立芝再度建議美國加入國際法院。

1926, 1, 27　　參議院通過美國加入國際法院案，但提出五點重要保留。

　　　　5, 9　　美國海軍少將拜爾德（Rear Admiral Richard E. Byrd）及班納特（Floyd Bennett）駕機飛越北極上空。

　　　　5, 20　　國會通過商用航空法（Air Commerce Act）。

　　　　5, 31　　美國建國一百五十週年博覽會在費城揭幕。

　　　　7, 2　　國會通過法律，設立陸軍航空團（Army Air Corps）。

　　　　9, 1　　國際法院條約簽字各國在日內瓦舉行會議，討論美國加入案的五點保留，決定完全接受其中的四點保留及第五點保留的一部分，但美國參議院認為不夠滿意，故美國仍不能參加國際法院。

　　　　9, 25　　汽車大王福特開始在該公司實施每週五天及每天八小時的工作制。

　　　　11, 11　　柯立芝在歐戰停戰紀念日發表演說稱：除非各國接受美國參議院的要求，美國將無法參加國際法院的可能。

1927, 2, 18　　首任加拿大駐美公使梅西（Charles Vincent Massey）向美國總統呈遞國書，為美、加兩國建立獨立外交關係之始。

　　　　2, 23　　國會通過法律，設立聯邦無線電委員會（Federal Radio Commission）。

　　　　3, 3　　國會通過法律，在財政部下設立禁酒局（Prohibition

Bureau）。

| 1927, 4, 7 | 美國電視首次在紐約試驗成功。 |

5, 5　　　美國派代表出席國聯的國際經濟會議。

5, 20- 21　林白（Charles A. Lindbergh）駕單翼機 Spirit of St. Lo-
　　　　　uis 號，作不著陸飛渡大西洋的壯舉，自紐約至巴黎，
　　　　　全程飛行時間為三十三小時半。

6, 4　　　張伯倫（Clarence Chamberlain）及李溫（Charles A. Levi-
　　　　　ne）駕 Columbia 號飛機，自紐約至德國的 Saxony，全
　　　　　程三千九百零五哩，費時四十三小時，創世界不著陸飛
　　　　　行的新紀錄。

6, 20　　由柯立芝邀請召開的限制海軍軍備會議在日內瓦揭幕，
　　　　　與會者僅美、英、日三國代表，法、義兩國拒絕參加。
　　　　　會議至 8 月 4 日無結果而散。

8, 2　　　柯立芝宣佈，1928 年不再競選總統。

11, 12　　連接紐約市與新澤西州的荷蘭德隧道（Holland Tun-
　　　　　nel）開建完成，正式通行。

12, 13　　柯立芝任命史汀生（Henry L. Stimson）繼任美國駐菲
　　　　　律賓總督〔前任總督伍德將軍（General Leonard Wood）
　　　　　已于 8 月去世〕。

1928, 2, 10　參議院通過反柯立芝派所提的決議案，反對總統連任三次。

5, 27　　美國工人黨在紐約集會，再度提名福斯特及吉特勞為該
　　　　　黨總統副總統候選人。

6, 12-15　共和黨大會在堪薩斯市舉行，提名商務部長胡佛為總統
　　　　　候選人，寇迪斯為副總統候選人。

6, 26-29　民主黨大會在德州的休士頓舉行，提名紐約州長史密斯
　　　　　（Alfred E. Smith）為總統候選人，參議員羅賓遜（Joseph
　　　　　T. Robinson）為副總統候選人。

7, 25　　美國與中國簽訂條約，建立中國關稅自主的原則。

1928, 8, 27	包括美國在內的十五個國家,在巴黎簽訂非戰公約,即所謂 Kellogg-Briand Pact.
9, 8	前國務卿休士被國聯一致選舉為國際法院法官。
11, 6	美國大選,共和黨的胡佛當選總統。
	同日,佛蘭克林·羅斯福當選紐約州長。
12, 12	國際民航會議在華府揭幕,四十國代表與會。
1929, 1, 15	參議院通過非戰公約。
2, 13	國會通過巡洋艦法(Cruiser Act)撥款建造巡洋艦十五艘及航空母艦一艘。

30.3 異聞趣事

——柯立芝是在佛蒙特州出生的第二位總統,第一位是亞瑟總統。

——他是第六位以副總統繼任的總統,前五位是泰勒、費爾摩、安德魯·詹森、亞瑟及西奧多·羅斯福。

——他年輕時非常害羞,木訥寡言,不喜應付,而且最怕見客人,每有生客到家,他總是從廚房的後門溜出去,避不見面。

——他擔任麻薩諸塞州長時,有一次波士頓市警察大罷工,全市秩序大亂,該市市長無法控制局面,柯立芝一面召集該州民團到市維持秩序,一面命令警察復工,否則一律解職,並發表強硬聲明:「在任何時代,任何地方,任何人無權對公共安全罷工。」其時罷工風潮正瀰漫美國各地,一般人民對於罷工深感痛惡,柯立芝之言無異暮鼓晨鐘,使人一新耳目,於是交相傳誦,全國聞名。柯立芝所以被共和黨提名為副總統候選人,此為一重大契機。

——他出任副總統,並非所願,本質上他對政治並不熱衷,他的生平最大願望,只想做一個名律師。據他自己在自傳中說,他參加政治,志不在官,只想藉此廣結人緣,作為將來開展律師業

務的基礎，想不到官運亨通，步步高陞，最後竟做到了總統。

——他擔任副總統時，哈定要他出席內閣會議。原來美國副總統向例不被邀請參加閣議，柯立芝是第一位參加正常內閣會議的副總統。

——1923 年 8 月 2 日哈定總統在舊金山去世時，柯立芝正在佛蒙特州他父親的農莊度假。翌日清晨，由他父親（時任當地治安法官兼公證人）監誓，宣誓繼任總統，這是美國總統由父親監誓就職的僅有的一次。宣誓典禮是在他父親農莊客廳的煤油燈下舉行，在場觀禮者除參議員亨門（Dale Porter Hinman）外，只有他的太太及司機。

——柯立芝的政治哲學是「少管閒事的政府就是最好的政府」，所以在他五年半的任期中，可以說平平淡淡，無何可述。1928 年共和黨原想提名他繼續競選連任，為他所拒絕，一則他覺得再做四年，時間太長，再則他已看出美國接近另一次經濟不景氣。他生性怕事，深恐不能應付那種危機，故決定急流勇退，見好而收。

30.4　副總統

第一任期　無（柯立芝以副總統繼任總統，副總統缺位。）
第二任期　道斯（Charles Gates Dawes）

生　卒：1865, 8, 27—1951, 4, 23
任　期：1925, 3, 4—1929, 3, 4
出生州：俄亥俄州（Ohio）
教　育：馬瑞艾達學院畢業
政　黨：共和黨
簡　歷：律師，銀行行員，聯邦政府預算局長。

第三十一任總統

H．C．胡佛

（Herbert Clark Hoover）

生　卒：　1874, 8, 10—1964, 10, 20
任　期：　1929, 3, 4—1933, 3, 4
出生州：　愛阿華州（Iowa）
代表州：　加利福尼亞州（California）
教　育：　史丹福大學畢業
宗　教：　教友派（Society of Friends, Quaker）
政　黨：　共和黨（Republican Party）
簡　歷：　工程師，糧食署長，巴黎最高經濟會議主席，歐洲救濟
　　　　　委員會主席，商務部長。
祖　先：　德國人（German）
夫　人：　Lou Henry，1899 年與胡佛結婚。
子　女：　二子

31.1　生平大事記要

1874, 8, 10	生于愛阿華州的 West Branch.
1880, 12, 14	父親因斑疹傷寒病逝。
1883, 2, 22	母親患肺炎去世。
1884	隨叔家移居奧勒岡州的 Newberg，並在當地接受中小學教育。
1891	考入加州的史丹福大學，專攻地質及採礦。
1895	史丹福大學畢業，應聘去內華達州採礦公司工作。
1897-1898	在澳洲擔任一家採礦公司的經理。
1899, 2, 10	與史大地質系同學 Lou Henry 結婚。
1899-1900	在中國擔任一家採礦公司的顧問，並親歷中國拳匪之亂。
1901-1908	與英國人合夥經營工程行，並周遊世界。
1908-1914	自組採礦公司，並在倫敦、巴黎等處設立分公司。
1912	當選母校史丹福大學董事。
1914-1915	美國駐倫敦救濟委員會主席。
1915-1917	美國駐比利時救濟委員會主席。
1917-1919	聯邦政府糧食署長。
1919	巴黎最高經濟會議主席。
1920	美國工程委員會主席。
1921, 3, 5- 1928, 8, 20	任哈定及柯立芝總統的商務部長，為時八年。
1928, 6, 14	被共和黨提名為總統候選人。
11, 6	當選總統。
1929, 3, 4	就任美國第三十一任總統。
1932, 6, 15	被共和黨提名競選連任。
11, 8	在大選中敗于民主黨候選人佛蘭克林·羅斯福。
1933, 3, 3	交卸總統職務，息影加州的 Palo Alto.

1944, 1, 7	愛妻 Lou Henry 去世。
1946	任歐洲糧食供應協調員。
1947-1949	應杜魯門總統邀請，擔任美國聯邦行政改革委員會主席（世稱胡佛委員會）。
1951-1952	自撰回憶錄三冊出版。
1953-1955	應艾森豪總統邀請，再任行政改革委員會主席。
1964, 10, 20	在紐約寓所病逝，享壽九十歲，葬于故鄉愛阿華州的 West Branch.

31.2 任內大事記要

1929, 3, 4	胡佛就任美國第三十一任總統。
5, 16	美國電影界奧斯卡（Oscar）金像獎第一次頒授。
5, 20	胡佛任命 George W. Wickersham 為全國法律遵守及執行委員會（National Commission on Law Observance and Enforcement）主席，負責調查禁酒的實施情形及其他有關問題。
6, 15	國會通過農業市場法（Agricultural Marketing Act）。
7, 24	Kellogg-Briand Pact 正式生效。
8	美國鋼鐵及汽車生產量開始下降。
9, 8	以組織新政黨為主旨的獨立政治行動聯盟（League of Independent Political Action）宣告成立，由教育家約翰·杜威（John Dewey）擔任主席。
10, 4	英國首相麥唐納（J. Ramsay MacDonald）應胡佛總統之邀請，抵華府訪問，討論裁減海軍問題。
10, 7	英國向列強發出邀請，于 1930 年 1 月在倫敦集會，討論裁減海軍問題，美國于 10 月 10 日正式表示接受。
10, 23	紐約股票市場有不穩現象。

1929, 10, 24	紐約股票市場急劇波動。
10, 29	紐約股票交易所陷于空前混亂狀態，為經濟大恐慌的前奏。
11, 21	胡佛在白宮與全國工商界領袖舉行會商，討論美國經濟危機。
11, 29	海軍少將拜爾德（Richard E. Byrd）飛越南極上空。
12, 2	國務卿史汀生（Henry Lewis Stimson）照會中、俄兩國，呼籲依照 Kellogg-Briand Pact 解決雙方在滿洲的糾紛，但為俄國悍然拒絕。
12, 3	胡佛在其國情咨文中向國會宣稱，美國的商業信用業已恢復。
1930	美國人口為一二二,七七五,〇四六人。
	本年內，經濟不景氣日益嚴重，穀類及棉花價格大跌；國民總所得自 1929 年的八百十億降至六百八十億；全國失業人數超過四百萬。
1930, 1, 21	國務卿史汀生親率美國代表團參加倫敦海軍會議，會議至 4 月 22 日閉幕。
2, 3	胡佛任命休士（Charles Evans Hughes）為最高法院院長。
4, 4	國會撥款三億元補助各州建設公路。
4, 22	美、英、日三國簽訂倫敦海軍條約。
5, 24	民意測驗顯示，美國大多數人民贊成廢止禁酒的憲法修正案第十八條。
7, 1	美國潛水艇鸚鵡螺號（Nautilus）下水。
8, 15	胡佛在白宮召開州長會議，討論是年夏天在西南部各州所發生的空前旱災問題。
11, 4	美國中期選舉，民主黨控制眾議院。
	同日，佛蘭克林・羅斯福當選連任紐約州長。
12, 11	紐約市的美國銀行（Bank of the United States）倒閉，

至年底為止，全國銀行倒閉者達一千三百餘家。

1930, 12, 20　國會通過緊急公共工程建設法，以增加國民的就業機會。同日，國會通過旱災救濟法，救濟西南部各州的災民。

1931　本年內經濟不景氣的嚴重性繼續加深，影響所及，德、奧、英等歐洲國家亦連帶發生經濟危機。

1931, 1, 20　全國法律遵守及執行委員會主席 George W. Wickersham 向胡佛提出調查報告，認為憲法修正案第十八條禁酒的執行，困難重重，不切實際。

2, 24　最高法院宣稱，憲法修正案第十八條與原憲法的精神並無不合。

3, 3　國會通過法律，指定以「星光燦爛的旗幟」（Star-Spangled Banner）一曲為美國國歌。

5, 1　紐約市的帝國大廈（Empire State Building，正確的譯名應為首州大廈，因當時的美國，就人口而論，紐約為美國第一大州）竣工典禮。該大廈共一百零二層，高一千二百五十呎，加上頂端的無線電天線二百二十二呎，全高一千四百七十二呎，為世界最高的摩天大樓。天氣晴朗時，在第一百零二層上舉目遠眺，視線可達八十英里以外，每年前往參觀的遊客，平均為一百五十萬人。

7, 27　愛阿華、內布拉斯加、南達科他等州的農作物發生蝗蟲災害。

9, 18　日本違反非戰公約，進兵中國瀋陽，中國史稱「九一八」事變。

9, 21　大不列顛宣佈放棄金本位制。

10, 16　國聯理事會邀請美國參加討論日本侵略中國東北事件，國務卿史汀生指派美國駐日內瓦總領事 Prentiss B. Gilbert 代表出席。

10, 24　連接紐約與新澤西兩州，橫跨哈德遜河的喬治·華盛頓

大橋（George Washington Bridge）竣工通車。

1931, 10, 25　美國總統與法國總理的華府會談結束，發表聯合公報，兩國同意繼續採用金本位制。

12, 8　胡佛在其國情咨文中向國會建議，設立緊急財政重建公司及公共工程總署，以挽救經濟危機及增加就業機會。

1932　美國的經濟蕭條在本年內更形嚴重；股票價值跌至 1929 年的 10%；農產品價格降至 40%；工業生產減少 50%；出口減少三分之二；全國失業者高達一千五百萬人。

1932, 1, 7　國務卿史汀生就日本佔領中國東北事件照會中、日兩國，聲明凡違反 Kellogg-Briand Pact 所取得的任何土地，美國概不承認。

1, 12　Hattie W. Caraway 女士當選阿肯色州的聯邦參議員，為美國婦女競選參議員成功的第一人。

1, 22　國會通過法律，設立財政重建公司，期以聯邦之力，對全國的農工業加以通盤的調整及援助。

1, 29　美國對日本攻擊中國上海提出嚴重抗議。

2, 2　由國聯發起的世界裁軍會議在日內瓦揭幕，與會者六十餘國，美國亦有代表參加。

2, 10　軍政部長赫爾利（Patrick J. Hurley）向胡佛提出調查報告，認為菲律賓獨立的時機尚未成熟。

3, 1　飛行英雄林白上校之子，十九個月大的小林白（Charles A. Lindberg, Jr.）在新澤西州的 Hopewell 被人綁票，消息傳出，轟動全球。

3, 3　憲法修正案第二十條（變更總統、副總統及國會議員的就職日期）提交各州批准。

3, 7　國會通過決議，以小麥四千萬蒲式耳（每蒲式耳約合三十六公升）贈送紅十字會。同年 7 月 5 日再以小麥四千五百萬蒲式耳及棉花兩億五千萬磅贈送該會。

1932, 5, 28	美國共產黨在芝加哥集合，提名福斯特為總統候選人，紐約哈林區的黑人領袖福特（James W. Ford）為副總統候選人。
6, 14-16	共和黨大會在芝加哥舉行，提名胡佛及寇迪斯競選連任總統副總統。
6, 27- 7, 2	民主黨大會在芝加哥舉行，提名紐約州長佛蘭克林‧羅斯福為總統候選人，加納為副總統候選人。
7, 2	羅斯福自紐約首府 Albany 飛抵芝加哥，接受民主黨總統候選人提名，並發表演說稱：「我向各位保證，我將為美國人民提供一項 New Deal.」這是「新政」一詞的由來。
7, 5-7	禁酒黨在 Indianapolis 集會，通過政綱，反對廢止禁酒的憲法修正案第十八條，並提名 William D. Upshaw 為該黨總統候選人，Frank S. Regan 為副總統候選人。
7, 18	參議院否決美國與加拿大簽訂的 St. Lawrence Deep—Waterway Treaty.
7, 21	國會通過緊急救濟及建設法（Emergency Relief and Construction Act），授權財政重建公司對各州貸款十八億美元，藉資救濟。
10, 2	國聯李頓調查團（Lytton Commission）的美國代表麥可艾少將（Major General Frank R. McCoy）發表調查報告，譴責日本為侵略者。
11, 8	美國大選，民主黨的羅斯福以壓倒多數當選總統。同日，民主黨以三比一的多數控制眾議院。
1933, 2, 6	憲法修正案第二十條經各州完成批准手續。依照本條規定：今後國會兩院議員應於當選後的 1 月 3 日正午就職；總統副總統應于當選後的 1 月 20 日正午就職；本條應自各州批准後的 10 月 15 日正式生效。

1933, 2, 20　　憲法修正案第二十一條（廢止禁酒的憲法修正案第十八
　　　　　　　條）提交各州憲法會議批准。（按：美國憲法修正案至
　　　　　　　1972 年為止共有二十六條，除本條明定須由各州憲法
　　　　　　　會議批准外，其餘二十五條均由各州議會批准。）

31.3　異聞趣事

——胡佛是在愛阿華州出生的第一位總統，也是在密西西比河以西
　　出生的第一位總統。

——他于 1891 年參加史丹福大學入學考試時，第一次並未合錄取標
　　準，幸得主試的教授特准他先行隨班旁聽，一方面自己加緊補
　　習，是年底他參加補考，終獲通過，正式入學。

——他在史大主修地質及採礦，畢業後受僱于內華達州一家採礦公
　　司，月薪僅美金六十元，每週須工作七天，每天十小時，且須
　　自己推車進入礦坑，與工人一起工作，誠屬艱苦之至。不久這
　　家公司倒閉，他經友人的介紹，跟隨舊金山一位名工程師Louis
　　Janin 工作，最初任打字員，不久升任助理工程師。在此地得識
　　英國一家大採礦公司的主持人，而于 1897 年由該公司派他去澳
　　洲擔任一分公司的經理。他在澳洲工作時發現一處金礦，公司
　　根據他的建議，加以開採，並准胡佛入股，後來這處金礦開出
　　價值五千五百萬美元的黃金，使公司認識了他的才能，也使他
　　自己一躍而為百萬富翁。1899 年他被公司派往中國擔任採礦顧
　　問，停留兩年餘，在天津親歷中國拳匪之亂。1908 年他在舊金
　　山自組公司，並在紐約、倫敦、巴黎等處設立分行，自是財源
　　茂盛，鴻圖大展，其時他不過三十四歲，發跡之快，實屬罕聞。

——胡佛是以商務部長身分出而競選總統，為國務卿及軍政部長以
　　外的內閣閣員競選總統成功的第一人。

——1930 年胡佛任命休士（Charles Evans Hughes）為最高法院院

長，在美國政壇上留下一段佳話。休士曾于 1910 年被塔虎脫總
統任命為最高法院法官，在任六年，于 1916 年辭職，接受共和
黨總統候選人提名，在大選中為民主黨總統候選人威爾遜所敗。
1921 年他出任哈定總統的國務卿，哈定死後，繼續留任，至
1925 年辭職。其後膺選海牙國際仲裁法院法官及國際常設法院
法官，前後四年。他于 1930 年 2 月 13 日就任最高法院院長，
至 1941 年 7 月 1 日自動退休，在任十一年半。以一人而歷任最
高法院法官，國際仲裁法院法官，國際常設法院法官，及最高
法院院長，在美國司法史上尚無先例。

——胡佛是在 3 月 4 日任期屆滿的最後一任總統。憲法修正案第二
十條于 1933 年 2 月 6 日批准生效，依其規定，自 1933 年 10 月
15 日起，美國總統的交接日期為 1 月 20 日，國會兩院議員任期
的起訖則改為 1 月 3 日。在此以前，總統、副總統及國會兩院
議員均是 3 月 4 日就職。據說此一修正案之通過，旨在迫使胡
佛早日離職，因胡氏對當時的經濟大恐慌，缺乏妥善對策，使
國家危機日深，人民生活日苦。國會兩院議員及一般人民只求
胡佛速去，以便改換領導中心，挽救人民倒懸。倘此修正案于
1932 年的 10 月以前批准，則胡佛勢須于 1933 年的 1 月 20 日離
任，幸而批准之期晚了數月，使他得能有始有終，任滿四年，
但胡佛之不受國人歡迎，于此也可見一斑了。

——胡佛六歲喪父，八歲喪母，賴叔伯們撫養成人，其少時的孤苦
不言可喻，但未及四十歲即已成為百萬富翁，在個人事業方面
可以說完全成功。然在四年總統任內，因時值非常，他的才能
無法應付那種危機，弄得美國朝野怨聲載道，故就其政治生命
而言，無疑是一個悲劇。

——他于退任總統後，專心從事文化及慈善事業，並曾先後應杜魯
門及艾森豪總統之邀請，出任聯邦行政改革委員會主席，于美
國聯邦行政之改革，貢獻殊多，所以晚年備受各方敬重。他畢

生所接受之榮譽博士學位，多達八十餘個，各種勳獎超過二百項，苟非對人類社會果有貢獻，安克臻此！

31.4　副總統

寇迪斯（Charles Curtis）

　　生　卒：1860, 1, 25—1936, 2, 8

　　任　期：1929, 3, 4—1933, 3, 4

　　出生州：堪薩斯州（Kansas）

　　教　育：未進大學

　　政　黨：共和黨

　　簡　歷：律師，法官，聯邦眾議員，聯邦參議員。

第三十二任總統

F. D. 羅斯福

（Franklin Delano Roosevelt）

生　卒：　1882, 1, 30—1945, 4, 12
任　期：　1933, 3, 4—1945, 4, 12
出生州：　紐約州（New York）
代表州：　同上
教　育：　哈佛大學畢業，哥倫比亞大學法學院研究
宗　教：　聖公會（Episcopalian）
政　黨：　民主黨（Democratic Party）
簡　歷：　律師，州議員，助理海軍部長，紐約州長。
祖　先：　荷蘭人（Dutch）
夫　人：　Anna Eleanor，1905 年與羅斯福結婚。
子　女：　五子一女

32.1　生平大事記要

1882, 1, 30	羅斯福生于紐約州的 Hyde Park.
1896-1900	在麻薩諸塞州的 Groton School 讀書。
1900	入哈佛大學肄業，主修歷史學，同年父親去世。
1903, 6, 24	哈佛大學畢業，繼續留校研究一年。
1904-1907	在哥倫比亞大學法學院研究法律，但未畢業。
1905, 3, 17	與遠房族親 Anna Eleanor Roosevelt 結婚。
1907	通過律師考試，設律師事務所于紐約市。
1911, 1, 1- 1913, 3, 17	紐約州議會參議員。
1913-1920	任威爾遜政府的助理海軍部長。
1914	競選聯邦參議員，在民主黨初選中未獲提名。
1920, 7, 5	被民主黨提名為副總統候選人，是年該黨的總統候選人 為 James M. Cox.
11, 2	在大選中為共和黨候選人所擊敗。
1921, 8	在加拿大 Campobello Island 的夏季別墅患小兒麻痺症， 兩腿癱瘓，時年三十九歲。
1924	在紐約市恢復律師業務。
1928, 11, 6	當選紐約州長。
1930, 11, 4	當選連任紐約州長。
1932, 7, 1	被民主黨提名為該黨總統候選人。
11, 8	以壓倒多數擊敗共和黨候選人在任總統胡佛。
1933, 3, 4	就任美國第三十二任總統。
1936, 6, 26	再被民主黨提名為總統候選人。
11, 3	當選連任總統。
1937, 1, 20	連任總統就職。
1940, 7, 18	三度被民主黨提名為總統候選人。

11, 5	三度當選連任。
1941, 1, 20	連任總統就職。
1944, 7, 20	四度被民主黨提名為總統候選人。
11, 7	四度當選連任。
1945, 1, 20	四度連任就職。
4, 12	以腦溢血病逝喬治亞州的溫泉，享壽六十三歲，葬于紐約故鄉的 Hyde Park.

32.2　任內大事記要

1933, 3, 4	佛蘭克林‧羅斯福就任美國第三十二任總統。
3, 5-13	羅斯福下令全國銀行休業，並嚴禁黃金出口。
3, 9- 6, 16	羅斯福的「百日新政」（The Hundred Days），在此期中國會以非常的速度通過羅斯福所建議的數十件重要法案，藉以挽救經濟危機。
3, 9	國會通過緊急銀行法（Emergency Banking Act），授予總統統制金融及外匯之全權。
3, 12	羅斯福經由無線電廣播，發表其第一次「爐邊談話」（Fireside Chat），籲請人民信任銀行，略謂：「把鈔票存入銀行中，比置于自己的床墊下更為安全。」
3, 13	全國銀行恢復營業，情況良好，在三日內全國銀行復業者達 75%。
3, 20	國會通過經濟法（Economy Act），減少聯邦公務員薪金及退伍軍人津貼，藉以節流。
3, 27	日本正式退出國聯。
3, 31	國會通過失業救濟法（Unemployment Relief Act），設立平民保存團（Civilian Conservation Corps）。
4, 5	羅斯福通令全國，所有人民持有之黃金，應向各地聯邦

準備銀行兌換紙幣或鎳幣。

1933, 4, 19　羅斯福宣佈，美國放棄金本位制。

4, 21　英國首相麥唐納抵華府，與羅斯福討論世界貨幣經濟問題，同時與會者包括加拿大總理及其他國家代表。

5, 12　國會通過聯邦緊急救濟法（Federal Emergency Relief Act），設立聯邦緊急救濟總署（FERA）.

同日，國會通過農業調整法（Agricultural Adjustment Act），授權總統在農部下設立農業調整總署（AAA）。

5, 16　羅斯福分函五十四國，邀請各國派代表出席將在倫敦舉行的世界貨幣經濟會議。

5, 18　國會通過法律，設立田納西流域管理局（Tennessee Valley Authority，TVA）。

5, 27　芝加哥設市百週年博覽會揭幕。

6, 5　國會通過兩院聯合決議，凡聯邦與私人契約中以黃金為標的物之條款，概予取消。

6, 6　國會通過法律，設立就業服務處（U.S. Employment Service），通盤調協聯邦及各地方的就業服務。

6, 12　世界貨幣經濟會議（World Monetary and Economic Conference）在倫敦揭幕，國務卿赫爾（Cordell Hull）親率美國代表團與會。

6, 13　國會通過法律，設立房土貸款公司（Home Owner's Loan Corporation）。

6, 16　國會通過國家工業復興法（National Industrial Recovery Act）、農場信用法（Farm Credit Act）、緊急鐵路運輸法（Emergency Railroad Transportation Act）及銀行改革法（Banking Reform Act）。

同日，第七十三屆國會特別會期休會，新政第一階段告一段落。

1933, 7, 3	羅斯福拒絕世界貨幣經濟會議中採金本位制各國所提出的世界幣值穩定方案，使該會議于 7 月 27 日閉幕時無成就可言。
8, 5	國民勞工局（National Labor Board）成立。
8, 7	美國與海地簽訂協定，明定美國海軍陸戰隊將于 1934 年 10 月 1 日自該國撤退。
10, 14	德國退出日內瓦裁軍會議。
10, 17	德國難民愛因斯坦博士（Dr. Albert Einstein）抵美，並在新澤西州的普林斯頓定居。
11, 9	羅斯福以行政命令設立平民工作總署（Civil Works Administration, CWA）。
11, 16	美國正式給予蘇聯外交承認。
12, 5	憲法修正案第二十一條批准生效，禁酒的憲法修正案第十八條至是廢止。
12, 28	羅斯福在華府發表演說：反對武裝干涉，為美國今後的固定政策。
1934, 1, 4	羅斯福向國會宣稱：至 1935 年 6 月 20 日止，聯邦政府用于全國復興計劃的費用，將達一百零五億美元。
1, 30	國會通過黃金儲備法（Gold Reserve Act）。
1, 31	國會通過農場抵押法（Farm Mortgage Financing Act）。
2, 15	國會通過平民工作緊急救濟法 Civil Works Emergency Relief Act，並增撥九億五千萬元救濟費。
2, 23	國會通過農作物貸款法（Crop Loan Act）。
3, 24	國會通過菲律賓獨立法（Philippine Independence Act），允諾于十年後給予菲律賓獨立。5 月 1 日菲律賓議會決議接受。
4, 13	據聯邦緊急救濟總署報告，截至本日為止，全國接受救濟之家庭，達四百七十萬戶。

| 1934, 4, 21 | 國會通過棉花控制法（Cotton Control Act），限制棉花的生產量。 |

1934, 4, 21　國會通過棉花控制法（Cotton Control Act），限制棉花的生產量。

4, 27　美國與南美十二國簽訂反戰公約（Anti-War Pact）。

5, 31　美國戰艦八十餘艘，自太平洋經由巴拿馬運河駛抵紐約港，羅斯福總統親自前往歡迎。

6, 6　國會通過法律，設立股票公債交換委員會（Securities and Exchange Commission, SEC），限制銀行發行股票的信用。

6, 7　國會通過公司破產法（Corporate Bankruptcy Act）。

6, 12　國會通過互惠貿易協定法（Reciprocal Trade Agreements Act），授權總統于三年內與各國談判互惠貿易協定。在此期中美國與他國簽訂的此類協定，數達十八件。

6, 19　國會通過白銀購買法（Silver Purchase Act），授權總統將白銀國有化。

同日，國會通過兩院聯合決議，以國民勞工關係局（National Labor Relations Board），取代國民勞工局。

同日，國會通過法律，設立聯邦通訊委員會（Federal Communications Commission, FCC），負責監督全國電話電報及無線電廣播事業。

6, 28　國會通過國民房屋法（National Housing Act），設立聯邦房屋總署（FHA）。

同日，國會通過農場破產法（Farm Bankruptcy Act）。

8, 20　美國正式參加國際勞工組織（International Labor Organization, ILO）。

9, 18　蘇聯成為國聯會員國。

11, 6　內布拉斯加州修改憲法，將州議會改為一院制。

12, 29　日本政府宣佈，自1936年12月起，該國將不再受華盛頓海軍條約（1922）及倫敦海軍條約（1930）的拘束。

1935　　　　　自本年開始，新政的重點自復興轉為改革。

1935, 1, 4　　羅斯福在國會兩院聯席會議中宣稱：救濟的階段應該結束，現在應設法為三百五十萬失業人民提供工作。

1, 7　　　在 Panama Refining Company et al. v. Ryan et al. 一案中，最高法院宣稱：國家工業復興法有關控制汽油生產的條款無效。

1, 29　　參議院通過決議，再度反對美國參加國際法院。

4, 8　　國會通過緊急救濟撥款法（Emergeney Relief Appropriation Act），撥款五十億美元，創設各種計劃，以增加人民的就業機會。

5, 6　　在 Railroad Retirement Board v. Alton Railway Co. 一案中，最高法院宣佈鐵路員工養老金法（Railway Pension Act，1934 年 6 月 27 日國會通過）為違憲。
同日，羅斯福以行政命令設立工作促進總署（Works Progress Administration）。
同日，羅斯福下令設立農村電氣化總署（Rural Electrification Administration）。

5, 27　　在 Schechter Poultry Corporation v.U.S. 一案中，最高法院宣稱：全國復興總署（National Recovery Administration）之設立為違憲。
同日，在 Louisville Stock Land Bank v. Radford 一案中，最高法院宣稱：農場破產法（Farm Bankruptcy Act，1934 年 6 月 28 日國會通過）違憲。

6, 26　　全國青年總署（National Youth Administration, NYA）成立。

7, 4　　全國教育協會（National Education Association）在丹佛開會，通過決議，反對在公立學校中實施軍訓。

7, 5　　國會通過國民勞工關係法（National Labor Relations

Act，亦稱 Wagner-Connery Act），設立國民勞工關係局。

1935, 8, 14　國會通過社會安全法（Social Security Act）建立養老金及失業保險制度。

8, 31　國會通過中立法（Neutrality Act），授權總統禁止美國公民乘坐交戰國船隻旅行，並禁止運輸軍火至任何交戰國。

10, 5　羅斯福宣佈，義大利與衣索比亞已入交戰狀態，8 月 31 日國會所通過之中立法應即開始實施。

11, 15　Manuel Quezon Y Malina 就任菲律賓政府主席。

12, 9　第二次倫敦海軍會議揭幕，日本中途退會。

1936, 1, 6　在 United States v. Butler 一案中，最高法院宣稱：農業調整法（Agricultural Adjustment Act，1933 年 5 月 12 日國會通過）違憲。

2, 29　國會修改中立法，延長其效期至 1937 年 5 月 1 日，並禁止美國人民對交戰國給予信用貸款。

3, 2　美國與巴拿馬簽訂條約，美國同意終止巴拿馬的保護國地位，巴拿馬同意與美國合作保護巴拿馬運河。

3, 25　美、英、法三國在倫敦簽訂限制海軍條約。

5, 9　義大利宣佈併吞衣索比亞。

5, 18　在 Carter v. Carter Coal Company et al. 一案中，最高法院判認煙煤保存法（Bituminous Coal Conservation Act，1935 年 8 月 31 日國會通過）違憲。

6, 1　在 Morehead v. New York ex rel. Tipaldo 一案中，最高法院判認 1933 年紐約州議會所通過的婦女最低工資法（Minimum Wage Law For Women）違憲。

6, 9-12　共和黨大會在克利夫蘭舉行，提名蘭敦（Alfred M. Landon）為總統候選人，諾克斯（Frank Knox）為副總統候選人。

1936, 6, 24- 　民主黨大會在費城舉行，提名羅斯福及加納競選連任總
　　　27　　統及副總統。

　6, 24-28　共產黨在紐約集會，提名布勞德（Earl Browder）為總
　　　　　　統候選人，福特（James W. Ford）為副總統候選人。

　7, 17　　西班牙內戰開始。

　8, 7　　美國宣佈對西班牙內戰採取不干涉政策。

　10, 25　義大利與德國建立羅馬柏林軸心。

　11, 3　　美國大選，羅斯福以壓倒多數當選連任。

　11, 25　日本與德國簽訂反共協定（Anti-Comintern Pact）。

1937, 1, 20　羅斯福連任總統就職，依憲法修正案第二十條的新規
　　　　　　定，總統副總統就職自 3 月 4 日改為 1 月 20 日。

　2, 5　　羅斯福向國會致送特別咨文，建議改組聯邦司法制度，
　　　　　　凡聯邦法院法官已屆退休年齡而不退休或辭職者，總統
　　　　　　得視實際情形，增加法官員額，以充實法院新血，但最
　　　　　　高法院法官名額最多不得超過十五名。

　3, 1　　國會通過法律，對最高法院法官滿七十歲而退休者，于
　　　　　　其退休後仍給全部薪俸。

　　　　　　同日，國會延長互惠貿易協定法（1934 年通過）效期
　　　　　　三年。

　3, 29　　在 West Coast Hotel v. Parrish 一案中，最高法院推翻其
　　　　　　本身過去所作的兩項判決（Adkins v. Children's Hospital,
　　　　　　1923; Morehead v. New York ex rel. Tipaldo, 1936）認為
　　　　　　婦女最低工資法，于憲法並無不合。

　4, 12　　最高法院認為 1935 年的國民勞工關係法（National Lab-
　　　　　　or Relations Act）合憲。

　4, 26　　國會通過煙煤法（Bituminous Coal Act，因 1935 年的煙
　　　　　　煤保存法已被最高法院宣佈違憲），並設立煙煤委員會
　　　　　　（Bituminous Coal Commission）。

1937, 5, 1　國會通過第三次中立法（Third Neutrality Act，以前兩次中立法均將于本日午夜效期屆滿），授權總統得允許某種商品售與交戰國家。

　　5, 24　最高法院在本日所宣佈的三件判決中，均認為社會安全法（Social Security Act，1935 年 8 月 14 日國會通過）合憲。

　　6, 14　參議院司法委員會提出審查報告，對羅斯福所建議的司法改革案，不表贊成。

　　8, 26　國會通過司法改革法（Judiciary Reform Act），除對聯邦下級法院作輕微改革外，于最高法院的體制毫無變動。

　　10, 6　羅斯福在芝加哥發表演說，保證美國與世界愛好和平的國家共同合作，以阻遏侵略者。

　　12, 11　義大利宣佈退出國聯。

1938, 1, 28　羅斯福向國會致送國防咨文，要求撥款擴充陸海軍，以應付日益加深的戰爭危機。

　　2, 16　國會通過第二次農業調整法（按第一次農業調整法已被最高法院宣佈違憲）。

　　3, 31　前總統胡佛在美國外交委員會發表演說，警告美國避免與反法西斯的國家結盟，以避免世界大戰的危機，並謂羅斯福新政下的計劃經濟及與各國所簽訂的互惠貿易協定，皆是走向戰爭的步驟。

　　5, 17　國會通過海軍建設法（Naval Construction Act），撥款十億美元擴充海軍。

　　5, 23　在 Helvering v. Gerhardt 一案中，最高法院認為各州政府公務員應繳聯邦所得稅。

　　6, 23　國會通過民航法，設立民航局（Civil Aeronautics Authority, CCA）。

1938, 6, 25 　國會通過公平勞工標準法（Fair Labor Standards Act），
　　　　　　對勞工的工作時間及工資作公平合理的規定。
　　　　　　同日，國會通過食物藥品及化粧品法（Food, Drug and
　　　　　　Cosmetic Act），設立檢驗準則，保障人民健康安全。

　　 7, 14 　休士（Howard Hughes）駕機環繞世界，費時僅三日，
　　　　　　十九小時，十四分又二十八秒，創飛行的世界新紀錄。

　　 3, 30 　慕尼黑協定（Munich Pact）簽字，與會的英國首相張
　　　　　　伯倫（Neville Chamberlain），義大利首相墨索里尼
　　　　　　（Benito Mussolini），及法國總理達拉第（Edouard
　　　　　　Daladier），同意德國總理希特勒（Adolf Hitler）吞併
　　　　　　捷克的 Sudetenland，助長希特勒的侵略野心。

　　 10 　　根據蓋洛普（Gallup）民意測驗，美國人民多數同意慕
　　　　　　尼黑協定的安排。

　　 10, 3 　希特勒以勝利者的姿態進入捷克的 Sudetenland.

　　 11, 8 　美國中期選舉，共和黨眾議員自上屆的八十九席增為一
　　　　　　百七十二席。

　　 11, 14 　美國駐德大使威爾遜（Hugh R. Wilson）奉召返國述職。

　　 11, 18 　德國召回駐美大使 Hans Heinrich Dieckhoff.

　　 12, 24 　美洲二十一國在秘魯利馬（Lima）舉行第八屆美洲國
　　　　　　際會議（International American Conference），重申美
　　　　　　洲各國對防衛和平安全及領土完整共同諮商的原則。

1939, 1, 4 　羅斯福在其國情咨文中，強調修改 1937 年的中立法之
　　　　　　必要。

　　 1, 5 　羅斯福在其向國會致送的預算咨文中，列舉國防費用十
　　　　　　三億餘美元。

　　 1, 12 　羅斯福向國會致送特別咨文，要求增列五億三千五百萬
　　　　　　美元，作為未來兩年的特別國防費用。

　　 1, 30 　在 Tennessee Electric Power Co. v. TVA 一案中，最高法

院認為，田納西流域管理局與私人公司競爭，並無不合。

1939, 3, 14	希特勒攻佔捷克的 Bohemia 及 Moravia.
4, 1	美國承認西班牙佛朗哥政府。
4, 3	國會通過行政改組法（Reorganization Act）。
4, 7	墨索里尼侵入阿爾巴尼亞。
4, 14	羅斯福致函希特勒及墨索里尼，要求對歐洲及近東三十一國作為期十年的和平保證。
4, 17	在 Mulford v. Smith 一案中，最高法院認為第二次農業調整法（1938 年通過）合憲。
4, 30	羅斯福主持紐約世界博覽會的揭幕禮。
	同日，美國電視在紐約帝國大廈開播。
6, 8	英王喬治六世（King George VI）及后伊麗沙白訪美。
7, 14	羅斯福向國會致送特別咨文，要求廢止武器禁運。
7, 26	美國廢止 1911 年與日本簽訂的貿易協定。
8, 23	德國與蘇聯在莫斯科簽訂互不侵犯協定（Non-Aggression Pact）。
9, 1	德國進兵波蘭，展開第二次世界大戰的序幕。
9, 3	英、法對德宣戰。
	同日，羅斯福發表「爐邊談話」，美國將在歐戰中保持中立。
9, 4	國務卿赫爾下令，限制美國人民至歐洲旅行。
9, 5	美國正式宣佈在歐戰中採取中立政策。
9, 17	蘇聯出兵波蘭。
9, 21	國會舉行特別會議，討論修改中立法。
9, 28	德、蘇簽訂友好邊界條約，共同瓜分波蘭。
10, 2	國務卿赫爾發表聲明：美國不承認德、蘇對波蘭的瓜分，將繼續與巴黎的波蘭流亡政府維持外交關係。
10, 3	美洲各國外長集會巴拿馬，並發表宣言，共同維護美洲

周圍的水域安全。

1939, 10, 4	赫爾提出警告，美國商船應避免進入歐洲交戰各國的水域。
10, 11	美國工聯（AFL）通過決議，反對美國介入歐戰，並籲請全國人民抵制德、蘇、日三國貨品。
10, 18	羅斯福發表宣言，敵對各國的潛艇不得進入美國的水域及港口。
11, 4	國會通過第四次中立法，使軍火買賣合法化。
11, 30	蘇聯進兵芬蘭。
12, 5	前總統胡佛發起救濟芬蘭人民的募捐運動。
1940	美國人口一三一,六六九,二七五人。
	美國人民的平均壽命，1900 年為四十九歲，本年已增至六十四歲。
1940, 1, 3	羅斯福向國會提出八十四億美元的預算案，其中十八億元為國防費用。
2, 17	副國務卿威爾斯（Sumner Welles）啟程赴歐洲研究英、法、德、義各國現狀，為時一個月。
4, 9	德國突襲丹麥及挪威。
4, 10	羅斯福下令凍結丹麥及挪威在美財產，避免落入德國之手。
4, 12	國會再延長互惠貿易協定法效期三年。
5, 10	德國侵入荷蘭、比利時及盧森堡。
	同日，羅斯福下令凍結上述三國在美財產。
5, 31	羅斯福要求國會增撥國防經費十二億七千五百萬元。
6, 10	義大利對英、法宣戰。
6, 11	國會通過海軍供應法（Naval Supply Act），撥款十四億九千萬元。
6, 13	國會通過軍事供應法（Military Supply Act），撥款十八億元。
6, 14	德軍進入巴黎，未遭受任何抵抗。

1940, 6, 17	羅斯福下令凍結法國在美財產。
6, 18	美國照會德、義兩國，歐洲在西半球任何屬地的易手，美國均不予承認。
6, 20	羅斯福任命史汀生（Henry L. Stimson）為陸軍部長，諾克斯（Frank Knox）為海軍部長，兩人均為共和黨員。
6, 22	法國與德國簽訂停戰協定。
6, 24-28	共和黨大會在費城舉行，提名威爾基（Wendell L. Willkie）為總統候選人，麥克那利 Charles L. McNary 為副總統候選人。
6, 27	國會修改 1917 年的間諜法（Espionage Act）。
6, 28	國會通過外國居民登記法（Alien Registration Act），規定登記期限至 12 月 26 日截止，屆期辦理登記手續者約五百萬人。
7, 2	國會通過出口管制法（Export Control Act），授權總統禁止美國戰略物資出口。
7, 10	德國對英國大規模空襲開始。
	同日，羅斯福要求國會增撥國防費四十八億元，以便擴充海軍及裝備二百萬陸軍之用。
7, 11	蘇聯吞併波羅的海三小國愛沙尼亞、立陶宛及拉脫維亞。
7, 15-19	民主黨大會在芝加哥舉行，提名羅斯福競選三次連任，華萊士為副總統候選人。
7, 20	國會撥款四十億元，擴充兩洋海軍。
7, 30	美洲各國外長在哈瓦那集會，發表聯合聲明，宣佈共同託管歐洲各國在西半球殖民地的計劃。
8, 17	德國宣佈完全封鎖大不列顛周圍的水域。
8, 18	美國與加拿大成立聯合防務委員會（Joint Board of Defense）。
8, 21	為避免德國對英國空襲的危險，英國兒童開始運抵美國。

1940, 9, 3	美國與英國簽訂交換協定，美國以五十艘逾齡驅逐艦，換取在英屬西印度群島各地建立海空軍基地的租借權，其期限為九十九年。
9, 27	德、義、日三國在柏林簽訂為期十年的軍事經濟同盟條約。
10, 16	美國兵役登記日，自二十一歲至三十六歲之青年男子辦理登記手續者達一千六百四十萬人。 同日，美國禁止鋼鐵輸往日本。
10, 28	義大利進攻希臘。
11, 5	美國大選，羅斯福第三次當選連任，打破美國一百五十年來的政治傳統。
12	羅斯福任命海軍上將李海（Admiral William D. Leahy）為駐維琪法國（Vichy France）的大使。
12, 17	羅斯福在記者招待會中宣佈，美國將以武器租借英國，因為「防衛英國即所以防衛美國」。
12, 29	羅斯福發表爐邊談話：「我們應為民主的偉大兵工廠。」
1941, 1, 6	羅斯福在其致送國會的答文中，揭示四大自由，即：言論自由（Freedom of Speech）、信教自由（Freedom of Every Person to Worship God）、免于匱乏的自由（Freedom from Want）及免于恐懼的自由（Freedom from Fear）。
1, 8	羅斯福向國會提出一百七十五億元的預算案，其中一百零八億為國防經費。
1, 20	羅斯福三次連任就職。
1, 23	飛行英雄林白上校在眾議院外交委員會作證稱：美國援助英國不能影響戰爭的情勢，為美國孤立主義言論的典型。
3, 11	國會通過租借法（Lend-Lease Act），授權總統對防衛美國有利害關係國家提供援助。
3, 27	國會撥款七十億，作為實施租借法所需之援助費用。

1941, 4, 6　　德國進攻南斯拉夫。

　　4, 11　　羅斯福下令設立物價管制局（Office of Price Administration）。

　　5, 20　　羅斯福下令設立民防局（Office of Civilian Defense）。

　　6, 6　　國會授權總統，徵用在美國港內的所有外國船隻，作為國防及商業之用。

　　6, 12　　羅斯福提名最高法院法官史東（Harlan Fiske Stone）為最高法院院長，提名參議員貝爾納斯（James F. Byrnes）及司法部長傑克遜（Robert H. Jackson）為最高法院法官。

　　6, 14　　羅斯福下令凍結軸心國家在美所有基金。

　　6, 16　　國務院下令關閉德國駐美國各地的領事館。

　　6, 19　　德、義兩國驅逐美國領事官員出境。

　　6, 20　　國務院下令關閉義大利駐美國各地的領事館。

　　6, 22　　德國違犯1939年的德、蘇互不侵犯協定，出兵進攻蘇聯。

　　6, 24　　美國保證給予蘇聯援助。

　　7, 7　　美國替代英國接管冰島防務。

　　7, 24　　美國譴責日本佔法屬中南半島。

　　7, 25　　羅斯福下令凍結日本在美所有財產，並應中國政府要求，凍結中國在美財產。

　　7, 26　　麥克阿瑟將軍（General Douglas MacArthur）受命為駐菲律賓美軍總司令。

　　8, 9-12　　羅斯福與邱吉爾秘密會談于紐芬蘭（Newfoundland）附近的大西洋上，商定處理戰後問題的八大原則，是即大西洋憲章（Atlantic Charter）。

　　8, 14　　大西洋憲章由羅、邱同時宣佈。

　　9, 1　　羅斯福發表勞工節廣播演說，保證以一切努力擊敗德國的侵略。

1941, 9, 4　美國驅逐艦 Greer 號在冰島海外遭受德國潛艇攻擊。

　　9, 7　美國運輸艦 Steel Seafarer 號被德機炸沉于紅海。

　　9, 29　美、英、蘇三國代表集會莫斯科，討論美、英對蘇援助問題。

　10, 17　美國驅逐艦 Kearney 號在冰島海外遭受德國潛艇攻擊。

　10, 18　東條英磯大將（General Hideki Tojo）繼任日本首相，日本對美國的敵對更為加深。

　10, 28　國會增撥六十億美元，作為租借法下的援助費。
　　　　　同日，租借總署（Office of Lend-Lease Administration）成立。

　10, 30　美國驅逐艦 Reuben James 號被德國潛艇擊沉于冰島海外，死亡百餘人。
　　　　　同日，羅斯福承諾援助蘇聯十億美元。

　11, 7　國務卿赫爾在內閣會議中提出警告：美、日關係已至極端危險階段，日本有隨時襲擊美國的可能。

　11, 17　美國駐日大使格魯（Joseph C. Grew）警告國務院，駐日大使館對於日本之襲擊美國，不可能給予事先通知。
　　　　　同日，國會修改中立法，允許武裝商船。

　11, 25　保加利亞及羅馬尼亞參加德、日同盟。

　11, 29　日本首相東條宣稱：英、美在遠東的勢力必須消滅。

　12, 2　羅斯福要求日本駐美使節申述日軍佔領中南半島的理由。

　12, 6　羅斯福向日皇裕仁（Emperor Hirohito）直接呼籲，希望美、日兩國避免在太平洋的直接衝突。

　12, 7　日本偷襲珍珠港（Pearl Harbor，夏威夷時間上午七時五十分，華府時間下午一時二十分），美國損失慘重，計被毀軍艦十七艘，飛機一百五十架，官兵死二千三百三十五人，傷一千一百七十八人。
　　　　　同日，日軍進襲菲律賓、馬來亞、關島、香港及中國上

海各國租界。

1941, 12, 8　美國對日宣戰（本案以八十二票對零票通過于參議院，三百八十八票對一票通過于眾議院，羅斯福于下午四時十分正式批准生效）。

12, 10　日本佔領菲律賓呂宋（Luzon）。

12, 11　德國與義大利對美宣戰。

同日，美國對德、義宣戰。

同日，日軍佔領關島。

12, 12　羅馬尼亞對美宣戰。

12, 13　保加利亞對美宣戰。

12, 15　國會撥款一百億，作為武裝軍隊及租借援助。

12, 17　海軍上將尼米茲（Chester W. Nimiz）繼任美國太平洋艦隊總司令。

12, 18　國防運輸局（Office of Defense Transportation）成立。

12, 19　郵電檢查處（Office of Censorship）成立。

同日，陸軍中將麥克阿瑟晉升上將。

12, 20　海軍上將金氏（Admiral Ernest Joseph King）受命為美國艦隊總司令。

同日，國會通過徵兵法（Draft Act），凡十八歲至六十五歲之男子均須辦理登記，凡二十歲至四十五歲之男子均有服兵役之義務。

12, 22　邱吉爾與羅斯福在華府開始會談。

12, 23　日軍佔領威克島（Wake Island）。

12, 25　日軍佔領香港。

1942, 1, 1　二十六國在華府簽訂聯合國宣言（United Nations Declaration）。

1, 2　日軍佔領馬尼拉，麥克阿瑟退守巴丹（Bataan）。

1, 3　英國魏菲爾將軍（General Archibald Wavell）就任西南

太平洋盟軍總司令。

1942, 1, 6	羅斯福在國情咨文中宣佈：美國將于 1942 年內製造六萬架飛機、四萬五千輛坦克、兩萬門高射砲及六百萬噸商船。
1, 7	羅斯福向國會提出五百九十億元的預算案，其中軍費超過五百二十億元。
1, 15-28	美洲二十一國外長集會巴西的里約熱內盧（Rio De Janeiro），會中通過決議，與德、義、日三國斷絕外交關係。
1, 25	泰國對英、美宣戰（按泰國已于 1941 年 12 月 23 日與日本簽訂為期十年的同盟條約）。
1, 26	美國派赴歐洲戰場的第一批部隊在北愛爾蘭登陸。
2, 1	美國海空軍轟擊日本在馬紹爾及基伯特群島（Marshall and Gilbert Islands）的海軍基地。
2, 2	國會增撥二百六十五億元的海軍費用，自 1940 年 6 月以來，美國用于戰爭的費用已達一千一百六十億美元。
2, 20	羅斯福下令，西岸的美籍日本人集中管理，以防止資敵行為。
3, 10	羅斯福任命史迪威將軍（General Joseph Stilwell）為中國戰場盟軍參謀長。
3, 11	羅斯福下令成立外人財產管理局（Office of Alien Property Custodian）。
3, 13	日軍登陸所羅門群島（Solomons）。
3, 17	麥克阿瑟就任西南太平洋盟軍總司令。
3, 27	國會通過戰時授權法（War Powers Act），授予總統徵用物資及設備以支持作戰之必要權力。
4, 1	太平洋戰爭委員會（Pacific War Council）在華府舉行第一次會議，與會者包括澳洲、加拿大、中國、荷蘭、

紐西蘭、英國及美國等七國代表。

1942, 4, 9	日軍佔領巴丹。
4, 18	美機自航空母艦黃蜂（Hornet）號上起飛，轟炸日本東京、大阪、橫濱等地。
5, 29	蘇聯外長莫洛托夫（Vyacheslav Molotov）抵華府訪問，商討在歐洲開闢第二戰場及美國對蘇租借援助問題。
6, 2	美國與中國在華府簽訂租借協定。
6, 3-6	中途島大戰，美軍大敗日軍。
6, 5	美國對保加利亞，匈牙利及羅馬尼亞宣戰。
6, 16	國會通過軍人待遇重新調整法（Soldier Pay Readjustment Act）。
6, 19	邱吉爾與羅斯福在華府會談，擬訂聯軍攻擊北非計劃。
6, 23	國會通過軍人眷屬補助法（Servicemen's Dependents Allowance Act）。
6, 25	艾森豪少將（Major General Dwight D. Eisenhower）被任為歐洲戰場美軍總司令。
6, 30	國會再撥軍費四百二十八億美元。
7, 1	根據華府官方統計，美國現時每日軍費平均為一億五千萬美元。
8, 12	史達林、邱吉爾與美代表哈里曼（W. Averell Harriman）在莫斯科會談，商討反攻德國問題。
8, 17	美機大舉轟炸法國被佔領區的德國兵工廠。
9, 11	美國與墨西哥簽訂橡皮協定，規定在 1946 年底以前，墨西哥橡皮產品全部售與美國。
10, 3	經濟穩定局（Office of Economic Stabilization）成立。
10, 24	美國海軍中將海爾賽（William F. Halsey）出任南太平洋盟軍總司令。
10, 26	第一次所羅門群島大戰，美國航空母艦黃蜂號被擊沉。

1942,11, 7-8　盟軍四十萬人在北非登陸。

　　11, 8　　法國維琪政府與美斷絕外交關係。

　　11, 13　國會通過兵役法，規定十八歲及十九歲之男子在應召入
　　　　　　伍之列。

　　11, 23　國會通過法律，成立海岸防衛婦女後備師。

　　12, 16　第七十七屆國會第二會期休會，結束美國歷史上最長的
　　　　　　會期（本年內共開會三百四十六天）。

　　12, 21　最高法院判認內華達州以六星期為離婚通知期限的法律
　　　　　　為有效。

1943, 1, 11　美國與中國簽訂條約，廢除美國在華治外法權。
　　　　　　同日，羅斯福向國會提出一千零九十億的預算案，其中
　　　　　　一千億為戰費。

　1, 14-24　羅斯福與邱吉爾在北非摩洛哥之卡薩布蘭加（Casa-
　　　　　　blanca）會談，商討進攻西西里（Sicily）問題，並同意
　　　　　　軸心國向盟國無條件投降之必要性。

　　1, 27　美機開始對德國大規模轟炸。

　　2, 6　　艾森豪被任為北非盟軍統帥。

　　2, 15　羅斯福任命 William Blount Rutledge 為最高法院法官，
　　　　　　自 1937 年 10 月以來，羅斯福已任命八位最高法院法
　　　　　　官，一位最高法院院長，最高法院陣容至是全部更新。

　　3, 8　　美國駐蘇大使史坦來（W. H. Standley）報告國務院，
　　　　　　蘇聯人民對美國的援助全然不知，三日後（3 月 11 日）
　　　　　　蘇聯駐美大使李維諾夫（Maxim M. Litvinov）發表公開
　　　　　　談話，對美國的租借援助表示深切謝意。

　　3, 26　羅斯福下令設立戰時糧食總署（War Food Administra-
　　　　　　tion）。

　　4, 1　　美國實施肉類食物配額制。

　　4, 7　　美軍與英軍在突尼西亞北部會師。

1943, 4, 13　華府傑佛遜紀念堂（Jefferson Memorial）落成揭幕。

5, 11-27　羅斯福與邱吉爾在華府會談，商討全球戰略。

5, 12　德軍在北非的抵抗終止。

5, 27　羅斯福下令設立作戰動員局（Office of War Mobiliza-tion）。

6, 14　在 West Virginia Board of Education v. Bernette 一案中，最高法院宣佈西維吉尼亞州的一項法律無效，該法規定凡學生不向國旗敬禮者，應受開除的處分。

7, 9　英、美聯軍開始以空降部隊進攻西西里。

7, 19　美機五百架轟炸羅馬。

7, 25　義大利墨索里尼政府倒臺，巴多格利奧元帥（Marshall Pietro Badoglio）繼任首相，旋即宣佈解散法西斯黨（Fascist Party）。

8, 11-24　羅斯福與邱吉爾會談于加拿大的魁北克，討論在歐洲開闢第二戰場問題。

8, 17　盟軍攻佔西西里。

8, 21　葛羅米柯（Andrei Gromyko）繼任蘇聯駐美大使。

9, 3　盟軍開始進攻義大利。

9, 8　義大利宣佈向盟國無條件投降。

10, 13　義大利對德國宣戰。

10, 19-30　美、英、蘇三國外長集會莫斯科，發表聯合宣言，揭示戰後安全與合作原則，稍後中國亦參加為簽字國。

11, 5　參議院通過康納利決議（Connally Resolution），支持美國參加戰後世界和平組織。

11, 9　四十四國代表在華府簽訂聯合國善後救濟總署（UNRRA）協定。

11, 22-26　羅斯福、邱吉爾與中國蔣委員長舉行開羅會議，同意共同努力擊敗日本。

1943, 11, 28- 　　12, 1	羅、邱與史達林舉行德黑蘭會議，擬訂盟軍反攻西歐計劃。
12, 4-6	羅、邱重在開羅集會，並與土耳其總統伊諾魯（Ismet Inonu）討論土耳其參戰的初步計劃。
12, 17	國會通過法律，廢止以前的各種排華法，並規定中國移民的配額。
12, 24	羅斯福在聖誕廣播演說中宣佈，將以艾森豪將軍為歐洲盟軍統帥。 同日，盟機三千架空襲法國境內的 Pas de Calais 地區。
12, 27	羅斯福下令軍隊接管全國鐵路，以避免鐵路大罷工。
1944, 1, 10	羅斯福向國會提出七百億美元的預算案，較上年度預算案減少三百九十億元。
1, 16	艾森豪抵英，就任歐洲盟軍統帥。
1, 17	布萊德雷將軍（General Omar Bradley）受命為歐洲美國地面部隊總司令，受艾森豪將軍節制。
1, 22	羅斯福下令設立戰時難民局（War Refugee Board）。
1, 31	美軍向馬紹爾群島發動兩棲攻擊。
2, 16-17	加羅林群島（Carolines）大戰，美軍擊毀日機二百架、戰艦二十六艘。
3, 6	美機八百架轟炸柏林。
3, 21	國務卿赫爾發表戰後世界合作美國外交政策的十七點計劃。
3, 22	東條首相告知日本國會，戰爭情勢已至真正嚴重階段。
3, 29	國會通過聯合決議，撥款十三億五千萬元作為聯合國善後救濟總署的經費。
3, 30	美機自地中海基地起飛，開始猛烈轟炸巴爾幹半島上的各敵國。

1944, 4, 1　　國會通過軍人投票法 Soldier Vote Act，授權軍人缺席投票。

　　　4, 3　　在 Smith v. Allwright 一案中，最高法院判認，德克薩斯州民主黨初選歧視黑人的規定不合法。

　　　4, 4　　威爾基（Wendell Willkie）爭取共和黨總統候選人提名，在威斯康辛州初選中失敗，旋即退出競選。

　　　4, 30　　麥克阿瑟將軍公開宣佈，無意爭取總統候選人提名。

　　5, 19-22　　美國共產黨在紐約集會，宣佈支持羅斯福競選四次連任。

　　　6, 4　　美國第五軍攻佔羅馬。

　　　6, 6　　盟軍十七萬六千人，在六百艘戰艦及一萬一千架飛機掩護下，在法國西北部的諾曼第（Normandy）登陸。

　　　6, 13　　德國開始以飛彈襲擊英國。

　　　6, 15　　美國開始以超級空中堡壘 B-29 空襲日本。
　　　　　　　同日，美軍登陸塞班島（Saipan Island）。

　　　6, 19　　菲律賓海大戰，美軍擊毀日機四百零二架。

　　　6, 20　　美國副總統華萊士抵重慶與蔣委員長會商。

　　6, 26-28　　共和黨大會在芝加哥舉行，提名紐約州長杜威（Thom asE. Dewey）為總統候選人，俄亥俄州長布內克（John Bricker）為副總統候選人。

　　　6, 30　　美國與芬蘭斷絕外交關係。

　　7, 1-22　　聯合國貨幣財政會議在新漢普夏州的 Bretton Woods 舉行，四十四國代表與會，會中決議成立國際復興銀行（International Bank for Reconstruction），及國際和平基金會（International Monetary Fund）。

　　　7, 6　　法國戴高樂將軍（General Charles de Gaulle）抵華府與羅斯福會談。

　　7, 19-21　　民主黨大會在芝加哥舉行，提名羅斯福四次競選連任，參議員杜魯門為副總統候選人。

1944, 7, 20　美軍收復關島。

同日，德國將領數人謀刺希特勒不遂。

7, 24　盟軍自諾曼第灘頭陣地發動總攻擊。

7, 28　巴頓將軍（General George S. Patton）受命指揮美國第三軍。

8, 11　美軍強渡 Loire 河。

8, 12　德軍開始自諾曼第總退卻。

8, 15　美國第七軍從地中海登陸法國南部。

8, 21-　中、美、英、蘇四國代表集會華府的敦巴頓橡樹園（
10, 7　Dumbarton Oaks，會議的前半期由美、英、蘇三國代表會商，最後十日以中國替代蘇聯），擬訂戰後世界安全機構草案。

8, 23　羅馬尼亞接受蘇聯停戰條款，並于 8 月 25 日對德宣戰。

同日，法軍收復馬賽。

8, 25　盟軍克復巴黎。

9, 2　盟軍攻入比利時，翌日收復布魯塞爾。

9, 8　美國第一軍挺進離德境二十英里以內。

9, 9　保加利亞與盟國簽訂停戰協定。

9, 10　美國第一軍攻入盧森堡。

9, 11-16　羅、邱第二次魁北克會議，商定歐洲及太平洋區的戰略部署。

9, 11　美國第三軍與第七軍在法國東部的狄莊 Dijon 會師。

同日，美國第一軍攻入德境。

10, 3　國會通過剩餘戰時財產法（Surplus War Property Act）。

10, 12　美國開始對臺灣為時三日的空襲，第一日擊毀日機三百架以上。

10, 20　麥克阿瑟所部開始反攻菲律賓。

10, 21　美國第一軍攻佔德國亞健市（Aachen），為盟軍攻陷

德國的第一個主要城市。

1944, 10, 23　戴高樂領導下的法國臨時政府成立，盟國均予承認。

11, 7　美國大選，羅斯福四次當選連任。

11, 27　史退汀紐斯（Edward R. Stettinius）繼赫爾為國務卿。

12, 15　麥克阿瑟所部登陸菲律賓的 Mindoro.

1945, 1, 9　羅斯福向國會提出八百三十億的預算案。

同日，美軍六萬八千人登陸呂宋。

1, 20　羅斯福第四次連任就職。

同日，匈牙利與盟國簽訂停戰協定。

1, 28　第一批美國卡車由新開的雷多緬甸公路（Ledo-Burma Road）開抵中國。

2, 3　美機千餘架猛炸柏林。

2, 4-11　羅斯福，邱吉爾與史達林在克里米亞（Crimea，在俄境的黑海邊）的雅爾達（Yalta）會談，除決定 4 月 25 日在舊金山召開聯合國會議外，並簽訂秘密協定，羅、邱同意以中國的許多權益讓與蘇聯，以換取史達林對日作戰的承諾。

2, 4　美軍收入馬尼拉。

2, 19-　美、日硫磺島（Iwo Jima）大戰，雙亡傷亡慘重，美國海

3, 16　軍陸戰隊曾于 2 月 23 日在該島的巔峰 Surabachi 于槍林彈雨下豎起美國國旗，英勇悲壯，可歌可泣。美國政府為紀念此一感人故事，特依據當時實際情形，于 1954年在阿靈頓國家公墓前建立銅像，以誌不忘。

3, 7　美國第一軍攻佔德國哥龍（Cologne）。

3, 10　美軍登陸菲律賓群島中的第二大島民答那峨（Mindanao）。

同日，美機 B-29 開始以燃燒彈轟炸東京。

3, 12　紐約州議會通過反種族歧視法。

3, 23　美國第九軍及英國第二軍度過萊因河（Rhine River），

直指魯爾（Ruhr）。

1945, 4, 1-　美、日軍隊在琉球大戰，雙方傷亡之慘重，為太平洋戰
　　6, 21　　爭中所僅見。在八十三天之鏖戰中，美軍傷亡四萬九千
　　　　　　一百五十一人，損失飛機七百六十三架，戰艦被沉者三
　　　　　　十六艘，負傷者三百六十九艘；日軍傷亡十一萬零七十
　　　　　　一人，被俘七千四百人，損失飛機七千八百三十架，戰
　　　　　　艦被沉者十六艘，包括世界最大軍艦 Yamato 號，該艦
　　　　　　載重七萬二千八百零九噸，長八百六十一呎，官兵三千
　　　　　　三百三十三人。

　4, 1-18　盟軍與德軍大戰于魯爾，是役德軍被俘者達三十二萬五
　　　　　　千人。

　4, 12　　羅斯福總統于下午四時三十五分在喬治亞州的溫泉
　　　　　　（Warm Springs）以腦溢血逝世。
　　　　　　副總統杜魯門于同日下午七時零九分宣誓繼任總統。

32.3　異聞趣事

——佛蘭克林・羅斯福是在紐約州出生的第四位總統，前三位是范
　布倫、費爾摩及西奧多・羅斯福。

——他是在任內去世的第七位總統，前六位是威廉・亨利・哈里遜、
　泰羅、林肯、加菲爾、麥金來及哈定。

——他是南北戰爭以後民主黨的第三位總統，前兩位是克利夫蘭
　（1885—1889，1893—1897）及威爾遜（1913—1921）。

——他是 1 月 20 日就職的第一位總統，按 1933 年 2 月 6 日批准生
　效的憲法修正案第二十條，規定該條第一、二兩項有關總統副
　總統及國會兩院議員改變就職日期的條文，應自批准後的 10 月
　15 日開始實施，故羅斯福的第一任期仍是于 1933 年的 3 月 4 日
　就職，1937 年連任時才改為 1 月 20 日就職。

——他是美國歷史上連任四次的唯一總統，自第一任總統華盛頓拒絕競選三次連任後，歷任總統均不願打破此一成例，皆以任滿兩次為度，不過在憲法修正案第二十二條批准生效前，原憲法既未規定總統連任的次數，在理論上說自不以連任兩次為限。當羅斯福于 1933 年就任總統時，美國正值空前經濟大恐慌，賴其新政措施，使美國經濟迅速復興，因此深得全國人民的擁戴，故其 1936 年當選連任，乃屬眾望所歸。1940 年歐、亞兩洲大戰正酣，美國雖欲置身事外，已為情勢所不允，美國人民為因應時勢，不欲領導中樞臨陣易手，乃打破一百五十年傳統，選舉羅斯福三次連任。1944 年世界大戰正在緊要關頭，行政元首自不應輕易更替，因此羅氏四次當選連任。羅斯福去世後，美國朝野懍于總統連任次數漫無限制，極易造成獨裁，乃于戰後修改憲法（即 1951 年 2 月 26 日批准生效的憲法修正案第二十二條），明定今後美國總統的任期以兩次為限，但副總統因總統故世或去職而繼任總統不滿兩年者，仍得競選連任兩次，換言之，今後美國總統的任期最多不得超過十年。

——羅斯福出身紐約望族，他的父親 James Roosevelt 為美國鐵路界的大亨，家資富有，他的母親 Sarah Delano 是新英格蘭造船業鉅子的女兒。他的夫人 Anna Eleanor Roosevelt 是美國第二十六任總統西奧多・羅斯福胞弟 Elliot Roosevelt 的女兒。而 Theodore 與 Elliot 兄弟又為他父親 James 的第四代遠堂兄弟。據美國系譜學家研究，佛蘭克林・羅斯福與十一位美國前任總統具有親屬關係，其中五位是血親關係，六位是姻親關係。他們是華盛頓、亞當斯父子、麥迪遜、范布倫、哈里遜祖孫、泰羅、格蘭特、西奧多・羅斯福及塔虎脫。

——羅斯福是他母親的獨生子，他有一位同父異母哥哥，乃他父親與其元配所生。他的母親比他父親小二十六歲，羅斯福出生時，他的父親已經五十四歲。羅氏少時極為父母所鍾愛，直至十四

歲才入正式學校讀書，在此以前，都是以重金禮聘良師在家補習，蓋以父母鍾愛過度，不令離家就學，以便隨時承歡膝下也。

——他雖然自少養尊處優，但生性愛動，功課更不後人，他在哈佛大學主修歷史，費時不過三年，即獲學士學位。在課外活動方面，他既是哈佛大學腳球隊隊員，又是哈佛校刊（Harvard Crimson）主編。哈佛畢業後，曾留校研究一年，再入哥倫比亞大學法學院研究法律。他于 1907 年通過律師考試，即在紐約市開設律師事務所，故在哥大的學位並未修完。

——1921 年的 8 月，羅斯福突患小兒麻痺症，從此兩腿不良于行，終身以輪椅或拐杖為伴。由於溫泉有助于他兩腿的活動，喬治亞州的溫泉乃成為他經常度假之所。1927 年他在該地設立喬治亞溫泉基金會（Georgia Warm Springs Foundation），對小兒麻痺患者給予免費治療，造福不淺。1945 年 2 月他自雅爾達開會回來，身心均感疲倦，乃于 3 月間前往溫泉休養，4 月 12 日下午突以腦溢血不治，在該處逝世。當病發時，他正在案牘工作，他所寫下的最後一句話是：「今日的懷疑就是明日的障礙，讓我們以堅強的信心向前邁進。」

——1930 年代美國的經濟恐慌，賴羅斯福的「新政」（New Deal）以挽救，這是眾所周知的事。1932 年 7 月 2 日，羅斯福在芝加哥接受民主黨總統候選人提名的演說中宣稱：「我向各位保證，我將為美國人民帶來一項新政。」是為「新政」一詞的由來。大體言之，羅斯福的「新政」可以分為兩個階段，第一階段為1933 年至 1934 年，著重于美國經濟的復興，時值非常，國會為情勢所迫，一切從權，在 1933 年的 3 月至 6 月的百日之間，連續通過羅斯福所建議的數十種重要法案，有時議員尚未讀完法案全文，該法案即已在國會兩院通過，其立法過程之迅速，在美國實屬罕見罕聞。第二階段為 1935 年以後，著重于長遠目標的經濟及社會改革，以增進人民的福利。「新政」初期，為挽

救美國空前經濟危機，全國上下不遑他顧，只求一心一德，共謀度過難關，然因此而使總統的權力大為擴張，影響三權分立的基本精神，故至新政的第二階段，最高法院及國會即謀對新政措施有以節制。但潮流所趨，「新政」的精神仍為羅斯福以後美國政治的主向，如杜魯門的「平政」（Fair Deal），甘迺迪的「新境界」（New Frontier），以及詹森的「大社會」（Great Society），皆可說是「新政」的流緒。

——在 1935 年至 1936 年之間，最高法院連續宣佈數項重要法律違憲，使羅斯福的「新政」受到重大阻撓。時最高法院的九位法官有六位已超過七十歲，因年紀老邁，性格保守，對羅斯福藉「新政」擴充總統權力，頗不以為然。羅斯福要想順利推行他的「新政」，就須設法改組最高法院，所以在他當選連任後，即于 1937 年 2 月 5 日向國會致送特別咨文，要求通過法律，改組聯邦司法制度，其要點包括：凡聯邦法院法官年滿七十歲，任職逾十年而不自動退休者，總統得多任命一位法官，以增加法院的新血，但最高法院法官的總數最多不得超過十五名。由於當時最高法院的九位法官有六位已年逾七十，明眼人一望而知，此一建議係以最高法院為主要對象。國會以羅斯福的建議，有「包辦最高法院」（Pack the Supreme Court）之嫌，未加通過。但說也奇怪，自這一建議提出後，未及 2 月，最高法院于 1937 年 3 月 29 日在 West Coast Hotel v. Parrish 一案中，竟然推翻其本身以前所作的兩項判決，而認為婦女最低工資法，于憲法並無不合，接著又于 4 月 12 日及 5 月 24 日分別判認 1935 年的國民勞工關係法及社會安全法合憲。如謂美國審判獨立，不受外界任何影響，自此一事例觀之，似乎並不盡然。自 1937 年底至 1943 年初，原來最高法院的九位法官，死的死，退休的退休，六年之間，竟使羅斯福有機會任命一位最高法院院長，八位最高法院法官，全部陣容為之更新，而新任法官皆為支持「新

政」的自由分子。羅斯福改組法院的提議，雖未獲國會通過，但其掃除新政障礙的目的則已達到，所以論者說：「羅斯福打了敗仗，但贏得了戰爭。」（Roosevelt lost his battle, but won his war.）所言頗為貼切。

——在美國歷次大選中，以 1936 年 11 月 3 日羅斯福當選連任時的勝利最為輝煌。是日選舉結果，羅氏在全國四十八州中的四十六州獲勝，囊括全國總統選舉人票五百三十一票中的五百二十三票，他的對手共和黨候選人蘭敦（Alfred M. Landon）只在緬因及佛蒙特兩州中獲勝，所得總統選舉人票不過八張。這是美國選舉史上民主黨贏得最多的一次，也是共和黨敗得最慘的一次。（按 1912 年大選時，共和黨候選人塔虎脫也僅得總統選舉人票八票，但是年的進步黨是由共和黨分裂而成，本質上西奧多·羅斯福所得的八十八票，仍可算是屬於共和黨的。）

——1941 年 1 月 6 日，羅斯福在其國情咨文中揭舉世界人類的四大基本自由；一曰「言論自由」（Freedom of Speech and Expression）；二曰「個人崇拜上帝的自由」（Freedom of Every Person to Worship God），即宗教自由；三曰「免于匱乏的自由」（Freedom from Want）；四曰「免于恐懼的自由」（Freedom from Fear）。

——總統選舉人（Presidential elector）在美國政治上僅是一種暫時的榮譽職，名義上是由他們投票選舉總統，事實上在政黨政治之下，何人當選總統，已由大選的普選票決定，他們的投票僅是依據大選的結果，虛應故事，所以一經選舉完畢，馬上被人遺忘。但當羅斯福于 1933 年就任總統時，全體總統選舉人均應邀以貴賓身分觀禮，不但提高了他們的身價，也使人民對總統選舉人的興趣為之增加。

——羅斯福是第一位任命婦女擔任內閣閣員及駐外特命全權使節的總統。他于 1933 年 3 月 4 日任命 Paul Wilson 的夫人柏金絲女

士（Francis Perkins）為勞工部長。柏女士在任十二年多，至羅斯福死後才離職。同年 4 月 12 日又任命奧文太太（Mrs. Ruth Bryan Owen，前國務卿布乃安 W. J. Bryan 的長女）為美國駐丹麥及冰島全權公使。

──羅斯福的夫人 Anna Eleanor Roosevelt 是白宮最活躍的女主人，她八歲喪母，十歲喪父，由外祖母撫養成人，少時殊為孤苦，加以貌不驚人，家人背地裡都叫她「醜小鴨」，同行姊妹們皆不願與她為伍。當羅斯福與她戀愛時，識者無不驚奇，因為羅氏英俊瀟灑，風度翩翩，而她則容貌平庸，近乎醜陋，也因此他們的婚事曾受到羅斯福母親的強烈反對。她性喜活躍，個性倔強，凡事自有見地，非他人所能影響。羅斯福於 1921 年患小兒麻痺症後，能以半殘廢之身踏上總統的寶座，大半靠她的耐性與鼓勵。在白宮的十二年期間，她到處旅行演說，激勵人民愛國情緒，並將觀察所得，發為文章，登諸報章雜誌，為當時極負盛名的專欄作家。此外她對公益事業之提倡，更是不遺餘力，而有「窮苦人民褓姆」之譽。羅氏去世後，她的活動未嘗稍減，曾數度擔任美國出席聯大代表，並曾膺選聯合國人權委員會主席。她勤於寫作，生平重要著作多達十餘種，公認為學術最宏富的白宮女主人。她于 1962 年 11 月 7 日病逝紐約，享壽七十八歲，當她在海德公園其夫墓旁下葬時，前任總統杜魯門與艾森豪及在任總統甘迺迪皆在場執紼。她對美國及世界人類的貢獻，不僅為美國朝野所景仰，抑且為世界各國所讚揚，被譽為「世界第一夫人」。

──羅斯福為美國偉大總統之一，在美國已成為不爭之論。1950 年哈佛大學一位教授曾向該校五十位著名歷史學家進行調查，要他們列舉美國歷史上最偉大的三位總統，結果依次為林肯、華盛頓及佛蘭克林‧羅斯福。當邱吉爾聽到此一消息時，立刻致函該教授，信中說：「就對世界歷史的影響而言，佛蘭克林‧

羅斯福無疑為美國第一人。」所以就邱翁看來，羅斯福不僅為美國三位最偉大總統之一，而實為三位最偉大總統之首。

32.4 副總統

第一及第二任期　加納（John Nance Garner）

　　生　卒：1868, 11, 22—1967, 11, 7

　　任　期：1933, 3, 4—1941, 1, 20

　　出生州：德克薩斯州（Texas）

　　教　育：未進大學

　　政　黨：民主黨

　　簡　歷：律師，法官，州議員，聯邦眾議員及議長。

第三任期　華萊士（Henry Agard Wallace）

　　生　卒：1888, 10, 7—1965, 11, 18

　　任　期：1941, 1, 20—1945, 1, 20

　　出生州：愛阿華州（Iowa）

　　教　育：愛阿華州立學院畢業

　　政　黨：民主黨

　　簡　歷：編輯，農業部長，商務部長（卸任副總統後）。

第四任期　杜魯門（Harry S. Truman）

　　任　期：1945, 1, 20—1945, 4, 12

　　（餘見第三十三任總統杜魯門）

第三十三任總統

H. S. 杜魯門

（Harry S. Truman）

生　卒：　　1884, 5, 8—1972, 12, 26
任　期：　　1945, 4, 12—1953, 1, 20
　　　　　　（註：依 1933 年批准的憲法修正案第二十條規定，此後
　　　　　　的總統均於 1 月 20 日就任及卸任，在此以前，總統均係
　　　　　　3 月 3 日卸任，3 月 4 日就職。）
出生州：　　密蘇里州（Missouri）
代表州：　　同上
教　育：　　未進大學
宗　教：　　浸信會（Baptist）
政　黨：　　民主黨（Democratic Party）
簡　歷：　　鐵路計時員，銀行簿記員，農場協理，雜貨店老闆，縣
　　　　　　級法院法官，聯邦參議員，副總統。
祖　先：　　英格蘭人（English）
夫　人：　　Bess Wallace，1919 年與杜魯門結婚。
子　女：　　一女

33.1　生平大事記要

1884, 5, 8　　生于密蘇里州的 Lamar.

1886　　　　移居密州的 Harrisonville.

1888　　　　移居密州的 Grandview.

1890, 12, 28　移居密州的獨立城（Independence）。

1892　　　　入當地小學讀書。

1895　　　　在小雜貨店幫工，每週賺取三元，補貼自己學費。

1901　　　　高中畢業後入堪薩斯市明星報郵務室工作。

1902　　　　任鐵路公司計時員。

1903-1905　任堪薩斯市 National Bank of Commerce 簿記員。

1906-1917　與父親合夥經營農場，其父于 1914 年去世後，繼續獨
　　　　　　立經營三年。

1917　　　　入營服役，任砲兵少尉。

1918-1919　轉戰歐洲戰場，積功升至少校。

1919, 5, 6　以少校階級退伍，恢復平民身分。

　　　6, 28　與 Bess Wallace 小姐結婚，時年三十五歲，他的太太為
　　　　　　三十四歲。

1919-1922　與友人合夥，在堪薩斯市經營服飾雜貨店，因生意清
　　　　　　淡，被迫關門，虧欠達三萬美元。

1922-1924　任密州 Jackson County 法院法官。

1923-1925　在堪市法律學校夜間部修習法律。

1924　　　　競選法官連任失敗。

1926　　　　當選 Jackson County 法院首席法官，連任八年。

1934　　　　當選聯邦參議員。

1935, 1, 3　就任聯邦參議員。

1940, 11, 5　當選連任聯邦參議員。

1941-1944　擔任參議院調查國防計劃特別委員會主席。

1944, 7, 21	被民主黨提名為副總統候選人。
11, 7	當選副總統。
1945, 1, 20	就任副總統。
4, 12	羅斯福病逝，宣誓繼任總統。
1948, 7, 14	被民主黨提名為總統候選人。
11, 2	當選總統。
1949, 1, 20	連任總統就職。
1950, 11, 1	在華府臨時白宮（Blair House）遇刺，險遭不測。
1952	宣佈不再競選連任。
1953, 1, 20	交卸總統職務，息影密蘇里州的獨立城，專心從事著述。
1956	自撰回憶錄二冊出版。
1960	應哥倫比亞大學之邀，就美國總統制問題發表一連串演說，這些講稿其後編印成書，題為 Truman Speaks.
1972, 12, 26	病逝堪薩斯市，享壽八十八歲，葬于故鄉獨立城。

33.2 任內大事記要

1945, 4, 12	羅斯福在喬治亞州溫泉病逝，杜魯門宣誓繼任總統。
4, 21	美國第七軍攻佔紐倫堡（Nuremberg）。同日，蘇軍進迫柏林郊外。
4, 25	美、蘇前哨部隊會師柏林附近的 Torgau.
4, 25-6, 26	五十國集會舊金山，制定聯合國憲章（United Nations Charter，6 月 26 日簽字）。
4, 28	墨索里尼及其閣員十二人于企圖逃往瑞士途中，在 Lake Como 被反法西斯分子捕殺，翌日並在米蘭廣場（Milan Square）陳屍示眾。
4, 29	義大利境內德軍向盟軍無條件投降。

1945, 4, 30	據英國情報局于 1945 年 11 月 1 日所發表的報告，希特勒是于本日在柏林自殺。
5, 1	德國海軍上將多尼茲（Admiral Karl Doenitz）宣佈希特勒已死亡。
5, 2	柏林向蘇軍投降。
5, 4	德國在荷蘭及丹麥等處部隊宣佈投降。
5, 6	德國在奧地利部隊宣佈投降。
5, 7	德國正式向盟國無條件投降。
5, 8	杜魯門總統于上午九時在無線電廣播中，向美國人民宣佈歐洲戰事結束，美國史稱此日為歐戰勝利日（V-E Day）。
6, 4	杜魯門下令解散民防局。
6, 5	盟國管制委員會（Allied Control Council）在柏林成立，將德國分為四區，由美、英、法、蘇四國分別佔領。
6, 18	歐洲盟軍統帥艾森豪返美述職，受到華府朝野人士空前熱烈歡迎。
6, 26	五十國在舊金山簽訂聯合國憲章。
7, 2	貝爾納斯（James F. Byrnes）繼任國務卿。
7, 3	美國佔領軍進入柏林。
7, 5	美軍收復菲律賓。 同日，美、英承認波蘭臨時政府。
7, 16	美國第一顆原子彈在新墨西哥州的 Los Alamos 試爆成功。
7, 17- 8, 2	美、英、蘇三國首長舉行波茨坦會議（Potsdam Conference），商討戰後德國管制及加速日本投降等問題，會議初期由杜魯門、邱吉爾、史達林代表三國與會，7 月 26 日英國大選結果揭曉（按是年的英國大選係于 7 月 5 日舉行，但選舉結果于三週後才告確定），工黨獲勝，自 7 月 29 日起，英國新任首相艾特禮（Clement R.

Atlee）取代邱吉爾與會。

1945, 7, 26　中、美、英三國聯名警告日本，如不及早無條件投降，必將遭受徹底毀滅。

7, 28　美國參議院以八十九票對二票通過聯合國憲章。

7, 30　盟國管制委員會在柏林舉行第一次會議，由艾森豪擔任主席。

8, 6　美國第一顆原子彈投落日本廣島（Hiroshima），估計傷亡人數達十八萬之眾。

8, 8　蘇聯對日本宣戰。

8, 9　美國第二顆原子彈投落日本長崎（Nagasaki），估計傷亡八萬人。

8, 14　日本向盟國無條件投降。

8, 19　日本與麥克阿瑟將軍在馬尼拉簽訂初步投降書。

8, 21　杜魯門宣佈租借法效期終止。

9, 2　日本代表在東京灣的美艦密蘇里（Missouri）號上正式向盟國簽降，時為東京時間上午九時零八分，美國東部時間下午八時零八分。

杜魯門宣佈是日為對日戰爭勝利日（V-J Day）。

第二次世界大戰正式結束。

據美國國防部，財政部及商務部的正式統計，自珍珠港事變以來，美國動員之陸海空三軍人員達一千五百四十九萬三千六百五十七人，全部傷亡數為九十九萬四千八百九十三人，其中死三十二萬五千四百六十四人，傷六十六萬九千四百二十九人。全部戰費為三千三百零五億，外加租借費用四百六十億零七千萬元。

9, 6　杜魯門向國會提出二十一點內政計劃，即世稱所謂杜魯門「平政」（Fair Deal）的張本，實則大部分為羅斯福「新政」的延續。

1945, 9, 11　中、美、英、法、蘇五國外長集會倫敦，討論草擬和約問題，會議至 10 月 2 日結束，無結果而散。

10, 24　聯合國憲章經二十九國批准生效。

10, 27　杜魯門在紐約發表演說，提出美國外交政策的十二項基本原則。

11, 15　杜魯門與英首相艾特禮及加總理金氏（Mackenzie King）集會華府，發表聯合聲明，贊成設立聯合國原子能委員會（U.N. Atomic Energy Commission）。

11, 20　國際戰罪審判庭（International War Crimes Tribunal）在紐倫堡開審，審判德國納粹二十四名高級戰犯，由美國最高法院法官傑克遜（Robert H. Jackson）擔任原告，該庭于 1946 年 10 月 1 日宣判，其中十一人判處絞刑，七人判處徒刑，頭號罪魁戈林（Hermann Wilhelm Goering）元帥于處絞前二小時服毒自殺。

11, 21　美國通用汽車公司（General Motors Co.）二十萬工人開始大罷工。

11, 27　美國駐華大使赫爾利（Major General Patrick Hurley）辭職，杜魯門任命馬歇爾（General George C. Marshall）為駐華特使，擔任國、共調人。

12, 27　莫斯科外長會議決議，成立美蘇聯合委員會（Joint Commission of U.S. and U.S.S.R），協助韓國建立臨時政府。

1946, 1, 10　第一屆聯合國大會在倫敦揭幕，美國代表團包括國務卿貝爾納斯、前國務卿史退汀紐斯、羅斯福總統夫人及參議員康納利（Thomas T. Connally）與范登堡（Arthur H. Vandenberg）。

1, 15-20　美國發生罷工風潮，1 月 15 日二十萬電機工人罷工，1 月 20 日七十五萬鋼鐵工人罷工，本年內全國各種工人罷工者達四百六十萬人，人數之眾多，為 1919 年以來

所僅見。

1946, 1, 17	聯合國安理會（U.N. Security Council）在倫敦舉行第一次會議。
1, 24	聯合國原子能委員會（Atomic Energy Commission）成立。
2, 6	韓境以北緯三十八度為界，分為南北兩區，北韓由蘇聯控制，南韓由美國控制，此為南北韓之由來。
3, 5	邱吉爾在 Westminster College（Fulton, Missouri）發表演說，呼籲英、美密切合作，共同阻止蘇聯的侵略，並在演說中提出鐵幕（Iron Curtain）一詞。
4, 1	四十萬煤礦工人開始罷工。
4, 8	國際聯盟最後一次會議在日內瓦舉行，于 4 月 18 日永久休會，將其資產及權力移交給聯合國。
4, 25	外長會議在巴黎舉行，草擬對義大利、匈牙利、羅馬尼亞、保加利亞及芬蘭和約，但未達成協議。
6, 3	日本戰犯二十八名在東京開審，審判于 1948 年 11 月 12 日終結，二十五人判刑，前日本首相東條英磯及其他六名罪魁于 1948 年 12 月 23 日在東京處絞刑。
6, 5	參議員奧斯汀（Warren R. Austin）繼史退汀紐斯為美國駐聯合國常任代表。
7, 4	菲律賓共和國成立。
7, 29	巴黎和會揭幕，二十一國代表與會，因意見分歧，未達成最後協議，大會于 10 月 15 日閉幕，將歧見部分交由外長會議研商。
8, 2	參議院以六十票對二票通過美國參加國際法院（International Court of Justice）。
	同日，國會通過立法改組法（Legislative Reorganization Act）。

1946, 9, 12	商務部長華萊士在紐約發表演說，攻擊國務卿貝爾納斯及美國對蘇聯政策。
9, 20	杜魯門要求華萊士辭職，並任命哈里曼繼任商務部長。
10, 23- 12, 15	第一屆聯大第二部分會議在紐約舉行（按第一部分會議係在倫敦舉行）。
11, 4- 12, 11	外長會議在紐約舉行，對芬蘭、義大利及巴爾幹各國和約達成協議。
11, 5	美國中期選舉，共和黨控制國會兩院。
12, 14	聯合國接受洛克菲勒（John D. Rockefeller, Jr.）贈款八百五十萬美元，在紐約曼哈頓區的東河邊購地，建立永久總部。
1947, 1, 7	國務卿貝爾納斯辭職，杜魯門任命駐華特使馬歇爾將軍繼任。
1, 29	美國政府宣佈，放棄對中國國民黨與共產黨和談的努力。
2, 10	美、英、法、蘇四國在巴黎簽訂對義大利、匈牙利、保加利亞、羅馬尼亞及芬蘭和約。
3, 4-6	杜魯門赴墨西哥作三日親善訪問。
3, 10	四國外長集會莫斯科，商討對德、奧和約問題，會期七週，無結果而散。
3, 12	杜魯門對國會兩院聯席會議發表演說，要求撥款四億元軍經援助希、土，以阻止共產主義的侵略，世人對此一措施稱之為「杜魯門主義」（Truman Doctrine）。
3, 21	杜魯門下令對聯邦政府公務員進行忠貞調查。
4, 2	聯合國安理會通過決議，將原屬於日本管轄的太平洋諸島委由美國託管。
5, 22	國會通過希、土援助法（Greek-Turkish Aid Act）。
6, 5	國務卿馬歇爾在哈佛大學發表演說，宣佈美國對歐洲復

興的援助大綱，是即「馬歇爾計劃」（Marshall Plan）。

1947, 6, 23　國會再通過杜魯門于 6 月 20 日否決的塔虎脫哈特萊勞
工法（Taft-Hartley Labor Law）。

6, 24　艾森豪將軍同意出任哥倫比亞大學校長，自 1948 年生
效。

7, 7　國會通過法律，成立行政改革委員會，由前總統胡佛擔
任主席，世稱「胡佛委員會」（Hoover Commission）.

7, 12-　歐洲經濟合作會議在巴黎舉行，商討「馬歇爾計畫」的

9, 22　執行問題，十六國派遣代表參加，蘇聯拒絕與會。

7, 26　國會通過國家安全法（National Security Act），設立國
防部（Department of Defense），將陸海空三部劃歸該
部管轄，以統一全國軍事體系。

8, 15-　美洲各國在巴西里約熱內盧集會，簽訂互助安全條約，

9, 2　杜魯門親往發表閉幕演說。

9, 17　美、蘇兩國于對韓國獨立問題無法協議後，美國于今日
將此問題提出于聯合國大會。

同日，美國務卿馬歇爾向聯大提議，設立一「臨時委員
會」（Interim Committe），即所謂「小型聯大」（Lit-
tle Assembly），以避免蘇俄在安理會的阻撓。「小型
聯大」于 11 月 13 日經聯合國大會正式議決成立。

9, 22　歐洲經濟合作會議閉幕，依其估計，在未來四年中，歐
洲經濟復興所需之美援將超過二百二十億美元。

11, 21　布萊德雷上將（General Omar N. Bradley）繼艾森豪為
陸軍參謀長。

11, 25　四國外長集會倫敦，重新研討對德、奧和約問題，費時
三週，仍無成就。

12, 23　國會撥款五億四千萬元，援助中國、法國、義大利及奧
地利。

1947, 12, 29	前副總統及商務部長華萊士宣佈為美國第三黨總統候選人，莫斯科立表歡迎。
1948, 1, 23	艾森豪宣佈不欲接受總統候選人提名。
3, 17	英、法、荷、比、盧五國簽訂布魯塞爾公約（Brussels Pact），締結為期五十年的經濟軍事合作同盟。
4, 3	國會通過援外法（Foreign Assistance Act），建立歐洲復興計劃（European Recovery Program，ERP）及經濟合作總署（Economic Cooperation Administration），並撥款五億三千萬元，作為對歐洲十六國第一年的經濟援助。
5, 14	美國承認以色列為一國家。
6, 9	杜魯門在華盛頓州的Spokane發表演說，謂第八十屆國會為歷來最無成就者（按本屆國會兩院均為共和黨所控制）。
6, 21-25	共和黨大會在費城舉行，提名紐約州長杜威為總統候選人，加州州長華倫（Earl Warren）為副總統候選人。
6, 24	蘇聯封鎖柏林，截斷西德對柏林的全部陸上交通。
6, 25	美、英飛機開始對柏林空運，以接濟柏林西方佔領區的二百萬市民。 同日，國會通過難民法，准許歐洲流離失所人民二十萬五千人入境。
6, 28	國會通過六十億元的援外撥款法。
7, 6	美、英、法照會蘇聯，要求終止柏林封鎖，蘇聯不加理會。
7, 12-15	民主黨大會在費城舉行，提名杜魯門競選連任，參議員巴克萊為副總統候選人。
7, 17	杯葛民主黨大會的南方十三州民主黨員，集會于阿拉巴馬州的伯明翰（Birmingham），提名南卡羅來納州長

塞蒙（J. Strom Thurmond）為總統候選人，密西西比州長萊特（Fielding L. Wright）為副總統候選人。

1948, 7, 23-25　進步黨大會在費城舉行，提名華萊士為總統候選人，參議員泰羅（Glen H. Taylor）為副總統候選人。

8　前國務院官員希斯（Alger Hiss）被眾議院非美活動委員會（Un-American Activities Committee）揭發為蘇聯共產黨間諜，于1950年1月25日被判處五年徒刑。

8, 2-6　美國共產黨在紐約集會，決議支持華萊士競選總統。

8, 11　國會通過聯合國貸款法（U.N. Loan Act），貸給聯合國六千五百萬元，供其在紐約市建立永久會所。

8, 15　南韓共和國成立。

9, 17　聯合國安理會任命美國黑人彭區博士（Dr. Ralph J. Bunche）為聯合國駐巴勒斯坦（Palestine）仲裁員。

9, 26　美、英、法三國與蘇聯關於解除柏林封鎖的談判宣告破裂，西方三國于9月29日將本案提出于聯合國安理會。

11, 1　美國各種民意測驗顯示，本屆大選共和黨總統候選人杜威將以壓倒多數獲勝。

11, 2　美國大選，民主黨的杜魯門當選連任。
同日，民主黨重獲國會兩院的控制權。

12, 1　蔣宋美齡抵美訪問，尋求美國的軍經援助，以抵抗日益壯大的中國共產黨。

1949, 1, 1　美國承認大韓民國的李承晚（Syngman Rhee）政府。

1, 5　杜魯門在國情咨文中，自稱其所主持的政府為「平政」（Fair Deal）。

1, 7　國務卿馬歇爾辭職，杜魯門任命艾契遜（Dean G. Acheson）繼任。

1, 19　國會通過法律，將總統年薪加至十萬元，副總統及眾議院議長年薪加至三萬元。

1949, 1, 20　杜魯門在就職演說中，提出美國外交政策的四大目標，其中第四點為援助落後地區，是即所謂「第四點計劃」（Point Four）。

1, 31　美國分別承認以色列及外約旦（Trans-Jordan）政府。

3, 24　國會撥款一千六百萬元救濟巴勒斯坦難民。

4, 1　紐約州議會通過法律，開除公立學校中所有共產分子教職員。

4, 4　十二國在華府簽訂北大西洋公約（North Atlantic Pact）。該約第五條規定：締約國之任何一國受到武裝攻擊，視為對全體締約國的攻擊。美國參議院于 7 月 21 日以八十二票對十三票通過該公約。

4, 8　美、英、法三國簽訂協定，合併三國在西德的佔領區。

5, 12　蘇聯正式解除對柏林封鎖。

6, 6　美國駐德高級專員公署（Office of U.S. High Commissioner For Germany）成立，麥克勞（John J. McCloy）被任為首任專員。

6, 20　四國外長集會巴黎，商討統一德國問題，自 5 月 23 日開始，至本日結束，為期四週，未達成任何協議。

6, 29　美國最後一批戰鬥部隊撤離韓國。

8, 5　國務院發表對華關係白皮書（White Paper），將中共佔領中國大陸責任完全諉諸國民政府。

8, 8　菲律賓總統季里諾（Elpidio Quirino）訪美。

8, 10　國會修改 1947 年的國家安全法，使國防部正名，並設立參謀首長聯席會議（Joint Chiefs of Staff），布萊德雷將軍被任為該會議首任主席。

9, 2　麥克阿瑟將軍在日本投降四週年紀念日發表演說，認為簽訂對日和約之時機已成熟。

9, 23　杜魯門宣佈，蘇聯原子彈試爆成功。

1949, 10, 1	中國共產黨在北京成立中華人民共和國。
10, 6	國會通過共同防衛援助法（Mutual Defense Assistance Act）。
10, 14	美共領導分子十一人，以陰謀推翻美國政府嫌疑，經大陪審團為期七個月的審訊後，于本日被判定為有罪，並于 10 月 21 日經聯邦法院分別判處徒刑。
10, 24	美國駐瀋陽總領事華德（Angus Ward）及四名其他美國大使館官員被中共逮捕，並于 11 月 22 日驅逐出境。
10, 26	國會修改最低工資法，將每小時最低工資四角提高至七角五分。
1950	美國人口一五〇,六九七,三六一人。
1950, 1, 2	前總統胡佛及參議員塔虎脫（Robert A. Taft）要求美國給予臺灣軍事保護。
1, 14	國務卿艾契遜下令撤退美國在北京所有官員。
1, 31	杜魯門宣佈，已令原子能委員會發展氫彈。
2, 21	美國與保加利亞斷絕外交關係。
3, 29	哥倫比亞大學校長艾森豪，對美國縮減軍事預算提出警告。
4, 6	杜魯門任命共和黨員杜勒斯（John Foster Dulles）為國務卿艾契遜的外交政策顧問。
6, 23	加州大學董事會通過一致決議，解除該校一百五十七名教職員職務，因為他們拒絕簽字證明為非共產黨。
6, 25	北韓攻擊南韓，韓戰正式爆發。 同日，聯合國安理會召開緊急會議，以九票對零票通過決議，要求雙方立即停戰，蘇聯代表因退席未參加投票。
6, 27	杜魯門下令美國陸海軍掩護大韓民國軍隊作戰，並命美國第七艦隊協防臺灣。 同日，安理會通過決議，對北韓侵略行為施行軍事制裁。

1950, 6, 30	杜魯門命令美國駐日本地面部隊入韓，協助南韓抵抗北韓侵略。
	同日，國會通過法律，授權總統召集後備軍人入伍服役。
7, 3	美國地面部隊與北韓共軍首次遭遇戰。
7, 7	安理會通過決議，授權美國建立韓境聯合國部隊聯合指揮部。
7, 8	麥克阿瑟將軍受命為韓境聯軍統帥，指揮聯合國所有援韓部隊。
8, 25	杜魯門下令由政府接管全國鐵路，以避免鐵路工人的罷工風潮。
9, 12	馬歇爾將軍繼強生（Louis A. Johnson）為國防部長。
9, 15	聯合國部隊在仁川（Inchon）登陸。
9, 23	國會通過內部安全法（Internal Security Act），要求共黨組織及其黨員向美國政府辦理登記。
9, 26	聯軍收復漢城（Seoul）。
10, 7	聯軍攻越北緯第三十八度線。
10, 17	杜魯門在舊金山發表外交政策演說，韓戰的勝利並不改變美國對亞洲的放手政策（Hands-off Policy）。
11, 1	兩名波多黎各激進分子在華府謀刺杜魯門不遂。
11, 6	聯軍統帥麥克阿瑟宣佈，中共部隊已入韓境作戰。
11, 30	杜魯門提出警告，必要時美國可能在韓戰中使用原子彈。
12, 19	北大西洋公約理事會通過決議，任命艾森豪為該組織西歐聯軍統帥。
1951, 1, 4	杜魯門在記者招待會中宣稱，美國無意轟炸中共區。
	同日，共軍再度攻過第三十八度線，南韓首都漢城第二次淪陷。
1, 12	國會通過民防法（Civil Defense Act），撥款三十一億元建立防空體系。

1951, 1, 23　國會通過兩院聯合決議，要求聯合國宣佈中共為韓國的
　　　　　　　侵略者。

　　2, 1　聯合國大會以壓倒多數通過美國提案，確認中共為韓國
　　　　　侵略者。

　　2, 21　艾森豪就任北大西洋公約組織聯軍統帥。

　　2, 26　憲法修正案第二十二條批准生效，依其規定，今後美國
　　　　　總統的任期最多不得超過十年。

　　3, 7　美國原子秘密間諜案在紐約開審，3 月 29 日宣判，被
　　　　　告羅森堡夫婦（Julius and Ethel Rosenberg）判處死刑，
　　　　　被告索貝爾（Morton Sobell）判處三十年徒刑。

　　3, 14　聯軍克復漢城。

　　4, 11　杜魯門宣佈，解除麥克阿瑟將軍一切職務，遺缺由李奇
　　　　　威將軍（General Matthew Ridgway）繼任。

　　5, 15　國會要求聯合國大會禁止戰略物資輸往中共區。

　　6, 25　哥倫比亞廣播公司（CBS）開始商用彩色電視節目。

　　7, 10　韓境休戰談判在開城開始。

　　7, 25　參議院內政調查小組開始對太平洋學會（Institute of Pa-
　　　　　cific Relations）進行調查。

　　8, 2　西點軍校（U.S. Military Academy at West Point）因考試
　　　　　舞弊案開除九十名學生。

　　8, 30　美國與菲律賓簽訂共同防禦條約（Mutual Defense Treat-
　　　　　y）。

　　9, 4-8　對日和約會議在舊金山舉行，和約于 9 月 8 日正式簽字。

　　10, 19　國會通過兩院聯合決議，正式終止美國與德國的戰爭狀
　　　　　態。

　　12, 27　韓境為時三十天的休戰終止。

　　12, 31　馬歇爾計劃終止，其未了事務由共同安全總署（Mutual
　　　　　Security Agency）接辦，美國用于該計劃下的經費共約

一百二十五億美元。

1952, 1, 7　艾森豪宣佈願接受共和黨總統候選人提名。

1, 29　參議院同意希、土參加北大西洋公約組織。

3, 14　蘇聯指控美國在韓國進行細菌戰。

3, 20　參議院通過對日和約，美、日共同防禦條約，美、菲共同防禦條約，及美、澳、紐安全條約。

3, 27　杜魯門全家搬回白宮〔按白宮于 1948 年開始修理，費時三年餘始完成，在此期中杜魯門住于華府的布萊爾大廈（Blair House）中〕。

3, 29　杜魯門宣佈無意再競選連任。

4, 8　為避免鋼鐵工人罷工，影響韓戰軍需供應，杜魯門下令全國鋼鐵工廠由政府暫時接管。

4, 11　艾森豪宣佈自 6 月 1 日起辭去北大西洋公約組織聯軍統帥職務，以便積極從事總統競選活動。

4, 28　杜魯門任命韓境聯軍統帥李奇威繼艾森豪為北大西洋公約組織聯軍統帥；任命克拉克（Mark Clark）繼李奇威為韓境聯軍統帥。

6, 2　在 Youngstown Sheet & Tube Co. v. Sawyer 一案中，最高法院宣佈杜魯門于 4 月 8 日下令由政府接管鋼鐵工廠的行為違憲。

6, 14　美國第一艘原子潛艇鸚鵡螺（Nautilus）號建造完成，下水起航。

6, 23　聯軍飛機轟炸鴨綠江邊的北韓水力發電廠。

7, 7-11　共和黨大會在芝加哥舉行，提名艾森豪為總統候選人，尼克森為副總統候選人。

7, 11　聯軍飛機大炸北韓首都平壤（Pyongyang）。

7, 21-26　民主黨大會在芝加哥舉行，提名伊利諾州長史蒂文生（Adlai Stevenson）為總統候選人，阿拉巴馬參議員史

巴克門（John Sparkman）為副總統候選人。

1952, 10, 8　　韓境停戰談判無限期休會。

　　11, 4　　美國大選，艾森豪當選總統。

　　11, 16　　美國原子能委員會宣佈，美國氫彈試驗成功。

　　12, 2　　總統當選人艾森豪訪問南韓，實地考察結束韓戰的可能性。

33.3　異聞趣事

——杜魯門是在密蘇里州出生的第一位總統。

——他的全名是 Harry S. Truman，根據美國命名的法則，中間這個 "S"在通常情形下應該是一個字的縮寫，但在杜魯門的名字中卻不代表任何字，只能說是一個符號。原來杜魯門出生時，他的母親家要將他中間的名字叫 Solomon，而他的父親則堅持要取名Shippe，雙方各執所好，互不讓步，最後決定只用"S"。因為這樣既可說是 Solomon，也可說是 Shippe，兩方的意思都已顧到，結果皆大歡喜。

——他家境清貧，出身寒微，小學尚未畢業，即以十一歲的幼齡，在一家雜貨店幫工，每週賺取三元，貼補自己的學費。高中畢業後更無力升學，從此投入社會，先後做過報館郵件分發員、鐵路公司計時員、銀行簿記員，所入有限，只夠餬口。自二十二歲至三十三歲，與父親經營農場，歷時十一年。一次大戰期間被派往歐洲服役，雖積功升至少校，但退伍後仍無以為生，乃與朋友合資經營服飾雜貨店，適逢大戰後的經濟不景氣，生意清淡，無以為繼，未及兩年即關門大吉，負債近三萬元，直至十五年後才全部還清。此後改商從政，曾任密蘇里傑克遜縣管理行政事務的法官兩年，直至 1926 年當選該縣法院的首席法官，才算有一安定的工作，在任八年，頗著聲譽。1934 年，杜

魯門以知命之年出而競選密州聯邦參議員，原屬客串性質，不
存太大希望，不意竟一舉成功，從此吉星高照，由參議員而副
總統而總統，一帆風順。總括他的一生，可以說少年刻苦，中
年勵志，老運亨通。

——杜魯門結婚時年已三十五歲，他的太太為三十四歲，他們原屬
青梅竹馬，稚齡即已相識，後來又在小學同學，互相愛慕近三
十年始告結婚，誠所謂「有情人終成眷屬」。1924 年他們的獨
生女 Margaret 降生時，他的太太業已三十九歲，中年得女，愛
逾掌珠。當他們在白宮時，有一次一位華府的音樂評論家批評
他愛女的歌喉，用詞過火，意存輕視，杜魯門氣憤填膺，拍案
大罵：「下次他若再這樣出言不遜，我將打掉他的鼻子。」父
女情深，于此可見一斑。

——1944 年的美國大選，民主黨仍將提名羅斯福競選連任，已成定
論。但當時的副總統華萊士在民主黨中已不孚眾望，而他的過
分親俄作風，更使黨內領袖們感到厭惡，所以這屆民主黨的副
總統候選人將不屬於華萊士，早在大家意料之中。當時的民主
黨全國委員會主席韓納根（Robert Hannegan）建議羅斯福就參
議員杜魯門及最高法院法官道格拉斯（William Douglas）之間擇
一為其競選夥伴，但兩人都拒絕接受，直到民主黨大會選舉副
總統候選人的前夕，杜魯門仍未答應。是晚韓納根要杜魯門到
他旅館的套房中議事，突然電話鈴響，對方是羅斯福的聲音，
而且嗓門極高，杜魯門清晰可聞，羅斯福問韓納根：「你把那
個傢伙說服了沒有？」韓答：「沒有，他是我所遇到的最頑固
的密蘇里騾子。」羅斯福極感不耐，大聲說：「你告訴他，假
如他再要推三阻四，他要負起破壞民主黨的全部責任。」說罷，
砰然一聲，電話立即掛斷。在此情形下，杜魯門已無選擇餘地，
只有勉強應命。想不到羅氏第四任期不到 3 月即以去世聞，杜
魯門以副總統身分順理成章繼任總統，謂非運氣，更有何解？

——杜魯門接任總統時，歐洲戰事已近尾聲（他于 4 月 12 日接任，德國于 5 月 7 日投降），但在遠東及太平洋區，盟軍雖已處于絕對優勢，然何時能使頑敵日本俯首投降，仍無人得而預料。其時美國的原子彈已試驗成功，杜魯門的顧問們及太平洋區的美軍首領都建議他使用原子彈，迫使日本早日投降。杜魯門深知原子彈威力極大，一經使用，立將造成數十萬人的傷亡，但不如此，戰爭勢必延長，將使更多的人犧牲，兩惡相權取其輕，於是 1945 年 8 月 6 日美國第一顆原子彈投落廣島，8 月 9 日第二顆原子彈投落長崎，8 月 14 日日本正式向盟國投降，第二次世界大戰宣告結束。

——1948 年美國大選，杜魯門代表民主黨競選連任，共和黨候選人仍為紐約州長杜威，那年的一般輿論及民意測驗都看好杜威，咸信杜威將以壓倒多數獲勝。芝加哥共和黨機關報（Chicago Daily Tribune）甚至在大選結果尚未全部揭曉前（11 月 3 日），即以「杜威擊敗杜魯門」（Dewey Defeats Truman）橫跨全面的特號標題，大做其杜威當選的文章。誰知計票的結果，杜威竟告落敗，不僅使該報窘態萬分，也使一般人對輿論及民意測驗大失信心。這份報紙以後成為杜魯門最珍貴的紀念品，每有適當機會，總要展示一番，可見其內心的得意與快慰。

——1952 年 4 月，美國鋼鐵工業醞釀大罷工，時值韓戰期間，各種武器械彈均非鋼鐵莫辦，為免罷工影響鋼鐵生產，杜魯門于 4 月 8 日下令全國鋼鐵工廠暫時由聯邦政府接管，並責成商務部主辦接管事宜。此一非常舉動，引起全國大譁，許多鋼鐵工廠認為總統此一命令違憲，紛紛向法院提出控告。商務部為主管單位，乃成眾矢之的，該部部長索葉（Charles Sawyer）即為本案的被告，是即 Youngstown Sheet & Tube Co. v. Sawyer 一案之由來。本案于同年 5 月上訴至聯邦最高法院，而于 6 月 2 日宣判，最高法院認為杜魯門的命令，缺乏憲法上的根據，而判定

其違憲。最高法院宣判後，本案即告確定，所以杜魯門的命令當日即為無效，三權分立下最高法院之權威，于此可見。

——在一般人的心目中，杜魯門不算一位能幹總統，他的「平政」與羅斯福的「新政」名異而實同，只是魄力不如羅氏，其績效遠較「新政」為差。他的外交政策，可以說毀譽參半，例如今日亞洲的禍亂，杜魯門當時的放手政策不能辭其咎。在另一方面他也不乏德政可述，例如促使歐洲經濟復蘇的「馬歇爾計劃」，軍經援助希、土的「杜魯門主義」，圍堵蘇聯的「北大西洋公約組織」，經援落後地區的「第四點計劃」，至今仍為人所稱道。杜魯門于離開白宮後嘗對朋友說：「我不是一個偉大的總統，但我已盡力而為。」1952 年邱吉爾訪美，曾與杜魯門在白宮話舊，邱翁當時對他說：「當 1945 年我們在波茨坦第一次見面時，我對你的估價實在很低，我厭惡你取代羅斯福的地位，現在看來，我當時對你的估計，實在是非常錯誤的，因為從那時以後，就挽救西方文明而言，你比任何人做的為多。」

33.4　副總統

第一任期　無（杜魯門以副總統繼任總統，副總統缺位。）

第二任期　巴克萊（Alben William Barkley）

　　生　卒：1877, 11, 24——1956, 4, 30

　　任　期：1949, 1, 20——1953, 1, 20

　　出生州：肯塔基州（Kentucky）

　　教　育：馬文學院畢業

　　政　黨：民主黨

　　簡　歷：律師，法官，聯邦眾議員，聯邦參議員及參議院民主黨領袖。

第三十四任總統

D. D. 艾森豪

（Dwight David Eisenhower）

生　卒：　1890, 10, 14—1969, 3, 28
任　期：　1953, 1, 20—1961, 1, 20
出生州：　德克薩斯州（Texas）
代表州：　紐約州（New York）
教　育：　西點軍校畢業
宗　教：　長老會（Presbyterian）
政　黨：　共和黨（Republican Party）
簡　歷：　職業軍人，歷任麥克阿瑟將軍侍從參謀，馬歇爾將軍作
　　　　　戰處長，師、軍參謀長，歐洲美軍總司令，歐洲聯軍統
　　　　　帥，美國陸軍參謀長，北大西洋公約盟軍統帥，二次大
　　　　　戰後曾任哥倫比亞大學校長兩年半。
祖　先：　德國人（German）
夫　人：　Mary（Mamie）Geneva Doud，1916 年與艾森豪結婚。
子　女：　二子

34.1　生平大事記要

1890, 10, 14　生于德克薩斯州的 Denison.

1892　　　　全家移居堪薩斯州的 Abilene.

1909　　　　在 Abilene 高中畢業。

1909-1911　在乳酪製造廠工作。

1911　　　　考入西點軍校。

1915　　　　西點軍校畢業，學業成績名列同屆畢業生一百六十八人中的第六十一名，操行成績為第九十五名。

同年派往德克薩斯州的 San Antonio，擔任第十九步兵團少尉見習官。

1916, 7, 1　在科羅拉多州的 Denver 與 Mary（Mamie）Geneva Doud 結婚。

同年晉升中尉。

1917-1918　任賓州 Camp Colt 坦克訓練中心主任。

1922-1924　派往巴拿馬運河區，擔任 Camp Gaillard 行政官。

1925-1926　陸軍指揮參謀學校受訓，在全班二百七十五人中以第一名畢業，因成績優異，被保送至陸軍作戰學院（Army War College, Washington, D.C.）深造。

1928　　　　陸軍作戰學院畢業。

1929-1933　助理陸軍部長辦公室助理行政官。

1933-1935　擔任陸軍參謀長麥克阿瑟將軍（General Douglas MacArthur）的副官。

1935-1940　隨麥克阿瑟將軍前往菲律賓，任其行政助理，初為少校，後升中校。

1940　　　　自菲律賓返美。

1940-1941　任第三師上校參謀長。

1941, 9, 29　升任第三軍參謀長，並晉升准將。

1942, 2	調任陸軍參謀長馬歇爾將軍（General George Marshall）的作戰計劃處長。
4	升任助理陸軍參謀長，主管作戰處，並晉升少將。
6, 25	出任歐洲戰場美軍總司令。
7	晉升陸軍中將。
11, 8	膺命北非盟軍統帥。
1943, 2	晉升上將（臨時性）。
7-11	指揮盟軍進攻西西里及義大利。
12, 31	膺命歐洲盟軍最高統帥。
1944, 6, 6	指揮盟軍在諾曼第（Normandy）登陸。
12, 20	正式晉升美國陸軍上將。
1945, 5, 7	接受德國無條件投降。
11, 19	出任美國陸軍參謀長。
1948, 2, 7	辭去陸軍參謀長，並自軍中退役。
6, 7	出任哥倫比亞大學（Columbia University）校長。
1950, 12, 16	暫離哥大校長職，恢復軍職，受命為北大西洋公約組織歐洲盟軍統帥。
1952, 5, 30	交卸軍職，自歐回國競選總統。
7, 11	被共和黨提名為總統候選人。
11, 4	當選總統。
1953, 1, 10	正式辭去哥大校長職。
1, 20	就任美國第三十四任總統。
1955, 9, 24	在科羅拉多州的丹佛心臟病突發。
1956, 11, 6	當選連任總統。
1957, 11, 25	患輕度中風。
1961, 1, 20	交卸總統職務，息影賓州的蓋茨堡，從事著述。
1969, 3, 28	在華府病逝，享壽七十九歲，葬于堪薩斯州的 Abilene.

34.2　任內大事記要

1953, 1, 20　艾森豪就任美國第三十四任總統。

2, 3　艾森豪下令美國第七艦隊解除在臺灣海峽的中立巡邏任務。

3, 5　蘇聯總理史達林病亡。

4, 11　聯邦政府設立衛生教育福利部（Department of Health, Education and Welfare）。

4, 19　韓境聯軍與北韓共軍交換傷病戰俘。

4, 25　奧勒岡州參議員摩斯（Senator Wayne Morse）因反對 Tidelands Oil Bill，在院會中實行「費力把事拖」（Filibuster），連續演說達二十二小時又二十六分鐘，創參議員一次連續演說的最高紀錄。

5, 22　國會通過 Tidelands Oil Act，允許濱海各州取得其境內海埔新生地的所有權。

5, 25　原子彈頭在內華達州試射成功。

6, 19　美國原子間諜案主犯羅森堡夫婦（Julius and Ethel Rosenberg）于本日執行死刑。

7, 27　韓境停戰協定在板門店簽字。

8, 4　韓境聯軍與共軍在板門店開始換俘。

8, 8　蘇聯總理馬倫可夫宣稱，美國不再是氫彈的獨佔國家。

9, 30　艾森豪提名加州州長華倫（Earl Warren）繼文生（Frederick Moore Vinson，已于 9 月 8 日病逝）為最高法院院長。

10, 30　馬歇爾將軍獲諾貝爾和平獎。

11, 12　前總統杜魯門拒絕出席眾議院非美活動委員會（Un-American Activities Committee）作證。

12, 8　艾森豪建議在聯合國監督下將世界各國的原子能作和平用途。

1953, 12, 9	國防部下令，裁減美國軍隊 10%。
1954, 1, 12	國務卿杜勒斯明白表示，對任何侵略者施予報復乃是美國當前的國防政策。
1, 21	美國第一艘原子潛艇鸚鵡螺號（Nautilus）在康乃狄克州的 Groton 下水。
1, 26	參議院通過美國與南韓的共同安全條約。
2, 26	以限制總統締約權為目的的布端克憲法修正案（Bricker Amendment）在參議院遭否決。
3, 1	三名波多黎各激進分子在眾議院旁聽席上放槍，擊傷五位眾議員。
3, 12	第十屆泛美會議通過美國提議，在西半球禁止共產主義。
4, 26- 7, 21	十九國集會日內瓦，討論中南半島及韓國問題。于 7 月 21 日簽訂中南半島停戰協定，除中立高棉及寮國外，並將越南劃分為二，以北緯第十七度為界。
5, 17	在 Brown v. Board of Education 一案中，最高法院一致認為在美國公立學校中的種族分離為違憲。此一判決推翻了該院在 Plessy v. Ferguson（1896）一案中所建立的所謂「分離而平等」（Separate But Equal）的原則。
5, 21	艾森豪所建議降低選民投票年齡至十八歲的憲法修正案為參議院所拒絕。
6, 1	美國原子能委員會拒絕恢復「原子彈之父」歐本海默博士（Dr. J. Robert Oppenheimer）的顧問職務，因其在處理美國原子秘密時具有重大過失。
6, 25-29	艾森豪與英首相邱吉爾在華府會談，討論裁軍及原子能和平用途等問題。
8, 24	艾森豪簽署共產分子控制法（Communist Control Act），使美國共產黨成為非法組織，但具有共產黨籍的個人並不構成犯罪。

1954, 9, 3	國會通過法律，凡陰謀推翻政府而判罪確定者，應取消其公民資格。
9, 8	美、英、法、澳、紐、菲、泰、巴八國在馬尼拉簽訂東南亞防禦條約。
10, 23	西德恢復主權獨立，並參加北大西洋公約組織。
12, 2	中、美簽訂共同防禦條約。
12, 4	聯合國大會一致通過艾森豪所提之原子能和平用途計劃。
1955, 1, 29	國會授權總統，得使用美國軍隊防衛臺灣及澎湖區域，以抵抗共產侵略。
2, 1	參議院通過東南亞防禦條約。
2, 5	美國第七艦隊協助中華民國軍隊自大陳撤退。
2, 9	參議院通過中、美共同防禦條約。
2, 24	美國人口調查局發表統計數字，1954 年內美國人口增加二百八十萬人，創美國一年人口增加率的最高紀錄。
3, 2	國會通過法律，將國會議員年薪增至二萬二千五百美元，最高法院法官年薪增至三萬五千美元。
3, 15	國務卿杜勒斯警告稱：為抵抗亞洲共黨軍事威脅，美國可能使用小型核子武器。
3, 16	國務院發表雅爾達會議秘密文件。
5, 15	美、英、法、蘇四國外長在維也納簽訂條約，恢復奧國主權。
6, 14	西德總理艾德諾（Konrad Adenauer）與艾森豪在華府會談後發表聲明稱：西德為西方陣容的一員，決不走中立路線。
6, 20	聯合國十週年大會在舊金山舉行，六十國代表與會。
7, 18-23	美、英、法、蘇四國首長在日內瓦舉行巨頭會議，討論世界和平，裁減軍備，德國統一，歐洲安全等問題，但無具體協議。

1955, 8, 4　　中共釋放十一名美國空軍人員。

　　8, 12　　國會通過法律，將最低工資自每小時七角五分增至一元。

　　9, 10　　中共同意釋放被拘的全部美國平民。

　　9, 24　　艾森豪總統在科羅拉多州的丹佛（Denver）度假時心臟病突發。

　　10, 31　　國務院放寬規定，准許美國人民前往鐵幕內與美國具有外交關係的國家旅行。

　　11, 7　　最高法院重申種族混合原則，認為公園、運動場、高爾夫球場等處的種族分離違憲。

　　12, 5　　美國勞工聯盟（American Federation of Labor）與工業組織大會（Congress of Industrial Organizations）合併，簡稱AFL-CIO，由閔尼（George Meany）擔任總理事長。

1956, 1, 11　　國務卿杜勒斯發表外交政策演說，提出所謂「戰爭邊緣」（Brink of War）策略。

　　2, 1　　英國首相艾登（Anthony Eden）與艾森豪結束為期 3 日的華府會談，警告接受蘇聯外援的亞、非新興國家，慎防蘇聯的陰謀。

　　2, 29　　艾森豪正式宣佈，將競選連任總統。

　　3, 11　　國會南方各州議員發表宣言，誓以各種合法手段推翻最高法院于 1954 年所作的黑白合校的判決。

　　4, 23　　最高法院宣佈，在各州內部交通工具上的種族分離為違憲。

　　4, 26　　美國放寬對蘇聯與其他鐵幕國家的貿易限制，為冷戰開始以來的第一次。

　　5, 21　　美國第一顆空中爆炸氫彈在太平洋上試驗成功。

　　6, 1　　冰島要求美國駐軍撤退。

　　6, 29　　國會撥款三百三十五億建築高速公路。

　　7, 1-27　　美國鋼鐵業大罷工，全國百分之九十的鋼鐵工廠停止生產。

1956, 7, 19	美國撤回其對埃及建築 Aswan Dam 所提供的財政援助，埃及于 7 月 26 日宣佈收回蘇彝士運河（Suez Canal），以示報復。
7, 31	國會通過聯邦公務員加薪案，部長級年薪增至二萬五千美元。
8, 1	國會修改社會安全法（Social Security Act），規定婦女年滿六十二歲即得領取社會安全保險金。
8, 13-17	民主黨大會在芝加哥舉行，提名伊利諾州長史蒂文生為總統候選人，田內西州參議員克佛威（Estes Kefauver）為副總統候選人。
8, 20-23	共和黨大會在舊金山舉行，提名艾森豪及尼克森競選連任總統副總統。
10, 5	艾森豪發表憲法意見，對憲法修正案第二十二條限制總統不得超過兩任的明智性，表示懷疑。
10, 23-11, 4	匈牙利人民發生反俄暴動，美國譴責蘇聯的鎮壓行為，並重申援助鐵幕人民爭取自由的意願。
10, 29-11, 7	英、法及以色列聯合攻擊埃及，美國表示遺憾，並表明不介入態度。
11, 6	美國大選，艾森豪總統以壓倒多數當選連任總統。
11, 29	美國政府宣佈，願收容匈牙利抗俄暴動難民。
12, 8	美國向聯大提議，譴責蘇聯在匈牙利的暴行，本案于 12 月 12 日以五十五票對八票通過。
1957, 1, 21	艾森豪總統連任就職典禮（按總統就職典禮原應于 1 月 20 日舉行，因是日為星期日，故改由本日舉行）。
3, 9	國會通過艾森豪建議，授權總統得在中東地區使用美國軍隊及經濟援助，以抵抗共黨侵略，世稱此一措施為「艾森豪主義」（Eisenhower Doctrine）。
3, 24	艾森豪與英首相麥米倫（Harold Macmillan）在百慕達

（Bermuda）會談，雙方達成協議，美國得將導向飛彈儲存于英國島嶼。

1957, 6, 21　美國與日本達成協議，美國地面部隊將自日本撤退。

6, 24　在 Roth v. United States 一案中，最高法院判稱：淫穢出版物不在憲法修正案第一條出版自由保障之內。

7, 11　殺害一日本婦女的美國士兵吉拉德（William S. Girard）在日本人民群情憤激下，由美國政府交由日本法院審判。

7, 12　美國衛生署發表研究報告，確認過度吸煙是導致肺癌的重要原因。

7, 19　美國第一顆裝有原子彈頭的空對空火箭在內華達州發射成功。

8, 2　國務卿杜勒斯向聯合國裁軍小組提出空中與地面的軍事視察計劃。

8, 7　蘇聯間諜阿貝爾（Rudolf Abel）被美國法院判罪。

8, 29　南卡羅來納州參議員塞蒙（Strom Thurmond）為阻撓民權法案的通過，在參議院實行「費力把事拖」，一次連續演說達二十四小時又十八分鐘，打破 1953 年 4 月 25 日奧勒岡州參議員摩斯的二十二小時又二十六分鐘的紀錄。

8, 31　美國原子能委員會頒發第一件執照，准許私人設立原子工廠。

9, 9　國會通過民權法（Civil Rights Act of 1957），保障公民（主要為黑人）的投票權，此為二十世紀中國會所通過的第一件民權法律。

9, 24　阿肯色州小岩（Little Rock）的中央中學（Central High School）因阻止黑人學生入學，引起嚴重的黑白紛爭，艾森豪總統下令聯邦軍隊馳赴該地維持秩序。

1957, 10, 4　蘇聯發射世界上第一顆人造衛星「史樸尼克」（Sputnik）。

　　11, 25　艾森豪患輕度中風。

　　12, 30　波音飛機公司（Boeing Aircraft）生產第一顆時速兩千英里的超音速攔截飛彈。

1958, 1, 6　國務院特准五位美國公民進入中國大陸，探視他們被中共監禁的親戚。

　　1, 27　美、蘇同意在文化、教育、技術及運動方面進行合作。

　　1, 31　美國發射第一顆人造衛星「探險者一號」（Explorer 1）。

　　2, 22　美國同意供應英國足以達到蘇聯境內目標的中程飛彈。

　　2, 26　艾森豪與副總統尼克森共同宣佈，彼等已就總統因病無能力行使職權時副總統應如何代行總統職權的特殊情勢，達到一項明白的協議。

　　2, 28　勞工部宣佈，美國失業人數已達五百十七萬三千人，創戰後失業人數的最高紀錄。

　　5, 8　副總統尼克森于在南美的親善訪問途中，在秘魯被示威群眾襲擊。5 月 13 日又在委內瑞拉遭受類似襲擊。艾森豪下令美國陸戰隊及傘兵部隊馳赴加勒比海待命，以便于必要時保護副總統的安全。

　　5, 12　美國與加拿大同意，建立北美共同空防計劃。

　　6, 16　在 Kent v. Dulles 一案中，最高法院宣稱：國務院因申請人之信仰不同而扣發其護照，在法理上無此權力依據。

　　6, 27　一架美國非武裝空軍運輸機在蘇聯境內被擊落，機員九名全被扣留，在美國政府的強烈抗議下，蘇聯當局于 7 月 9 日允予全部釋放。

　　6, 30　在 Wiener v. United States 一案中，最高法院限制總統對聯邦獨立機構官員的免職權。

　　7, 15　艾森豪總統應黎巴嫩政府之請求，派遣美國海軍陸戰隊進駐該國，以保障其獨立完整，至 8 月 13 日因任務完

成，開始撤離。

1958, 7, 29　美國太空總署（National Aeronautics and Space Administration，簡稱 NASA）成立。

8, 8　美國原子潛艇鸚鵡螺號完成北極海底航行。

8, 25　國會通過總統退休金法，規定退任總統的退休金每年為二萬五千美元，總統故世後其寡妻的補助費每年為一萬美元。

9, 2　國會通過國防教育法（National Defense Education Act），並撥款八億美元，作為在未來四年中對科學及外國語文的研究補助。

9, 22　艾森豪總統特別助理亞當斯（Sherman Adams），因涉嫌收受波士頓工業家高德芬（Bernard Goldfine）的賄賂，引咎辭職。

11, 4　美國中期選舉，國會兩院繼續為民主黨控制。

11, 8　美國同意貸款歐洲原子能組織（Euratom）一億三千五百萬元，並供應為期二十年的鈾。

1959, 1, 3　阿拉斯加（Alaska）成為美國第四十九州。

3, 3　美國「拓荒者四號」（Pioneer IV）衛星發射成功，並于翌日在離月球三萬七千三百哩處越過月球。

3, 5　美國與伊朗、巴基斯坦及土耳其簽訂共同防禦協定。

3, 18　夏威夷（Hawaii）成為美國第五十州。

4, 15　國務卿杜勒斯因病辭職，艾森豪于 4 月 18 日提名赫特（Christian A. Herter）繼任。

5, 20　美國政府恢復第二次世界大戰期中被徙置集中營區的美籍日本人公民身分。

6, 9　美國第一艘具有彈道飛彈裝置的潛艇「喬治華盛頓號」（George Washington）在康乃狄克州的 Groton 下水。

6, 19　參議院拒絕同意史特勞斯（Lewis L. Strauss）出任商務

部長。

1959, 7, 21　美國第一艘具有原子動力的商船在新澤西州的 Camden
下水。

7, 24　副總統尼克森在莫斯科主持美國展覽會的揭幕禮。

9, 15　蘇聯總理赫魯雪夫（Nikita S. Khrushchev）訪美，除參
觀訪問美國各大城市外，並于 9 月 25 日在馬里蘭州的
大衛營（Camp David）與艾森豪總統舉行會談，據說
兩方曾就禁止核試，柏林問題，及其他世界問題達成新
的諒解。

1960　美國人口一七八,四六四,二三六人。

1960, 1, 3　麻薩諸塞州參議員約翰・甘迺迪宣佈，將爭取民主黨總
統候選人提名。

1, 9　副總統尼克森宣佈，將爭取共和黨總統候選人提名。

2, 1　為打破黑白分離的美國黑人「強坐」（Sit-in）運動在
北卡羅來納州的 Greensboro 開始。

2, 29　最高法院判認 1957 年的民權法合憲。
同日，參議院反對民權法的議員們開始「費力把事拖」
（Filibuster），使該院一次連續開會達八十二小時又三
分鐘。

5, 6　國會通過民權法（Civil Rights Act of 1960），加強對
黑人投票權的保障。

5, 7　美國承認 5 月 1 日被蘇聯擊落的 U-2 飛機具有偵察情
報的裝置。

5, 17　赫魯雪夫因抗議美國 U-2 偵察機事件，拒絕出席巴黎
高階層會議，並取消其對美總統艾森豪之訪蘇邀請。

6, 16　日本政府宣佈取消艾森豪總統訪日之行，因日本左翼分
子連續暴動，日本政府無把握保障其安全。

6, 22　參議院通過美、日共同安全條約。

1960, 7, 4	美國正式使用包括五十顆星的國旗。
7, 11-15	民主黨大會在洛杉磯舉行，提名麻薩諸塞州參議員甘迺迪為總統候選人，德克薩斯州參議員詹森為副總統候選人。
7, 25-28	共和黨大會在芝加哥舉行，提名副總統尼克森為總統候選人，美國駐聯大大使洛奇（Henry Cabot Lodge）為副總統候選人。
8, 7	古巴卡斯楚（Fidel Castro）政府宣佈沒收美國在古巴的公司財產。
8, 19	美國 U-2 飛機駕駛員包爾斯（Francis Gary Powers）被蘇聯軍事法庭以間諜罪判刑十年。
9, 26	尼克森與甘迺迪在電視上展開一連串的競選辯論。
11, 8	美國大選，民主黨候選人甘迺迪當選總統。
11, 25	美國黃金準備額降至一百八十億美元，為 1940 年以來的最低額。
1961, 1, 3	美國與古巴斷絕外交關係。

34.3 異聞趣事

──艾森豪是在德克薩斯州出生的第一位總統。

──他是憲法修正案第二十二條限制總統只能連選連任一次後的第一位總統。

──他是美國擴大為五十州後的第一位總統。

──他是在他任內的四屆國會（第八十三屆至第八十六屆）中三屆國會為反對黨（民主黨）所控制的第一位總統。

──他是西點軍校畢業的第二位總統，第一位是格蘭特總統。他們兩人在許多方面都很相似，例如：兩人同是職業軍人，同是因戰功彪炳而成為英雄人物（格蘭特是南北戰爭時的英雄，艾森

豪是二次世界大戰時的英雄），在當選總統前均無任何政治經
驗，兩人同屬共和黨。

——艾森豪年幼時，他的一條腿曾因不慎跌傷而致血液中毒，情況
非常嚴重，醫生主張齊膝切斷，以免毒液蔓延，艾森豪寧死不
從，他的哥哥們也堅決反對，醫生無奈，只好以通常藥物清毒，
結果竟告痊癒，真是奇蹟。

——他高中畢業後，因家庭經濟環境不佳，無力供給他入普通大學
讀書，只好暫時去一乳酪廠做工，但他志切深造，在做了將近
兩年的工人後，決定投考美國海軍官校（Naval Academy at An-
napolis）。當他到達堪薩斯州的 Topeka 應試時，發現西點軍校
（即陸軍官校）的入學考試在同時同地舉行，而且試題也完全
一樣。結果海軍官校為正取，西點為備取，但因年齡限制，前
者不准入學，後者則因一正取生未報到，由他補上。當他獲得
堪州參議員的推薦去西點入學時，不禁雀躍三千，欣喜莫名。

——他在西點軍校的主科是步兵，但他也學會駕駛飛機。他是第一
位領有飛機駕駛執照的美國總統。

——他于 1915 年畢業于西點軍校時，學業成績名列同屆畢業生一百
六十八人中的第六十一名，操行成績為第九十五名。

——他在五十歲以前，一直過著平凡的軍人生活。他的少校官階曾
經帶了十五年，可以說非常不得志。他追隨麥克阿瑟將軍前後
九年，在此期中只自少校升至中校。1940 年自菲律賓返美，翌
年始升上校，時已五十一歲。1942 年初調任陸軍參謀長辦公室
作戰計劃處長，為馬歇爾將軍所賞識，未幾即膺重寄，奉派赴
歐擔任美軍總指揮，從此一帆風順，由歐洲戰區美軍總司令，
而北非盟軍總司令，而歐洲盟軍最高統帥，官階亦自少將（1942
年 4 月），而中將（1942 年 7 月），而上將（1943 年 2 月），
在短短十月內連升三級，其升遷之快，在美國歷史上堪稱空前。

——他是集軍、政、教育界榮銜于一身的美國唯一總統，在軍官拜

　　五星元帥，在政位至美國總統，在教育界曾任哥倫比亞大學校長。

——他在八年總統任內曾經兩罹大病，1955 年 9 月 24 日在科羅拉多州的丹佛度假時心臟病突發，幾告不治；1957 年 11 月 25 日又患中風，情況亦甚嚴重，但都平安度過，可謂福大命大。

——他的一生自認為得意的幾件大事：一是指揮盟軍在諾曼第登陸（1944 年 6 月 6 日），二是接受德國投降（1945 年 5 月 7 日），三是出任哥倫比亞大學校長（1948 年 6 月 7 日至 1950 年 12 月 16 日），四是當選美國總統（1952 年 11 月 4 日），五是結束韓戰（1953 年 7 月 27 日），六是美國人造衛星升空（1958 年 1 月 31 日），七是阿拉斯加及夏威夷分別成為美國第四十九州（1959 年 1 月 3 日）及第五十州（1959 年 3 月 18 日）。

——他于 1969 年 3 月 28 日在華府逝世時，受到美國朝野的一致哀悼。連向來對他政見嚴加批評的紐約時報也在社論中稱他為一代完人。尼克森總統更以李將軍讚揚第一任總統華盛頓的語氣，稱他是戰爭中的第一人，和平中的第一人，美國人民心目中的第一人。

——他的臨終遺言是：「我總是愛我的太太，我總是愛我的兒女，我總是愛我的孫兒女，我總是愛我的國家。」

34.4　副總統

尼克森（Richard Milhous Nixon）

　　任　期：1953, 1, 20—1961, 1, 20

　　（餘見第三十七任總統尼克森）

第三十五任總統

J. F. 甘迺迪

（John Fitzgerald Kennedy）

生　卒：　1917, 5, 29—1963, 11, 22
任　期：　1961, 1, 20—1963, 11, 22
出生州：　麻薩諸塞州（Massachusetts）
代表州：　同上
教　育：　哈佛大學畢業
宗　教：　天主教（Catholic）
政　黨：　民主黨（Democratic Party）
簡　歷：　作家，記者，聯邦眾議員，聯邦參議員。
祖　先：　愛爾蘭人（Irish）
夫　人：　Jacqueline Lee Bouvier，1953 年與甘迺迪結婚。
子　女：　二子一女

35.1　生平大事記要

1917, 5, 29　生于麻薩諸塞州的 Brookline.

1923-1935　先後在麻薩諸塞州、紐約州及康乃狄克州接受小學及中
學教育，1935 年中學畢業後入倫敦經濟學院（London
School of　Economics）暑校選課，是年秋天自倫敦返
美，進入普林斯頓大學肄業。

1936　　　自普大轉入哈佛大學。

1938　　　在哈佛大學休學六個月，赴英國擔任其父約瑟夫·甘迺
迪（Joseph Patrick Kennedy，時任美國駐英大使）的秘
書。

1940, 6, 21　哈佛大學優等（cum laude）畢業。
同年他的第一本著作《*Why England Slept*》問世，因取
材新鮮，成為暢銷書之一。

1940-1941　在史丹福大學（Stanford University）商學院研究。

1941, 9　　入海軍服役。

1943, 3, 6　擔任美國軍艦 Rochambeau 號水手，開赴南太平洋區作戰。

　　4, 25　奉命擔任水雷艇 109 號（PT-109）艇長。

　　8, 2　PT-109 號被日本驅逐艦 Amagiri 擊沉，幾乎喪生。

　　12　　自南太平洋區返美治病。

1945, 4　　自海軍退役。
同年任赫斯特系報紙（Hearst Newspapers）記者，先後
採訪舊金山聯合國制憲大會，英國大選及波茨坦會議等
重大新聞。

1946, 11, 5　當選第八十屆國會眾議員。

1947, 1, 3　就任眾議員。

1948, 11, 2　當選連任眾議員。

1950, 11, 7　三度當選連任眾議員。

1952, 11, 4	擊敗共和黨要員洛奇（Henry Cabot Lodge）當選聯邦參議員。
1953, 9, 12	與賈克琳・布維兒（Jacqueline Lee Bouvier）在羅德島州的 Newport 結婚。
1954, 10, 21	第一次脊柱骨開刀。
1955, 2	第二次脊柱骨開刀。
1956, 8, 17	在芝加哥民主黨大會爭取該黨副總統候選人提名，敗于克佛威（Estes Kefauver）。
1957, 5, 6	以《*Profiles in Courage*》一書獲普立茲文學獎（Pulitzer Prize for Literature）。
1958, 11, 4	當選連任參議員。
1960, 7, 13	獲民主黨總統候選人提名。
11, 8	當選美國總統。
1961, 1, 20	就任美國第三十五任總統。
1963, 11, 22	在德克薩斯州的達拉斯遇刺逝世，享壽四十六歲，葬于維吉尼亞州的阿靈頓國家公墓（Arlington National Cemetery）。

35.2 任內大事記要

1961, 1, 20	甘迺迪就任美國第三十五任總統。
2, 3	美國撥款四百萬元救濟古巴難民。
2, 20	甘迺迪要求國會撥款五十六億元，補助各級教育費用。
3, 1	美國和平服務團（Peace Corps）正式成立，其目的在對開發中國家提供教育及技術服務。斯乃佛（R. Sargent Shriver）被任為首任團長。
3, 6	甘迺迪以行政命令設立平等就業機會委員會（Committee on Equal Employment Opportunity），期使美國人

民，無分種族及膚色，具有在政府機構服務的平等機會。

1961, 3, 13　美國向南美各國提出為期十年的進步聯盟（Alliance for Progress）的建議。

3, 29　憲法修正案第二十三條批准生效，美國首都華盛頓的公民第一次取得選舉總統的投票權。

4, 3　美國與南越簽訂經濟友好條約。

4, 17　在 Burton v. Wilmington Parking Authority 一案中，最高法院判稱：在公共建築中所開設的私人餐館不得拒絕黑人進餐。
同日，古巴反對卡斯楚的流亡分子在豬灣（Bay of Pigs）登陸，因準備欠充分招致失敗，至 4 月 20 日大部分登陸人員被俘。

5, 4　種族平等大會（Congress of Racial Equality, CORE）的會員，開始在南方對公共汽車實行「強坐」（Sit-in），以打破南方各州在公車上黑白隔離的陋規。

5, 5　海軍中校謝巴德（Alan B. Shepard）于進入太空飛行後安全返回地球，為美國進入太空的第一人。
同日，國會通過法律，將每小時最低工資增至一元二角五分。

5, 19　國會通過法律，增加聯邦法官七十員，以減輕聯邦法院審判的負擔。

5, 29　最高法院宣稱，各州所制訂的星期日休業法（Sunday Closing Laws），于憲法並無違背。

6, 3　甘迺迪總統與蘇聯總理赫魯雪夫在維也納舉行會談。

8, 10　甘迺迪總統與詹森副總統達成協議，總統無能力行使職權時，應由副總統代行總統職權。

8, 13　東德在東柏林豎立圍牆，以防止共區人民逃入西方。

1961, 8, 30　　甘迺迪任命克萊將軍（General Lucius D. Clay）為駐柏林的大使級代表。

　　8, 31　　國會重申前議，反對美國承認中共及允許其進入聯合國。

　　9, 1　　蘇聯恢復空中核子試爆。

　　9, 5　　甘迺迪下令美國恢復地下核子試驗。

　　9, 22　　國會賦予美國和平服務團常設機構的地位。

　　9, 25　　甘迺迪向聯大發表演說，強調恢復裁軍談判及重開談判解決柏林問題的必要。

　　9, 26　　國會通過法律，設立軍備控制及裁軍局（Arms Control and Disarmament Agency），作為總統及國務院的顧問機構。

　　11, 28　　美、英、蘇三國在日內瓦重開禁止核子試驗的談判。

　　12, 22　　甘迺迪與英首相麥米倫在百慕達（Bermuda）會談，商討柏林情勢及恢復核子試驗等問題。

1962, 1, 30　　甘迺迪向國會提出建議，在聯邦政府下增設都市事務部（Department of Urban Affairs）。

　　2, 3　　美國禁止與古巴通商貿易。

　　2, 10　　蘇聯釋放美國 U-2 偵察機駕駛員包爾斯（Francis Gary Powers），以交換業經美國定罪的蘇聯間諜阿貝爾上校（Colonel Rudolf Abel）。

　　2, 20　　格林中校（Lieutenant Colonel John H. Glenn, Jr.）于乘坐太空艙環繞地球一週後安全返抵地面，為美國駕駛太空艙環繞地球的第一人。

　　3, 8　　美、蘇同時批准為期兩年的文化交換協定。

　　3, 14　　由聯合國舉辦的裁軍會議在日內瓦揭幕。

　　3, 26　　在 Baker v. Carr 一案中，最高法院認為，聯邦法院對於各州所制定的聯邦眾議員選區劃分法，具有司法審查權。

1962, 4, 24　甘迺迪下令美國恢復空中核子試爆。

5, 10　據南方學校新聞（Southern School News）報導，南方各州除阿拉巴馬、密西西比和南卡羅來納三州外，均已採取或多或少的黑白混合的措施。

5, 24　美國太空人卡本特（M. Scott Carpenter）完成環繞地球三週的太空飛行。

6, 25　在 Engel v. Vitale 一案中，最高法院宣稱：紐約公立學校中所實行的制式禱告為違憲。

7, 10　美國電話電報公司與政府合作發射一顆命名為 Telstar 的通訊衛星進入太空軌道，以傳遞越洋電視廣播。

8, 27　國會通過憲法修正案第二十四條，禁止以人頭稅作為聯邦選舉中的投票要件。

10, 1　黑人學生麥瑞迪斯（James H. Meredith）在聯邦軍隊的護衛下，正式在密西西比大學（University of Mississippi）註冊入學。

10, 3　海軍中校席拉（Commander Walter M. Schirra, Jr.）完成環繞地球六週的太空飛行。

10, 14　美國 U-2 偵察機在古巴上空作例行偵察時，發現蘇聯正在該國建造飛彈基地，使甘迺迪政府緊張萬分。

10, 22　本日下午七時甘迺迪總統向全國電視廣播稱：他已下令美國海空軍在古巴附近的海面佈防，以阻止蘇聯的核子飛彈運入古巴，並要求蘇聯立即拆除已在古巴建立的飛彈基地，造成二次世界大戰結束後美、蘇兩國間最緊張的局勢。

10, 28　蘇聯總理赫魯雪夫同意拆除古巴的飛彈基地，並下令蘇聯運送飛彈至古巴的船隻回航，以換取美國不對古巴攻擊的保證。

11, 6　美國中期選舉，民主黨繼續保持國會兩院的多數。

1962, 11, 20　美國在獲得蘇聯保證于三十日內撤除其在古巴的噴射轟炸機後，甘迺迪下令解除美國對古巴的海上封鎖。

12, 21　甘迺迪與英首相麥米倫在納索（Nassau）的會談結束，雙方同意在北大西洋公約組織中建立一支核子武力。

1963, 1, 7　美、蘇兩國在致聯合國秘書長的聯合聲明中，正式宣告古巴危機的結束。

4, 1　紐約市的報紙，在罷工一百十四日後，于本日恢復出版。

4, 7　克利夫蘭市結束為時四個月的報紙大罷工。

4, 10　美國原子潛艇 Thresher 號在大西洋中沉沒，艇上一百二十九人全部喪生。

5, 16　古柏少校（Major L. Gordon Cooper）完成繞地球二十二週的太空飛行，歷時三十四小時又廿分鐘。

6, 10　國會通過法律，保障婦女的同工同酬。

6, 11　阿拉巴馬州長華萊士（George C. Wallace）向聯邦政府讓步，允許兩名黑人學生在阿拉巴馬大學註冊入學。

6, 19　甘迺迪要求國會制定長遠目標的民權法案，包括在私人所有的公開場所禁止種族歧視。

6, 20　美、蘇兩國正式同意，在華府與莫斯科之間裝置直接通話線（Hot line），以避免世界的突發戰爭，此線于 8 月 30 日裝設完成。

7, 8　美國凍結古巴在美的財產，卡斯楚于 7 月 24 日下令沒收美國在哈瓦那的大使館，以示報復。

8, 5　美、英、蘇三國在莫斯科簽訂局部禁止核子試驗條約。

8, 28　為爭取黑人民權的大遊行在華府舉行，參加者逾二十萬人。

9, 10　甘迺迪使用強硬手段，下令阿拉巴馬州的國民兵暫服聯邦役，以執行該州三個城市中的公立學校黑白混合，該

州州長華萊士堅決反對無效。

1963, 9, 20　甘迺迪向聯大發表演說，要求蘇聯與美國合作，共同探測月球的奧秘。

10, 15　美國銷售數次多的紐約鏡報（New York Mirror）停刊。

11, 1　越總統吳廷琰被刺身亡，使該國局勢陷于混亂。

11, 12　蘇聯當局證實，耶魯大學教授巴杭（Fred C. Barghoorn）已在蘇聯因間諜罪嫌被捕。

11, 14　甘迺迪在記者招待會中宣稱，在巴杭教授被釋放前，美國中止與蘇聯的文化交換談判。

11, 16　蘇聯外長葛羅米柯（Andrei A. Gromyko）宣佈，由於甘迺迪總統個人的特別關切，該國決定釋放巴杭教授。

11, 18　國防部長麥納馬拉（Robert S. McNamara）宣稱，西方在核子武力方面較蘇聯為優。

11, 22　甘迺迪總統在德克薩斯州的達拉斯（Dallas）遇刺，當日逝世，兇嫌為親古巴卡斯楚政權的奧斯渥（Lee Harvey Oswald）。

35.3　異聞趣事

——甘迺迪是在麻薩諸塞州出生的第三位總統，前兩位是亞當斯父子。

——他是第一位信奉羅馬天主教（Roman Catholic）的美國總統，也是第一位前往梵蒂岡訪問教皇的美國總統。

——他是于就任時父母雙全的第一位美國總統。

——他就任總統時，年僅四十三歲，為靠自己競選成功最年輕的美國總統。按西奧多‧羅斯福就任總統時年方四十二歲，但羅氏係因麥金來總統被刺逝世由副總統繼任總統，並不是靠自己力量競選成功，他于 1905 年當選連任時，年已四十六歲。惟就事

實言，仍以西奧多·羅斯福為美國最年輕的總統。

——他是第八位死于任所的總統，前七位為威廉·亨利·哈里遜、泰羅、林肯、加菲爾、麥金來、哈定及佛蘭克林·羅斯福。

——他是第四位在任內被刺身亡的總統，前三位是林肯、加菲爾及麥金來。

——他是第二位葬于阿靈頓國家公墓的總統，第一位是塔虎脫。

——他是第六位畢業于哈佛大學的總統，前五位是約翰·亞當斯、約翰·昆西·亞當斯、西奧多·羅斯福、佛蘭克林·羅斯福及海斯（按海斯係從俄亥俄州的 Kenyon College 畢業後再入哈佛大學法學院，而獲該校法學士學位）。

——甘迺迪出身波士頓豪門，他的祖父曾任麻薩諸塞州議員，並為該州民主黨要員。他的外祖父曾任波士頓市長及聯邦眾議員。他的父親曾任駐英大使，並為新英格蘭首屈一指的百萬富翁。

——甘家共有兄弟姊妹九人，四位兄弟中，小約瑟夫（Joseph P. Kennedy, Jr.）為老大，約翰（即甘迺迪總統）為老二，羅伯（Robert）為老三，愛德華（Edward）為老么。由於他們的父母對政治皆有濃厚興趣，使他們兄弟自少具有狂熱的從政慾。1961 年 1 月約翰就任美國第三十五任總統，立即任命他的七弟羅伯為聯邦政府司法部長。1962 年 11 月，在兩位哥哥的全力扶持下，老么愛德華又以三十之年當選麻薩諸塞州的聯邦參議員。在短短兩年之中，甘家三兄弟竟分別成為美國總統、司法部長及聯邦參議員，聲勢之大，權位之隆，在美國政壇上尚乏先例。甘家兄弟不但皆對政治熱衷，更具有前仆後繼的精神。甘迺迪總統生前嘗謂：「我大哥約瑟夫死後，我就走入政途，來填補他的位置，假如我明天招致不幸，羅伯會起而接替，有朝 1 日羅伯去了，泰弟（Teddy，即愛德華）又會接他的棒。」以後事實證明，這話並非虛語。1963 年 11 月 22 日甘迺迪在德州的達拉斯遇刺身亡後，羅伯即于翌年辭去司法部長，競選紐約州聯邦參

議員，1968 年並出而爭取民主黨總統候選人提名，企圖接他哥哥的棒，進軍白宮，不幸于獲得初步勝利時，即遭一阿拉伯民族分子名 Sirhan Sirhan 者槍殺于洛杉磯。此後愛德華又抱問鼎白宮之心，雖因 1969 年 7 月 18 日因駕車失事，溺斃柯白妮小姐，致遭全國指責，但 1970 年仍繼續當選連任參議員，可見仍具號召力。愛德華自 1962 年當選，一直連任至今，為美國最資深參議員之一，他于 2009 年病逝，享壽七十七歲。

——甘家有錢有勢，令人羨慕，但他家的悲劇層出不窮，也使人惋惜。除約翰及羅伯雙雙死于非命外，老大小約瑟夫于二次大戰時在海軍服役，不幸于 1944 年 8 月 12 日在英國駕機失事遇難。三妹 Rosemary 生來就是低能兒，至今仍住于療養院中。四妹 Kathleen 于 1948 年 5 月 14 日在法國旅行時飛機失事殞命，她的丈夫則早于 1944 年在法國作戰陣亡。甘家的主人老約瑟夫于 1961 年患中風，至他 1970 年去世時為止，全身癱瘓達九年之久。甘迺迪總統的幼子 Patrick Bouvier 于 1963 年 8 月 9 日出生未及兩天即告夭折。甘家老么愛德華曾于 1963 年底飛機失事，身受重傷，又于 1969 年 7 月 18 日駕車落水，險遭不測。論者嘗送甘家一聯，曰：「兩代富貴，一門悲劇。」凡知甘家底細者，無不具有同感。

——二次大戰期間，甘迺迪在太平洋區服役，並擔任海軍 PT-109 號巡邏水雷艇長。1943 年 8 月 2 日，該艇與一日本驅逐艦遭遇，當場被擊沉，艇上官兵十三人，兩人死亡，其餘皆受輕重傷，幸得甘迺迪臨危不亂，指揮負傷同志利用毀艇破板逃命。他們在水中浸泡十五小時，始在附近一無人小島著陸。在此後六天中，他們輾轉游逃于荒島之間，以野果及生魚充飢，終於在第七天發現一有人煙的小島，利用當地土著傳遞消息，始被美國海軍救起。當他們到達索羅門群島的美國海軍基地時，赫然發現他們的名字均已列在死亡名單中，而且作戰陣亡的通知均已

送達他們的家屬。甘迺迪在此役中表現英勇,雖獲美國海軍當
局嘉獎,但他的脊柱骨負傷甚重,在此後的歲月中,時好時發,
畢生未曾治癒。

——甘迺迪在做總統以前,曾寫過兩本暢銷的書,一是 1940 年出
版,題為《*Why England Slept*》(可譯為《英國的昏庸》),是
由他哈佛大學的畢業論文擴大而成,主要在檢討 1930 年代英國
對希特勒姑息的不當。二是 1956 年出版,題為《*Profiles in
Courage*》(可譯為《勇者的畫像》),是一本描述美國偉大參
議員的傳記集,因文筆生動,持論公正,獲 1957 年的普立茲文
學獎。

——美國兩大政黨的總統候選人在電視上展開面對面的公開辯論者,
以甘迺迪與尼克森為第一次。在 1960 年大選時,他們兩人先後
在電視上辯論過四次:第一次是 1960 年 9 月 26 日在芝加哥;
第二次是 10 月 10 日在華府;第三次是 10 月 13 日,甘迺迪在
紐約,尼克森在好萊塢;第四次是 10 月 21 日在紐約。據事後
觀察家的報導,就電視上兩人的影像而言,甘迺迪顯得比尼克
森英俊瀟灑,態度從容,給予觀眾一個較好的印象,也許就憑
這點好印象,使甘迺迪在 1960 年險勝尼克森。根據投票結果的
統計,甘迺迪所得的普選票為三千四百二十二萬六千七百三十
一票,總統選舉人票為三百零三票,尼克森所得的普選票為三
千四百一十萬八千一百五十七票,總統選舉人票為二百十九票,
兩人的總統選舉人票雖相差八十四票,但在六千八百餘萬的普
選票中則其差額不及十二萬票,可謂極為微小,而在此不及十
二萬票的差額中,有些州只相差幾千票,甚至百餘票,微末的
變動,勝負即將易位。例如在伊利諾州(二十七張總統選舉人
票),甘氏只比尼氏多八千八百五十八票。假如其中的四千四
百三十票改投尼氏,則尼克森的總統選舉人票將增加二十七票。
在密蘇里州(十三張總統選舉人票)甘氏只比尼氏多九千九百

八十票，四千九百九十一票之差，尼克森又將增加總統選舉人
票十三票。又在新墨西哥州（四張總統選舉人票）甘氏只比尼
氏多二千二百九十四票。在內華達州（三張總統選舉人票）只
多二千四百九十三票。在夏威夷（三張總統選舉人票）只多一
百十五票。設若新墨西哥州的一千一百四十八票，內華達州的
一千二百四十七票，及夏威夷州的五十八票，改投尼氏，則尼
克森又將增加總統選舉人票十票。合而言之，尼克森只需在上
述五州中多得一萬一千八百七十四票，就將增加總統選舉人票
五十票，如是則他的總統選舉人票將自二百十九增至二百六十
九，而甘迺迪則自三百零三降至二百五十三。果爾，則美國的
第三十五任總統不是甘迺迪，而是尼克森。以一萬一千餘票之
差，使尼克森又苦等了八年，確是一件夠委屈的事。

——1962 年 10 月 14 日，一架美國 U-2 偵察機在古巴上空執行例行
偵察任務時，發現蘇聯正在協助該國建立飛彈基地。由於美國
最南端的佛羅里達州與古巴相距不過九十英里，而該國又在加
勒比海與墨西哥灣之間，控制中南美洲的樞紐，一旦古巴擁有
飛彈，不但使美國本土受到全面的威脅，抑且使中南美諸國籠
罩在其射程範圍之內，其對西半球威脅之大，真是不言可喻。
甘迺迪聞報，極為震驚，立即召開緊急會議，研討對策，與會
要員僉認，解決此一危機，只有兩途可循，一是立即派機空襲
古巴，以雷霆萬鈞之勢徹底炸毀其飛彈基地，但此法包含極大
危機，即蘇聯如不甘袖手，勢必觸發核子大戰，且此法手段過
於激烈，必將招致國際間的嚴厲指責。二是在古巴周圍的海面
實行武裝封鎖，使蘇聯的飛彈無由再進入古巴，同時以此強硬
手段，迫使蘇聯讓步，拆除其已在古巴建立的飛彈基地，此法
的優點在使對方具有充分衡量利害的機會，避免直接衝突，然
後再循外交途徑，以討價還價的方式，使問題獲得解決。經過
一週的縝密研商，甘迺迪決定採用第二途。10 月 22 日下午七時

（美國東部時間）他向全國發表電視演說，除宣佈武裝封鎖古巴，嚴禁任何載有武器的船隻越過封鎖線進入古巴的水域外，並以最強硬的措詞，保障西半球其他國家的安全，原文稱：「任何西半球國家如受到來自古巴的核子飛彈攻擊，均視為蘇聯對美國的攻擊，美國將起而施予全面報復。」蘇聯為美國之強硬態度所懼，而中南美諸國又聲言誓為美國的後盾，聯合國中亦以支持美國者居多，情勢對其極端不利。復懍于核戰之同歸於盡，不敢與美國直接交鋒，遂只有龜縮之一途。但為挽救顏面，赫魯雪夫于10月26日致電甘迺迪，願自行拆除古巴飛彈基地，以換取美國不攻擊古巴的保證。美國以嚇阻之目的已達，當表同意。蘇聯之拆除工作于11月13日完成，美國亦于12月6日解除對古巴的封鎖。此一戰後最緊張的國際危機遂告結束，而甘氏個人及美國的聲望也在自由世界中達于巔峰狀態。

甘迺迪在宣佈武裝封鎖古巴以前，即已下令全國陸海空軍進入備戰狀態。其時不但佛羅里達州及其附近地區佈滿重兵，其他各地的核子裝置、洲際飛彈及原子潛艇，亦莫不戒備森嚴，嚴陣以待，以防蘇聯的核子突擊。於是全國人心惶惶，紛作應變措施，有些國家的駐聯合國官員，甚至有搶訂機票，準備離美，以免為美、蘇核子大戰的犧牲者，當時的緊張情景，概可想見。

──1963年11月22日，甘迺迪于訪問德克薩斯州時，在達拉斯被刺殞命，兇嫌為一左翼分子奧斯渥（Lee Harvey Oswald）。兩日後（11月24日）奧斯渥在達拉斯的看守所中被當地一夜總會老闆盧賓斯坦（Jack Rubenstein，又名Jack Ruby）刺殺，萬千觀眾均在電視上親眼所見，全國為之震驚不已，於是謠言紛起，認為甘氏的被刺，幕後可能另有人指使。詹森總統為使本案水落石出，特于11月29日下令成立一個七人調查委員會，以最高法院院長華倫為主席。1964年9月27日該委員會發表其調查報告，確認甘氏之被刺，僅係奧斯渥一人所為，別無他人牽涉

在內，而盧賓斯坦之刺殺奧斯渥，純係激于義憤，並非殺人滅
口。但因該調查報告對奧斯渥行刺甘迺迪之動機，欠缺充分說
明，只以「深切痛恨所有權威」為唯一理由，頗難使人信服，
故調查雖告結束，謠言並未平息。1967 年 1 月 3 日本案唯一的
關係人盧賓斯坦又以病死獄中聞。從此死無對證，而甘迺迪之
被刺，也就永久成為一件「疑案」了。

——甘迺迪的夫人賈克琳，曾任華府某報攝影記者，于藝術頗有修
養。甘氏擔任總統期間，她曾以其藝術眼光，將白宮佈置得煥
然一新，使許多室內佈置專家自嘆不如。她的服裝入時，髮式
優美，態度大方，儀容典雅，不但為美國婦女模仿的典型，抑
且為眾多男子崇拜的偶像。甘迺迪被刺時，她的神情鎮定，舉
止適度，更贏得不少人的同情與讚美。1968 年 10 月 21 日，她
與希臘航業鉅子奧納希斯（Aristotle Socrates Onassis）結婚，使
人頗感意外，因奧氏年逾花甲，除有錢外，似無其他可取。自
是世人對她的觀感，也就不無改變。

——甘迺迪在任只有兩年又十個月，任內最值得大書特書的，當以
用強硬手段阻止蘇聯在古巴建立飛彈基地為最。他如核子禁試
條約之簽訂，以及拉丁美洲進步聯盟之建立，亦可算是外交上
的開創。他的「新境界」（New Frontier），理想雖高，但以時
間短暫，似乏具體事實可述。所以他在美國歷史上的地位，尚
有待于史家的定評。

35.4　副總統

詹森（Lyndon Baines Johnson）
　　任　期：1961, 1, 20—1963, 11, 22
　　（餘見第三十六任總統林頓・班斯・詹森）

第三十六任總統

L. B. 詹森
（Lyndon Baines Johnson）

生　卒：　1908, 8, 27—1973, 1, 22
任　期：　1963, 11, 22—1969, 1, 20
出生州：　德克薩斯州（Texas）
代表州：　同上
教　育：　西南德州州立大學畢業
宗　教：　基督聖教徒（Disciples of Christ）
政　黨：　民主黨（Democratic Party）
簡　歷：　教員，國會議員秘書，青年總署分署長，聯邦眾議員，
　　　　　聯邦參議員，副總統。
祖　先：　英格蘭人（English）
夫　人：　Claudia Alta Taylor，1934 年與詹森結婚。
子　女：　二女

36.1　生平大事記要

1908, 8, 27	生于德克薩斯州的 Stonewall.
1913	全家移居德州的 Johnson City.
1924	高中畢業。
1927-1930	肄業于西南德州州立教育學院，于 1930 年 6 月畢業，獲學士學位。
1930-1932	在德州的休士頓市做中學教員。
1932-1935	任德州國會眾議員克利伯（Richard Mifflin Kleberg）的秘書。
1934, 11, 17	與 Claudia Alta Taylor 結婚。
1935	在華府的喬治鎮大學法學院進修法律。
1935-1937	任全國青年總署（National Youth Adiminstration）德州分署署長。
1937, 4, 10	在德州一次補選中當選聯邦眾議員，以填補已故德州眾議員布坎南（James Paul Buchanan）的遺缺。
1939, 1, 3- 1949, 1, 3	連任五屆眾議員。
1941-1942	在海軍服役，積功升至海軍中校，為二次大戰中國會議員服役的第一人。
1943	榮獲西南大學（Southwest University）名譽法學博士（LL. D）。
1948, 11, 2	當選聯邦參議員。
1951, 1, 2	當選參議院民主黨副領袖（Whip，即鞭手）。
1953, 1, 3	當選參議院民主黨領袖，自此時起至出任副總統時止，一直擔任此一職務。
1954, 11, 2	當選連任參議員。
1955, 7, 2	在維吉尼亞州的 Middleburg 心臟病發作。

1960, 7, 13	在民主黨大會中爭取總統候選人提名，敗于甘迺迪，轉而屈就副總統候選人。
11, 8	當選副總統。
	同日並在德州選舉中，當選連任參議員。
1961, 1, 3	宣誓就任參議員，但于三分鐘後辭職，以便于 1 月 20 日就任副總統。
1, 20	宣誓就任副總統。
1963, 11, 22	甘迺迪總統在達拉斯被刺身亡，詹森于同日宣誓繼任。
1964, 8, 27	被民主黨大會提名為該黨總統候選人。
11, 3	在大選中，以壓倒多數擊敗共和黨候選人高華德，當選第三十六任總統。
1965, 1, 20	連任總統就職典禮。
1968, 3, 31	在電視廣播中宣佈不再競選連任。
1969, 1, 20	交卸總統職務，息影故鄉田園。
1971	自撰白宮回憶錄出版。
1973, 1, 22	以心臟病逝世，享壽六十四歲，葬于故鄉德州 Johnson City 附近的 LBJ Ranch 的家墳。

36.2 任內大事記要

1963, 11, 22	甘迺迪在達拉斯遇刺逝世，詹森宣誓繼任總統。
11, 24	刺殺甘迺迪的兇嫌奧斯渥（Lee Harvey Oswald），在達拉斯市的警察看守所中被一夜總會老闆盧比（Jack Ruby）擊斃。
11, 26	國會通過法律，將美國國債增至三千一百五十億美元。
11, 29	詹森下令成立一特別委員會，調查甘迺迪總統的被刺案。委員七人，包括兩名參議員，兩名眾議員，兩名聯邦政府前任官員，由最高法院院長華倫（Earl Warren）

擔任主席。

1963, 12, 5　詹森與眾議院議長馬考邁克（John W. McCormack）達成協議，就總統無能力行使職權時的有關問題作適當安排。

12, 17　參議院通過 Chamizal Treety，將德克薩斯州 El Paso 的一部分讓與墨西哥，結束一項為時九十九年的兩國邊界糾紛。

1964, 1, 8　詹森在其向國會致送的第一次國情咨文中，提出在國內終止貧窮及種族歧見，在國外消除戰爭威脅的廣泛計劃。

2, 4　憲法修正案第二十四條批准生效。

3, 7　詹森簽署法律，規定在任總統對總統當選人辦理移交的原則及方式。

3, 14　盧比以謀殺奧斯渥（刺殺甘迺迪總統的兇嫌）的罪名判處死刑。

3, 24　國務卿魯斯克（Dean Rusk）發表聲明，在印尼與馬來西亞的糾紛解決前，美國中止對印尼的援助。

3, 29　國防部長麥納馬拉（Robert McNamara）宣佈，美國將增加南越軍援五千萬美元，作為擴充五萬軍隊之資。

4, 3　美國與巴拿馬恢復邦交。

4, 14　國防部發表美、蘇兩國核子武力估計數字，表示美國的優勢更見增加。

5, 1　越共恐怖分子在西貢港炸沉一艘美國運輸艦。

5, 12　國防部長麥納馬拉第五度訪問南越，實地考察當地情勢。

5, 18　詹森總統要求國會增加對南越的軍經援助一億二千五百萬元。

5, 28　國務院宣佈，由於中華民國的經濟情況已達健全之境，

美國對其經援將于 1965 年 6 月停止。

1964, 7, 2　　詹森簽署民權法（Civil Rights Act of 1964）。

　　7, 13　　詹森簽署撥款法，以二十五億餘元作為太空總署執行人類登陸月球的「阿波羅計劃」（Apollo Project）。

　7, 13-16　　共和黨大會在舊金山舉行，亞利桑那州參議員高華德（Barry Goldwater）被提名為該黨總統候選人，紐約州眾議員米勒（William E. Miller）為副總統候選人。

　　8, 2　　三艘北越巡邏水雷艇在離北越海岸三十英里外的公海上向美國驅逐艦 Maddox 號開火，詹森總統下令施予報復。

　　8, 5　　美機轟炸北越基地。

　　8, 7　　國會兩院通過聯合決議（參議院八十八票對二票，眾議院四百十六票對零票），接受並支持總統在東南亞所採取的行動。

　8, 24-27　　民主黨大會在大西洋城（Atlantic City）舉行，提名詹森為該黨總統候選人，明尼蘇達州參議員韓福瑞為副總統候選人。

　　9, 27　　調查甘迺迪被刺案的華倫委員會發表其調查報告，確認奧斯渥為唯一兇手，別無其他同黨。

　　10, 14　　美國黑人民權運動領袖馬丁・路德・金（Martin Luther King, Jr.）獲諾貝爾和平獎。

　　11, 3　　美國大選，民主黨大勝，詹森以壓倒多數當選總統。

　　11, 26　　蘇聯譴責美機轟炸北越，聲言將給予必要支援。

　　12　　美國駐南越部隊增至兩萬三千人。

1965, 1, 4　　詹森在國情咨文中向國會提出其「大社會」（Great Society）的綱要及給南越支援的保證。

　　1, 20　　總統就職典禮在華府舉行，詹森開始其自己的任期。

　　1, 28　　詹森任命卡心白（Nicholas de Katzenbach）接替羅伯・甘迺迪（Robert F. Kennedy）為司法部長。

1965, 2, 20	美國探測月球的衛星 Ranger 8 號于自月球傳回七千張照片後，按預定目標撞毀于月球表面的寧靜海（Sea of Tranguility）。
3, 23	美太空人格瑞遜（Virgil I. Grisson）及楊氏（John W. Young）駕駛雙子星二號（Gemini 2）完成繞地球三週的太空飛行，此為美國兩人乘坐太空艙的第一次。
4, 7	詹森總統在約翰霍浦金斯大學（Johns Hopkins University）發表演說，表示美國願意談和，以結束越南的衝突，此一提議于 4 月 11 日遭北越悍然拒絕。
4, 11	國會通過法律，以十三億元補助各州的中、小學教育。
4, 13	北越提出東南亞和平的四點方案。
4, 28	美國海軍陸戰隊在多明尼加共和國登陸，以防止該國淪于共黨之手。
5, 3	美國傘兵旅開抵南越。
5, 7	國會通過撥款法，增加 1965 年度美國在東南亞的軍費七億元。
6, 7	太空人麥克迪威（James A. McDivitt）及懷特（Edward H. White）完成繞地球六十二週的太空飛行，歷時四天一小時又五十七分鐘。懷特並曾于 6 月 3 日作為時二十分鐘「太空漫步」（Walk in Space），使美國登月計劃邁進一大步。
6, 8	美國駐越部隊奉命加入戰鬥。
6, 25	詹森總統在舊金山向聯合國憲章簽訂二十週年紀念大會發表演說，籲請聯大對越南和平提供努力。
7	詹森下令將駐越美軍自七萬五千增至十二萬五千。
7, 8	美駐越大使泰勒將軍（General Maxwell D. Taylor）辭職，詹森任命洛奇（Henry Cabot Lodge）繼任。
7, 20	詹森提名最高法院法官高德柏（Arthur J. Goldberg）為

駐聯大常任代表，以繼已故史蒂文生（Adlai E. Steven-
son）的遺職，並于 7 月 28 日提名福達斯（Abe Fortas）
繼高德柏為最高法院法官。

1965, 7, 30　醫藥補助法（Medicare Act）生效。

8, 6　投票權法（Voting Rights Act of 1965）批准生效。

8, 12　洛杉磯的瓦茨（Watts）地區發生黑人大暴動。

8, 19　美國援越部隊開始獨立作戰。

8, 21　「雙子星五號」（Gemini 5）由太空人古柏（L. Gordon
Cooper）及康納德（Charles Conrad, Jr.）駕駛完成繞地
球一百二十週的太空飛行，歷時八天。

9, 9　聯邦政府增設房屋及都市發展部（Department of Hous-
ing and Urban Development）。

9, 24　美國與巴拿馬簽訂條約，承認巴拿馬對巴拿馬運河區
（Panama Canal Zone）具有主權。

10, 3　詹森簽署新移民法。

11, 9　美國東北地區的八個州發生大停電，全部工商活動陷于
停頓狀態，紐約市的情況最為嚴重。

11, 5　最高法院宣稱，個別共產黨員無需向政府辦理登記手續。

11, 23　北越總統胡志明（Ho Chi Minh）聲稱：欲謀越南和
平，美軍必先撤退。

11, 27　國防部長麥納馬拉在巴黎宣佈，美國為增強北大西洋公
約組織的軍事力量，已在歐洲地區儲存原子彈頭五千枚
以上。

12, 18　「雙子星七號」太空艙，由太空人波曼（Frank Bor-
man）及羅維爾（James A. Lovell, Jr.）駕駛，完成歷時
十四天的太空飛行，並曾于 12 月 15 日與太空人席拉
（Walter M. Schirra, Jr.）及史達福（Thomas P. Stafford）
所駕駛的「雙子星六號」，在太空中完成會合的演習。

1966, 1, 13　魏佛（Robert C. Weaver）膺命為房屋及都市發展部部長，為美國黑人出任內閣閣員的第一人。

1, 31　美國恢復對北越轟炸。

2, 1　北越政府宣佈，該國將不接受聯合國對越南衝突所作的任何決議。

同日，詹森向國會提出三十三億八千萬元的援外案，為十八年來援外案的最低數。

2, 8　詹森與南越總理阮高基在檀香山結束為期三日的會談，發表「檀香山宣言」（Declaration of Honolulu），標示兩國在政治軍事方面的合作綱要。

3, 9　國務院放寬旅行限制，允許美國學者訪問北韓、北越、古巴、阿爾巴尼亞及中共區。

3, 16　由太空人阿姆斯壯（Neil A. Armstrong）及施高特（David R. Scott）駕駛的「雙子星八號」，因機件故障，迫降于琉球附近海面。

4, 2　國務院透露，美國將售給約旦有限數目的超音速噴射機，以維持中東地區的武器均勢。

4, 7　美國于 1 月 17 日在西班牙丟失的氫彈被海軍尋獲。

4, 17　中共指責美國交換學者及科學家的建議純粹為欺騙行為。

6, 2　美國無人駕駛的衛星「測量者　號」（Surveyor 1），登陸于月球的風暴洋（Ocean of Storms），傳回地球珍貴照片。

7, 15　芝加哥黑人區發生五千黑人大暴動，為時三日，經國民軍鎮壓後，始告平息。

7, 30　美機首次轟炸南北越交界的非軍事區（DMZ）。

8, 15　紐約前鋒論壇報（Herald Tribune）停刊。

10, 25　美國與其他派軍援越的五國在馬尼拉集會，保證北越軍

隊于撤離南越後的六個月內撤退他們在南越的部隊。

1966, 10, 26　詹森訪問南越美軍。

　　11　　美國駐越部隊增至三十五萬八千人。

　　11, 6　聯邦政府增設交通部（Department of Transportation）。

　　11, 11　「雙子星十二號」（美國雙子星太空計劃的最後一號）
　　　　　　由太空人羅維爾（James A. Lovell, Jr.）及阿德琳（Edwin E.
　　　　　　Aldrin, Jr.）駕駛，自佛羅里達州的甘迺迪角（Cape
　　　　　　Kennedy）發射。此行共歷時四百二十五小時，阿德琳
　　　　　　在太空艙外浮游達五小時半，均屬空前紀錄。

1967, 1, 5　國防部公佈美軍在越戰的傷亡數，自 1961 年 1 月 1 日
　　　　　　以來，美軍在越戰中已死六千六百六十四人，傷三萬七
　　　　　　千七百三十八人。

　　1, 10　詹森在其國情咨文中，要求在所得稅中增加 6%的附加
　　　　　　稅（Surcharge）。

　　1, 27　美國阿波羅太空艙在發射臺上失火，三位太空人格瑞遜
　　　　　　（Virgil I. Grisson）、懷特二世（Edward H. White II）
　　　　　　及查費（Roger B. Chaffee）當場焚斃。
　　　　　　同日，六十國代表簽署聯合國和平使用太空條約。

　　2, 10　憲法修正案第二十五條批准生效，使總統因故缺位或因
　　　　　　其無能力任職時所引起的有關問題獲得適當解決。

　　3　　　美國駐越部隊增至四十二萬七千人。

　　3, 2　　紐約州參議員甘迺迪（Robert F. Kennedy）建議政府停
　　　　　　止轟炸北越，作為其越南三點和平計劃的一部分。

　3, 20-21　詹森與南越領袖在關島舉行會談，檢討戰爭情勢及南越
　　　　　　選舉等問題。

　　3, 31　美、蘇簽訂第一次領事條約。

　　4, 1　　南越制定新憲法。

　　4, 11　3 月 1 日因舞弊被眾議院取消資格的紐約哈林區民主黨

眾議員包維爾（Adam Clayton Powell），在本日一項特別選舉中重新當選。

1967, 4, 21　史達林女兒史薇拉娜・阿麗露伊娃（Svetlana Alliluyeva）揚棄蘇聯，在美國獲得政治庇護。

4, 25　詹森親赴西德，參加西德前總理艾登諾（Konrad Adenauer）的葬禮。

6　本月內種族暴動相繼在波士頓、辛辛拉提、亞特蘭大、布法羅等處發生。

6, 23　蘇聯總理柯錫金（Aleksei Kosygin）與詹森會晤于新澤西州的格拉斯波羅（Glassboro），就越戰及中東情勢交換意見。

6, 27　美國撥款五百萬元救濟以、阿戰爭（6月5日至11日）中的難民。

7　紐瓦克、底特律、紐約、羅徹斯特、伯明翰等地相繼在本月內發生種族暴動。

7, 7　國防部長麥納馬拉第九度訪越。

7, 23　波多黎各在一項公民投票中，決定維持其與美國的現狀（屬於美國的一個地區），既不願成為美國的第五十一州，亦不欲成為一個獨立國家。

同日，美國激進黑人在紐瓦克（Newark, N.J.）召開黑權會議（Black Power Conference），通過反白人、反徵兵及反基督教的決議。

7, 28　詹森下令成立「人民動亂諮詢委員會」，調查6、7兩月在各地發生的種族暴動真相，委員十一人，皆知名之士，由伊利諾州長寇勒（Otto Kerner）擔任主席。

8, 3　詹森宣佈美國駐越部隊將在1968年6月以前增至五十二萬五千人。

8, 10　國會通過哥倫比亞特區（即華府）改組計劃，使該特區

事務由一位首席行政官及九位市政委員管理。

1967, 8, 11　美機深入北越轟炸，距中共區邊境僅十英里。

8, 23　詹森任命二十名美國觀察員，實地觀察南越大選。

9, 3　阮文紹（Nguyen Van Thieu）及阮高基（Nguyen Cao Ky）當選南越總統、副總統。

9, 28　黑人華盛頓（Walter E. Washington）就任華府首任市長。

10, 2　馬歇爾（Thurgood Marshall）繼克拉克（Tom C. Clark，辭職）為最高法院法官，為美國黑人擔任最高法院法官的第一人。

11, 7　斯多克（Carl B. Stokes）當選俄亥俄州的克利夫蘭（Cleveland）市長，哈察（Richard G. Hatcher）當選印地安那州的加利（Gary）市長，兩人均屬民主黨籍的黑人。

11, 29　詹森任命麥納馬拉為國際復興開發銀行總裁，其國防部長職務將于 1968 年初交卸。

11, 30　明尼蘇達州參議員馬卡錫（Eugene McCarthy）宣佈，他將角逐 1968 年民主黨總統候選人提名。

12, 20　美國駐越部隊增至四十七萬四千三百人，超過參加韓戰美軍的最高額。

12, 21　詹森參加澳洲總理荷特（Harold Edward Holt）葬禮，並於 22 日訪問越南及泰國美軍，23 日赴羅馬與教宗保祿六世會晤。

1968, 1, 1　截至本日為止，在南越從事戰鬥的部隊，計：美軍四十七萬五千人，南越軍隊七十五萬人，其他盟軍五萬人。

1, 17　詹森在其國情咨文中，估計美國在越南的戰費每年約為二百五十億美元。

1, 19　詹森提名克立福（Clark Clifford）繼麥納馬拉為國防部長。

1, 23　美國海軍情報資料船樸布羅（Pueblo）號，在北韓海岸外的公海上被北韓海軍巡邏隊圍擊，艦長布克（Lloyd

M. Bucher）及船上八十三名水手全部被俘。

1968, 1, 25　詹森下令一萬四千六百名空軍後備隊服役，以應付樸布羅號被俘的緊急情勢。

1, 30　越共同時對南越三十個省會發動總攻擊。

2, 1　尼克森宣佈，將爭取共和黨總統候選人提名。

2, 8　阿拉巴馬州前任州長華萊士（George C. Wallace）宣佈，將以第三黨候選人身分競選總統。

3, 16　參議員羅伯・甘迺迪宣佈，將爭取民主黨總統候選人提名。

3, 31　詹森宣佈：「將不尋求亦不接受民主黨總統候選人提名。」此一意外決定，使舉世為之震驚。

4, 3　北越表示和談意圖。

4, 4　黑人民權運動領袖金氏（Martin Luther King, Jr.）在田納西州的孟菲斯（Memphis）被刺身亡。

4, 5　全國各地黑人為抗議金氏被刺，爆發大暴動，禍連大小百餘城，一週之內死亡四十人，傷二千餘人，被捕者近兩萬人，財產損失超過五千萬美元。

4, 11　國防部長克立福宣佈，駐越美軍將增至五十四萬九千人。

4, 27　副總統韓福瑞正式宣佈，將爭取民主黨總統候選人提名。

4, 30　紐約州長洛克菲勒（Nelson Rockefeller）參加角逐共和黨總統候選人提名。

5, 3　美國與北越同意以巴黎為和談地點。

5, 10　越戰初步和談在巴黎開始。

6, 5　故總統甘迺迪之弟紐約州參議員羅伯・甘迺迪（Robert F. Kennedy）于贏得加州總統初選勝利時，在洛杉磯被刺身亡，兇嫌為約旦移民沙漢（Sirhan Bishara Sirhan）。

1968, 6, 10　越南美軍統帥換將，魏摩蘭將軍（General William C. Westmoreland）調任陸軍參謀長，遺職由艾步蘭將軍（Ceneral Creighton Abrams）繼任。

　　6, 26　詹森宣佈最高法院院長華倫（Earl Warren）辭職，同時提名現任最高法院法官福達斯（Abe Fortas）繼任最高法院院長。

　　7, 18　詹森與越南總統阮文紹在檀香山會談。

　　8, 5-8　共和黨大會在邁阿密舉行，提名尼克森為該黨總統候選人，馬里蘭州長安格紐（Spiro T. Agnew）為副總統候選人。

　8, 26-29　民主黨大會在芝加哥舉行，提名韓福瑞為該黨總統候選人，緬因州參議員穆斯基（Edmund S. Muskie）為副總統候選人。

　　8, 29　國防部公佈，自 1961 年 1 月 1 日以來，美軍在越南的傷亡數，計：死二萬七千五百零八人，傷十七萬一千八百零九人。

　　10, 2　詹森自參議院撤回其對最高法院院長繼任人選福達斯的提名案。

　　10, 21　甘迺迪總統遺孀賈克琳（Jacqueline）與希臘航業鉅子奧納西斯（Aristotle Socrates Onassis）結婚。

　　11, 1　美國停止轟炸北越。

　　11, 5　美國大選，尼克森當選總統。

　　12, 22　「阿波羅八號」（Apollo VIII），由太空人波曼、羅維爾及安德斯（William Anders）駕駛，在甘迺迪角升空，歷時六日，在離月球六十哩處繞行月球十週後，于 27 日安全返抵地球。

　　12, 23　北韓釋放樸布羅號艦長及水手，船隻未予歸還。

1969, 1, 4　參議員愛德華·甘迺迪（Edward M. Kennedy）當選參

議院民主黨副領袖。

1969, 1, 7　　國會通過法律，增加總統年薪至二十萬元。

36.3　異聞趣事

——詹森是在德克薩斯州出生的第二位總統，第一位為艾森豪。

——他是第一位在飛機上宣誓就職而且由女人監誓的總統，監誓者為德州北區聯邦區域法院女法官 Sarah T. Hughes.

——他是第八位以副總統身分繼任的美國總統，前七位為泰勒、費爾摩、安德魯‧詹森、亞瑟、西奧多‧羅斯福、柯立芝及杜魯門。

——詹森出身于德州一個小康之家，他的祖父及父親都是教師出身，也均任過德州議會議員，所以家人對政治興趣都很濃厚。當他五歲那年，全家移居詹森市（Johnson City），這是為紀念他祖父而名的一個村莊，全部人口只有數百人。他自小個性倔強，常以自力更生為榮，在中學讀書時，即于課餘之暇在外面擦皮鞋及替人摘棉花，賺取自己學費。中學畢業後，他偕幾位小伙子去加州打天下，以洗碗及摘水果等粗工為生，為期近一年，以無發展希望，廢然而返。從此體認到教育的重要性，乃往當地銀行借貸七十五元，進德州西南州立教育學院深造。大學畢業後在休士頓一家中學當教員，仍是鬱鬱不得志。直到 1932 年出任德州國會眾議員克利伯（Richard M. Kleberg）的秘書，才算步上正道。1934 年他自華府回德州度假，在一個偶然的場合遇見一位泰勒小姐，兩人一見鍾情，未及兩個月即告結婚。數年後她的太太從她的母親得到一筆為數相當可觀的遺產，他們即利用這筆錢投資于商業及廣播電臺，從此大發其財。以後詹森競選國會議員的費用，多數靠他太太事業的支持。論者謂詹森之得有今日，半靠他自己的奮鬥，半靠他太太的經濟支援，

並非虛語。

——1935 年詹森被任為全國青年總署德州分署署長,年僅二十六歲,為該署全國最年輕的分署長。這是一個輔導失業青年就業就學的機構,詹森的服務熱情及幹練有為,使他的輔導工作做得有聲有色,也結交了不少青年朋友。1937 年他的本區眾議員布坎南(James P. Buchanan)去世,依法舉行特別選舉,詹森在該區青年朋友的全力擁護下,出而競選,一舉擊敗其他九位候選人,大獲全勝。當時的羅斯福總統聽到一位二十八歲的民主黨青年當選了德州的眾議員,非常高興,特別予以召見,一時成了全國的新聞人物。其時他父親的老友雷朋(Sam Rayburn)正擔任眾議院民主黨領袖,更對他特別照拂。在總統與眾議院多數黨領袖的雙重愛護下,詹森在眾議院無往而不利,其鋒頭之健,使他在 1938、1940 及 1942 年的三次眾議員選舉時,無人敢出而與之對抗,均在毫無競選的狀態下當選連任。

——珍珠港事變發生後,詹森立刻自動請求入海軍服役,為二次大戰中國會議員自動服役的第一人。

——1948 年,詹森參加德州民主黨參議員初選,候選者共十一人,其最強的對手為當時德州州長史蒂文生(Coke Stevenson),是年 7 月初選投票,他與史蒂文生遙遙領先,但因無人獲得規定的多數,依法舉行第二次投票,結果詹森僅以八十七票的多數(詹森得四十九萬四千一百九十一票,史蒂文生得四十九萬四千一百零四票)當選民主黨參議員候選人。11 月大選,詹森以壓倒多數擊敗共和黨候選人,當選聯邦參議員。1951 年他被參議院的民主黨議員推舉為該黨的鞭手(Whip,即副領袖)。1953 年再當選為參議院民主黨領袖,是年詹森為四十四歲,為參議院有史以來最年輕的議場領袖。

——1960 年詹森希望民主黨提名他為該黨總統候選人,但他既不參加初選,也未正式宣佈,直到民主黨總統提名大會期近,甘迺

迪已在好幾州的初選中獲勝，而且一般民意測驗都看好甘氏，他才覺得勢頭不對，匆匆競選提名，結果在該黨大會第一次投票時即被甘氏擊敗，轉而接受副總統候選人提名。以當時詹森在民主黨內地位之高，聲望之隆，居然肯屈就甘氏的副手，大出一般人意料之外。據說當日甘迺迪選舉詹森為副總統候選人時，曾受到他的介弟羅伯・甘迺迪的堅決反對。但甘迺迪要借重詹森在民主黨內外的聲望，以爭取選票，拒絕接受羅伯的意見。1963 年 11 月 22 日甘迺迪在詹森的本州德州的達拉斯被刺殞命，詹森接任總統，羅伯對他的敵意更大。但詹森仍挽留他繼續擔任司法部長，直到他當選紐約州參議員自動辭職時為止。詹森對羅伯・甘迺迪的容量，深得各方的同情與讚揚。

——1968 年的美國，內則黑人與反戰暴動頻仍，外則越戰步步升高，結束無期，弄得詹森焦頭爛額，筋疲力盡。3 月 31 日，他向全國發表電視廣播，宣佈對北越停止局部轟炸，以示美國謀和的誠意。在該電視廣播結尾時，他突然宣佈，將不接受民主黨的總統候選人提名，競選連任。因事前毫無風聲，此一意外的宣佈使舉世為之震驚。據詹森自己後來說，此一決定並非偶然，當他 1 月間向國會宣讀國情咨文時即想宣佈，因事前預置袋中的一張小紙條一時無法找出，乃暫時作罷云。

——詹森在任五年又兩個月，在外交上雖無特殊表現，在內政上則頗有可觀，如對教育的鉅額支援、社會安全福利的提高、對老年人的免費醫藥治療、解救貧窮計劃的實施、黑人民權的改進、太空計劃的推行、房屋與都市發展部及交通部的增設等，為其犖犖大者，所以他的「大社會」（Great Society），至今仍為人所懷念。

36.4 副總統

第一任期　無（詹森以副總統繼任總統，副總統缺位。）

第二任期　韓福瑞 (Hubert Horatio Humphrey)

　　生　卒：1911, 5, 27—1978, 1, 13

　　任　期：1965, 1, 20—1969, 1, 20

　　出生州：明尼蘇達州（Minnesota）

　　教　育：明尼蘇達大學畢業

　　政　黨：民主黨

　　簡　歷：藥劑師，教員，市長，聯邦參議員。

第三十七任總統

R. M. 尼克森

（Richard Milhous Nixon）

生　卒：　　1913, 1, 9—1994, 4, 22
任　期：　　1969, 1, 20—1974, 8, 9
出生州：　　加利福尼亞州（California）
代表州：　　紐約州（New York）
教　育：　　惠第爾學院及杜克大學法學院畢業
宗　教：　　教友派（Quaker）
政　黨：　　共和黨（Republican Party）
簡　歷：　　律師，聯邦眾議員，聯邦參議員，副總統。
祖　先：　　英格蘭人（English）
夫　人：　　Thelma Catherine Patricia，1940 年與尼克森結婚。
子　女：　　二女

37.1　生平大事記要

1913, 1, 9　　生于加利福尼亞州的 Yorba Linda.

1922　　　　全家移居加州的 Whittier（在洛杉磯附近）。

1930　　　　高中畢業，同年入 Whittier College 深造。

1934, 6　　　惠第爾學院畢業，畢業成績名列全班第二。
　　　　　　同年入 Duke University Law School 研究法律。

1937, 6　　　杜克大學法學院畢業，畢業成績為全班第三名。
　　　　　　同年通過加州的律師考試。

1937-1941　　在惠第爾做律師。

1940, 6, 21　與 Thelma Catherine Patricia（Pat）Ryan 結婚。

1942-1946　　在海軍服役，積功升至中校。

1946, 2, 12　宣佈競選聯邦眾議員。

　　11, 5　　當選第八十屆國會眾議員。

1948, 8　　　在眾議院「非美活動委員會」揭發蘇聯間諜希斯（Alger Hiss）罪狀，一舉名聞全國。

　　11, 2　　當選連任眾議員。

1949, 11, 3　宣佈競選聯邦參議員。

1950, 11, 7　在中期選舉中，擊敗其對手民主黨女眾議員 Helen G. Douglas，當選加州的聯邦參議員。

1951, 5　　　代表美國參加在日內瓦舉行的世界衛生組織會議，並至巴黎訪問時任北大西洋公約組織聯軍統帥的艾森豪將軍，這是他們兩人的第一次個別會晤。

1952, 7, 11　被共和黨提名為該黨副總統候選人，成為艾森豪的競選夥伴。

　　9, 18　　紐約郵報（New York Post）發表「內幕新聞」，謂尼克森將一萬八千元競選捐款移作私人用途，引起全國大譁。

　　9, 23　　在洛杉磯發表電視聲明，對紐約郵報的報導提出詳細答

	辯，並列舉其全部私人財產，因態度懇切，交代清白，獲得國人諒解。
1952, 11, 4	當選副總統。
1953, 1, 20	就任副總統。
1954, 6, 26	在威斯康辛州的 Milwaukee 發表演說，指控前國務卿艾契遜（Dean Acheson）應對國民政府的退出中國大陸直接負責。
1956, 8, 22	再度被共和黨提名為該黨副總統候選人。
11, 6	當選連任副總統。
1960, 7, 27	接受共和黨總統候選人提名。
9, 26-10, 21	與民主黨總統候選人甘迺迪在電視上舉行四次面對面的競選辯論。
11, 8	在大選中以微末之差敗于甘迺迪。
1961, 1, 20	交卸副總統職務，回加州做律師。
1962, 11, 6	競選加州州長，敗于在任州長民主黨候選人布朗（Edmund G. Brown）。
1963	自洛杉磯移居紐約，繼續做律師。
1968, 2, 1	宣佈爭取共和黨總統候選人提名。
8, 7	當選共和黨總統候選人。
11, 5	擊敗民主黨候選人韓福瑞，當選總統。
1969, 1, 20	就任美國第三十七任總統。
1972, 2, 20-27	訪問中國大陸，見到毛澤東，並與周恩來總理會談，且到上海及杭州觀光。27 日雙方在上海發表聯合公報，即所謂（Shanghai Communiqué）。
8, 23	被共和黨提名，競選連任。
11, 5	當選連任總統。
1973, 1, 20	連任總統就職。
1974, 7, 27-	在水門案（Watergate Case）中隱瞞屬下不法行為，聯

　　30　邦眾議院經過冗長討論後，決定對尼克森提出彈劾案
　　　　（Impeachment）。

　8, 8　為避免遭受彈劾，尼克森在本日下午九時，在一項面對
　　　　全國電視演說中，宣佈辭去美國總統職務。（按：美國
　　　　的彈劾案，係由聯邦眾議院提案，而由聯邦參議院審
　　　　理，並決議彈劾案是否成立。）

　9, 18　接受其繼任人福特總統的特赦，免除其在水門案中的一
　　　　切罪行。

1978　　發表回憶錄，題為《*RN: The Memoirs of Richard Nixon*》.

1994, 4, 22　在加州病逝，享壽八十一歲。

37.2　任內大事記要

1969, 1, 20　尼克森就任美國第三十七任總統。

　2, 18　中共宣佈取消與美國在華沙的大使級會議。

　3, 2　尼克森于歐洲作為期八日的親善訪問後返美。

　3, 10　1968 年 4 月 4 日在田納西州的孟菲斯槍殺黑人領袖馬
　　　　丁・路德・金（Martin Luther King, Jr.）的兇手 James
　　　　Earl Ray 被判處九十九年徒刑。

　3, 13　美國太空人三人于駕駛 Apollo 9 環繞地球飛行十日後安
　　　　全返回地面。

　3, 14　尼克森要求國會通過反飛彈系統（ABM System）。

　3, 28　前總統艾森豪病逝華府。

　4, 15　北韓擊落美國偵察機一架，機上三十一人全部喪生。

　4, 17　1968 年 6 月 5 日在洛杉磯槍殺羅伯・甘迺迪參議員
　　　　（Senater Robert F. Kennedy）的兇手沙漢（Sirhan B.
　　　　Sirhan），以謀殺罪起訴。

　4, 28　法國總統戴高樂（Charles de Gaulle）辭職。

同日，教宗保祿六世（Pope Paul VI）宣佈晉升三十三位主教為樞機主教，包括中國南京區總主教于斌在內。

1969, 5, 6　海軍部長查菲（John H. Chafee）宣佈，1968 年被北韓俘虜的美國海軍情報船 Pueblo 號的官兵無罪。

5, 11　紐約州長洛克菲勒（Nelson Rockefeller）代表尼克森總統開始對南美作一連串的親善訪問。

5, 14　最高法院法官福達斯（Abe Fortas）因與外界牽涉財務糾紛，引起國人指責，自動宣佈辭職。

5, 23　秘魯驅逐美國軍事代表團出境，並拒絕尼克森的特使洛克菲勒前往訪問。

5, 26　美國太空船 Apollo 10 號于離月球表面九‧四哩處環繞飛行三十一週後安全返回地面。

6, 2　美國驅逐艦 Evans 號在南中國海被澳大利亞航空母艦 Melbourne 號齊腰撞斷，艦上七十四人喪生。

6, 8　尼克森與南越總統阮文紹在中途島會談後宣佈，美軍兩萬五千人將于本年 8 月 29 日自南越撤退。

6, 23　參議院同意華倫‧柏格（Warren E. Burger）出任最高法院院長，是為美國第十五任最高法院院長。

7, 19　參議員愛德華‧甘迺迪（Edward M. Kennedy）在麻薩諸塞州的 Martha's Vineyard 開車落水，其同車的已故參議員羅伯‧甘迺迪的女秘書柯白妮（Mary Jo Kopechne）被溺斃。

7, 21　美國太空艙 Apollo 11 號安全登陸月球，太空人阿姆斯壯（Neil A. Armstrong）與阿德琳（Edwin E. Aldrin, Jr.）分別成為人類在月球表面漫步的第一人及第二人，另一太空人柯林斯（Michael Collins）則繼續駕駛主艙環繞月球飛行，以便在月球表面探測的兩人完成任務後與其會合。太空人在月球工作的情形均由電視轉播，使美國

人民大飽眼福。

1969, 8, 3　尼克森結束為期十二天的國外訪問，返回美國。此行曾訪問歐、亞兩洲的八個國家，包括越南及東歐的羅馬尼亞。

　　8, 18　颶風 Camille 肆虐美國南部，造成三百餘人的死亡，密西西比州災情最重。

　　9, 3　北越總統胡志明病亡。

　　9, 16　尼克森宣佈，第二批美軍三萬五千人將于本年 12 月 15 日以前自越南撤退。

　　10, 21　布蘭德（Willy Brandt）當選西德總理。

　　11, 3　尼克森向全國發表電視演說，籲請美國人民支持其逐漸使越戰越南化的政策。

　　11, 13　副總統安格紐發表演說，指責電視新聞報導失實，並要求他們自律。

　　11, 15　二十五萬人在華府舉行反戰示威，為美國歷史上反戰示威規模最大的一次。

　　11, 19　美國太空艙 Apollo 12 號登陸月球，並在月球停留三十一小時半。三位太空人為康拉德（Charles Conrad, Jr.）、貝恩（Alan Bean）及戈登（Richard Gordon, Jr.）。

　　11, 20　巴黎越戰談判的美國首席代表洛奇（Henry Cabot Lodge）辭職。

　　11, 21　美國與日本成立協議，同意于 1972 年將琉球（Okinawa）歸還日本。

　　　　　同日，參議院以五十五票對四十五票拒絕同意漢斯渥（Clement F. Haynsworth）出任最高法院法官。

　　11, 24　美國與蘇聯簽訂限制核子武器擴散條約（Nuclear Non-proliferation Treaty）。

　　11, 25　尼克森下令銷毀美國所儲存的細菌戰武器。

　　12, 2　波音 747 號型噴射客機舉行首航，自西雅圖飛抵紐約。

1969, 12, 22	美國與蘇聯結束限制戰略武器的初步談判，並同意于1970 年 4 月在維也納開始正式談判。
12, 26	副總統安格紐開始對亞洲十一國為期二十五天的友好訪問。
1970	美國人口二〇四,三五一,〇〇〇人（據美國人口調查局的非正式統計）。
1970, 1, 14	最高法院判稱，美國最南部六州的學校應於 2 月 1 日以前實行種族混合制。
1, 19	尼克森提名卡斯威（G. Harold Carswell）出任最高法院法官。
1, 20	美國與中共恢復停頓為期二年的華沙會談。
1, 26	尼克森否決為數一百九十七億的教育法案。
2, 23	法國總統龐畢度（George Pompidou）抵美，作為期八天的正式訪問。
3, 18	高棉元首施漢諾（Prince Norodom Sihanouk）政府被推翻，龍諾將軍（General Lon Nol）繼任總理。
4, 1	美國開始第十九次全國人口總調查。
4, 5	佛羅里達州長寇克（Claude R. Kirk, Jr.）違抗最高法院命令，拒絕在該州的 Manatee County 的學校中實行種族混合制。
4, 8	參議院拒絕同意卡斯威出任最高法院法官。
4, 14	尼克森提名穆爾（Adm. Thomas H. Moorer）繼惠勒（General Earle G. Wheeler）為參謀首長聯席會議主席。
4, 17	美太空艙 Apollo 13 號，因在飛行途中機件發生故障，遵從地面的指揮放棄其登陸月球的任務，三位太空人羅維爾（James Lovell, Jr.）、海斯（Fred W. Haise, Jr.）及史維格（John L. Swigert, Jr.）于本日全部安全返回地面。

1970, 4, 20　尼克森在電視上提出保證，美軍十五萬人將于 1971 年
　　　　　　內自越南撤退。

4, 30　尼克森宣佈，美國戰鬥部隊已進入高棉境內，以清掃越
　　　　共在該國的隱匿區。

5, 4　俄亥俄州的肯特州立大學（Kent State University）的四
　　　名學生，于參加該校的反越戰示威時，被前往維持秩序
　　　的軍隊射殺。

5, 12　參議院一致同意聯邦上訴法院法官布拉克曼（Harry A.
　　　　Blackmun）出任最高法院法官。

5, 14　密西西比州的傑克遜州立學院（Jackson State College）
　　　　的兩名學生，于參加該校學生暴動時被警察槍殺。

5, 20　眾議院議長麥考邁克（John W. McCormack）宣佈，將
　　　　于本屆國會結束時辭職。

5, 31　秘魯發生大地震，死亡近七萬人。

6, 16　黑人吉卜遜（Kenneth A. Gibson）當選新澤西州的紐瓦
　　　　克（Newark）市長，為黑人當選美國東部大市市長的
　　　　第一人。

6, 19　英國大選，保守黨獲勝，希斯（Edward Heath）取代威
　　　　爾遜（Harold Wilson）為首相。

6, 22　尼克森簽署一項法律，將美國公民的投票年齡降低至十
　　　　八歲。

6, 29　尼克森宣佈，美國戰鬥部隊已自高棉撤退。

7, 1　尼克森任命布魯斯（David K. E. Bruce）為巴黎越戰和
　　　談的美國首席代表。
　　　同日，紐約州的墮胎法（Abortion Law）生效。

7, 15　蘇聯的最高蘇維埃通過柯錫金（Aleksei N. Kosykin）連
　　　　任總理。

8, 12　尼克森簽署法律，將郵政部改為獨立的政府機構。

1970, 8, 22	副總統安格紐開始其對亞洲友好訪問的行程,此行包括南韓、南越、泰國及中華民國等國。
8, 28	泰國政府宣佈,將自南越撤退其為數一萬一千人的部隊。
9, 15	通用汽車公司(General Motors Co.)的三十四萬工人開始總罷工。
9, 18	以色列總理梅葉(Golda Meir)訪美,與尼克森會談中東問題。
9, 28	埃及總統納塞(Gamal Abdel Nasser)因心臟病突發逝世,得年五十二歲。
10, 5	尼克森于赴歐洲及地中海國家作為期八天的訪問後返美。
10, 12	尼克森宣佈,另批美軍四萬人將于聖誕節前自南越撤退。
10, 20	美國農藝專家波勞格(Norman E. Borlaug)獲諾貝爾和平獎。
10, 27	羅馬尼亞總統 Nicolae Ceausescu 結束其在美為期兩週的訪問旅行,離美返國。
11, 2	美國與蘇聯在芬蘭的赫爾辛基(Helsinki)恢復限制戰略武器的談判(Strategic Arms Limitation Talks, SALT)。
11, 3	美國中期選舉,民主黨繼續控制國會兩院。
11, 9	前法國總統戴高樂(Charles de Gaulle)病逝,享壽七十九歲。
11, 13	東巴基斯坦沿海地區被海濤席捲,造成二十萬人死亡,五十萬人無家可歸的大慘劇。
11, 23	國防部長賴德(Melvin Laird)宣佈,美軍的一個特種小組曾于本月 20 日空降北越的河內附近,企圖搶救美軍戰俘未果。
11, 25	內政部長希柯(Walter J. Hickel)因與總統意見不合,被尼克森免職。

1970, 11, 26　教宗保祿六世于訪問菲律賓時，在馬尼拉機場遇刺，險
　　　　　　　遭不測。

　　12, 8　　約旦國王胡笙訪美，與尼克森會商中東問題。

　　12, 14　　尼克森提名前德克薩斯州州長康納利（John B. Connal-
　　　　　　　ly）為財政部長。

　　12, 21　　最高法院判稱，將公民選舉年齡降至十八歲的聯邦法律
　　　　　　　合憲，但此項規定僅在聯邦選舉中有其適用，于各州及
　　　　　　　其他地方選舉中不適用之。

1971, 1, 12　柏瑞根神父（Rev. Philip F. Berrigan）及其同黨五人，
　　　　　　　因陰謀綁票尼克森總統的國家安全顧問季辛吉博士
　　　　　　　（Dr. Henry A. Kissinger），在賓州哈里斯堡（Harris-
　　　　　　　burg）的聯邦區域法院中被大陪審團判定為有罪。

　　1, 13　　尼克森任命現任聯邦郵政部長布龍特（Winton M.
　　　　　　　Blount）為新近改組完成的聯邦郵務公司（U.S. Postal
　　　　　　　Service）總裁。（著者按：郵政部原為聯邦政府的一
　　　　　　　部，自是以後改為一個獨立的國營公司，其首長亦不再
　　　　　　　為內閣中的一員。）

　　1, 15　　堪薩斯州共和黨參議員 Robert J. Dole 當選為共和黨全
　　　　　　　國委員會主席。

　　1, 19　　奧克拉荷馬州民主黨眾議員艾伯特（Carl Albert）當選
　　　　　　　為眾議院議長，前任議長麥考邁克（John W. McCormack）
　　　　　　　已于第九十一屆國會終了時宣告退休。
　　　　　　　同日，路易斯安那州民主黨眾議員波格斯（Thomas
　　　　　　　Hale Boggs, Sr.）當選為眾議院多數黨領袖。
　　　　　　　同日，紐約市警察終止其為時六日的大罷工。

　　1, 21　　麻薩諸塞州參議員愛德華・甘迺迪（Edward M. Kenn-
　　　　　　　edy）爭取連任參議院民主黨副領袖（Whip）失敗，其
　　　　　　　遺職由西維吉尼亞州民主黨參議員 Robert C. Byrd 當選

繼任，僉認為小甘政治前途上的一項重大挫折。

同日，參議院臨時議長喬治亞州的民主黨參議員羅素（Richard B. Russell）病故。自 1933 年以來，羅素連任參議員達三十八年，並曾任該院撥款委員會主席多年，為該院最具權威的議員之一。

1971, 1, 22　尼克森在其致送國會的國情咨文中，提出改革聯邦政府的建議，包括聯邦政府各部的歸併，國家收入由聯邦及各級地方政府共享，及新福利政策等革命性措施。

1, 29　尼克森向國會提出「出多于入」的預算咨文。依其建議，在 1972 年財政年度中，美國聯邦政府的總預算為二千二百九十二億美元，而同一年度的聯邦總收入估計為二千一百七十六億美元，「出多于入」達一百十六億美元。尼氏認為這種預算可促進經濟繁榮及充分就業。

2, 8　在美軍飛機大砲的全力掩護下，南越軍隊兩萬餘人攻入寮國境內，以摧毀該國境內「胡志明小徑」中的共黨補給中心。這一任務費時四十四日，于 3 月 24 日全部南越軍隊撤回其本國境內。

2, 9　美國太空艙阿波羅十四號（Apollo 14），由太空人謝巴德（Allan B. Shepard, Jr.）、米契爾（Edgar D. Mitchell）及羅薩（Stuart A. Roosa）三人駕駛，于赴月球作為期九日（1 月 31 日自佛羅里達州的甘迺迪角升空）的探測後，安全返抵地面。

同日，加州洛杉磯地區發生大地震，死六十餘人，傷千餘人，並造成財產上的重大損失。

2, 11　六十三國共同簽訂一項國際公約，禁止在各自的領海十二浬以外的海底裝設核子武器。美、英、蘇三國均為簽字國。

2, 21　颶風橫掃美國南部的路易斯安那、密西西比、田納西等

州，造成九十餘人的死亡。

1971, 3, 1　國會大廈中的參議院議員休息室，發生定時炸彈爆炸事
　　　　　件，室內的一角破毀，幸未造成傷亡，事後證明為反戰
　　　　　分子蓓根小姐（Leslie Bacon）所為。

3, 4　五十一歲的加拿大總理杜魯道（Pierre Elliott Trudeau）
　　　與二十二歲的辛克來（Margaret Sinclair）小姐結婚。

3, 8　美國現任重量級拳王佛雷齊（Joe Frazier）與前任拳王
　　　阿里（Muhammad Ali）在紐約市比賽，佛雷齊保持王
　　　座。此賽獎金為二百餘萬美元，為歷來拳賽獎金的最高
　　　者。

3, 16　前紐約州長及兩度共和黨總統候選人杜威（Thomas E.
　　　 Dewey）病故，享壽六十八歲。

3, 29　嬉皮領袖曼森（Charles Manson）及其同黨三人因謀殺
　　　 罪在加州洛杉磯法院判處死刑。

3, 31　美國陸軍中尉卡萊（William L. Calley），因在南越的
　　　 My Lai 濫殺無辜人民（1968 年 3 月 16 日）二十二人，
　　　 被軍事法庭判處無期徒刑。

4, 7　芝加哥市長戴利（Richard J. Daley）五度當選連任，開
　　　該市空前未有的紀錄。

4, 14　中共總理周恩來接見美國乒乓球隊十五人，並即席宣稱
　　　 該隊的訪問「為中、美人民關係展開一新頁」，是即
　　　 「乒乓外交」之由來。

4, 18　美國乒乓球隊結束為期七日的中國大陸訪問比賽。

4, 24　二十萬人在華府舉行反對越戰示威遊行，當場以擾亂秩
　　　 序罪被捕者達萬餘人，為美國歷史上一次被捕者的新紀
　　　 錄。

5, 5　美金幣值在歐洲發生危機，西德、瑞士、比利時、荷
　　　蘭、奧地利等五國的中央銀行，同時撤銷其對美金的支

持，並關閉其外幣兌換市場。

1971, 5, 8　國務卿羅吉斯（William P. Rogers）結束為時八日的中東訪問返美，對該地區的和平前途表示樂觀。

5, 13　越戰和談滿四週年，仍無實質進展可言。

同日，美國三位黑人陸軍上校同時晉升為准將，旨在冲淡美國軍中的種族歧視。他們是：Oliver W. Dillard、James F. Hamlet 及 Roscoe C. Cartwright。

5, 19　參議院以六十一票對三十六票，否決該院民主黨領袖曼斯菲爾德（Mike Mansfield）所提將駐歐美軍自三十萬人減為十五萬人的議案。

6, 1　尼克森發表強硬聲明，對吸毒分子將採取嚴厲處置。

6, 10　尼克森解除對中國大陸為期二十一年的禁運限制。

6, 12　尼克森的長女 Patricia（二十五歲）與二十四歲的科克斯（Edward Finch Cox）在白宮舉行婚禮。

6, 17　美國與日本簽訂條約，明定美國將于 1972 年將琉球（Okinawa）歸還日本。

6, 30　憲法修正案第二十六條（將選民年齡自二十一歲降低至十八歲）經三十八州批准生效。

同日，最高法院以六票對三票裁定，紐約時報（The New York Times）及華盛頓郵報（Washington Post）對國防部有關越戰秘密文件（Pentagon Papers on Vietnam War）的刊登，應受憲法修正案第一條新聞自由的保障。著者按：此項秘密文件係由麻省理工學院（MIT）研究員艾斯堡（Daniel Ellsberg）向紐約時報提供，紐約時報將其要點自 6 月 13 日起在該報連續刊登三日。其後華盛頓郵報（6 月 18 日）與波士頓環球報（Boston Globe）（6 月 22 日）亦相繼刊載其中部分資料。司法部以事關國防機密，不容洩漏，乃要求法院頒發禁令，

阻止其繼續刊行。本案于 6 月 25 日上達最高法院，而于 6 月 31 日作成上述裁定。投票時反對的三位法官為院長 Warren E. Burger、Harry Blackmun 及 John M. Harlan，前二人為尼克森總統所任命。

1971, 7, 1　聯邦郵務公司（U.S. Postal Service）正式成立，歷時一百八十二年的聯邦郵政部自是廢止。

7, 9-11　尼克森總統的國家安全顧問季辛吉與中共總理周恩來在北京作為時三日的秘密會談。

7, 15　尼克森在加州的臨時白宮宣佈，他已應中共總理周恩來的邀請，將於 1972 年 5 月前的適當時機訪問中國大陸。

7, 26　美國太空艙阿波羅十五號（Apollo 15），由太空人 David R. Scott、James B. Irwin 及 Alfred M. Worden 駕駛，在佛羅里達州的甘迺迪角升空，作探測月球之壯舉。

7, 28　美國宣佈停止對中國大陸的空中偵察。

7, 31　美國在巴黎越戰和談的首席代表布魯斯（David K. E. Bruce）辭職，尼克森任命美國駐韓大使波特（William J. Porter）繼任。

8, 2　美國政府宣佈，支持中共進入聯合國。

8, 5　美國與蘇聯向聯合國裁軍會議提出禁止細菌戰的十四點條約草案。

8, 11　紐約市長林西（John V. Lindsay）宣佈脫離共和黨，加入民主黨。

8, 15　尼克森宣佈：凍結國內工資及物價九十天，增課進口物品附加稅 10%，延緩聯邦公務員加薪，藉以穩定物價。

8, 16　紐約證券市場狂熱交易，一日之中股票買賣達三千一百七十萬股，為前所未有的最高紀錄。

8, 20　因在越南的 My Lai 濫殺無辜平民而被判處無期徒刑的卡萊中尉，減為二十年有期徒刑。

1971, 9, 3　　美、英、法、蘇四國外長簽訂一項有關西柏林未來地位
　　　　　　　的協定。

9, 8　　耗資七千萬美元的「甘迺迪藝術表演中心」（John F.
　　　　Kennedy Center for Performing Arts）在華府落成揭幕。

9, 11　　前蘇聯總理赫魯雪夫（Nikita S. Khrushchev）在莫斯科
　　　　病亡，享年七十七歲。

9, 13　　紐約州 Attica 的監犯一千二百人暴動，造成看守及監犯
　　　　三十人的死亡。

9, 16　　發行三十四年的展望雜誌（Look）宣佈停刊。

9, 23　　最高法院法官哈蘭（John M. Harlan）宣佈退休。哈氏
　　　　現年七十二歲，在任十六年。

9, 25　　最高法院法官布拉克（Hugo L. Black）病故，享壽八十
　　　　五歲，在任三十四年。

9, 27　　日皇裕仁（Emperor Hirohito）于前往歐洲訪問途中，
　　　　取道阿拉斯加的 Anchorage 與尼克森總統作短暫的會
　　　　晤。此為日皇第一次履臨美國領土，亦為美國總統第一
　　　　次訪晤日本天皇。

10, 1　　佔地一百畝，耗資四億元，位于佛羅里達州 Orlando 的
　　　　「華德狄斯耐世界」（Walt Disney World）竣工揭幕，
　　　　其新穎奇妙勝于西岸洛杉磯的「狄斯耐樂園」（Disney
　　　　Land）。

10, 12　　尼克森宣佈，將于 1972 年 5 月訪問莫斯科。
　　　　同日，前國務卿艾契遜（Dean Acheson）病故，享壽七
　　　　十八歲。

10, 17　　匹茲堡的海盜隊（Pirates）擊敗巴的摩爾的金鶯隊
　　　　（Orioles），得 1971 年世界棒球大賽（World Series）
　　　　的冠軍。

10, 20　　季辛吉抵北京，作為期一週的訪問，就尼克森的明年訪

問中國大陸事與中共有關方面有所安排。

1971, 10, 21	尼克森提名前美國律師公會理事長 Lewis F. Powell 及現任助理司法部長 William H. Rehnquist 為最高法院法官。
10, 25	聯合國大會以七十六票對三十五票，十七票棄權，通過中共入會。中華民國政府于舉行表決前宣佈退會。
11, 4	美國三項官方人口研究報告同時顯示，美國的人口增加率急劇下降。
11, 5	美國政府宣佈，將以價值一億三千五百萬美元的家畜飼料售與蘇聯。
11, 6	美國在阿拉斯加的 Amchitka Island 試驗威力強大的地下核子彈爆炸。
11, 12	尼克森宣佈，在 1972 年 2 月以前，美國將再自南越撤軍四萬五千人，屆時美國在南越的軍隊將僅有十三萬九千人。
11, 19	東京為時六日的反對美、日琉球條約大暴動達于最高潮，一人死亡，一千七百八十五人被捕。
11, 25	美國劫機事件出現新奇怪異花樣，一架西北航空公司噴射客機在西海岸的飛行途中被劫持，劫機者于勒索二十萬元後，以降落傘跳下地面逃脫。
12, 3	印度與巴基斯坦爆發戰爭。
12, 6	美國譴責印度為印、巴戰爭的侵略者，並終止其對印度的八千七百六十萬元的經濟發展貸款，以示懲戒。 同日，印度承認東巴基斯坦為獨立的孟加拉（Bangladesh）國。
12, 7	聯合國大會通過決議，要求印、巴立即停火。
12, 16	東巴基斯坦軍事指揮官向印軍無條件投降。
12, 17	巴基斯坦宣佈接受停戰條款，印、巴戰爭結束。
12, 18	美國宣佈美金貶值 8.57%。

1971, 12, 21　奧地利駐聯大首席代表華德翰（Kurt Waldheim）當選為聯合國秘書長，前秘書長緬甸籍的宇譚（U Thant）業已辭職。

1972, 1, 4　緬因州參議員穆斯基（Edmund S. Muskie）宣佈，將爭取今年民主黨總統候選人提名。

1, 7　尼克森正式宣佈，將競選連任總統，但不擬參加今年各州的總統初選。

同日，尼克森與日本首相佐藤榮作（Eisaku Sato）達成協議，美國將于本年 5 月將琉球交還日本。

1, 9　美國神秘富翁休士（Howard R. Hughes）在巴哈馬（Bahamas）的旅館中，以電話向好萊塢新聞界招待記者，除簡略描述他的近況外，並表示即將由生活雜誌及 McGraw-Hill 書局聯合出版的一本他的自傳為一騙局。

〔著者按：此一傳記的作者名艾爾文（Clifford Irvin），他自稱此書乃係他根據與休士多次秘密晤談的結果所寫成，並據此向上述二出版公司騙得稿費七十五萬美元。因休士自己的否認，引起出版公司的懷疑，乃請律師進行調查，發現果為一騙局，艾爾文並因此被紐約法院判處徒刑，而成為本年內轟動全美的一件大新聞。〕

1, 10　明尼蘇達州參議員韓福瑞（Hubert H. Humphrey，即前任副總統）正式宣佈，將爭取民主黨總統候選人提名。

1, 13　阿拉巴馬州長華萊士（George C. Wallace）登記參加佛羅里達州民主黨總統候選人初選，並謂今年將不再以第三黨候選人身分問鼎白宮。

同日，尼克森宣佈，在本年 5 月 1 日以前，美軍將再自南越撤回七萬人，屆時留越美軍僅餘六萬九千人。

1, 20　尼克森向國會宣讀國情咨文，強調兩黨合作為人民解決迫切問題。

1972, 1, 25　紐約州民主黨黑人眾議員齊壽夫人（Shirley Chisholm）宣佈，將爭取今年民主黨總統候選人提名，為黑人婦女爭取美國主要政黨總統候選人的第一次。

同日，尼克森公佈結束越戰的具體建議，包括全面停火，外國軍隊于停火後的六個月內撤回本國，阮文紹總統辭職，及重新由人民選舉組織越南新政府等要點。

1, 27　蘇聯宣佈，該國在 1971 年的鋼鐵產量已超過美國，而成為世界最大的鋼鐵生產國。

同日，商務部長史坦斯（Maurice H. Stans）辭職，轉任尼克森競選連任的籌款委員會主席。其遺職由彼德森（Peter G. Peterson）繼任。

2, 7　尼克森簽署聯邦選舉競選費用法（Federal Election Campaign Act，規定自本年 4 月 7 日起正式生效），限制競選聯邦公職者，其用于大眾傳播工具的廣告費用，不得超過各該選區選民每人的一角錢。

2, 9　尼克森對國會致送外交咨文，以甚大篇幅討論其對中共政策改變的要素。

2, 10　尼克森在白宮舉行最近三個月來的第一次記者招待會，就其即將到來的中國大陸之行有所釋明。

2, 14　尼克森下令進一步解除對中共貿易的限制，使其限制與美國所加諸蘇聯者相等。

2, 15　司法部長米契爾（John N. Mitchell）辭職，轉任尼克森競選連任委員會主席。其遺職由該部副部長克林登斯特（Richard G. Kleindienst）升任。

2, 18　加州最高法院以六票對一票判認，死刑因過於慘酷應在該州廢止。

2, 20　尼克森抵北京訪問，並于當晚與中共主席毛澤東作一小時的會談，參加會談者中共為周恩來，美方為季辛吉，

因國務卿羅吉斯未與會，引起美國人民普遍的不滿。

1972, 2, 21　尼克森在北京人民大會堂的一項歡迎酒會中致詞稱：美國與中共正開始一項走向和平但保持各自歧見的「長征」（Long March）。

2, 24　尼克森在過去數日中曾與周恩來舉行為時二十四小時的會談。

2, 25　尼克森結束北京之行，由周恩來陪同轉往杭州、上海參觀。

2, 27　尼克森與周恩來在上海發表聯合公報，彼此尊重對方的歧見，美國瞭解臺灣為中國的一部分（未明示屬於臺灣海峽兩邊的那一個中國），並承認周恩來的和平共存五原則。

2, 29　蘇聯對尼克森的中國大陸之行表示關切，並懷疑華府與北京之間有暗盤交易。

3, 7　新漢普夏州總統初選，民主黨爭取總統候選人提名的緬因州參議員穆斯基未獲預期的勝利，另一民主黨候選人南達科他州的參議員麥高文（George McGovern）所得的票數則遠較預期為多，使前者的聲望遭受重大打擊，而後者的聲望則頓形增高。

同日，共和黨爭取總統候選人提名的加州眾議員麥克勞斯基（Paul McCloskey）因在新漢普夏州的共和黨初選中所得的票數未超過20%，自覺無望，宣佈退出競選。

3, 9　美國政府接獲報告，中共總理周恩來曾與北越總理范文同（Pham Van Dong）舉行會談，周除對范解釋尼克森訪問北京的一般情勢外，並保證中共未向美國就越戰問題作任何暗中承諾。

3, 10　美國與中共達成協議，以巴黎為雙方繼續談判的地點，並以雙方駐法大使為接觸對象。三日後，雙方大使即開

始一連串的會談。

1972, 3, 14　阿拉巴馬州長華萊士在佛羅里達州的民主黨初選中獲壓
　　　　　　倒性勝利。

3, 16　尼克森在一項全國性的電視演說中，要求國會通過法
　　　　律，終止以公車載運學童的方法以達到黑、白合校的目
　　　　的。

3, 21　最高法院判稱：各州規定以在各該州住滿一年及在各縣
　　　　住滿三個月為其選民投票要件之法律為違憲，該院認為
　　　　此種要件以三十天為適度。

4, 3　尼克森簽署一項法律，將黃金每盎司的價格自美金三十
　　　五元提高至三十八元，即美金每元的價值貶低 8.57%。

4, 4　美國正式承認孟加拉（Bangladesh，即以前的東巴基斯
　　　坦）為一獨立國。

4, 10　尼克森簽署法律，准許美國屬地關島（Guam）及處女
　　　　島（Virgin Islands）在聯邦眾議院派遣無投票權的代
　　　　表。（按：美國另一屬地波多黎各早有此類代表常駐聯
　　　　邦眾議院。）

4, 16-27　美國太空艙阿波羅十六號（Apollo 16），由太空人 John
　　　　　W.Young、Thomas K. Mattingly 及 Charles Duke 駕駛，
　　　　　飛往月球作進一步探測，于 27 日安全返抵地球。

4, 27　緬因州民主黨參議員穆斯基宣佈，由於過去數週在各州
　　　　初選中節節失利，決定不再爭取今年民主黨總統候選人
　　　　提名。
　　　　同日，美國黑豹黨（Black Panther Party）宣佈支持黑人
　　　　眾議員齊壽夫人爭取民主黨總統候選人提名。

5, 2　聯邦調查局（Federal Bureau of Investigation，簡稱 FBI，
　　　屬司法部）局長胡佛（John Edgar Hoover）病故華府寓
　　　所，享壽七十七歲。自 1924 年以來，胡佛一直擔任此

職，為時四十八年，歷經柯立芝、胡佛、羅斯福、杜魯門、艾森豪、甘迺迪、詹森及尼克森等八位總統，堪稱八朝元老，亦為美國聯邦政府高級官員中任職最久者。

1972, 5, 3　尼克森任命助理司法部長格雷（L. Patrick Gray）代理聯邦調查局長。

5, 5　共和黨全國委員會決定將該黨今年全國大會的召開地點自加州的聖地牙哥（San Diego）改為佛羅里達州的邁阿密（Miami）。

5, 8　尼克森召開國家安全會議，討論日益惡化的越戰局勢。

5, 9　尼克森宣佈在海防（Haiphong）及北越的其他六個港口的海外佈置水雷，以阻止俄援武器進入北越，藉以挽救南越的危局，因此一非常措施距尼克森未來訪問蘇聯之行不過兩週，僉信蘇聯可能取消其訪問。但蘇聯當局對此保持緘默，而尼克森的國家安全顧問季辛吉則謂此乃「計算好的危險」（calculated risk），言下此舉雖有損蘇聯顏面，于尼克森之訪問並無妨礙，其後事實證明果然其言不虛。尼克森與季辛吉在外交設施上的考慮周密，堪稱出神入化，令人叫絕。

5, 14　美國正式將琉球交還日本。

5, 15　阿拉巴馬州長華萊士在馬里蘭的 Laurel 從事競選活動時被 Arthur Bremer 行刺重傷，華氏身中數槍，幸未致命，但下半身從此癱瘓，無法行走。

同日，財政部長康納利（John B. Connally，民主黨要員）辭職，尼克森任命修資（George Shulz）繼任。

5, 22　尼克森抵莫斯科，此為美國總統第一次訪問蘇聯。他于抵步後與俄共頭子布列茲涅夫（Leonid Brezhnev）舉行兩小時的會談。

1972, 5, 23　尼、布繼續會談五小時，並簽訂兩國合作研究改善衛生

健康的協定（Agreement on Cooperation in the Field of Health），及合作改善環境的協定（Agreement on Environmental Cooperation）。

5, 24　尼克森與蘇聯當局簽訂兩國合作發展太空的協定（Agreement on Cooperation in Space），及合作發展科學技術的協定（Agreement on Cooperation in Science and Technology）。

5, 25　美國與蘇聯簽訂共同防止海難的協定（Agreement on Prevention of Incidents Involving Warships）。

5, 26　尼克森與布列茲涅夫在莫斯科簽訂限制反洲際飛彈系統條約（Treaty on the Limitation of Antiballistic Missile Systems），及限制攻擊性飛彈的臨時協定（Interim Agreement on Offensive Missiles）。

5, 28　尼克森在莫斯科向蘇聯人民發表電視廣播演說。

5, 29　尼克森總統與俄共書記長布列茲涅夫在莫斯科發表共同宣言及聯合公報，保證兩國在太空、科學、技術、經濟、貿易及文化教育上的合作，限制軍備及和平共存。

5, 30　尼克森自蘇聯飛抵伊朗訪問。

5, 31　尼克森自伊朗飛抵波蘭訪問一天。

6, 1　尼克森自歐返美，受到美國朝野熱烈歡迎。他于抵步後即自機場逕赴國會大廈，向兩院聯席會議報告其訪蘇經過。

6, 4　以綁票、謀殺等罪被控的黑人女子戴葳絲（Angela Davis）被法院判認無罪。

6, 6　民主黨總統候選人麥高文在新澤西、新墨西哥、南達科他及加州等四州的初選中同時獲勝。

6, 10　南達科他的黑山（Black Hill）地區豪雨成災，一百五十人喪生，五千人無家可歸。

同日，季辛吉在日本宣佈，日本仍為美國亞洲政策的主幹，並謂中共將不致以武力攫取臺灣。

1972, 6, 14　蘇聯主席包格尼（Nikolai Podgorny）訪問河內，他于18日返國時宣稱，巴黎的越戰和談即將恢復。

6, 16　以偽造美國百萬富翁休士自傳被控的艾爾文被判處兩年徒刑，其妻愛迪絲（Edith）則處刑兩月。

6, 17　與共和黨全國委員會有關的巴克（Bernard L. Barker）、麥柯德（James W. McCord）及他們的同黨另外三人，因偷入華府民主黨總部裝設秘密竊聽器，被警察逮捕，此即轟動全美的 Watergate Case（Watergate 乃民主黨總部所在地，故名）。

6, 20　麥高文續在紐約州初選中獲勝，奠定其獲取民主黨總統候選人提名的穩固基礎。同日，尼克森提名駐越美軍統帥艾布蘭（Creighton W. Abrams）為陸軍參謀長。

6, 23　美東地區的紐約及賓州等地豪雨成災，數十萬人無家可歸，財產損失達數十億美元，為美國歷史上最大的水災，就中又以賓州的災情最重。

6, 29　最高法院以五票對四票判稱，各州法律所規定的死刑為違憲，即死刑應在美國廢止。

7, 7　最高法院裁定：各黨提名總統候選人的政治程序不受司法干涉，故民主黨資格審查委員會有關該黨出席全國大會的代表資格糾紛案，應不受理。

7, 10-13　民主黨全國大會在邁阿密舉行。

7, 12　南達科他參議員麥高文當選民主黨總統候選人提名。

7, 13　密蘇里州參議員伊格頓（Thomas F. Eagleton）當選民主黨副總統候選人提名。

7, 19　美國工會聯盟（AFL-CIO）宣佈，在今年大選中將採取中立政策，既不支持民主黨候選人麥高文，亦不支持共

和黨候選人尼克森。按該聯盟向為民主黨的支持者，此
一決定實為對麥高文的一項重大打擊。

1972, 7, 22　尼克森明白宣佈，將仍以安格紐為今年共和黨的副總統
候選人，以澄清外界的各種謠傳。

7, 25　民主黨副總統候選人伊格頓向記者表示，他在 1961 年
至 1966 年期間，曾經因精神衰弱住院治療三次，並曾
接受電療。此一聲明使全國為之震驚，但麥高文仍表示
百分之一千（1000%）支持他為候選人。

7, 29　阿拉巴馬州長華萊士宣佈，因健康關係，今年將不以第
三黨候選人的身分競選總統。

7, 31　伊格頓被迫放棄民主黨副總統候選人的身分。

8, 3　參議院通過美、蘇限制反洲際飛彈系統條約。

8, 4　企圖行刺華萊士的兇手 Arthur Bremer 被判處六十三年
徒刑。

8, 8　民主黨全國委員會在華府舉行的一項特別會議中，選舉
斯乃佛（Sargent Shriver）為該黨副總統候選人，以補
伊格頓的遺缺。

8, 21-23　共和黨全國人會在邁阿密舉行。

8, 22　尼克森以一千三百四十七票對一票當選共和黨副總統候
選人提名。

8, 23　安格紐當選共和黨副總統候選人提名。

8, 26　第二十屆世界運動會在西德的慕尼黑（Munich）揭幕。

8, 31　尼克森與日本首相田中角榮（Kakui Tanaka）在夏威夷
舉行為期兩日的會談。

9, 1　尼克森與田中會談結果，發表聯合公報，美方認為田中
未來中國大陸之行有助于亞洲地區緊張局勢的緩和，日
方承諾在未來兩年中將以十一億美元購買美方貨品，以
減少美國在國際貿易上的入超差額。

1972, 9, 5	八名阿拉伯游擊隊分子在慕尼黑世運村行兇，槍殺兩名以色列世運代表，並綁架另外九人，以交換以色列所監禁的二百名阿拉伯游擊隊為條件。9月6日西德政府當局以送他們出境為名，用三架直升機載往機場，隨即在機場展開槍戰，五名游擊隊分子被擊斃，另三人被捕，而九名被綁架的以色列世運代表，亦全部被游擊隊分子用手榴彈炸死于直升機中。造成轟動世界的大新聞。

9月10日，聯合國安理會欲通過一項決議，要求以色列停止對敘利亞及黎巴嫩等阿拉伯國家的報復，但為美國所否決，此為聯合國有史以來美國在安理會所行使的第二次否決權。

9, 11	民主黨全國委員會主席 Lawrence F. O'Brien 向法院提出控告，除要求五名被捕分子賠償該黨一百萬元損失外，並將尼克森競選連任籌款委員會主席 Mauric Stans 列為另一被告，且要求其賠償三百萬美元，因前述被捕分子皆與該委員會有關也。此為美國大選年典型的穢聞之一。
9, 16	共和黨總統、副總統候選人公佈財產數字，尼克森的私有財產數字為七十六萬五千一百十八元，安格紐為十九萬八千二百五十元。民主黨總統候選人麥高文的財產則已在較早時公佈，計為二十七萬一千六百元。
9, 26	參議院以四十五票對四十二票否決一項議案，該案規定，如北越釋放美國戰俘，則美軍立即全部自南越撤退。因其不計和談成敗，但求戰俘歸還，為尼克森所反對，故該案的遭否決，為尼克森的一大勝利。
9, 29	日本首相田中與周恩來在北京結束為期五日的會談，發表聯合公報，中共對日本放棄戰爭賠償權，日本承認臺灣為中國不可分割的一部分，且立即與中共建交，並同

時斷絕與中華民國的外交關係。

美國官方對日本此舉保持緘默，不置可否，但一般人民多認為此乃日本企圖擺脫美國拘束的先聲。

1972, 10, 3　蘇聯外長葛羅米柯抵美訪問兩天，並在大衛營就尼克森訪問莫斯科時的未了事項與尼克森有所磋商。

10, 12　中共醫生十一人，應美國醫學會的邀請，抵美訪問三週。

同日，紐約教育委員會發表調查報告，謂紐約市的中學生的 45% 有吸毒嗜好。

10, 16　眾議院民主黨領袖波格斯（Hale Boggs）及阿拉斯加州民主黨眾議員 Nick Begich，在阿拉斯加從事競選活動時，在自 Anchorage 飛往 Juneau 的途中飛機失蹤，咸信業已墜機死亡。

10, 25　河內電臺廣播稱：北越已與美國就越戰和平問題達成九點協議，除將其要點全部公佈外，並謂美國已同意在本月 31 日以前簽字。

10, 26　尼克森的國家安全顧問季辛吉在華府舉行記者招待會，謂「和平已在手掌中」（Peace is at hand.），他承認河內電臺昨日所公佈的停戰協定的九項要點，與事實無多大出入，但謂尚須經過至少一次會談，始能確定協定全文，故美國尚不能簽字。

10, 27　南越外長向記者表示，該國政府對美國與北越所達成的所謂九點協議，不能完全同意。

同日，北越在巴黎的和談代表指控美國缺乏和平誠意，故意拖延簽字的時間。

11, 1　南越總統阮文紹向其國人廣播，對停戰協定草案猛烈抨擊，謂此一停戰協定乃是要南越向共產黨投降。

11, 2　尼克森在一項全國性的電視廣播中宣稱：除非有關停戰

協定的各項歧見全部獲得適當解決，美國將不在停戰協定上簽字。

1972, 11, 5　美國兩大民意測驗機構發表其對大選結果之預測。蓋洛普調查所（Gallup Poll）預測：尼克森將得 62%的票，麥高文將得 38%的票。哈里斯調查所（Harris Poll）預測：尼克森將得 61%的票，麥高文將得 39%的票。

11, 7　美國大選，尼克森當選連任總統。

選舉結果如下：

總統	普選票：	尼克森	47,168,963（61%）
		麥高文	29,169,615（38%）
	總統選舉人票：	尼克森	521（97%，49 州）
		麥高文	17（3%，麻州及華府）
國會	眾議院：	民主黨	243（較上屆減 13 席）
		共和黨	191（增 13 席）
		獨立派	1
	參議院：	民主黨	57（增 2 席）
		共和黨	43（減 2 席）
州長		民主黨	31（增 1 席）
		共和黨	19（減 1 席）

11, 14　麥高文在一項記者訪問中說明其落選的三大原因：(1)華萊士退出競選，其支持者全部轉向尼克森。(2)副總統候選人臨陣易將，招致人民的不滿。(3)接受提名演說的時間太遲（清晨二時三十分），使大部分人民無法聆聽。

11, 15　國務院宣佈，加拿大、印尼、波蘭及匈牙利已原則上同意擔任越戰停火監督委員會委員。

11, 20-25　美國與北越在巴黎恢復秘密談判，但未達成具體協議，雙方同意 12 月 4 日繼續再談。

11, 30　白宮宣佈，羅吉斯將留任國務卿。

1972, 12, 8　尼克森完成新閣人選。

國務卿　William P. Rogers（留任）。

國　防　Elliot L. Richardson（新任）。

財　政　George P. Shulz（留任）。

內　政　Rogers C. B. Morton（留任）。

司　法　Richard G. Kleindienst（留任）。

衛生教育福利　Caspar W. Weinberger（新任）。

勞　工　Peter J. Brennan（新任）。

商　務　Frederick B. Dent（新任）。

交　通　Claude S. Brinegar（新任）。

農　業　Earl G. Butz（留任）。

房屋及都市發展　James T. Lynn（新任）。

12, 9　民主黨全國委員會主席 Mrs. Jean Westwood，因辦理大選失敗，引起黨內各方指責，被迫辭職，由 Robert Strauss 繼任。

12, 13　巴黎和談再陷僵局。

12, 18　美機恢復轟炸北越及封鎖海防港口，引起國內外猛烈抨擊。

12, 19　美國太空艙阿波羅十七號（Apollo 17），由 Eugene A. Cernan、 Harrison H. Schmitt 及 Ronald E. Evans 駕駛，結束為期十二天（12 月 7 日升空）的月球之旅，安全返抵地面。美國探測月球的計劃從此告一段落，全部用費高達二百五十億美元。

12, 21　尼克森任命原子能委員會委員 James R. Schlesinger 為中央情報局（CIA）局長。

12, 26　前總統杜魯門病逝，享壽八十八歲。

同日，生活雜誌（Life）宣佈停刊。

12, 30　美國停止轟炸北越，和談將于下月 8 日恢復。

1973, 1, 3　　第九十三屆國會第一會期在華府開議。

1, 8　　巴黎和談恢復。

1, 8-10　　美國與北越專家，就停戰協定的各項技術問題，進行明細會商。

1, 11　　尼克森宣佈，解除物價與工資的強迫控制，但仍希望人民自動遵守聯邦政府所設立的標準，以維護經濟的穩定及發展。

1, 20　　尼克森在華府就職連任，在其就職演說中，除強調和平共處的重要及繼續信守與各國所訂的條約外，並提出一句名言：「讓我們每一個人不要問政府將為我做些什麼，而要問我能為我自己做些什麼？」（Let each of us ask not just what will government do for me, but what can I do for myself？）

1, 22　　前總統詹森以心臟病逝世，享壽六十四歲。詹森的去世，使美國歷史上第六度出現沒有前任總統的時期。第一次是第二任總統亞當斯時代，在他任期屆滿前，華盛頓總統去世。其餘五次為格蘭特、本傑明・哈里遜、老羅斯福、胡佛及今日的尼克森。

同日，最高法院以七票對二票判稱，各州禁止懷胎三個月以內的婦女打胎的法律為違憲，即承認打胎為合法行為。

1, 23　　尼克森于晚十時在向全國的電視廣播中宣佈，越南停戰協定已談判完成，將于 27 日（星期六）在巴黎簽字，並于簽字後立即全面停火。

1, 27　　停戰協定于下午七時（美東時間）在巴黎簽字，越戰正式結束。

2, 7　　參議院成立一個特別委員會調查「水門事件」（Water-gate Affair）。

5, 18　　考克斯（Archibald Cox）被任為「水門事件」的特別檢

察官。

1973, 10, 10 　安格紐副總統（Vice President, Spiro T. Agnew）因逃稅
　　　　　　　案被迫辭職。

10, 20 　司法部長理查遜（Elliot L. Richardson）及助理部長洛
　　　　　　克豪斯（William Ruckelshaus），因拒絕執行尼克森的
　　　　　　命令，免除考克斯的特別檢察官的職務，同時辭職。

12, 16 　福特（Gerald R. Ford）繼任副總統。

1974, 1, 4 　尼克森拒絕參議院的要求，向特別委員會提供有關水門
　　　　　　事件的文件及錄音帶。

2, 6 　眾議院授權該院司法委員會，研議對尼克森提出彈劾案
　　　　　（Impeachment）。

3, 1 　七位尼克森的前任助理，因水門事件中的罪行，被提起
　　　　　公訴。

5, 7 　聯邦政府設立聯邦能源總署（Federal Energy Administ
　　　　　ration）取代過去的能源辦公室（Federal Energy Office）。

6, 3 　聯邦最高法院，以五票對三票判定，女人應與男人同工
　　　　　同酬。

7, 3 　尼克森在莫斯科與蘇聯簽訂限制核武協定。

7, 27-30 　眾議院司法委員會，經過數月的調查與聽證（Hear-
　　　　　　ings），向全院委員會提出彈劾尼克森總統的建議，罪
　　　　　　名包含三項：在水門事件中防害司法、濫用總統權力、
　　　　　　藐視國會。

8, 5 　根據本日公佈的有關水門事件的資料及白宮對此事件的
　　　　　談話錄音，證明尼克森曾指示聯邦調查局（FBI），終
　　　　　止對水門事件的調查。

8, 8 　晚上九時，尼克森在電視演講中，宣佈辭去總統職務，
　　　　　並於 9 日正午生效。

37.3 異聞趣事

——尼克森是在加利福尼亞州出生的第一位總統。

——他是第一位訪問中國的在任總統。

——他是美國歷史上第一位辭職的總統。

——他是第一位被其繼任者赦免其罪行的總統。

——他是第一位根據憲法修正案第二十五條，提名其副總統的總統。

——他是第二位被眾議院通過彈劾案的總統，第一位是第十七任總統安德魯‧詹森（Andrew Johnson）。但彈劾案均未在參議院通過。

——他是曾任副總統的第十二位總統，在他之前，有八位副總統是因總統亡故而繼任總統，他們是：泰勒、費爾摩、安德魯‧詹森、亞瑟、西奧多‧羅斯福、柯立芝、杜魯門及林頓‧詹森。其他三位是由副總統競選總統成功，他們是約翰‧亞當斯、傑佛遜及范布倫。

——他是于競選總統失敗（1960）後，經過八年，東山再起（1968），而卒告成功的美國唯一總統。在他之前，傑佛遜、傑克遜、威廉‧亨利‧哈里遜及克利夫蘭四人于競選總統時，均曾失敗過一次，但他們都是事隔四年即捲土重來而告當選者，與尼克森的情形似同而實異。

——尼克森少時，家庭甚為清寒，他的父親賴經營加油站及小雜貨店為生。因家口眾多，收入有限，經濟常感拮据。故尼氏自幼養成克勤克儉的精神，在校求學時，更是拚命努力，以期出人頭地，藉符父母厚望。他在惠第爾學院畢業時，名列全班第二，其後又以第三名畢業于杜克大學法學院。每當他的成績寄達家中時，他的父母總是興奮萬狀，備致嘉慰，而尼克森自己則總以未能得到第一名為憾，但他看到自己的成績能博父母一粲，也就心安理得了。

——他的功課出人頭地，活動也不後人，尤喜參加各種辯論會，並

曾榮獲多項演講比賽的獎品。他在大學讀書時，曾擔任各種學生社團的幹事，包括惠第爾學院的學生會長及杜克大學法律學會的主席。他也喜歡演話劇，只要有機會，總要插上一角，他的這一嗜好維持了許多年，直至在惠第爾做律師時，仍然樂此不疲。

——他和他的太太白蒂（Pat）就是在一業餘話劇社認識的。那是1937 年的事，尼克森剛從杜克大學法學院畢業，在惠第爾做律師。白蒂則剛從南加州大學畢業，在惠第爾高中教打字。他們同屬 Whittier Little Theater 的社員，有一次該社要演出一幕話劇，劇名叫「黑塔」（The Dark Tower），尼克森與白蒂均在劇中擔任一角，當第一次排演時，尼克森經人介紹與白蒂見面，一時驚為天人，為之傾倒，他情不自禁，當晚即向她求婚。白蒂以其過於冒失，啼笑皆非，當場加以拒絕，但尼克森不以為意，仍然窮追不捨，白蒂為他的傻勁所感動，終於在三年後與他結婚。事後據尼克森自己說，他畢生不作未經考慮過的事，向白蒂求婚乃是唯一的例外，因為她實在太動人了。

——他在杜克大學法學院畢業後，曾向紐約幾家大律師事務所申請做見習員，均未成功。他急于就業謀生，聽說聯邦調查局的待遇不錯，乃向該處申請工作，並請他的業師杜克大學法學院院長哈雷克（H. Claude Horack）寫推薦信給聯邦調查局長胡佛（J. Edgar Hoover），信中有關尼克森能力的一段，迻譯如下：「尼克森是我畢生最好的學生之一，他能力卓越，辯才無礙，辦事機警而有衝勁，且能從事獨立研究工作。」胡佛接信後曾通知尼克森前去個別談話，並表示願意考慮錄用，但須先經過一次考試。尼克森仔細衡量後，覺得自己的個性不適于擔任聯邦調查局的工作，臨時決定不去應試，而返回加州的老家，全力準備律師考試，于 1937 年 10 月間順利通過，同年 11 月即開始在惠第爾執行律師業務。這是他一生事業的轉捩點，假如他當年

去聯邦調查局服務，決無擔任國會議員的機會，更遑論當選副
總統及總統了。

——1946 年 11 月尼克森當選加州的聯邦眾議員，時年三十三歲。因
為資歷淺，被派擔任眾議院較為次要的教育及勞工委員會委員。
在這裏他初次認識麻薩諸塞州選出的聯邦眾議員甘迺迪。甘氏
也是初次當選，較尼克森尤為年輕，時僅二十九歲。兩人同屬
少壯派，精力充沛，喜愛表現，但彼此立論的觀點則截然不同。
尼克森偏于保守，甘迺迪傾向自由，每遇重要立法辯論，他們
總是各持所見，互相指斥，爭得面紅耳赤。1947 年，以限制工
會權力為主的塔虎脫哈特萊法〔Taft-Hartley Act，該法常被引用
為 Taft-Hartley Act，因他們兩人是原始提案人，實則其正式名
稱為勞資關係法（Labor-Management Relations Act）〕，交由該
委員會審查，尼克森主張通過（今日美國工會不喜尼克森並非
偶然），甘迺迪力表反對（當年甘氏競選總統時受到工會的全
力支持也是其來有自）。當賓州的 McKeesport 召開民眾大會對
該法案舉行公開辯論時，尼克森與甘迺迪同被邀請前往參加。
在這次辯論大會中，尼氏的意見較佔上風，獲得多數人的讚揚。
不意十三年後（1960 年），這兩位當年眾議院的新手議員，分
別代表共和民主兩黨，角逐美國總統。而這次當他們在電視上
展開另一次公開辯論時（詳見第三十五任總統甘迺迪的異聞趣
事），尼克森卻屈居下風，而使甘迺迪早他八年走進白宮的大
門。

——尼克森的名字為美國人所熟知，始于 1948 年。那年他是眾議院
「非美活動委員會」（Committee on Un-American Activities）的
委員。是年 8 月，為蘇聯作間諜的前國務院官員希斯（Alger
Hiss）案發生，舉國震驚，因一位國務院高級官員竟是蘇聯的間
諜，實在不可思議。「非美活動委員會」因職責所在，乃對該
案進行調查，但因希斯狡猾異常，雖經該委員會多方調查，總

是找不出正面證據。正當多數委員主張暫時結束本案時，尼克森獨持異議，力主追究到柢，而該委員會的委員們也覺得本案「事出有因」，只是苦無證據，現在尼克森既願追根究底，他們就決議成立一專案調查小組，並以尼氏為其主席。在尼克森的領導下，加以該小組不眠不休的精神，終於獲得充分證據，迫使希斯認罪。在此期中，尼克森與希斯之名經常出現報端，而且由於高潮迭起，使本案成為一般人民的最佳談話資料，從此尼克森之名在美國盡人皆知。當 1950 年 1 月希斯被判處五年徒刑時，「共產分子剋星」（Communist Hunter）與尼克森乃結上了不解之緣。就憑此一本錢，使他于 1950 年底當選聯邦參議員。1952 年更被共和黨提名為該黨副總統候選人，成為艾森豪的競選夥伴。

——1952 年的秋天，正當總統競選活動密鑼緊鼓的時候，紐約郵報（New York Post）突于 9 月 18 日以「秘密的尼克森基金」（Secret Nixon Fund）為題發表一篇內幕報導，說尼克森曾挪移一萬八千元競選基金作為其私人用途。消息傳開，全國譁然，在其後五天中，全國各大小報刊及電視廣播，皆競相轉載，著意報導。民主黨的全國新聞網，更不放過機會，大事渲染。一般人民不明底細，受到新聞報導的影響，情緒極為激動，紛紛要求尼克森退出副總統競選。這一情勢，頓使共和黨陷于極端不利的地位，如不及時廓清，必將影響該黨問鼎白宮的前途。於是包括總統候選人艾森豪在內的共和黨要員們，皆要求尼克森迅速說明事實真相，以便向國人交代。9 月 23 日，尼克森在洛杉磯的國家廣播公司（NBC）向全國發表電視聲明，就紐約郵報的內幕報導提出詳細答辯。原來所謂一萬八千元的秘密基金，早于 1950 年即告成立，乃是尼克森的一批加州朋友，預為他 1956 年競選參議員連任時所樂捐的競選費用，至今仍以 Dana Smith 的名義存于銀行中，存款證明及樂捐名單均有案可稽，尼

克森從未動用過分文。此外，為使國人明瞭他的財產狀況，特
將他的私人財產詳細列舉，出乎所有人的意料之外，以一位競
選副總統的美國政壇要員，其全部財產不過兩幢分期付款的房
屋而已。這兩幢房子的全部價值為五萬四千美元，其中三萬一
千元係向銀行貸款，既沒有作其他投資，也未買任何股票或債
券，甚至未曾為他的太太及女兒投保壽險，其經濟情況，實不
如一個美國中等家庭所有，難怪當日守在電視機旁的六千萬觀
眾，許多人都感動得流淚了。在此一聲明中，尼克森曾加上一
段插曲，即他在最近的競選期間，的確曾收到一件禮物，那是
一位德克薩斯州的好心人士，以郵包的方式，寄給他兩個女兒
的一條小狗，名叫「傑克」（Checkers）。他不認為一個從政的
父親，應該剝奪其女兒擁有一隻小狗的權利，所以不論國人對
這件禮物的觀感如何，他都決定保留它。由於此一聲明情詞坦
誠，交代清楚，在他演說完畢後，慰問函電有如雪片飛來，兩
天之中竟達數十萬件，所謂「尼克森貪污案」從此煙消雲散，
而這一「傑克演說」（Checkers Speech），更是家喻戶曉，至
今仍為美國人津津樂道。

——1960 年尼克森代表共和黨競選總統，以微末之差敗于民主黨候
選人甘迺迪。1962 年競選加州州長，又告落選。他于失望之
餘，曾在記者招待會上公開宣佈，其個人的政治生命已告結束。
話雖如此說，其實並未死心，所以在蟄居一個短暫時期後，重
又恢復其政治活動，並于 1963 年將其律師事務所自洛杉磯移往
紐約，以便就近觀測華府的政治動向。1964 年尼克森正在休養
生息，決定按兵不動，轉而支持亞利桑那州共和黨保守派參議
員高華德（Barry Goldwater）為該黨總統候選人。高氏個人的聲
望在美國人的心目中本不甚高，加以其過分保守的政見不為黨
內自由派巨頭如紐約州長洛克菲勒及賓州州長史克蘭頓（Willi-
am Scranton）所容。黨內缺乏團結，個人又不孚眾望，遂使高

氏在大選中慘敗于民主黨候選人詹森，國會兩院也為民主黨以絕對優勢所控制。共和黨失敗後，一時群龍無首，情況極為混亂。尼克森當仁不讓，出而收拾殘局，積三年之功，卒使該黨重整旗鼓，恢復舊觀。而人民對尼克森的信心也逐漸恢復。到了 1967 年底，根據民意測驗，其聲望已凌駕在任總統詹森之上。1968 年的美國，外則越戰結束無期，內則各種暴動頻仍，詹森窮于應付，聲譽日落，被迫放棄競選連任，此時民主黨的分裂狀態，較之 1964 年的共和黨尤有過之。在另一方面，共和黨已由分裂趨于團結，時移勢易，遂使尼克森擊敗民主黨候選人韓福瑞，登上了美國總統的寶座。

——1969 年的 1 月在尼克森就任總統的前一週，國會通過詹森的建議，將總統的年薪由十萬元增至二十萬元，所以尼克森是此前美國年薪最高的總統。

——在尼克森總統任內的一件大事，是 1971 年 6 月 30 日批准生效的憲法修正案第二十六條。依其規定，此後年滿十八歲的美國合格公民，均有投票權（按此前美國公民，須年滿二十一歲，始有投票權）。此一修正案的實施，使美國政治人物，更重視年輕人的福利，以獲取他們的選票。

——尼克森接任總統後，在外交事務上採取以談判（Negotiation）代替對抗（Confrontation）的策略，並由其白宮安全顧問季辛吉（Henry Kissinger，祖先為猶太人）具體實施。季氏秉承尼克森的意志，對中國大陸持開放的態度，期待兩國能建立正式外交關係。1971 年 4 月 14 日，周恩來在北京接見到訪的美國乒乓球隊十五人，即席宣稱：該隊來中國的訪問，「為中美人民關係，展開了一新頁」，可以說是對美國的願望作出了一個善意的回應。其後雙方的接觸日多，而導致 1972 年 2 月尼克森親自訪問大陸，見到了毛澤東，並與周恩來總理舉行正式會談。2 月 27 日，尼克森結束在中國的訪問，並與周恩來在上海簽署了一項

公報，此即世人所稱的「上海公報」（Shanghai Communiqué）。
該公報的主要內容是：雙方尊重彼此的歧見，美國認知（Ac-
knowledge）世界上只有一個中國，臺灣是中國的一部分，美方
並同意中國所提出的和平共存五原則。

——1973 年 1 月 27 日，美國在越南戰爭的停戰協定，于美國東部時
間下午七時，在巴黎簽字，歷時十二年的所謂「越戰」，于此
正式結束。根據 1973 年 1 月 25 日紐約時報（The New York Tim-
es）的報導，美國與南、北越三方的死傷人數，都很慘重，其
統計數字如下：

　　美國：死亡 45,933 人

　　　　　傷殘 303,616 人

　　　　　失蹤 1,335 人

　　　　　戰費（僅計 1965—1972）1,019 億美元

　　南越：死亡 138,528 人

　　　　　傷殘 499,026 人

　　北越：死亡 924,048 人

——1973 年 10 月 10 日，尼克森的副總統安格紐（Spiro Agnew，祖
先為希臘人，前任馬里蘭州州長），因在州長任內逃稅，被法
院判決有罪，宣佈辭職，成為美國歷史上第一位辭職的美國副
總統。尼克森根據 1967 年 2 月 10 日批准生效的憲法修正案第
二十五條的規定（有關美國總統、副總統缺位時，如何遞補的
規定），提名時任聯邦眾議院少數黨的共和黨領袖福特（Gerald
R. Ford）繼任。此是該修正案的首次適用，其後尼克森辭職，
福特繼任總統，也依同樣的規定，提名紐約州長洛克斐勒（Ne-
lson Rockefeller）繼任副總統，也是該修正案的第二次應用。

——水門事件導致尼克森辭職：1972 年 6 月 17 日，五名帶有電子設
備的人，潛入華府波多麻河畔的水門旅館與辦公室混合的大樓
（Watergate hotel and office building complex），竊取民主黨全國

委員會總部有關選舉的情報，他們當場被逮送辦。在審判時，發現他們的不法行為，與共和黨的尼克森總統競選連任的總部有關。

此事本非受到尼克森及其白宮高級幕僚的指使，但為了避免使事件擴大，影響尼克森競選連任的選情，遂使他們集體說謊，企圖對此事加以掩蓋（cover-up）。由於他們的謊言無法自圓其說，引起大眾，特別是媒體與國會的質疑。參議院並於 1973 年 2 月 7 日，成立一個由七位參議員組成的特別委員會，對本案的相關官員，進行調查聽證，並開放電視媒體現場轉播。全國人民在電視上親眼目睹這些說謊者的醜態畢露，莫不憤怒難抑，主張對他們嚴懲（以後這些官員，如白宮法律顧問 John Dean，內政顧問 John D. Ehrlichman，乃至白宮總管 H.R. Haldeman 等，都認罪判刑）。至於尼克森本人，除了對本案極盡掩蓋之能事外，在冗長的調查過程中，還發現他另有其他許多不法行為，如：利用監聽及查稅對付政敵，濫用選舉的捐款，用公款修繕自宅，所得稅報稅不實，拒絕國會及特偵檢察官（Special Pro-secutors）的調查等，均使他的信用破產，引起全國公憤。這些排山倒海的聲浪與壓力，使他的精神瀕于崩潰。為了避免參議院通過對眾議院提出的彈劾案，喪失退任總統的一切優遇，乃于 1974 年 8 月 9 日，自行辭去總統職位，成為美國史上唯一被迫職辭的總統。平情而論，尼氏在外交上頗有成就，在美國歷史上有其一定的地位，不意一失足成千古恨，良用感嘆與惋惜。

——福特繼任總統後，于同年 9 月 8 日，宣佈對尼克森特赦，無條件地赦免其在本案所犯及其在任內已犯罪行的一切刑責。此舉雖在當時引起全國議論，但對穩定紛擾兩年的美國民心，不無裨益。

37.4 副總統

第一任期　安格紐（Spiro Theodore Agnew）
　　生　卒：1918, 11, 9—1996, 9, 17
　　任　期：1969, 1, 20—1973, 10, 10（連任不滿 1 年，因貪污被迫
　　　　　　辭職）
　　出生州：馬里蘭州（Maryland）
　　教　育：巴的摩爾大學畢業
　　政　黨：共和黨
　　簡　歷：保險公司職員，食品商店經理，律師，縣長，馬里蘭
　　　　　　州長。

第二任期　福特（Gerald Rudolph Ford）
　　任　期：1974, 8, 9—1977, 1, 20
　　（餘見第三十八任總統福特）

第三十八任總統

G. R. 福特

（Gerald Rudolph Ford）

生　卒：　1913, 7, 14—2006, 12, 26

任　期：　1974, 8, 9—1977, 1, 20（做滿尼克森遺留任期二年半，競
　　　　　選連任失敗，美國唯一未經選舉的總統）

出生州：　內布拉斯加州（Nebraska）

代表州：　密西根州（Michigan）

教　育：　密西根大學及耶魯大學法學院畢業

宗　教：　聖公會（Episcopalian）

政　黨：　共和黨（Republican Party）

簡　歷：　律師，聯邦眾議員，眾議院少數黨領袖，副總統。

祖　先：　英格蘭人（English）

夫　人：　Elizabeth Anne（"Betty"）Bloomer，1948 年與福特結婚。

子女：　　三子一女

38.1　生平大事記要

1913, 7, 14　生於內布拉斯加州的 Omaha.
　　　　　　出生時的名字叫 Leslie Lynch King, Jr.

1916　　　　生母改嫁，與 Gerald Rudolph Ford 結婚。

1917　　　　被繼父收養，改名為 Gerald Rudolph Ford.

1935　　　　畢業於密西根大學（University of Michigan）。

1935- 1940　擔任耶魯大學（Yale University）拳擊教練及足球隊助理教練。

1941　　　　畢業於耶魯大學法學院；同年通過密西根州律師考試。

1943- 1944　在海軍服役，擔任美國太平洋艦隊航行官及體育教官。

1946　　　　以海軍中校自軍中退役。

1948　　　　當選聯邦眾議員。

1949, 1, 3-
1973, 12, 6　連續擔任眾議員二十四年。

1965　　　　當選眾議院少數黨（共和黨）領袖。

1968, 1972　兩度膺任共和黨全國委員會主席。

1973, 12, 6-
1974, 8, 9　擔任第三十七任總統尼克森的副總統。

1974, 8, 9　尼克森因水門事件辭職，繼任為美國第三十八任總統。

2006, 12, 26　在加州 Rancho Mirage 的家中病逝，享壽九十三歲。葬於其老家密西根 Grand Rapids 的總統博物館庭院中。

38.2　任內大事記要

1974, 8, 9　就任美國第三十八任總統。

　　8,12　　向國會發表演說，聲稱通貨膨脹為當前美國的頭號敵人，誓言採取一切措施加以抑止。

1974, 9, 4	與東德建立外交關係。
9, 8	宣佈對前任總統尼克森（Richard Nixon）特赦，無條件免除其一切罪行。
9, 16	福特提出計劃，對逃避兵役者，給予有條件的免罪。
10, 1	法院對七位掩蓋（cover-up）「水門事件」（Watergate Affairs）醜聞的總統助理開始審理。
10, 15	國會通過總統競選費用改革法，今後對競選總統者給予公款補助。
12, 19	美國歷史上第二位由國會同意的副總統洛克斐勒（Nelson A. Rockefeller）宣誓就職。
1975, 4, 30	南越政府向北越共產政權無條件投降，越戰結束。
5	美國失業率達 9.2%，為 1941 年以來最高。
5, 19	為防情報機構濫權，參議院設立永久性的情報委員會。
1976, 7, 2	美國最高法院判稱，死刑並非不人道的刑罰。
7, 20	美國衛星登陸火星，並傳回清晰照片。
8, 18	共和黨提名福特為該黨總統候選人。
11, 2	美國總統選舉，福特敗於民主黨總統候選人卡特（Jimmy Carter）。
1977, 1, 20	卸任總統，定居加州的 Rancho Mirage.

38.3　異聞趣事

——福特是第一位在內布拉斯加州出生的總統。

——他是第一位父親和母親都曾離過婚的總統。

——福特是拖油瓶，他的生父名 Leslie Lynch King，他原名 L. L. King, Jr.。他的生母與生父於 1915 年離婚，於 1916 年 2 月 1 日改嫁 Gerald Rudolph Ford，乃改以繼父的姓名為姓名。

——他是第三位與離婚女子結婚的總統，他的夫人是一位舞蹈教師，

結婚時為三十歲，福特為三十五歲。

——他是美國歷史上第一位未經選舉而出任總統及副總統的人。

1973 年 10 月，第三十七任總統尼克森的副總統安格紐（Spiro Theodore Agnew，希臘裔），因逃稅被迫辭職，由尼克森根據憲法修正案第二十五條提名福特繼任副總統。

1974 年 8 月 8 日，尼克森因水門事件（The Watergate Scandal）被迫辭職，由福特依法繼任總統。1976 年 11 月 2 日，代表共和黨競選連任總統，又為民主黨的卡特所敗，而成為美國史上迄此時為止，唯一未經選舉而擔任總統的人。

——他是第一位利用總統特權，赦免前任總統罪行的總統。

1974 年 9 月 8 日（星期日）上午，福特發佈特赦令，赦免其前任尼克森總統所犯的一切罪行，赦免令（Pardon）的要點如下：「我，美國總統福特，茲依據美國憲法第二條第二款所賦予我的赦免權，給予尼克森完全、自由、絕對的赦免，包括其對美國已犯或可能違反、或參與共犯之一切罪行，赦免之期間起自 1969 年 1 月 20 日，止於 1974 年 8 月 9 日。」

此一赦免令發佈後，引起全國大譁，多認尼克森所以願將總統職位讓出，係以獲取福特的特赦為條件，白宮的新聞秘書Jerald terHorst，甚至立即辭職，表示抗議。持平而論，自水門醜聞發生後，美國朝野均陷於極度不安的狀態，為癒合當時美國社會所受的創傷，及解除尼克森家人所遭遇的無辜煎熬，此一赦免亦具有療傷止痛的作用。2001 年 5 月 21 日，甘迺迪圖書館對福特此一行為，頒發一項勇氣獎，也可說是遲來的正義。

——福特是正式下令美軍退出越戰的總統。1975 年 4 月 21 日，越南總統阮文紹辭職。4 月 29 日，福特下令美軍全部退出越南。4 月 30 日，南越政府向越共無條件投降，正式結束美軍介入十一年的越戰。

——他是美國第一位總統，在任期間即將其擔任眾議員、副總統及

總統的相關文件，捐獻給聯邦政府，並拒絕接受減免所得稅的優待。這些文件，其後送往其母校密西根大學的福特紀念圖書館典藏。

——福特在任時，適逢美國建國二百週年紀念日，1976 年 7 月 4 日，他特地前往賓州費城的獨立廳（Independence Hall，美國獨立宣言的簽署地）主持慶典。在此以前，福特曾於 6 月 29 日在白宮發佈獨立二百週年慶賀令，昭告世人此一偉大國家的偉大節日。

——他是美國最長壽的總統，他生於 1913 年 7 月 14 日，卒於 2006 年 12 月 26 日，享壽九十三歲又一百六十五天，超過原本最長壽的雷根總統四十五天。雷根生於 1911 年 2 月 6 日，逝於 2004 年 6 月 5 日，享壽九十三歲又一百二十天。雷根以前美國最長壽的總統為第二任總統約翰・亞當斯活了九十一歲。福特在過九十三歲生日時曾發表簡短聲明說：「人的壽命長，不如家人和朋友的關懷來的重要。」

——他是時間最長的美國前任總統，自 1977 年 1 月 20 日卸任總統職位，至 2006 年 12 月 26 日病逝，擁有前任總統頭銜，達三十年。

38.4　副總統

洛克斐勒（Nelson Aldrich Rockefeller）

　生　卒：1908, 7, 8—1979, 1, 26

　任　期：1974, 12, 19—1977, 1, 20

　出生州：緬因州（Maine）

　教　育：達茅斯學院畢業

　政　黨：共和黨

　簡　歷：紐約洛克斐勒中心董事長，助理國務卿，衛生、教育、
　　　　　福利部副部長，紐約州長。

第三十九任總統

J. 卡特

（Jimmy Carter）

生　卒：　1924, 10, 1—

任　期：　1977, 1, 20—1981, 1, 20

出生州：　喬治亞州（Georgia）

代表州：　同上

教　育：　美國海軍官校及紐約聯合學院畢業

宗　教：　浸信會（Baptist）

政　黨：　民主黨（Democratic Party）

簡　歷：　海軍職業軍官，縣教育委員會主任委員，喬治亞州州議
　　　　　會參議員，喬治亞州州長（一任四年）。

祖　先：　具英格蘭、蘇格蘭、愛爾蘭三島的血統

夫　人：　（Eleanor）Rosalynn Smith，1946 年與卡特結婚。

子　女：　三子一女。

39.1　生平大事記要

1924, 10, 1　生于喬治亞州的 Plains.

1941- 1942　喬治亞西南大學（Georgia Southwestern University）肄業。

1942- 1943　喬治亞理工學院（Georgia Institute of Technology）肄業。

1943- 1946　就讀於美國海軍官校（U.S. Naval Academy）。

1946, 6, 5　海軍官校畢業，獲理學士（B.S.）學位。

1946- 1953　在美國海軍服役，先後任戰鬥艦及潛水艇軍官，官至海軍中校。

1952　在紐約州的聯合學院（Union College）研究核子物理，獲碩士學位。

1953　自海軍退役，返回故鄉平原鎮，經營農業及倉庫業。

1955- 1962　擔任喬治亞州 Sumter County 教育委員會主席。

1963- 1966　擔任喬治亞州州議會參議員。

1970, 11, 3　當選喬治亞州州長（任期為 1971, 1, 12—1975, 1, 12）。

1974　擔任民主黨全國競選委員會主席。

　　12, 12　宣佈爭取民主黨總統候選人提名。

1976, 7, 16　被民主黨大會提名為該黨總統候選人。

　　11, 2　當選為美國第三十九任總統。

39.2　任內大事記要

1977, 1, 20　卡特就任美國第三十九任總統。

　　1, 21　下令赦免越戰期間美國逃兵及拒絕服兵役者的罪行。

　　8, 4　創設聯邦能源部（Department of Energy）。

　　11, 1　簽署法律，自 1981 年開始，美國最低工資，將自每小

時二‧三○美元增至三‧三五美元。

1977, 12, 6-　美國煤炭工人罷工一百一十天，為美國歷史上罷工最長
1978, 3, 25　的一次。

1978, 6, 16　美國與巴拿馬簽訂巴拿馬運河新約。

　　6, 28　美國最高法院下令，白人學生 Allen Bakke 應被允許進
　　　　　入戴維斯加州大學醫學院（Medical School of the Uni-
　　　　　versity of California at Davis）就讀，認為該校基於種族
　　　　　平等入學許可政策（Affirmative-Action Admission Pol-
　　　　　icy），拒絕該白人入學，矯枉過正。

1979, 1, 1　美國與中華人民共和國建立正式外交關係，並與臺灣的
　　　　　中華民國斷交。

　　9, 27　美國聯邦政府創設教育部（Department of Education）。

　　10, 1　巴拿馬正式自美國取得巴拿馬運河區的控制權。

　　12, 4　卡特宣佈競選連任總統。

　　12, 21　國會通過，撥款十五億美元，幫助瀕臨破產的克萊斯勒
　　　　　汽車公司（Chrysler Corp.）解困。

1980, 4, 22　美國奧委會票決，不參加 1980 年的莫斯科奧運會，以
　　　　　抗議蘇聯侵入阿富汗。

　　11, 4　美國總統選舉，卡特敗於共和黨候選人雷根。

1981, 1, 20　卸任總統。

39.3　異聞趣事

——卡特是第一位在醫院出生的總統。

——他是第一位在喬治亞州（Georgia）出生的總統。

——他是第一位畢業於美國海軍官校（U.S. Naval Academy）的總統。

——他是第一位於就職典禮後，自舉行就職儀式的國會山莊前，與
　夫人步行走到白宮的總統。

——他是第一位就任時一次任命三位女性部長的總統。

——他的全名是 James Earl Carter, Jr.，與父親同名，他不願別人叫他小卡特，故自己簡稱為 Jimmy Carter，他是用簡名為其正式名字的總統。

——他是第一位以總統候選人的身分（代表民主黨），與現任總統福特（共和黨總統候選人），舉行三場電視辯論的總統，按總統候選人電視辯論，始于 1960 年的甘迺迪（民主黨總統候選人）與尼克森（共和黨候選人），不過當時的尼克森只是艾森豪的副總統，不是現任總統。

——他是第一位派他的母親（Lillian Gordy Carter）代表美國總統，參加印度總統 Fakhruddin Ali Almed 喪禮的總統。

——他是第一位在白宮總統辦公室（Oval Office）接受民眾「叩應」（phone-in）的總統。這次由總統與人民直接對話的「叩應」，係由美國哥倫比亞廣播公司（CBS）的主播克朗凱（Walker Cronkit）主持，共回答了來自二十六個州的四十二位人民的提問，據說這次想與總統直接對話的人民，超過九百萬人

——在卡特的四年任內，美國聯邦政府創設了三個新的部。1977 年 8 月 4 日設立能源部（Department of Energy），乃美國有能源部之始。1979 年 9 月 27 日，他將衛生教育福利部（Department of Health, Education and Welfare），分為教育部（Department of Education）及衛生與人力資源部（Department of Health and Human Services）兩個部，在此以前，美國聯邦政府沒有教育部。

——為了減輕法院的負擔，國會特別通過增加法官法，增加一百十七位區域法院（District Court，相當於我們的地方法院）法官，及三十五位巡迴法院（Circuit Court，相當於高等法院）法官。這是美國歷史上，聯邦法院增加法官最多的一次。卡特利用這個機會，大量任命女性、黑人，及西班牙裔的美國人，充任聯邦法官，受到朝野一致好評。

——卡特是一位特別重視人權的總統，在他的任內，美國的援外計
　　劃，以受援國人權的好壞為主要衡量標準，南美及非洲一些人
　　權紀錄欠佳的國家，卡特經常停止或減少其援助。

——卡特在外交上的兩大成就，一是與巴拿馬政府簽訂巴拿馬運河
　　條約（Panama Canal Treaty），交還長達七十五年美國對巴拿馬
　　運河區的管制權。二是在他的積極協調下，以色列總理比金
　　（Menachem Begin）和埃及總統沙達特（Anwar Sadat），在美
　　國總統度假的大衛營（Camp David）握手言和。並於 1979 年 3
　　月 26 日簽訂一項正式協定，結束兩國長達三十一年的敵對狀
　　態，使中東和平露出曙光。

——卡特夫人羅莎琳（Rosalynn Smith），是一位活躍而平易近人的
　　白宮女主人，她不但經常在白宮舉辦藝文聚會，招待親朋好友，
　　並積極從事公益活動，對於精神衛生尤為重視，他也是總統特
　　別成立的精神衛生委員會（President's Commission on Mental Hea-
　　lth）的榮譽會長。此外，她還常常代表總統，從事外交活動。
　　1977 年 5 月 30 日至 6 月 12 日，她以總統特使的身分，訪問了
　　加勒比海及拉丁美洲的七個國家，受到各國政要的歡迎及好評。

39.4　副總統

孟岱爾（Walter Frederick Mondale）

生　卒：1928, 1, 5—
任　期：1977, 1, 20—1981, 1, 20
出生州：明尼蘇達州（Minnesota）
教　育：明尼蘇達大學畢業
政　黨：民主黨
簡　歷：律師，明尼蘇達州檢察長，聯邦參議員。

第四十任總統

R. W. 雷根

（Ronald Wilson Reagan）

生　卒：　1911, 2, 6—2004, 6, 5
任　期：　1981, 1, 20—1989, 1, 20
出生州：　伊利諾州（Illinois）
代表州：　加利福尼亞州（California）
教　育：　伊利諾州優列卡學院畢業
宗　教：　聖公會（Episcopalian）
政　黨：　共和黨（Republican Party）
簡　歷：　廣播電台播音員，電影及電視演員，通用電器公司發言
　　　　　人，演藝人員公會理事長，加利福尼亞州州長（二任八
　　　　　年）
祖　先：　具愛爾蘭、英格蘭、蘇格蘭三島血統。
夫　人：　結婚兩次：第一次為 Jane Wyman，1940 年與雷根結婚；
　　　　　第二次為 Nancy Davis，1952 年與雷根結婚，兩人都是電
　　　　　影女星。
子　女：　共四人：與兩位夫人各育有一子一女

40.1 生平大事記要

1911, 2, 6	生于伊利諾州的 Tampico。
1928	高中畢業。
1932, 6, 7	畢業于伊利諾州的 Eureka College，在校期間曾當選該校的學生會會長。
1932- 1937	擔任愛阿華州 WOC 廣播電台體育部的播音員。
1937	與華納兄弟製片公司（Warner Brothers Studios）簽約，週薪二百美元。
1937- 1940	為華納公司的基本演員。
1942, 4, 14	參加陸軍，為後備騎兵中尉，因視力太差，不能擔任戰鬥任務。
1942- 1945	為陸軍製作訓練影片。
1945, 12, 9	自陸軍退役。
1945- 1962	在通用電器公司任職，擔任該公司劇場（General Electric Theatre）的主持人及節目監督人。
1946- 1952	擔任演員公會的理事。
1947- 1960	連任五屆演員公會的理事長。
1948	參加杜魯門總統（Harry S. Truman）競選連任團隊。
1949	當選美國電影事業理事會主席。
1962	自民主黨員轉為共和黨員。
1962- 1965	擔任電視連續劇 Death Valley Days 的演員及主持人。
1964	為共和黨總統候選人 Goldwater 助選。
1965	由他主演的 Where's the Rest of Me 問世。
1966, 1, 4	宣佈競選加州州長。
11, 8	當選加州州長。
1967, 1, 2	就任加州州長。
1971, 1, 4	連任加州州長。

1968, 1976	兩度爭取共和黨總統候選人提名失敗。
1980, 7, 16	共和黨提名雷根為該黨總統候選人。
11, 4	當選美國第四十任總統。
1981, 3, 30	在華府一飯店中遇刺受傷。
1984, 11, 6	當選連任總統。
1989, 1, 20	卸任總統職務,據當時的民意調查,他是自羅斯福總統(F.D.R.)以來,美國最孚眾望的總統。
1994, 11, 5	他向美國人民宣佈,經醫生診斷,他已患了老人癡呆症(Alzheimer's disease)。
2004, 6, 5	在加州洛杉磯住所安然去世,享壽九十三歲又一百二十天,比美國歷史上享壽最高的總統福特,僅少四十五天。(按福特于 2006 年 12 月 26 日去世時,享壽九十三歲又一百六十五天。) 死後,葬于加州雷根總統圖書館所在地的西米谷(Simi Valley)。

40.2　任內大事記要

1981, 1, 20	就任美國第四十任總統。
7, 29	雷根提議的三階段減稅計劃(美國歷史上最大),本日在國會通過。
8, 5	雷根下令解散一萬三千位聯邦空中交通人員的罷工,因為聯邦公務員沒有罷工的權利。
9, 25	美國聯邦最高法院第一位黑人大法官 Sandre Day O'Connor 宣誓就職。
10, 6	埃及總統 Anwar-Sadat 遇刺身亡。
1982, 4, 2	阿根廷攻擊並佔領英屬福克蘭群島(Falkland Islands)。
6, 30	Egual Rights Amendment 生效。

1982, 11, 10　蘇俄共黨總書記 Leonid Brezhnev 因心臟病去世。

1984, 5, 8　　蘇聯宣佈退出美國洛杉磯的奧運會。

　　10, 31　　印度總理 Indire Gandhi 遇刺身亡。

1985, 1, 20　　連任總統就職。

　　3, 11　　戈巴契夫（Mikhail S. Gorbachev）就任俄共第七任總書記。

　11, 19-21　　雷根與戈巴契夫在瑞士日內瓦舉行高峰會。

1987, 10, 19　　美國道瓊股市崩盤，大跌五百零八點，為美國歷史上單日跌幅最大的一天。

　12,7- 10　　雷根與戈巴契夫在華府舉行高峰會，雙方同意裁減核武。

1988, 5, 29-　雷根訪問蘇聯，為第一位美國總統訪問該國。
　　6, 1

　　7, 3　　一艘美國戰艦，在波斯灣誤射一架伊朗民航噴氣機，造成機上二百九十人全部喪生。

1989, 1, 20　　卸任總統，定居加州洛杉磯。

40.3　異聞趣事

——雷根是第一位在伊利諾州出生的總統。

——雷根年輕時，曾演過電影，也曾擔任過美國電影演員公會（Screen Actors Guild）的理事長。並連任五次（1947—1960）。

——他是第一位於就任前離過婚的總統。他於 1940 年 1 月 24 日與當時的紅星珍惠曼（Jane Wyman）結婚，而於 1949 年 7 月 19 日離婚，他們育有一男一女。1952 年 3 月 4 日再與 Nancy Davis 結婚，南西也是電影明星，他們也有一男一女。所以雷根兩次婚姻生了四個孩子，兩男兩女。

——他是第五位在任時遇刺的總統，前四位是林肯、加菲爾、麥金

來、甘迺迪,而且都被刺身亡。雷根是唯一遇刺而治癒的總統。

——雷根曾任伊利諾州 Lowell Park 河邊游泳的救生員（1922—1932），在此期間,他曾救活七十七條生命,當地人民為感謝他的功德,曾立碑紀念。

——1981 年 3 月 30 日,雷根在華府希爾頓飯店向一群工會領袖們演說後離開時,突然遭人連開六槍,除雷根當場被射中胸部受重傷外,他的新聞秘書布瑞迪（James Scott Brady），及兩位警衛,亦受重傷。布瑞迪且從此終身殘廢。行刺者係一個年僅二十五歲精神不正常的辛克利（John Warnock Hinckley），沒有任何政治目的,經過一年多的審訊,陪審團認為他行刺時神智不清,被判無罪,但送往精神病院終身治療。雷根于住院十二天後,即帶著傷痛,返回白宮,繼續執行總統職務,受到美國人民的普遍讚譽。

——1981 年 7 月 7 日,雷根任命亞利桑那州上訴法院法官歐康樂（Sandra Day O'Conner），為美國聯邦最高法院法官,並以九十九票對零票獲得參議院同意。這是美國史上,第一位女性出任最高法院法官。

——雷根在入駐白宮前,是加州州長。在他的州長任內,以降低人民的稅賦負擔及減少政府用費,贏得人民的支持。1980 年總統大選時,在民主黨的卡特執政下,超過兩位數的通貨膨脹及高度的失業率,導致怨聲載道,使雷根輕易當選。雷根就任總統後,除採用強大措施提振衰退的經濟及大量減稅外,並對聯邦法規鬆綁,使民間經濟更為活絡,此三者合起來,一般人稱之為「雷根經濟學」（Reaganomics）。由於經濟政策得宜,使他第一任期四年將滿時,美國的通貨膨脹已經受到控制,加以人民的收入增加,銀行利率低,失業率更大為減少,使他 1984 年大選時,大敗民主黨的候選人孟岱爾（Walter Mondale），獲得連任。

——眾所周知，雷根是對蘇聯（USSR）的堅決反對者。在他的第一任期內，他對蘇聯一直是採取對抗態度，美蘇雙方毫無信任可言。1983年3月8日，雷根甚至把蘇聯稱之為「邪惡的帝國」（evil empire），並把蘇聯共產主義稱之為「現代世界的邪惡焦點」（the focus of evil of the modern world）。諷刺的是，這樣的一位反蘇人物，卻是美、蘇兩大超強冷戰融冰的主要催生者。1985年初，戈巴契夫（Mikhail S. Gorbachev）就任蘇聯共黨總書記，開始採取對西方友好的政策，雷根立刻令其國務卿休茲（George P. Shultz）與蘇聯外長葛羅米柯（Andrei Gromyko）接觸，並提議舉行美、蘇、英、法四強會議，討論兩大集團的相關問題。1987年12月，美、蘇兩大巨強在華府集會，並由雷根與戈巴契夫簽訂一項「中程核子武器條約」（The Intermedate-Range Nuclear Force Treaty，簡稱INF），依其規定，雙方須於十八個月內，銷毀二千六百顆核子彈頭，並由雙方派專家至核武現場監督實施。自此開始，美、蘇兩大集團逐漸自對抗走向和解，這也可算是雷根對二次大戰後世界和平的貢獻之一。

——雷根與美國太空事業

1981年4月12日上午七時，全世界第一個可以重複使用的太空艙哥倫比亞號（Columbia）在佛羅里達州的卡納維爾角（Cape Canaveral）發射成功，並于繞行地球三十六週後，在加州的愛德華空軍基地順利返回。其後四年又連續成功發射四次，在1983年發射的一次，其太空人並包括第一位女性麗德（Sally Ride）及第一位黑人布魯福特（Guion Bluford）。此一太空艙的規劃，始於卡特總統任內，共花費九十九億美元。由於此一計劃的成功，引起全美的一片太空熱，美國太空總署（NASA）開始規劃一連串的太空計劃，包括氣象、商業、通訊、軍事等，並計劃在1986年一年內連續發射十五顆這些方面的衛星。

可是好景不常，1986年1月發射的第一顆「挑戰者號」（Chal-

lenger）即告墜毀。筆者也是在電視現場轉播親眼目睹其墜毀的
一人。那是 1986 年 1 月 28 日上午十一時三十九分，「挑戰者
號」載著七位太空人開始升空，七十四秒鐘後，即見一團火球
自太空墜落海中，七位太空人全部罹難。由於此一突發事件，
使美國的太空發展受到重大打擊。雷根總統更下令，今後的太
空發射，以軍事及太空研發為限。

40.4　副總統

布希（George Herbert Walker Bush，因其子為美國第四十三任總
　　統，故一般稱他為老布希）
　任　期：1981, 1, 20—1989, 1, 20
　（餘見第四十一任總統老布希。）

第四十一任總統

G. H. W. （老）布希

（George Herbert Walker Bush）

生　卒：　1924, 6, 12—
任　期：　1989, 1, 20—1993, 1, 20
出生州：　麻薩諸塞州（Massachusetts）
代表州：　德克薩斯州（Texas）
教　育：　耶魯大學畢業
宗　教：　聖公會（Episcopalian）
政　黨：　共和黨（Republican Party）
簡　歷：　二次大戰期間擔任海軍飛行員，石油公司董事長，美國
　　　　　聯邦眾議員，美國駐聯合國大使，美國駐中華人民共和
　　　　　國代表（即大使），共和黨全國委員會主席，中央情報
　　　　　局（CIA）局長，副總統。
祖　先：　英格蘭人（English）
夫　人：　Barbara Pierce，1945 年與老布希結婚。
子　女：　四子二女，長子（小）布希為美國第四十三任總統。

41.1　生平大事記要

1924, 6, 12	生于麻薩諸塞州
1941	高中畢業
1942, 6, 12	入海軍服役，擔任飛行員。
1944, 9, 2	其所駕駛的飛機，在太平洋被日機擊落墜海，死裡逃生。
1945	由海軍退役，為備役中尉，並因戰功獲授三星卓越飛行十字勳章。
1948	耶魯大學畢業，獲經濟學學士。
1948-1950	在 Ideco 石油設備供應公司工作，擔任推銷員。
1950	與人合夥，創立 Bush-Overhey Oil Development Co.
1953	與人合夥，創立 Zapata Petroleum Corp.
1954	自創 Zapata Off-Shore Co.，並任董事長。
1959	將公司遷往德克薩斯州的休士頓。
1962	當選德州 Harris 縣共和黨委員會主席，任期三年。
1964-1966	擔任 Zapata Off-Shore Co. 的總裁及執行長。
1964, 7, 13-16	出席共和黨全國代表大會，為該黨總統候選人 Barry M. Goldwater 的支持者。
11, 3	競選德州參議員，敗于 Ralph Yarborough.
1966, 2	出賣 Zapata Off-Shore Co. 股權，全力競選德州 Houseton 選區的聯邦眾議員。
11, 8	當選聯邦眾議員。
1968	當選連任眾議員。
1970, 11, 5	競選德州聯邦參議員，敗于 Lloyd M. Bentsen, Jr.
12, 11	接受尼克森總統任命，出任美國駐聯合國（UN）大使。
1973-1974	擔任共和黨全國委員會主席。
1974-1975	出任美國駐中華人民共和國聯絡辦事處（U.S. Liaison Office）主任（相當於美國駐中國大使）。

1976- 1977　　擔任美國中央情報局（CIA）局長。

1979　　　　　任美國德州賴斯大學（Rice University）兼任教授（Adjunct Professor）。

1980, 1　　　在 Iowa 州美國共和黨總統候選人初選中獲勝。

　　7, 17　　在共和黨全國代表大會中，獲提名為該黨副總統候選人。

　　11, 4　　當選雷根的副總統。

1984, 11, 6　當選連任雷根的副總統。

1987　　　　其新書《向前看》（*Looking Forward*）出版。

1988, 8, 17　在 New Orleans 的共和黨大會中，獲提名為該黨總統候選人。

　　11, 8　　當選美國第四十一任總統。

1992, 11, 3　競選連任，敗于民主黨候選人克林頓。

1993, 1, 20　卸任總統職務，定居德州的休士頓。

41.2　任內大事記要

1989, 1, 20　就任美國第四十一任總統。

　　2, 7　　國會否決國會議員及聯邦法官加薪 51%。

　　2, 15　　蘇聯軍隊完全自阿富汗撤離。

　　3, 9　　美國參議院拒絕通過陶爾參議員（Senator John G. Tower）出任國防部長。

　　6, 1　　美國國會眾議院議長萊特（Jim Wright），經眾院道德委員會冗長調查後，宣佈辭職。

　　11, 12　柏林圍牆（Berlin Wall）拆除。

1990, 5, 29　葉爾欽（Boris N. Yeltsin）當選俄羅斯共和國（Russian Republic）總統。

　　6, 1　　布希與蘇聯（USSR）總統戈巴契夫（Mikhail Gorbachev）簽訂限制核武廢除化武及恢復美、蘇經濟關係等協定。

1990, 6, 26	參議院拒絕布希所提禁止焚燒美國國旗（flag- burning）的憲法修正案。
8, 2	伊拉克（Iraq）軍隊佔領科威特（Kuwait）。
10, 3	兩德統一。
11, 22	二十世紀任職最長的英國首相柴契爾夫人（Margaret Thatcher）宣佈辭職。
1991, 7, 30-31	美蘇兩國總統布希與戈巴契夫，在莫斯科舉行冷戰中首次高峰會。
8, 19	蘇聯發生政變，俄共死硬派企圖推翻戈巴契夫政府，但為俄羅斯總統葉爾欽反對，政變於 8 月 21 日結束。
8, 29	蘇聯國會宣佈共產黨（Communist Party）為非法組織。
9, 6	蘇聯總統戈巴契夫，承認愛沙尼亞、拉脫維亞、立陶宛為獨立國家。
12, 25	蘇聯總統戈巴契夫辭蘇維埃聯邦（USSR，簡稱蘇聯）總統職；蘇聯正式解體。過去蘇聯的核武，改由俄國總統葉爾欽（Boris Yeltsin）掌控。
1992, 2, 1	布希與葉爾欽在大衛營（Camp David）會晤，正式宣佈結束冷戰（Cold War）。
6, 5	美國失業率升至 7.5%，為八年來新高。
7, 29	美國最高法院，在 Planned Parenthood v. Casey 中，宣佈美國婦女有權墮胎，但同時維護各州規範與限制墮胎的權力。
8, 24	龍捲風 Andrew 肆虐佛羅里達與路易斯安那兩州，造成重大災害，布希總統撥款七十六億美元並下令聯邦軍隊前往救災，為美國史上最耗費的龍捲風災害。
11, 3	克林頓（Bill Clinton）當選美國第四十二任總統。
12, 17	布希與加拿大和墨西哥，簽訂北美自由貿易協定（North American Free Trade Agreement）。

1993, 1, 3　　布希與葉爾欽在莫斯科簽訂雙方裁減核武協定。

41.3　異聞趣事

——布希是自 1836 年范布倫（Martin Van Buren）以在任副總統，競
選總統成功的副總統。（按布希係第四十任總統雷根的副總統，
1981—1989）。
——他是第一位曾任政黨（共和黨）主席的總統。
——他是第一位曾任美國駐中華人民共和國聯絡辦事處（U.S. Liaison
Office in Peking）主任（即首任駐中國大使）的總統。
——他是第一位曾任美國駐聯合國大使（U.S. Ambassador to the Un-
ited Nations）的總統。
——他是第一位曾任美國中央情報局（Central Intelligence Agency，
簡稱 CIA）局長的總統。
——布希是唯一獲頒「傑出飛行員十字獎章」（Distinguished Flying
Cross Medal）的美國總統。他於十八歲被徵入海軍服役，二次
大戰期間在太平洋戰區擔任海軍飛行員，在一次戰鬥任務中，
他的飛機被日軍擊中，他將四枚炸彈投中目標後，飛機起火墜
海，兩名同伴犧牲，他自己卻大難不死，被一艘美國潛艇救起。
1945 年，於飛行一千二百二十八小時及完成五十八次戰鬥任務
後，自海軍退役，美國政府為獎賞他的功勞，特頒授此一榮譽
勳章。在美國的四十三位總統中，曾於第二次大戰在海軍服役
者，共有六位，除布希外，其餘五人為甘迺迪、詹森、尼克森、
福特及卡特。
——布希是美國史上，第一位副總統代行總統職權的人。1985 年 7
月 13 日，雷根因病住院開刀，因須打麻醉藥，將有數小時失去
知覺，無法執行總統職權，為免引起國家危機，雷根特依憲法
修正案第二十五條規定（1967 年批准生效，依該條第三項規
定，總統無能力執行職權時，由副總統暫時代行總統職權），

分別致函眾院議長及參院臨時議長，將總統職權暫由副總統布
希行使，此一開刀過程為時七小時五十四分鐘，在此期間，布
希為代理總統，這也是美國歷史上，唯一由副總統代行總統職
權的一次。

——老布希在其任內最大的成就，乃是以武力幫助科威特（Kuwait），
驅逐伊拉克（Iraq），恢復其國土，這就是史稱「波斯灣戰爭」
（Persian Gulf War）。伊拉克素有佔領科威特的野心，因為科
威特擁有豐富的油田，如能侵佔，則兩國合併起來，超過全世
界油源的 20%。1990 年 8 月伊軍侵入科威特，很快即佔領，並
控制所有油田。布希除嚴厲譴責其侵略行為外，並要求聯合國
立即採取行動。聯合國隨即通過一連串決議，要求伊拉克立即
自科威特撤兵，並于 11 月 29 日發出最後通牒，限令伊拉克於
1991 年 1 月 15 日以前自科威特撤出，否則即以武力制裁。在此
同時，布希經由外交協商，取得埃及、沙烏地阿拉伯、敘利亞、
阿聯、英國、法國、義大利、西班牙及加拿大等同意，組織聯
軍，日本及德國則同意以經費支援聯軍。中國同意在安理會對
於此種行動不使用否決權。更為難得的是，蘇聯對這些制裁伊
拉克的行動，亦表示支持，這是二次大戰以後，東西兩大集團
的冷戰中，在處理主要國際危機時，唯一沒有異議的一次。美
國國會對布希的這些行動，不但沒有反對，且通過聯合決議，
支持其使用武力。1991 年 1 月 16 日，聯軍對伊拉克開始大規模
空擊，連續達六個星期，2 月 24 日，聯軍又開始以地面部隊，
分別攻入科威特及伊拉克本土，四天以後，即將科威特境內的
伊軍驅離，並摧毀了伊拉克的大部分武裝部隊。戰爭結束後，
布希的聲望直線上升，據 1991 年 3 月 1 日的美國民調，布希支
持度達 91%，這不但是布希個人的支持度最高，也是美國有史
以來，沒有任何總統得到如此高的支持度。

——布希卸任前，曾做了一件非常具有戲劇性並受到國際普遍讚揚
的事。在他卸任總統前的十七天（即 1993 年 1 月 3 日），他與

俄國總統葉爾欽（Boris N. Yeltsin），在克里姆林宮簽訂美俄兩國結束冷戰的「第二次裁減戰略核子武器條約」（Strategic Arms Reduction Treaty II）。過去美俄兩國裁減核武的協定或條約，常須經過十年左右的談判，才能簽訂，而此一條約的談判只花了六個月，即達成協議並正式簽字。簽字儀式結束時，葉爾欽讚譽布希：「你的高尚的人格特質和政治才能，對我們兩國成功地自冷戰過渡到一個新的世界局面，作出了重大貢獻。」布希也盛讚葉爾欽對民主改革的勇氣與成就。

——布希于 1992 年 12 月 24 日的聖誕節前夕，特赦已被法院起訴的雷根總統時期的六位高級官員，包括前國防部長溫伯格（Caspar W. Weinberger）、前雷根的國家安全顧問麥克法藍（Robert MacFarlane）、前助理國務卿阿布拉姆斯及三位中央情報局高級官員。他們都是被指控在國會作證時，對秘密將武器賣給伊朗及非法接濟尼加拉瓜的叛軍二事上，說了假話。布希認為他們對這些行為未據實陳述，都是基於愛國心，情有可原，故予特赦。事實上，類似的特赦，在美國歷史上曾發生多次。例如第十七任總統安德魯‧詹森（Andrew Johnson），曾對參加內戰的南軍，全部赦免其罪。又如杜魯門及卡特總統，亦曾對二次大戰及越戰的美國逃兵，全部免於追究。

41.4 副總統

奎爾（James Danforth Quayle III）

　生　卒：1947, 2, 4—
　任　期：1989, 1, 20—1993, 1, 20
　出生州：印地安那州（Indiana）
　教　育：戴普及印地安那大學法學院畢業。
　政　黨：共和黨
　簡　歷：聯邦眾議員，聯邦參議員。

第四十二任總統

W. J. 克林頓

（William Jefferson Clinton）

生　卒：　1946. 8. 19—

任　期：　1993. 1. 20—2001. 1. 20

出生州：　阿肯色州（Arkansas）

代表州：　同上

教　育：　華府喬治鎮大學及耶魯大學法學院畢業，英國牛津大學
　　　　　羅德學者。

宗　教：　浸信會（Baptist）

政　黨：　民主黨（Democratic Party）

簡　歷：　法學教授，阿肯色州州政府檢察長，阿肯色州州長（三
　　　　　任八年，前二任兩年一任，第三任四年一任）。

祖　先：　英格蘭人（English）

夫　人：　Hillary Diane Rodham，1975 年與克林頓結婚。

子　女：　一女

42.1　生平大事記要

1946, 8, 19	在阿肯色州的 Hope 出生，生父為 William Jefferson Blythe II。
5, 17	未出生，生父即去世。
1950, 6, 19	生母 Virginia Dell Cassidy 改嫁，與 Roger Clinton 結婚。克林頓亦從原來的名字 William Jefferson Blythe III 改為 William Jefferson Clinton，簡稱 Bill Clinton.
1964	高中畢業。
1968, 6, 9	畢業于華府的喬治鎮大學，獲國際關係學士。
1968- 1970	英國牛津大學的 Rhodes Scholar.
1973	畢業於耶魯大學法學院。
1973- 1976	在阿肯色大學法學院任教，並兼做律師。
1974	競選阿肯色州市第三選區的聯邦眾議員失敗。
1976	擔任民主黨總統候選人卡特（Jimmy Carter）在阿肯色州的競選經理。
1977- 1979	任阿肯色州檢察長。
1979- 1981	任阿肯色州州長。
1980	競選州長連任失敗。
1981- 1982	在阿肯色州首府 Little Rock 從事律師業務。
1982	再度當選阿州州長，任期兩年。
1984	連任州長，依新制任期四年。
1986- 1987	當選全國州長協會理事長，及各州教育委員會主席。
1988	在民主黨大會上發表總統提名演說。
1990-1991	任民主黨領袖理事會主席。
1992, 7, 15	被民主黨全國代表大會提名為該黨總統候選人。
1993, 1, 20-2001, 1, 20	擔任美國總統兩任八年。

1998, 12, 16	被美國聯邦眾議院提出彈劾案。
1999, 2, 12	參議院否決眾議院對克林頓的彈劾案。
2001, 1, 20	卸任總統職務。

42.2　任內大事記要

1993, 1, 20	就任美國第四十二任總統。
1, 29	克林頓宣稱,他將廢除長久以來不准同性戀者服兵役的政策,但國會與軍方同聲反對,最後各方協議,改採「不談論、不告訴」(don't talk, don't tell)的政策。
12, 8	在勞工的反對下,克林頓簽署「北美自由貿易協定」(North American Free Trade Agreement,簡稱 NAFTA)
1994, 1, 10	克林頓宣佈,美國與烏克蘭(Ukraine)達成協議,美國將給予適當補償,以換取烏克蘭拆除其核子設施(世界第三大,僅次於美國及俄國)。
1, 17	洛杉磯地區發生六・六級的大地震,造成六十一人死亡,及巨大財產損失。
2, 3	美國宣佈解除為時已達十九年的美國對越南的貿易禁令,並于2000年7月13日雙方簽訂協定,恢復自由貿易。
4, 27	克林頓及美國四位前任總統福特、卡特、雷根及老布希同時參加故總統尼克森(Richard Mixon)的葬禮。
5, 6	克林頓列為 Paula Corbin Jones 性侵案的被告。
11, 8	美國國會期中選舉(Mid- term etection),共和黨控制參、眾兩院。
1995, 4, 19	恐怖分子將炸彈裝在卡車上引爆,炸廢奧克拉荷馬市的一幢聯邦大廈(Alfred R. Murrah Federal Building),造成一百六十八人死亡及數百人受傷,其中多數為托兒所的兒童。

1995, 7, 11	美國與越南復交。
11, 14-20	因白宮與國會有關聯邦預算的糾紛無法解決，導致聯邦政府機關關閉一星期。
11, 15	克林頓與 Monica Lewinsky（在白宮實習一女學生）的性醜聞案爆發。
1995,12, 17-1996, 1, 6	總統與國會另一預算歧見，導致聯邦政府機關再度關閉。
1996, 8, 29	民主黨提名克林頓與高爾競選連任總統副總統。
11, 5	克林頓與高爾當選連任。
1997, 9, 1	美國最低工資，自每小時四・七五美元，加至五・一五美元，即每小時增加四角。
10, 29	克林頓與中華人民共和國主席江澤民，在華府舉行高峰會。
1998, 1, 17	克林頓以錄影帶在聯邦法院作證，否認他與呂溫斯基小姐（Monica Lewinsky）有性關係。他並於 1 月 26 日在轉播的記者會上保證：「我與那個女人沒有性關係。」（I did not have sexual relations with that woman）。
2, 2	克林頓簽署自 1969 年以來的第一次平衡預算案（Balanced Budget）。
8, 17	克林頓首度承認他與 Lewinsky 曾發生性關係。
9, 30	克林頓宣佈，聯邦預算已有結餘，這是 1969 年以來的首次。
10, 8	眾議院開始討論是否對克林頓提出彈劾案。
12, 19	眾議院對克林頓在 Lewinsky 的性侵案偽證及妨害美國司法，通過彈劾案。
1999, 1, 7	參議院開始審判克林頓的彈劾案，由最高法院院長任奎斯特（William Rehnquist）擔任主席。
2, 12	參議院投票，否決克林頓的彈劾案。
2000, 3, 1	眾議院以四百二十二票對零票，允許社會福利金領取

　　　　　　　者，得繼續賺取不受數額限制的收入，而不會喪失其社
　　　　　　　會福利金。3 月 22 日參議院亦一致通過該案。

2000, 8, 16　民主黨提名高爾為該黨下屆總統候選人。

　　10, 10　克林頓簽署法律，與中華人民共和國建立正常貿易關
　　　　　　　係，此前，每年均需國會審查批准。

　　11, 7　總統夫人 Hillarry Clinton 當選紐約州聯邦參議員。
　　　　　　　同日，總統選舉結果無法完成，因佛羅里達州計票有問題。

　　12, 12　經過兩黨數週的纏訟，並重新計票，聯邦最高法院判定
　　　　　　　共和黨候選人布希（George Walker Bush）當選美國下
　　　　　　　任總統。

　　12, 28　聯邦人口調查局（Census Bureau）宣佈，每十年一次
　　　　　　　的統計，2000 年美國的人口為二八一,四二一,九○六
　　　　　　　人，較 1990 年增加 13.2%。

2001, 1, 19　克林頓於八年總統卸任前夕，經法院宣佈，免除其此前
　　　　　　　一切罪行的追溯，其條件是接受罰款，並不得再任律師。

　　1, 20　卸任總統職務。

42.3　異聞趣事

——克林頓是在南方阿肯色州（Arkansas）出生的第一位總統。

——他是美國第一位擁有羅德學者（Rhodes Scholar）頭銜的總統。

——他是第二次世界大戰（World War II）後，出生的第一位美國總統。

——他是第一位大學肄業時，即在美國參議院擔任職員的總統。

——他是美國第三位最年輕的總統，前二位是老羅斯福（Theodore
　　Roosevelt，第二十六任）及第三十五任總統甘迺迪（John F.
　　Kennedy）。

——他是第二次世界大戰後，第一位民主黨任滿八年（即連任一次）
　　的總統。

——他是第三十二任總統小羅斯福（Franklin Delano Roosevelt）以
　　後，未服過兵役的總統（按小羅斯福因患小兒麻痺，故未服兵役）。

——他是第一位未在南方的德克薩斯州勝選的民主黨總統。

——他是第一位利用網際網路（Internet）與人對話的總統。

——他是第一位任命其夫人 Hillary Clinton 擔任一個總統委員會
　　（Presidential Commission）主席的美國總統。

——他是第一位因對人性騷擾（sexual harassment）而被列為被告
　　（defendant）的總統。

——他是第二位被眾議院通過彈劾案（impeachment）的總統。第一
　　位被彈劾的總統為第十七任總統安德魯・詹森（Andrew
　　Johnson），但在參院審判時，兩人均被宣告無罪。

——他是第一位在任總統，被宣告藐視法庭（contempt court）。

——克林頓曾在美國牛津大學（Oxford University）擔任「羅德學
　　者」（Rhodes Scholar），也是美國第一位總統擁有此一頭銜
　　者。羅德學者獎學金設立於 1903 年，係由牛津大學接受一位美
　　國富商西賽爾・約翰・羅德（Cecil John Rhodes，1853—1902）
　　一筆價值三百萬英鎊而設立的獎學金。此一獎學金在國際學術
　　界極富盛名，獲此獎者，均係各方名人，以美國為例，前任國
　　務卿魯斯克（Dean Rusk）、聯邦眾議院議長阿伯特（Carl Al-
　　bert）、參議員傅爾布華特（J. William Fulbright）、最高法院大
　　法官哈蘭（John M. Harlan）、懷特（Byron R, White）等，均曾
　　獲此殊榮。克林頓係於 1968 年 10 月至 1970 年 6 月，在牛津的
　　新學院（New College）研究政治學兩年。

——克林頓是一位很開明的政治領袖，在他的八年總統任內，他曾
　　任命多位婦女、黑人、少數族裔擔任政府要職。例如，他任命
　　第一位婦女奧莉瑞（Hazel O'Leary）擔任能源部長；第一位女司
　　法部長芮洛（Janet Reno）；第一位白宮女新聞秘書梅耶絲
　　（Dee Meyers）；第一位猶太裔的女性荊絲伯（Ruth Bader Gin-

sburg）為大法官；第一位亞裔的商務部長米拉特（Nerman Y.
Mineta）；第一位黑人作家愛德蒙（Terry Edmonds）為白宮的
總統文膽；以及多位同性戀者擔任政府高職。

——他的內閣閣員，曾有多位因犯錯而受到調查，舉其要者，如：
農業部長艾斯皮（Mike Espy）因收受不法利益，遭法務部調
查，被迫辭職。商務部長布朗（Ron Brown），被指控為民主黨
收取非法捐款，以換取商務部的職位，在法務部調查期間，因
飛機失事喪命，而免於起訴。房產與都市發展部長西斯納洛
（Henry Cisneros），因情婦案對聯邦調查局（F.B.I）說謊，經
調查屬實而承認有罪，處以罰金一萬美元。內政部長巴畢特
（Bruce Babbitt）曾因涉貪污案，遭法院調查，最後因證據不足
而未起訴。勞工部長赫曼（Alexis M. Herman）被指控收取回
扣，但獨立檢察官未經任何解釋，即決定不予起訴。

——克林頓對愛滋病（AIDS）之危害，特別重視。1993 年 8 月，他
任命社運工作者蓋妣（Kristine M. Gebbie），出長新成立的聯邦
愛滋政策委員會協調長，負責監督聯邦政府各機構阻止愛滋病
蔓延策略的制訂與執行。1994 年 11 月 10 日，克林頓改以遏止
愛滋病運動分子，黑人女子佛莉明（Patricia S. Fleming）取代蓋
妣，同時，克林頓在白宮設立愛滋政策事務處，並于 1997 年 4
月 7 日，任命賽嫚（Sandra Thurman）為首任處長，負責制定全
國阻遏愛滋病的政策與標準。

——白宮的網際網路網址（WEB site）是由克林頓首先設置，其名
稱係「歡迎來白宮」（Welcome to the White House）。自 1994
年 10 月 21 日設立開始，一年之內，共提供五千萬頁的資料或
照片，給網友利用。這些資料包括：總統文件，講稿，宣告，
行政命令等。克林頓卸任後，這些資料均移交國家檔案局（Na-
tional Archives）保存。

——克林頓是一位相當勇敢的總統，1994 年 10 月 27 日，他不顧國

務院的反對，親自前往已被美國宣佈為國際恐怖主義國家的敘利亞（Syria）訪問，並在其首都大馬士革（Damascus），與該國總統阿賽德（Hafez al-Assad）會談，請其參與以色列與敵對的阿拉伯國家會談，以促進該地區的和平。

──克林頓是唯一使用過對國會通過的法律，否決其部分條文的總統，此即所謂「部分條文否決」（Line-Item Veto）。此一特殊的否決權，自第十八任總統格蘭特（Ulysses S. Grant）開始，每位總統都想擁有，直至 1996 年 3 月始在國會通過。1997 年 8 月 11 日，克林頓首先行使此一權力，但 1998 年 6 月 25 日，最高法院宣佈此一特殊否決權違憲，因為它有違美國憲法三權分立的原則。

──克林頓是位好色的總統，他曾多次性騷擾其部下，最著名的有兩案。1991 年 5 月 8 日，當他還是阿肯色州長時，他曾召喚時任該州工業發展委員會的一位女職員瓊斯（Paula Corbin Jones），到旅館去進行性騷擾，該女曾向法院告發，克林頓並被起訴，幾經折騰，最後於 1997 年 5 月 17 日，被法院判決克林頓賠償該女八十五萬元美金了事。克林頓當選總統後，又在白宮故態復萌，1998 年 1 月開始，他對白宮一位女實習生呂溫斯基（Monica Lewinsky）進行性騷擾，長達一年之久，法院曾對此事進行調查，但克林頓死不認罪，只承認對該女只有親密關係，並無性關係，法院因缺乏確切證據，無法起訴，最後要克林頓道歉了事。

──克林頓是美國歷史上遭受彈劾（impeachment）的第二位總統（第一位是第十七任總統 Andrew Johnson）。1998 年 12 月 19 日，美國聯邦眾議院因克林頓曾在呂溫斯基一案中在法院陳述時說謊，犯了偽証罪，以二百二十八票對二百零六票，通過對他的彈劾案。該案于 1999 年 1 月 7 日在參議院審判，由最高法院院長任奎斯特（William H. Rehnquist）擔任審判長，經過一個

多月的審理，參議院于 2 月 12 日投票表決，結果為五十五票對
四十五票，未達憲法所規定的三分之二（按參議員共有一百位，
三分之二的多數為六十七票）遭否決，而宣告無罪（acquittal）。
——克林頓對美國最大的貢獻，是他在八年總統任內，平衡了美國
聯邦政府的預算。猶憶尼克森（Richard Nixon）總統，曾在一
次電視演說中宣稱：「平衡聯邦政府預算，是一項不可能的任
務。」克林頓卸任時，不但平衡了預算，而且有些結餘，難怪
他犯了不少錯誤，而且多次訴訟纏身，但多數美國人民仍採取
原諒的態度。可見經濟問題，是美國人民最關心的事。

42.4　副總統

高爾（Albert Arnold Gore, Jr.）

生　卒：1948. 3. 31—
任　期：1993, 1,20—2001, 1, 20
出生州：美國首都華盛頓（Washington, D. C.）
教　育：哈佛大學政治系畢業
政　黨：民主黨
簡　歷：記者，聯邦眾議員，聯邦參議員（田納西州選出）。

第四十三任總統

G. W. （小）布希

（George Walker Bush）

生　卒：　1946, 7, 6—

任　期：　2001, 1, 20—2009, 1, 20

出生州：　康乃狄克州（Connecticut）

代表州：　德克薩斯州（Texas）

教　育：　耶魯大學及哈佛大學商學院畢業

宗　教：　美以美教（Methodist）

政　黨：　共和黨（Republican Party）

簡　歷：　石油商人，棒球隊老闆，德克薩斯州州長（兩任八年）。

祖　先：　英格蘭人（English）

夫　人：　Laura Welch，1977 年與（小）布希結婚。

子　女：　二女（雙胞胎，1981 年 11 月 25 日生）

43.1　生平大事記要

1946, 7, 6　　生于康乃狄克州的 New Haven.

1968　　　　耶魯大學商學院畢業。

　　　　　　同年入德克薩斯州空軍國家防衛部服役。

1970　　　　在飛行學校畢業，晉升中尉。

1975　　　　哈佛大學畢業，獲 M.B.A.學位。

1975-1983　創設並經營石油開採公司，並自任執行長（CEO）。

1987-1988　擔任其父老布希競選總統的顧問，及競選演說的撰稿人。

1988, 11, 8　他的父親老布希（George Herbert Walker Bush）當選美國第四十一任總統。

1989-1994　為德州棒球隊 Rangers 的主要股東及經理人。

1994, 11, 8　當選德克薩斯州州長。

1998, 11, 3　以 68.6%的絕對多數，當選連任德州州長。

2000, 8, 3　接受共和黨提名，為該黨總統候選人。

　　　11, 7　在爭議聲中，當選美國第四十三任總統（參閱「異聞趣事」中的詳細說明）。

2004, 11, 2　當選連任總統。

2009, 1, 20　卸任總統職務。

43.2　任內大事記要

2001, 1, 20　就任美國第四十三任總統。

　　　3, 31　一架美國海軍間諜飛機，在南中國海執行情搜任務時，與一架中國戰鬥機擦撞，中方迫使美機在海南島緊急降落，並留置其飛機及駕駛員，經過雙方緊張而冗長的談判，始予釋放。

2001, 5, 24　佛蒙特州（Verment）共和黨參議員 James M. Jeffords 宣佈退出共和黨，而成為一獨立派分子，使參議院的共和黨立即從多數黨變為少數黨，導致參議院的多數黨領袖及各委員會主席，全改為民主黨參議員擔任。

　　9, 11　中東恐怖分子迫使兩架噴氣客機，撞毀美國紐約市兩幢雙子星（Twin Towers）摩天大樓（均為一百一十層，為當時世界最高樓），造成二千七百三十三人死亡；另有兩架噴氣客機，一架衝撞華府的五角大廈（Pentagon，即國防部），另一架在賓州西部墜毀，造成另外二百六十五人喪生，此為美國史上最大的恐怖事件。

　　9, 20　布希向國會兩院聯席會議發表演說，強烈要求阿富汗塔里班（Taliban）政府，將 9 月 11 日恐怖事件的主謀賓拉登（Osama bin Laden，沙烏地阿拉伯流亡的富翁），交給美國治罪。

2002, 1, 29　布希在國情咨文中，向國會宣佈美國反恐戰爭的決定，並指名北韓、伊朗及伊拉克為三大恐怖軸心。

　　6, 6　布希向國會提議，成立內政安全部（Department of Homeland Security），以加強國內反恐措施，國會於同年 11 月 19 日通過設立案。

　　9, 12　布希敦促聯合國採取措施，阻止伊拉克發展毀滅性武器；並要求國會對其授權，必要時得使用武力摧毀這些武器。

　　11, 5　美國國會期中選舉，共和黨在參、眾兩院均佔多數。

2003, 1, 28　美國太空艙 Columbia 號，完成十六天科學任務後，於返回地球途中墜毀，七位太空人全部罹難。

　　3, 21　美國對伊拉克發動陸空攻擊，並佔領伊拉克南部地區。此一正當性有爭議的攻擊，引起舉世抗議，包括紐約、倫敦及歐洲主要都市，均有大規模的示威遊行。

2003, 3, 25　布希要求國會籌措七百四十七億美元，支援對伊拉克的
　　　　　　戰爭，同年 10 月 17 日，國會通過一項包裹立法，授權
　　　　　　布希動用八百六十九億美元，以從事美國在伊拉克及阿
　　　　　　富汗的軍事行動。

　　　4, 15　布希宣佈伊拉克的海珊（Saddam Hussein）政權解體。

　　　5, 1　美國對伊拉克的戰鬥行動結束。

　　　5, 28　布希簽署三千三百億美元的減稅法案。

　　12, 13　美軍擒獲伊拉克首領海珊。

2004, 1, 7　布希提議，給予美國非法移民六年工作許可證。

　　　1, 14　布希透露，他計劃在月球建立一處人類殖民地（Human
　　　　　　Colony），作為未來人類遠征火星的基地。

　　　11, 2　布希擊敗民主黨總統候選人凱利（John Kerry）當選連任。

　　12, 26　印度洋發生海底大地震，引起海嘯，造成附近海岸死亡
　　　　　　二十萬人，尤以印尼及泰國等地死傷最為慘重。

2005, 1, 20　布希當選連任就職。

　　　8, 2　布希簽署中美洲自由貿易協定（Central America Free
　　　　　　Trade Agreement, CAFTA）。

　8, 29-31　強風挾豪雨的卡崔娜颶風（Hurricane Katrina）侵襲美
　　　　　　國南部的濱海地區，迫使路易斯安那州的紐奧良市
　　　　　　（New Orleans）的居民全部撤市，其他鄰近各州的災
　　　　　　情亦極為嚴重。

　　　9, 8　布希簽署法案，籌措五佰十八億美元，救助受災區居民
　　　　　　及恢復其重要設施。

　　10, 19　伊拉克特別法庭，開始審理前獨裁者海珊的罪行。

2006, 3, 9　布希簽署延長美國愛國者法案（USA Patriot Act）。

　　　6, 29　最高法院以五票對三票判決，非經國會同意，美國不得
　　　　　　以軍事法庭審理在美國從事恐怖活動的外國嫌疑犯。

　　　7, 19　布希擔任總統以來，第一次行使否決權（Veto），否決

一項國會通過的授權案。

2006, 11, 7　美國期中選舉（Midterm election），民主黨控制國會參、眾兩院，為布希及共和黨的一大失敗。

11, 16　南西・皮洛西（Nancy Pelosi），當選美國史上第一位女性眾議院議長。

12, 26　伊拉克獨裁者海珊，因於 11 月 5 日被判屠殺無辜，於本日執行絞刑。

同日，美國第三十八任總統福特（Gerald Ford）病逝，享壽九十三歲。

2007, 7, 20　布希簽署行政命令，為中央情報局（CIA）在詰詢恐怖嫌疑犯時，設定一些原則，但該行政命令，對刑求（Torture）一詞的含意，並未加以介定。

9, 17　司法部長 Albert Gonzalez 辭職，因他被指控為政治原因，開除聯邦檢察官。

2008, 1, 21　因美國經濟困境，造成很多外國股市崩盤。

2, 13　布希簽署國會通過的一千四百五十億刺激美國經濟法案，其中三百至六百億，提供合格的納稅人退稅。

3, 23　美國在伊拉克駐軍的死亡人數，達到四千人。

9, 7　美國兩大房貸公司 Fannie Mae 及 Freddie Mac，被美國聯邦房屋財務署接受，以阻止信用危機（Credit Crisis）。

10, 11　美國國務院將北韓自恐怖國家名單中除名，因該國政府同意聯合國派人視察其核子設施。

11, 23　美國財政部同意給予花旗銀行集團（Citicorp）財務支援，以避免該公司破產。

12, 1　國家經濟研究局（National Bureau of Economic Research）宣佈，美國經濟已自 2007 年 12 月進入衰退期。

12, 19　布希總統提供一百七十四億美元貸款，給底特律的汽車

製造者（主要為 GM, Ford, Chrysler 三大汽車公司），避免它們的立即破產。

43.3　異聞趣事

——小布希是第二位與父親老布希（George Herbert Walker Bush，第四十一任），均擔任過美國的總統。前面的父子總統，是第二任總統亞當斯（John Adams）與第六任總統約翰・昆西・亞當斯（John Quincy Adams）。

——他是第一位在康乃狄克州（Connecticut）出生的總統。

——他是第一位擁有管理碩士（M.B.A.）的總統。

——小布希年輕時喜歡喝酒，而且常常過量。有一次酒醉在高速公路上開車，橫衝直撞，被警察當場逮捕。他在法庭上認罪，被判罰金並吊銷駕照。後來經過他的夫人及著名佈道家葛理翰（Bill Graham）的勸導，乃在四十歲時戒酒。幸好其時尚未從政，否則必會影響他的政治前途。美國選民是不會選舉一個酒徒擔任州長及總統的。

——2000 年 11 月 7 日的美國總統選舉，出現一種奇特的現象。民主黨的總統候選人高爾（Albert Arnold Gore, Jr.），得普選票（Popular Vote）五千零九十九萬九千八百九十七票（48.38%），但總統選舉人票（Presidential Elector）僅有二百六十七票；共和黨的候選人布希得普選票五千零四十五萬六千零二票（47.87%），而總統選舉人票卻有二百七十一票。高爾的普選票多布希五十四萬三千八百九十五票，總統選舉人票卻少布希四票，故布希當選為總統。

這種怪現象的發生，乃美國獨特的選舉制引起的結果，在此略作介紹。原來美國的總統選舉制，雖說是直接，但形式上卻是間接。說其為直接，因為投票當日計票的結果，即知誰當選總

統。說其為間接，因為當選與否，不以普選票為準，而以總統
選舉人票之多少為準。美國總統選舉人的名額，乃國會參眾兩
院議員的總和。美國的參議院，不管人口多少，每州各有參議
員兩人，現在美國有五十州，故參議院共有一百位議員；眾議
員由各州的人口多少產生，現有四百三十五位眾議員，加上華
府的三位總統選舉人（華府不是一個州，參、眾兩院均無議員，
故憲法修正案第二十三條特賦予其三個名額的總統選舉人，也
就是一個小州的最低名額，因為任何小州均有兩位參議員及一
位眾議員），三者合共五百三十八位總統選舉人，凡獲得二百
七十票者，即當選為總統。

由於美國總統選舉，係採「勝者全得」（Winner-take-all）的方
式，每州為一選區，凡一位候選人在某州多對手一票，則該州
的總統選舉人票全歸他所有。在這種制度下，如兩黨總統候選
人的實力旗鼓相當，有時可能在一個州的勝負，即可決定誰的
勝出。布希在 2000 年的總統大選中勝出，就是一個最好的實
例。在那年 11 月 7 日的投票日，高爾在四十九個州所得普選票
的總和，超過布希五十四萬多票，得到總統選舉人票二百六十
七票，布希僅有二百四十六票，但在佛羅里達州（Florida），
布希所得的普選票，僅比高爾多五百三十七票，卻獲得該州的
全部二十五張總統選舉人票，最後以二百七十一票（僅較最低
當選票數多一票）當選為美國第四十三任總統。

同樣的情形，在 1888 年也發生過一次。其時的共和黨總統候選
人哈里遜（Benjamin Harrison），得普選票五百四十四萬五千二
百六十九票（47.8%），取得總統選舉人票二百三十三票；民主
黨的候選人克利夫蘭（Grover Cleveland），得普選票五百五十
四萬零三百六十五票（48.6%），比哈里遜多九萬五千零九十六
票，但總統選舉人票僅有一百六十八票，故哈里遜當選為美國
第二十三任總統。

——小布希是雷根總統的崇拜者，這不僅是因為他的爸爸老布希是雷根的副總統，而且政治理念也與雷根相近。當國會通過一項兩院聯合決議，對雷根的九十大壽加以表揚時，他立刻簽字生效，這是他任總統後，簽署的第一件法案。就任的第三天，2001年1月22日，他又簽署一項行政命令，恢復雷根于1984年反對以聯邦款項，支援主張墮胎（Abortion）的民間機構的行政命令。該項行政命令，曾于1993年被克林頓總統取消。

——2001年9月11日（即所謂九一一的恐怖事件）上午，十九名（十五名沙烏地阿拉伯人，二名阿聯人，埃及及黎巴嫩各一人）由賓拉登（Osama bin Laden，沙烏地阿拉伯出生的一個百萬富翁）指揮的伊斯蘭組織的恐怖分子，分別潛上四架美國的商用飛機，其目的是用自殺的手段，撞毀美國的三大地標—白宮、五角大廈及紐約市曼哈頓區兩幢一百一十層的雙子星摩天大樓。起飛後不久，其中兩架受恐怖分子的逼迫，直飛紐約，撞毀了兩幢摩天大廈，另一架撞毀了國防部辦公的五角大廈的一角，最後一架原欲衝上白宮，置美國總統于死地，但機上的美國乘客，與恐怖分子發生激烈搏鬥，結果墜毀於賓州的田野，同歸於盡。前後不到兩小時，不但恐怖分子全部死於非命，也造成美國二千九百九十八人的慘死，死亡的人數，比1941年的珍珠港事變還多。不僅此也，自1812年美國本土曾遭英軍侵入外，這是美國第二次遭受外力的直接侵犯，堪稱美國的奇恥大辱。美國朝野雖對賓拉登恨之入骨，但至今（2009年）仍對他無可奈何。

——2001年9月20日（九一一事件後的第九日），布希向國會發表演說，宣稱他的新外交政策，是絕不容忍恐怖主義，他矢言：「在任何地區的任何國家，現在必須做一決定，與我們在一起，或與恐怖分子站一邊。」世人稱此為「布希主義」（Bush Doctrine）。不過，許多外國政治人物，雖然痛恨恐怖分子，但也不

想選邊站。

——美國攻擊阿富汗（Afghanistan）。

美國攻擊阿富汗的目的，是要逼迫該國的塔里班（Taliban）政權（一個未經人民選舉的伊斯蘭好戰集團），交出九一一攻擊美國的賓拉登恐怖分子，因為自 1996 年以來，該恐怖集團（其組織名 Al Qaeda）的總部，即在塔里班政權的允許下，設在阿富汗境內。塔里班政權對此要求嚴加拒絕，美國乃于 2001 年 10 月 2 日對阿富汗採取軍事行動，經過兩個月空襲，加以阿富汗反塔里班的北方聯盟（Northern Alliance）的內應，終於在是年的 12 月，推翻了塔里班政權，並建立了一個以卡扎（Hamid Karzai）為首的民主政府。2004 年 10 月，阿富汗制定憲法，選舉卡扎為總統。塔里班集團挫敗後，即將根據地移入巴基斯坦，後來又成功地返回阿富汗境內，繼續其擾亂的恐怖活動。而賓拉登所領導的恐怖分子，仍在阿富汗與巴基斯坦邊區不知名的所在，不時以錄影帶透露的方式，表示其仍存在，繼續其反西方國家，特別是美國的恐怖活動。截至布希卸任總統時（2009 年 1 月 20 日）為止，美國在阿富汗的駐軍，仍有四萬八千人（盟軍的人數未計入），死亡人數超過五百五十人。

——美國攻擊伊拉克（Irag）

中東另一個使美國煩惱的國家，是伊拉克。該國自 1979 年起，就被獨裁的海珊（Saddam Hussein）政權所統治。海珊生性殘暴，野心極大。1990 年 8 月 2 日，海珊出兵科威特（Kuwait），意欲將其納入伊拉克版圖，引起世界各國的公憤，並受到聯合國的嚴厲譴責。為了阻止海珊的侵略行為，美國的老布希政府，于 1991 年 1 月 16 日，派軍攻打伊拉克，除將海珊軍隊驅逐出科威特外，並攻入伊拉克境內。海珊見勢不可為，乃接受聯合國的條件停戰。自 1991 年 1 月 16 日美軍出兵至 4 月 6 日停戰協定簽字，史稱「波斯灣戰爭」（Persian Gulf War）。海珊雖

然失敗，但保住了政權，繼續其殘殺少數民族〔主要是伊拉克北部的庫德族（Kurds）及南部的秀達族（Shutes）〕，支持穆斯林（Muslim）及阿拉伯恐怖分子活動，並拒絕聯合國對其兵工廠的訪視。這些行動與威脅，使以美、英為首的諸多國家無法容忍，當海珊拒絕自動下台時，美英聯軍即于 2003 年 3 月 20日出兵攻打伊拉克，海珊的部隊不堪一擊，不出三週即告潰敗，到了 4 月中旬，伊拉克的全部主要城市都落入聯軍手中。海珊僅以身免，到處躲藏，于 2003 年 12 月，在家鄉附近的一個地洞中被逮，2006 年 12 月，以殘殺人民罪，被伊拉克法院判處絞刑。

海珊雖被推翻處死，但伊拉克境內並未因此平靜，恐怖分子及海珊餘黨的游擊戰，及其敢死隊所為的爆炸事件，不時發生，造成美國駐軍及伊拉克平民的重大傷亡。自 2003 年 3 月至 2009年 1 月布希卸任時，美軍的死亡超過四千二百人，伊拉克人民的死亡，更在十萬人以上。由於布希出兵伊拉克，為多數美國人所反對，使共和黨失去了許多選民，也使布希成為二次世界大戰後，在美國最不得民心的總統。2008 年的總統選舉，共和黨候選人麥肯（John McCain）公開宣佈支持布希的伊拉克政策，其敗選與此不無關係。

——2005 年 8 月 29 日至 31 日，颶風（Hurricane，即颱風）卡崔娜（Katrina），肆虐美國南部，受災面積達九萬平方英里，造成路易斯安那州、密西西比州及阿拉巴馬州，重大的財產損失及人員傷亡（死亡約二千人）。路州的紐奧良市（New Orleans）受災尤為慘重，全市水深達一層樓高，有些低窪地區的房屋還全部沒頂，全市四十六萬二千人民，都奉命撤離逃災。此為美國史上最大的自然災害。聯邦政府除出動國民兵及軍隊救災外，並籌措六十億美金，助災民重建。至 2008 年 2 月，在十多萬戶失去家園的災民中，仍有很多住在臨時組裝的塑膠及木板屋中。

——九一一以後，在布希的主導下，國會通過法律，設立內政安全
　　部（Department of Homeland Security），並於 2003 年 11 月 24
　　日開始運作。這是整合國防部下的國家安全委員會（National Se-
　　curity Council）及白宮的內政安全室（Office of Homeland Secur-
　　ity）而成，此後凡情報業務、海岸防護團、海關單位及聯邦緊
　　急事件受理總署等，均屬該部的管轄範圍，全部員工達二十萬
　　人，為美國聯邦政府最大部會之一。

——2008 年中，美國經濟急遽衰退，失業率大幅上升，銀行倒閉，
　　公司破產，百業蕭條，為 1930 年代以來的最大經濟恐慌，導致
　　美國人民怨聲載道。而他的民調，也像坐雲霄飛車，自 2001 年
　　10 月（九一一後的一個月）的 88%，至卸任時的 22%（CBS
　　News/New York Times 的聯合民調），與 1980 年卡特總統所得
　　的民調，同為美國歷史上，總統所得的最低人民支持度。

43.4　副總統

錢尼（Richard Bruce Cheney）

　　生　卒：1941, 1, 30—
　　任　期：2001, 1, 20—2009, 1, 20
　　出生州：內布拉斯加州（Nebraska）
　　教　育：懷俄明大學畢業，威斯康辛大學政治研究所研究。
　　政　黨：共和黨
　　簡　歷：州議員，福特總統助理及白宮總管，聯邦眾議員，國
　　　　　　防部長。

第四十四任總統

B. H. 歐巴馬

（Barack Hussein Obama）

生　卒：　1961, 8, 4—

任　期：　2009, 1, 20—

出生州：　夏威夷州（Hawaii）

代表州：　伊利諾州（Illinois）

教　育：　哥倫比亞大學政治系（B. A.）及哈佛大學法學院畢業（J. D.）

宗　教：　耶穌會（United Church of Christ）

政　黨：　民主黨（Democratic Party）

簡　歷：　律師，伊利諾州議會參議員，聯邦參議員。

祖　先：　肯亞人（Kenya，但其父母具有肯亞、英格蘭、愛爾蘭及荷蘭四種血統）

夫　人：　Michelle LaVaughn Robinson（非裔美國人），1992 年與歐巴馬結婚。

子　女：　二女

44.1 生平大事記要

1961, 8, 4　生于夏威夷州的檀香山。父為非洲肯亞（Kenya）的黑人，母為美國堪薩斯州的白人，他們是夏威夷大學的同學，于 1960 年在夏威夷結婚。

1963　生父（Barack H. Obama）在哈佛大學獲得碩士學位後返回肯亞，母親（Stanley Ann Dunham）不願意同往，雙方同意離婚。

1965　生母與印尼人 Lolo Soetoro 再婚，翌年隨繼父去印尼，住了四年，在印尼接受初級小學教育。

1970　隨母返回夏威夷，接受高小及中學教育。

1979　在 Honolulu 的 Punahou School 畢業，同年以全額獎學金進入洛杉磯的 Occidental College 就讀，不久轉學紐約 Columbia University 政治系。

1983　哥倫比亞大學政治系畢業，獲學士學位。同年，生父在肯亞車禍喪生，年四十六。

1985-1988　擔任芝加哥社區發展計劃主任。

1988, 9　入 Harvard Law School 深造。

1989-1990　出任《哈佛法學評論》（*Harvard Law Review*，為世界最具權威的法學刊物）主編。

1990-1991　被選為《哈佛法學評論》理事會的理事長。

1991, 6　以最優等（magna cum laude）畢業于哈佛法學院，得 J. D. 學位。

1992　任伊利諾州選舉計劃主任。

10, 3　與在芝加哥執行律師業務的 Michelle LaVaughn Robinson（1988 年的哈佛法學院 J.D.，早歐巴馬三年畢業）結婚。

1993-1996　在芝加哥做律師，並在芝加哥大學法學院兼課。

1995, 11, 7　　生母病逝檀香山，她于 1942 年 11 月 29 日生于堪薩斯
　　　　　　　　州，得年五十三歲。

1997-2004　　任伊利諾州州議會參議員。

2000　　　　　競選伊利諾州的聯邦眾議員失敗。

2004　　　　　再版的第一本著作《我父親的夢想》（*Dreams from My
　　　　　　　　Father*），獲紐約時報好評，為該年美國最暢銷書之一。

　　7, 27　　膺選為民主黨全國大會（Democratic National Conven-
　　　　　　　　tion），提名該黨總統候選人的主題演講（keynote spe-
　　　　　　　　ech）者。由於此一演講簡要而生動，受到好評，引起
　　　　　　　　全國媒體的重視，使他一夕爆紅。

　　11, 2　　當選為伊利諾州的聯邦參議員。

2007, 2, 10　在伊利諾州林肯總統的故鄉春田（Springfield，按林肯
　　　　　　　　係在肯塔基州出生，自二十六歲開始即定居于此，死後
　　　　　　　　亦葬于該地，歐巴馬自少即崇拜林肯），宣佈競選下任
　　　　　　　　總統。

2008, 8, 27　民主黨提名歐巴馬為該黨總統候選人。

　　11, 4　　當選美國第四十四任總統。

2009, 1, 20　宣誓就任總統。

44.2　任內大事記要

（本書截稿日為 2009 年 1 月 20 日歐巴馬就任總統時為止，故任內
　大事記要從缺。）

44.3　異聞趣事

——歐巴馬是第一位非裔（即黑人）的美國總統。

——他是第一位黑、白混血的美國總統。

——他是第一位父親不是美國公民的美國總統。

——他是第一位在二十世紀後半期出生的總統。

——他是第一位在夏威夷出生的總統，也是第一位不在美國大陸地區出生的總統。

——他是《哈佛法學評論》（Harvard Law Review）的第一位黑人主編，也是該刊理事會第一位黑人理事長。

——他是第一位曾在一個亞洲國家（印尼），度過其部分童年的美國總統。

——他是第一位童年時期，曾在一個回教國家住過的總統。

——他是第一位曾在一個亞洲國家，唸過四年小學的總統。

——他是第一位利用 YouTube 的網路系統，每週發表一次廣播談話的總統。

——他是第一位利用網際網路（Internet），籌得相當多競選費用的美國總統候選人。

——他是第一位同時任用兩位華裔人士，擔任內閣部長的總統。他們是祖籍江蘇太倉的朱棣文（能源部長），及祖籍廣東台山的駱家輝（商務部長）。

——歐巴馬以一個非裔黑人（African-American），當選美國第四十四任總統，在美國歷史上是值得大書特書的一件劃時代的大事。1963 年 1 月筆者初抵美國時，大多數的美國白人，仍把黑人視為林肯以前的美國黑奴的後裔，把他們當作次等公民。黑白不平等的待遇，在南部各州尤為明顯，飯廳最黑暗的一角，是黑人的保留區，有的還掛著"Black Only"（黑人專用）的牌子；汽車的後座及火車破舊的車廂，坐的都是黑面孔，教室中前面的桌椅，沒有黑孩子的份。難怪其時由喬治亞州的馬丁·路德·金（Martin Luther King, Jr.）牧師所領導的爭取黑白平等的運動，在全美各地進行得如火如荼。金氏是一位傑出佈道家，聲音洪亮，言詞動人。1963 年 8 月 18 日，他在華府林肯紀念堂前

發表一篇演說，「我有一個夢」（I have a dream），主要是爭取黑白平等，並提出一些在平等的基礎上，黑人與白人在一起上學、工作及和平相處的願景。當時聽眾超過二十萬人（有不少白人），筆者適在華府，亦親到現場聆聽此一黑人民權運動中最偉大的演說，有些聽眾受到感動，當場痛哭失聲，我這個局外人也不禁為之動容。此情此景，至今記憶猶新。想不到在我有生之年，竟然在美國出現了一位黑人總統，的確讓我感到意外。

不過，歐巴馬不是一般的美國黑人，他之脫穎而出，有其個人的特殊條件與時代背景，試為分析如下：首先，他不是美國的黑人，他的父親 Barack Hussein Obama，來自非洲東部的肯亞共和國（Republic of Kenya，原為英國的殖民地，1963 年獨立，現有人口約三千二百萬人）的富裕家庭，1958 年到美國，在美國著名大學接受高等教育（夏威夷大學學士，哈佛大學碩士），並于 1960 年與同在夏威夷大學求學的白人小姐 Stanley Ann Sunham 結婚。她在堪薩斯州出生，父母均為白人，故歐巴馬的血統有一半係白人。加以他英俊挺拔，一表人才，在社會上很容易受到黑、白雙方的接納。

其次，他的學歷輝煌，成績超群，是一位出類拔萃的人物。1979 年他在夏威夷受完高中教育，以全額獎學金（full scholarship）進入洛杉磯的 Occidental College 就讀，一年後轉入紐約的哥倫比亞大學（Columbia University，美國常春藤盟校成員，世界名校排名前十名）政治系，畢業後到芝加哥從事社運活動，並擔任芝加哥社區發展計劃主任。1988 年 9 月再入哈佛大學（Harvard University，世界大學排名第一）法學院就讀（按美國學制，大學畢業取得學士學位，才能進入法學院深造，三年畢業後，始取得法律專業學位，J.D.）。入學的第二年（1989），即出任世界最具權威的《哈佛法學評論》（*Harvard Law Review*）

的主編，1990 年又當選該刊理事會的理事長，而于 1991 年，以最優異的成績（Megna cum laude），完成哈佛法學院的學業。這樣優異的學業，不僅在美國黑人中絕無僅有，即使在美國白人學生中，也極為少見。這也是他日後從政的一大本錢。

再次，歐巴馬能言善道，辯才無礙，學識豐富，出口成章，是一位天生的政治人物。2004 年，當他還是伊利諾州州議會的一名參議員時，即膺選為民主黨在波士頓舉行的總統候選人提名大會的主題演講者（Keynote speaker），由於此一演講簡要而生動，受到與會的民主黨大會的代表一致讚揚，也引起全美媒體的重視。同年的 11 月 2 日，他順利當選為伊利諾州的聯邦參議員，奠定了他競選總統的基礎，因為競選美國總統者，絕大多數是各州州長，或國會議員，特別是參議員。

再就時代背景而言，美國自 2001 年共和黨執政後，人民對布希政府的政策，多所不滿，特別是 2003 年 3 月 21 日的出兵伊拉克，更為多數美國人所反對。加以自 2007 年底開始，美國經濟進入衰退期，到了 2008 年中，由美國銀行次貸所引起的經濟風暴，使全球主要經濟體受到波及。美國境內更是股市崩跌，銀行倒閉，公司破產，百業蕭條。人民苦不堪言，亟希一位新的政治人物，來領導國家，振興經濟。適在此時，歐巴馬的 "Change, We Can"（我們能改變）的響亮競選口號，引起了美國人民的希望。加以其對手，共和黨的總統候選人麥肯（John S. McCain），缺乏有力的政見，面對不受歡迎的伊拉克戰爭，又和布希站在一邊，讓美國選民對他不抱任何希望，遂使歐巴馬應時而起，脫穎而出，當選了美國第四十四任總統。

——歐巴馬的家庭非常複雜，他的生父是非洲肯亞的黑人，母親是美國的白人，是英格蘭、愛爾蘭、荷蘭血統的後裔，所以歐巴馬具有四種血統。他的生父結過三次婚：到美國以前，他就與一位肯亞女子 Kezia 結過婚，並育有一男一女；1960 年與他的

生母結婚，是其第二次婚姻；1963 年返回肯亞後，又與他在哈佛同學的肯亞女子 Ruth Nidesand 結婚，並育有二子。他的生母于 1964 年與其生父離婚後，又于 1965 年與在夏威夷的印尼人 Lolo Soetoro 結婚，並育有一女。所以歐巴馬有一個同母異父的妹妹，一個同父異母的姊姊，及四個同父異母的兄弟。由於這種複雜的關係，他的家族中有四種不同的宗教：基督教、佛教、回教及猶太教（他的夫人的一位表親）。

——他的夫人米雪兒（Michelle LaVaughn Robinson），是一位傑出的職業婦女，她于 1964 年 1 月 17 日，生于芝加哥，父母均為美國黑奴的後裔，所以她是第一位非裔的白宮女主人。她資質優異，在求學的過程中，經常名列前茅。她的學歷不亞於歐巴馬，她是普林斯敦大學（Princeton University）的社會學學士（1985），哈佛大學法學院的 J.D.（1988，早歐巴馬三年畢業），學歷之高，在歷來白宮女主人中，無人出其右。她與歐巴馬是芝加哥的一家律師事務所同事，他們于 1992 年 10 月 3 日在芝加哥結婚，現有兩個女兒，分別為十一歲及九歲。

——歐巴馬已出版三本書，第一本于 1995 年問世，題為《我父親的夢想》（*Dream from My Father*），主要是對他生父的追憶及闡述其理想，因為頗受讀者好評，曾於 2004 年再版。第二本于 2006 年出版，題為《大膽的希望：對挽救美國夢想的一些想法》（The Audacity of Hopes: Thoughts on Reclaiming the American Dream），這是根據他 2004 年在民主黨總統提名大會上，所發表的主題演說（Keynote Speech）的內容，進一步闡明而成。該書在紐約時報暢銷書的排行榜上，連續三十六個月有名，可見其受讀者歡迎的程度。第三本于 2008 年出版，題為《我們能相信的改變》（*Change We Can Believe In*），這也是他的競選口號，書中提出他治國的理念及藍圖，使對共和黨政府幾乎絕望的美國選民，重又燃起了希望。這三本書，增加了他在全美

的知名度，對他的勝選，有很大的助力。

──在內閣的十五位部長中，歐巴馬任命兩位華裔擔任部長，分別
　是能源部長（Secretary of the Department of Energy）朱棣文
　（Steven Chu）和商務部長（Secretary of the Department of Com-
　merce）駱家輝（Gary Faye Locke）。這是繼趙小蘭（Elaine
　Chao）擔任小布希政府的勞工部長（Secretary of the Department
　of Labor）以後，又有兩位美籍華人，入閣擔任部長。在美國的
　總統制下，沒有內閣總理，內閣閣員直接受總統的指揮監督。
　而依美國現制，內閣閣員只有十五人，能源和商務部長為其中
　之二，其位高權重，不言可喻，堪稱美國華裔的空前光榮。茲
　將兩人資歷，分別簡介如下：

朱棣文（Steven Chu），祖籍江蘇太倉。
1948 年 2 月 28 日，生于美國密蘇里州的聖路易市（St. Louis），
現年六十一歲。父親朱汝瑾，清華大學畢業後，赴美深造，得
麻省理工學院（MIT）博士學位，在美國大學執教，並當選為中
央研究院院士。母親李靜貞，也是清華大學學士及 MIT 的博
士。他們自 1946 年起，即在美國定居。朱棣文于 1976 年獲得
柏克萊加州大學（UC, Berkeley）物理學博士學位後，即應聘到
史坦福大學（Stanford University）任教。1993 年獲選為美國科
學院院士。1997 年，他以關於原子和粒子的激光研究獲得的卓
越成就，得諾貝爾物理獎。這是繼楊振寧、李政道、丁肇中之
後，第四位華人獲此一殊榮。他現在不但是大陸科學院的外籍
院士，也是臺灣的中研院院士，而且曾是哈佛大學校長候選人
之一。在出任能源部長以前，他是勞倫斯・柏克萊國家實驗室
（Laurence Berkeley National Laboratory）主任，主要研究範
圍，是將太陽能電力，轉換成化學燃料，成為全球替代能源和
再生能源的研究重鎮。歐巴馬拔擢他為能源部長，可謂慧眼識

英雄。

朱隸文雖在美國得意，但他沒有忘本，除在太倉捐贈一所小學外，並于 2000 年，帶夫人及家人前往老家探望，受到鄉親的熱烈歡迎。

駱家輝（Gary Faye Locke），祖籍廣東台山。

1950 年 1 月 21 日，生于華盛頓州的西雅圖，現年五十九歲。他是第三代美籍華人。祖父是十九世紀來到美國的採金礦工人，父親駱榮碩十三歲時去美國依親，二次世界大戰期間，在駐歐美軍服役，親歷諾曼第登陸之戰，退伍後以中國餐館為業。由於家境欠富裕，他在耶魯大學政治系（1972 年畢業）及其後在波士頓大學法學院的學業，都賴政府貸款及獎學金完成。駱氏個性爽朗，為人四海，喜交朋友，天生就是一個政治動物。他學業完成後，即開始從政，從基層作起，曾當選華盛頓州一個縣（County）的縣長，及連任十二年的州議會議員。1996 年競選華盛頓州州長，一舉得勝，為美國的首任華裔州長。2000 年連任成功，再做四年。在八年的州長任內，政績斐然，不但為其本州人民所稱道，而且得到民主黨高層的讚揚。

駱家輝的婚姻非常具有戲劇性，他在香港看到一位上海出生的電視台記者，一見鍾情，當求婚不成時，他特別租了一架直升機，飛到這位小姐住家的前面，放下一個布條，上面寫著「我愛妳」（I love you），終於打動了她的芳心，而於 1994 年 10 月 15 日與他結婚，現有一男一女，家庭美滿。

44.4　副總統

拜登（Joseph Robinette Biben, Jr.）

生　卒：1941, 1, 30——

任　期：2009, 1, 20——

出生州：賓夕凡尼亞州（Pennsylvania）。

教　育：德拉瓦大學政治系（B. A.）及西那科斯（Syracuse）大
　　　　學法學院畢業（J. D.）。

政　黨：民主黨。

簡　歷：律師、德拉瓦州新堡郡議會代表，聯邦參議員
　　　　（1973——2009）連任六次，為美國國會最資深參議員
　　　　之一。按美國國會目前最資深的參議員為 West Virginia
　　　　的拜德（Robert C. Byrd，自 1959 年當選連任至今）。

附錄一　美國總統個人資料比較表

任次	姓名	生卒	任期	出生州	教育
1	G. 華盛頓	1732-1799	1789-1797	維吉尼亞	未進大學
2	J. 亞當斯	1735-1826	1797-1801	麻薩諸塞	哈佛大學畢業
3	T. 傑佛遜	1743-1826	1801-1809	維吉尼亞	威廉瑪麗學院畢業
4	J. 麥迪遜	1751-1836	1809-1817	維吉尼亞	普林斯頓大學畢業
5	J. 門羅	1758-1831	1817-1825	維吉尼亞	威廉瑪麗學院肄業
6	J. Q. 亞當斯	1767-1848	1825-1829	麻薩諸塞	哈佛大學畢業
7	A. 傑克遜	1767-1845	1829-1837	南卡羅來納	未進大學
8	M. 范布倫	1782-1862	1837-1841	紐約	未進大學
9	W. H. 哈里遜	1773-1841	1841-1841	維吉尼亞	漢普登席德尼學院畢業
10	J. 泰勒	1790-1862	1841-1845	維吉尼亞	威廉瑪麗學院畢業
11	J. K. 波克	1795-1849	1845-1849	北卡羅來納	北卡羅來納大學畢業
12	Z. 泰羅	1784-1850	1849-1850	維吉尼亞	未進大學
13	M. 費爾摩	1800-1874	1850-1853	紐約	未進大學
14	F. 皮爾斯	1804-1869	1853-1857	新漢普夏	包杜因學院畢業
15	J. 布坎南	1791-1868	1857-1861	賓夕凡尼亞	狄金遜學院畢業

政黨	簡歷	祖先
無	土地測量員，軍人，大陸議會代表，革命軍總司令，費城制憲會議主席。	英格蘭
無	律師，大陸議會代表，駐英、荷公使，副總統。	英格蘭
民主共和黨	律師，大陸議會代表，維吉尼亞州長，駐英、法公使，國務卿，副總統。	威爾斯
民主共和黨	律師，大陸議會代表，聯邦眾議員，國務卿。	英格蘭
民主共和黨	軍人，律師，大陸議會代表，維吉尼亞州長，國務卿，軍政部長。	蘇格蘭
民主共和黨	律師，州議員，駐荷、普、英、俄公使，聯邦參議員，國務卿。	英格蘭
民主黨	律師，軍人，佛羅里達特區軍事總督，聯邦眾議員，聯邦參議員。	蘇格蘭
民主黨	律師，法官，州議員，聯邦參議員，紐約州長，國務卿，副總統。	荷蘭
惠格黨	軍人，州議員，印地安那特區總督，駐哥倫比亞公使，聯邦眾議員，聯邦參議員。	英格蘭
惠格黨	律師，州議員，聯邦眾議員，維吉尼亞州長，聯邦參議員，副總統。	英格蘭
民主黨	律師，州議員，聯邦眾議員，聯邦眾議院議長，田納西州長。	蘇格蘭
惠格黨	職業軍人。	英格蘭
惠格黨	律師，州議員，聯邦眾議員，大學校長，副總統。	英格蘭
民主黨	律師，州議會議長，聯邦眾議員，聯邦參議員。	英格蘭
民主黨	律師，州議員，聯邦眾議員，聯邦參議員，駐英、俄公使，國務卿。	蘇格蘭

任次	姓名	生卒	任期	出生州	教育
16	A. 林肯	1809-1865	1861-1865	肯塔基	未進大學
17	A. 詹森	1808-1875	1865-1869	北卡羅來納	未受任何學校教育
18	U. S. 格蘭特	1822-1885	1869-1877	俄亥俄	西點軍校畢業
19	R. B. 海斯	1822-1893	1877-1881	俄亥俄	肯庸學院及哈佛法學院畢業
20	J. A. 加菲爾	1831-1881	1881-1881	俄亥俄	威廉斯學院畢業
21	C. A. 亞瑟	1830-1886	1881-1885	佛蒙特	聯合學院畢業
22	G. 克利夫蘭	1837-1908	1885-1889	新澤西	未進大學
23	B. 哈里遜	1833-1901	1889-1893	俄亥俄	邁阿密（俄州）大學畢業
24	G. 克利夫蘭	與 22 任同	1893-1897		
25	W. 麥金來	1843-1901	1897-1901	俄亥俄	阿勒格尼學院畢業
26	T. 羅斯福	1858-1919	1901-1909	紐約	哈佛大學畢業
27	W. H. 塔虎脫	1857-1930	1909-1913	俄亥俄	耶魯大學畢業
28	W. 威爾遜	1856-1924	1913-1921	維吉尼亞	普林斯頓大學學士 約翰霍浦金斯大學博士

政黨	簡歷	祖先
共和黨	售貨員，渡船駕駛，土地測量員，郵政局長，律師，州議員，聯邦眾議員。	英格蘭
民主黨	裁縫，市議員，市長，州議員，聯邦眾議員，田納西州長，聯邦參議員，副總統。	蘇格蘭
共和黨	職業軍人，曾任聯邦部隊總司令及軍政部長等要職。	蘇格蘭
共和黨	律師，檢察官，聯邦眾議員，俄亥俄州長。	英格蘭
共和黨	律師，教授，獨立學院院長，州議員，聯邦眾議員。	英格蘭
共和黨	教員，律師，軍法官，補給局長，紐約港海關監督，副總統。	蘇格蘭
民主黨	盲人學校教師，律師，縣公安局長，布法羅市長，紐約州長。	英格蘭
共和黨	律師，檢察官，法院書記官，聯邦參議員。	英格蘭
共和黨	教員，律師，檢察官，聯邦眾議員，俄亥俄州長。	蘇格蘭
共和黨	州議員，聯邦文官委員會委員，助理海軍部長，紐約州長，副總統。	荷蘭
共和黨	律師，法官，聯邦檢察長，法學院長，駐菲律賓總督，軍政部長。	英格蘭
民主黨	律師，教授，普林斯頓大學校長，新澤西州長。	蘇格蘭

任次	姓名	生卒	任期	出生州	教育
29	W. G. 哈定	1865-1923	1921-1923	俄亥俄	俄亥俄中央大學畢業
30	C. 柯立芝	1872-1933	1923-1929	佛蒙特	阿姆赫斯特學院畢業
31	H. C. 胡佛	1874-1964	1929-1933	愛阿華	史丹福大學畢業
32	F. D. R. 羅斯福	1882-1945	1933-1945	紐約	哈佛大學畢業
33	H. S. 杜魯門	1884-1972	1945-1953	密蘇里	未進大學
34	D. D. 艾森豪	1890-1969	1953-1961	德克薩斯	西點軍校畢業
35	J. F. 甘乃迪	1917-1963	1961-1963	麻薩諸塞	哈佛大學畢業
36	L. B.詹森	1908-1973	1963-1969	德克薩斯	西南德州州立學院畢業
37	R. M. 尼克森	1913-1949	1969-1974	加利福尼亞	惠第爾學院及杜克法學院畢
38	G. R. 福特	1913-2006	1974-1977	內布拉斯加	密西根大學及耶魯大學法學院畢業
39	J. 卡特	1924-	1977-1981	喬治亞	美國海官軍校及紐約聯合學院畢業
40	R. W. 雷根	1911-2004	1981-1989	伊利諾	伊利諾州優列卡學院畢業

政黨	簡歷	祖先
共和黨	報人，州議員，俄亥俄副州長，聯邦參議員。	英格蘭
共和黨	律師，市長，州議員，州議會議長，麻薩諸塞州長，副總統。	英格蘭
共和黨	工程師，糧食署長，歐洲救濟委員會主席，商務部長。	德國
民主黨	律師，州議員，助理海軍部長，紐約州長。	荷蘭
民主黨	銀行小職員，農場協理，服飾店老板，法官，聯邦參議員，副總統。	英格蘭
共和黨	職業軍人，曾任歐洲盟軍統帥及北大西洋公約盟軍統帥；哥倫比亞大學校長。	德國
民主黨	作家，記者，聯邦眾議員，聯邦參議員。	愛爾蘭
民主黨	教員，國會議會秘書，青年分署長，聯邦眾議員，聯邦參議員，副總統。	英格蘭
共和黨	律師，聯邦眾議員，聯邦參議員，副總統。	英格蘭
共和黨	律師，聯邦眾議員，眾議院共和黨領袖，副總統。	英格蘭
民主黨	海軍職業軍官，縣教育委員會主任委員，喬治亞州州議會參議員，喬治亞州州長。	英、蘇、愛三島血統
共和黨	廣播電台播音員，電影及電視演員，通用電器公司發言人，演藝人員公會理事長，加利福尼亞州州長。	英、蘇、愛三島血統

任次	姓名	生卒	任期	出生州	教育
41	G. H. W. 布希	1924-	1989-1993	麻薩諸塞	耶魯大學畢業
42	W. J. 克林頓	1946-	1993-2001	阿肯色州	華府喬治鎮大學及耶魯大學法學院畢業，英國牛津大學羅斯學者
43	G. W. 布希	1946-	2001-2009	康納狄克	耶魯大學及哈佛大學商學院畢業
44	B. H. 歐巴馬	1961-	2009-	夏威威州	哥倫比亞大學及哈佛大學法學院畢業

政黨	簡歷	祖先
共和黨	二次大戰期間海軍飛行員，石油公司董事長，美國聯邦眾議員，美國駐聯合國大使，美國駐中華人民共和國代表（即大使），共和黨全國委員會主席，中央情報局（CIA）局長，副總統。	英格蘭
民主黨	法學教授，阿肯色州州政府檢察長，阿肯色州州長。	英格蘭
共和黨	石油商人，棒球隊老板，德克薩斯州州長。	英格蘭
民主黨	律師，伊利諾州議議員，聯邦參議員。	肯亞、英格蘭、愛爾蘭、荷蘭四種血統

附錄二　美國歷屆總統選舉主要政黨候選人得票統計（註1）

　　自 1789 年第一屆總統選舉開始，至 2008 年為止，美國共歷五十六次總統選舉。除第十屆（1824 年）總統選舉以前，只有總統選舉人票數，而無普選票數外，其餘各屆的票數，均有詳細統計。茲將歷屆總統選舉各主要政黨候選人所得之總統選舉人票與普選票列表如下（各年次的第一人均為當選者）：

選舉年	候　選　人	政黨	總統選舉人票	普選票及百分率（%）
1789	George Washington	無	69（註2）	不詳
	John Adams	無	34	不詳
	其他		35	不詳
1792	George Washington	聯治派	132	不詳
	John Adams	聯治派	77	不詳
	George Clinton	民主共和黨	50	不詳
	其他		5	不詳
1796	John Adams	聯治派	72	不詳
	Thomas Jefferson	民主共和黨	68	不詳
	Charles C. Pinckney	聯治派	59	不詳
	Aaron Burr	民主共和黨	30	不詳
	其他		48	不詳
1800	Thomas Jefferson（註3）	民主共和黨	73	不詳
	Aaron Burr	民主共和黨	73	不詳
	John Adams	聯治派	65	不詳
	Charles C. Pinckney	聯治派	64	不詳
	John Jay	聯治派	1	不詳
1804	Thomas Jefferson	民主共和黨	162	不詳
	Charles C. Pinckney	聯治派	14	不詳
1808	James Madison	民主共和黨	122	不詳
	Charles C. Pinckney	聯治派	47	不詳

	George Clinton	民主共和黨	7	不詳	
1812	James Madison	民主共和黨	128	不詳	
	DeWitt Clinton	聯治派	89	不詳	
1816	James Monroe	民主共和黨	183	不詳	
	Rufus King	聯治派	34	不詳	
1820	James Monroe	民主共和黨	231	不詳	
	John Quincy Adams	無黨派	1		
1824	John Quincy Adams（註4）	無黨派	84	115,696	31.9%
	Andrew Jackson	無黨派	99	152,933	42.2%
	William H. Crawford	無黨派	41	46,979	12.9%
	Henry Clay	無黨派	37	47,136	13.0%
1828	Andrew Jackson	民主黨	178	647,292	56.0%
	John Quincy Adams	國民共和黨	83	507,730	44.0%
1832	Andrew Jackson	民主黨	219	688,242	54.5%
	Herny Clay	國民共和黨	49	473,462	37.5%
	William Witt	獨立派	7	101,051	8.0%
	John Floyd	獨立派	8	不詳	
1836	Martin Van Buren	民主黨	170	764,198	50.9%
	William H. Harrison	惠格黨	73	549,508	36.6%
	Hugh L. White	惠格黨	26	145,352	9.7%
	Daniel Webster	惠格黨	14	41,287	2.9%
	W. P. Mangum	獨立派	11	不詳	
1840	William H. Harrison	惠格黨	234	1,275,612	52.9%
	Martin Van Buren	民主黨	60	1,130,033	46.8%
	James G. Birney	自由黨	0	7,053	0.3%
1844	James K. Polk	民主黨	170	1,339,368	49.6%
	Henry Clay	惠格黨	105	1,300,687	48.1%
	James G. Birney	自由黨	0	62,197	2.3%
1848	Zachary Taylor	惠格黨	163	1,362,101	47.3%
	Lewis Cass	民主黨	127	1,222,674	42.4%
	Martin Van Buren	自由土地黨	0	291,616	10.3%
1852	Franklin Pierce	民主黨	254	1,609,038	50.8%

	Winfield Scott	惠格黨	42	1,386,629	43.8%
	John P. Hale	自由土地黨	0	156,297	5.4%
1856	James Buchanan	民主黨	174	1,839,237	45.6%
	John C. Fremont	共和黨	114	1,341,028	33.3%
	Millard Fillmore	美國黨	8	849,872	21.1%
1860	Abraham Lincoln	共和黨	180	1,867,198	39.8%
	Stephen A. Douglas	民主黨	12	1,379,434	29.4%
	John C. Breckingridge	國民民主黨	72	854,248	18.2%
	John Bell	憲政聯盟	39	591,658	12.6%
1864	Abraham Lincoln	共和黨	212	2,219,362	55.1%
	George McClellan	民主黨	21	1,805,063	44.9%
1868	Ulysses S. Grant	共和黨	214	3,013,313	52.7%
	Horatio Seymour	民主黨	80	2,703,933	47.3%
1872	Ulysses S. Grant	共和黨	286	3,597,375	55.6%
	Horace Greeley	民主黨	66（註5）	2,833,711	43.8%
1876	Rutherford B. Hayes	共和黨	185（註6）	4,035,924	47.9%
	Samuel J. Tilden	民主黨	184	4,287,670	50.9%
	Peter Cooper	綠背黨	0	82,797	1.2%
1880	James A. Garfield	共和黨	214	4,454,433	48.3%
	Winfield S. Hancock	民主黨	155	4,444,976	48.2%
	James B. Weaver	綠背黨	0	308,649	3.5%
1884	Grover Cleveland	民主黨	219	4,875,971	48.5%
	James G. Blaine	共和黨	182	4,852,234	48.3%
	Benjamin F. Butler	綠背黨	0	175,066	1.7%
	John P. St. John	禁酒黨	0	150,957	1.5%
1888	Benjamin Harrison	共和黨	233	5,445,269	47.8%
	Grover Cleveland	民主黨	168	5,540,365	48.6%
	Clinton B. Fisk	禁酒黨	0	250,122	2.2%
	Aaron J. Streeter	勞工聯盟	0	147,606	1.4%
1892	Grover Cleveland	民主黨	277	5,556,982	46.0%
	Benjamin Harrison	共和黨	145	5,191,466	43.0%
	James B. Weever	平民黨	22	1,029,960	8.5%

	John Bidwell	禁酒黨	0	271, 111	2.5%
1896	William McKinley	共和黨	271	7,113,734	51.0%
	Willam J. Bryan	民主平民黨	176	6,516,722	46.7%
	John M. Palmer	國民民主黨	0	135,456	1.2%
	Joshua Levering	禁酒黨	0	131,285	1.1%
1900	William McKinley	共和黨	292	7,219,828	52.7%
	William J. Bryan	民主黨	155	6,358,160	45.5%
	John C. Wolley	禁酒黨	0	210,200	1.5%
	Eugene V. Debs	社會黨	0	95,744	0.7%
1904	Theodore Roosevelt	共和黨	336	7,628,831	56.4%
	Alton B. Parker	民主黨	140	5,084,533	38.6%
	Eugene V. Debs	社會黨	0	402,714	3.1%
	Wilas C. Swallow	禁酒黨	0	259,163	1.9%
1908	William H. Taft	共和黨	321	7,679,114	52.6%
	William J. Bryan	民主黨	162	6,410,665	43.4%
	Eugene V. Debs	社會黨	0	420,858	2.5%
	Eugene W. Chafin	禁酒黨	0	252,704	1.5%
1912	Woodrow Wilson	民主黨	435	6,301,254	41.8%
	Theodore Roosevelt	進步黨	88	4,127,788	27.4%
	William H. Taft	共和黨	8	3,485,831	23.2%
	Eugene V. Debs	社會黨	0	901,255	6.2%
	Eugene W. Chafin	禁酒黨	0	209,644	1.4%
1916	Woodrow Wilson	民主黨	277	9,131,511	49.3%
	Charles E. Hughes	共和黨	254	8,548,935	46.1%
	Allan L. Benson	社會黨	0	585,974	3.3%
	J. Frank Hanley	禁酒黨	0	220,505	1.3%
1920	Warren G. Harding	共和黨	404	16,153,115	70.3%
	James M. Cox	民主黨	127	9,133,092	34.2%
	Eugene V. Debs	社會黨	0	915,490	3.4%
	Parley P. Christensen	農民勞工黨	0	265,229	1.1%
1924	Calvin Coolidge	共和黨	382	15,719,921	54.6%
	John W. Davis	民主黨	136	8,386,704	28.8%

	Robert M. LaFollette	進步黨	13	4,832,532	16.6%
1928	Herbert C. Hoover	共和黨	444	21,432,277	58.3%
	Alfred E. Smith	民主黨	87	15,007,698	41.0%
	Norman M. Thomas	社會黨	0	265,583	0.7%
1932	Franklin D. Roosevelt	民主黨	472	22,829,501	57.4%
	Herbert C. Hoover	共和黨	59	15,760,684	39.6%
	Norman M. Thomas	社會黨	0	884,649	3.0%
1936	Franklin D. Roosevelt	民主黨	523	27,757,333	60.8%
	Affred M. Landon	共和黨	8	16,684,231	36.5%
	William Lemke	聯盟黨	0	892,267	2.7%
1940	Franklin D. Roosevelt	民主黨	449	27,313,041	54.7%
	Wendell L. Willkie	共和黨	82	22,348,480	45.3%
1944	Franklin D. Roosevelt	民主黨	432	25,612,610	54.1%
	Thomas E. Dewey	共和黨	99	22,017,617	45.9%
1948	Harry S. Turman	民主黨	303	24,179,345	49.6%
	Thomes E. Dewey	共和黨	189	21,991,291	45.6%
	J. Strom Thurmond	州權黨	39	1,176,125	2.4%
	Henry A. Wallace	進步黨	0	1,157,326	2.4%
1952	Dwight D. Eisenhower	共和黨	442	33,936,234	55.6%
	Adlai E. Stevenson	民主黨	89	27,314,992	44.4%
1956	Dwight D. Eisenhower	共和黨	457	35,590,472	57.8%
	Adlai E. Stevenson	民主黨	73	26,022,752	42.2%
	Walter B. Jones	無黨黨	1 （註7）	無	
1960	John F. Kennedy	民主黨	303	34,226,731	49.7%
	Richard M. Nixon	共和黨	219	34,108,157	49.5%
	Harry F. Byrd	無黨黨	15	440,298	0.8%
1964	Lyndon B. Johnson	民主黨	486	43,129,484	61.4%
	Barry M. Goldwarer	共和黨	52	27,178,188	38.6%
1968	Richard M. Nixon	共和黨	301	31,770,237	43.4%
	Hubert H. Humphrey	民主黨	191	31,270,533	42.7%
	George C. Wallace	獨立派	46	9,906,141	13.9%
1972	Richard M. Nixon	共和黨	520	47,165,234	61.7%

	George S. McGovern	民主黨	17	29,170,774	38.3%
1976	Jimmy Carter	民主黨	297	40,828,929	51.1%
	Gerald R. Ford	共和黨	240	39,148,940	48.9%
1980	Ronald W. Reagan	共和黨	489	43,899,248	51.6%
	Jimmy Carter	民主黨	49	35,481,435	41.7%
	John B. Anderson	獨立派	0	5,719,437	6.7%
1984	Ronald W. Reagan	共和黨	525	52,609,797	59.1%
	Walter M. Mondale	民主黨	13	36,450,613	40.9%
1988	George H. W. Bush	共和黨	426	48,881,278	53.90%
	Michael S. Dukakis	民主黨	111（註8）	41,805,374	46.09%
1992	William J. Clinton	民主黨	370	44,909,326	43.00%
	George H. W. Bush	共和黨	168	39,103,882	37.45%
1996	William J. Clinton	民主黨	379	47,402,357	49.24%
	Robert J. Dole	共和黨	159	39,198,755	40.71%
2000	George W. Bush	共和黨	271	50,456,002	47.87%
	Albert A. Gore, Jr.	民主黨	266（註9）	50,999,897	48.38%
2004	George W. Bush	共和黨	286	62,040,610	50.73%
	John F. Kerry	民主黨	250	59,028,444	48.27%
2008	Barack H. Obama	民主黨	365	69,456,897	52.92%
	John S. McCain	共和黨	173	59,934,814	45.66%

附　註

註 1：(1)第一至四屆總統選舉（即：1789，1792，1796 及 1800），
係依憲法第二條第一項的規定為之，即各州選出之總統選舉
人每人均得投票選舉兩人，但其中至少有一人非選舉人同一
州之公民。凡得票最多而又過總額之半數者當選為總統，得
票次多者當選為副總統。

(2) 1824 年以前的歷屆總統選舉的普選票數，美國史冊次缺正
確紀錄，故在本表中均從缺。

(3)自華盛頓至歐巴馬，美國共有四十四任總統（實際為四十三
人，因第二十二任及第二十四任為同一人，即克利夫蘭），
本表所列者僅有三十九人，因第十任總統 John Tyler、第十
三任總統 Millard Fillmore、第十七任總統 Andrew Johnson，
及第二十一任總統 Chester A. Arthur 均係因在任總統去世，
以副總統身分繼任總統，而于任滿時，又因未獲政黨提名，
競選連任，故在本表中均未列入。

註 2：1789 年第一屆總統選舉之總統選舉人，依憲法第二條第一項
的規定，總數應為九十一人，但因紐約州的八位選舉人未及選
出，而北卡羅來納州的七人及羅德島州的三人，則因該兩州尚
未批准聯邦憲法，無法選出，又維吉尼亞州及馬里蘭州各有代
表兩人，因天氣關係未能參加投票，故實際參加投票選舉總
統、副總統的選舉人只有六十九人，華盛頓是以全票當選總
統。

註 3：1800 年的總統選舉，Jefferson 與 Burr 各得七十三票，依憲法
第二條第二項的規定，兩人得票相等，而均未超過半數者，應
由國會眾議院選舉一人為總統，眾議院費時七天，經過三十六
次投票，始選出 Jefferson 為總統，Burr 為副總統。

由於這一痛苦經驗，國會乃于 1803 年提議修改憲法，並于

　　　1804 年經各州批准生效，規定此後總統副總統的選舉，應由
　　　總統選舉人分別投票為之，此即憲法修正案第十二條。

註 4：1824 年的總統選舉，無人獲總統選舉人票總額的半數，依法
　　　又由眾議院選舉總統，結果亞當斯在第一次投票時當選為總
　　　統，但亞當斯所得的普選票僅有 31.9%，故亞當斯為美國歷史
　　　上第一任 Minority President.

註 5：Horace Greeley 于 1872 年大選後不久的 11 月 29 日病逝，他的
　　　六十六張總統選舉人票分別由下列諸人所得：Thomas A. Hen-
　　　dricks，四十二票；B. Gratz Brown，十八票；Charles J. Jenkins
　　　二票；David Davis 一票；其他三票。

註 6：1876 年總統選舉，有二十張總統選舉人票發生糾紛，結果由
　　　國會組織一特別委員會加以審查，判定二十票全歸海斯所有，
　　　海斯始以一票多數險勝。

註 7：民主黨候選人在大選中所得總統選舉人票，原為七十四票，但
　　　阿拉巴馬州一位總統選舉人拒絕投給史蒂文生，而改投 Walker
　　　B. Jones，這就是 Jones 獲得一票的由來。

註 8：民主黨的總統選舉人，有一人未投給 Dukakis，而投給 Lloyd
　　　M. Bentsen，故少一票。

註 9：在四十九個州計票的結果，民主黨的 Gore 得到總統選舉人票
　　　二百六十六票，共和黨的 Bush 僅有二百四十六票，但在佛羅
　　　里達州，布希的普選票僅多高爾五百三十七票，依美國的選
　　　制，該州的二十五張總統選舉人票全歸布希所有，布希乃以二
　　　百七十一票當選美國第四十三任總統（詳見有關布希的「異聞
　　　趣事」中的相關說明）。

附錄三　美國總統傳記書目輯要

　　美國總統的傳記，真可說是汗牛充棟，粗略估計，不下兩千種。不過每位總統的傳記數目，相差極為懸殊。有些總統的傳記只有一、二種，如第二十一任總統亞瑟及第二十三任總統本傑明‧哈里遜，到目前為止，各僅一種。有些總統的傳記則多至百餘種，甚至數百種，如第三任總統傑佛遜、第二十六任總統西奧多‧羅斯福、第二十八任總統威爾遜及第三十二任總統佛蘭克林‧羅斯福，各在一百種以上；第十六任總統林肯在二百種以上；第一任總統華盛頓在三百種以上；而第三十五任總統甘迺迪則多達四百餘種。本書限于篇幅，無法盡數錄列，只就其與傳記直接有關者，擇要而舉，其選擇之原則如下：(1)以英文傳記專著為限，(2)不包括報章雜誌上的傳記文章，(3)總統個人的著作以其與傳記有關者為限，(4)每人最多以不超過三十種為度（其中林肯為三十種，甘迺迪為四十一種，是為例外）。根據這些原則，本書目所列美國總統的傳記，共為四百六十四種，皆在美國國會圖書館可找到。又本書目之排列，不是依傳記著者姓名的字母順序，而是以出版年代之先後為序，特在此提醒讀者注意。

American Presidents: A Selected List of Their Biographies

1. George Washington

Marshall, John. The Life of George Washington, Commander in Chief of the American Forces, During the War Which Established the Independence of His Country, and First President of the United States. Philadelphia: C. P. Wayne, 1804-7. 5 v. and atlas.

Irving, Washington. Life of George Washington. New York: Putnam, 1855-59. 5 v.

Ford, Paul Leicester. The True George Washington. Philadelphia: Lippincott, 1896.

Wilson, Woodrow. George Washington. Illustrated by Howard Pyle. New York: 1896.

Lodge, Henry Cabot. George Washington. Rev. ed. Boston: Houghton Mifflin, 1898. 2v.

Hughes, Rupert. George Washington. New York: W. Morrow, 1926-30. 3 v.

Woodward, William E. George Washington, the Image and the Man. New York: Boni & Liveright, 1926.

Little, Shelby (Melton). George Washington. New York: Minton, Balch, 1929.

Van Dyke, Paul. George Washington, the Son of His Country, 1732-1775. New York: Scribner, 1931.

Sears, Louis M. George Washington. New York: Crowell. 1932.

Fitzpatrick, John C. George Washington Himself; A Commonsense

Biography Written From His Manuscripts. Indianapolis: Bobbs-Merrill, 1933.

Washington, George. The Autobiography of George Washington, 1753-1799, arr. and edited by Edward C. Boykin. New York: Reynal & Hitchcock, 1935.

Freeman, Douglas Southall. George Washington, a Biography. New York: Scribner, 1948-57. 7 v.

Bellamy, Francis Rufus. The Private Life of George Washington. New York: Crowell, 1951.

Nettels, Curtis P. George Washington and American Independence. Boston: Little, Brown, 1951.

Swiggett, Howard. The Great Man: George Washington As a Human Being. Garden City, N.Y.: Doubleday, 1953.

Wright, Esmond. Washington and the American Revolution. London: English Universities Press, 1957.

Heilbroner, Joan, Meet George Washington. New York: Random House, 1964.

Bremer, Howard F. George Washington, 1732-1799; Chronology, Documents, Bibliographical Aids. Dobbs Ferry, N.Y.: Oceana Publications, 1967.

Smith, James Morton. George Washington, A Profile. New York: Hill and Wang, 1969.

2. John Adams

Adams, Charles Francis. The Life of John Adams. Begun by John Qunicy Adams, Completed by Charles Francis Adams. Rev. and cor. Philadelphia: Lippincott, 1871, 2 v.

Morse, John T. John Adams. Boston: Houghton Mifflin, 1885.

Walsh, Dorrea Moylan. The Political Science of John Adams; A Study in the Theory of Mixed Government and the Bicameral System. New York: Putnam, 1915.

Adams, James Truslow. The Adams Family. Boston: Little, Brown, 1930.

Kurtz, Stephen G. The Presidency of John Adams; The Collapse of Federalism, 1795-1800. Philadelphia: University of Pennsylvania Press, 1957.

Adams, John. Diary and Autobiography. L.H. Butterfield, editor; Leonard C. Faber and Wendell D. Garrett, assistant editors. Cambridge: Belknap Press of Harvard University Press, 1961. 4 v.

Smith, Page. John Adams. Garden City, N.Y.: Doubleday, 1962. 2 v.

Allison, John Murray. Adams and Jefferson: The Story of a Friendship. Norman, Okla.: Univeristy of Oklahoma Press, 1966.

Howe, John R. The Changing Political Thought of John Adams. Princeton, N.J.: Princeton University Press, 1966.

Bremer, Howard F. John Adams, 1735-1826; Chronology, Documents and Bibliographical Aids. Dobbs Ferry, N.Y.: Oceana Publications, 1967.

3. Thomas Jefferson

Randall, Henry S. The Life of Thomas Jefferson. New York: Derby & Jackson. 1858. 3 v.

Parton, James. Life of Thomas Jefferson, Third President of the United States. Boston: J.R. Osgood, 1874.

Schouler, James. Thomas Jefferson. New York: Dodd, Mead, 1893.

Curtis, William E. The True Thomas Jefferson. Philadelphia: Lippincott, 1901.

Jefferson, Thomas. Autobiography of Thomas Jefferson, 1745-1790, Together with a Summary of the Chief Events in Jefferson's Life, An Introduction and Notes by Paul Leicester Ford, and a Foreword by George Haven Putnam. New York: Putnam, 1914.

Muzzey, David Saville. Thomas Jefferson. New York: Scribner, 1918.

Bowers, Claude G. Jefferson and Hamilton; the Struggle for Democracy in America. Boston: Houghton Mifflin, 1925.

Hirst, Francis W. Life and Letters of Thomas Jefferson. New York: Macmillan, 1926.

Chinard. Gilbert. Thomas Jefferson, The Apostle of Americanism. 2d ed., rev. Boston: Little, Brown, 1939.

Padover, Saul K. Jefferson. New York: Harcourt, Brace, 1942.

Lehmann-Hartleben, Karl. Thomas Jefferson, American Humanist. New York: Macmillan, 1947.

Malone, Dumas. Jefferson and His Time. Boston: Little, Brown, 1948-62. 3 v.

Beloff, Max. Thomas Jefferson and American Democracy. New York: Macmillan, 1949,

Koch, Adrienne. Jefferson and Madison; The Great Collaboration. New York: Knopf, 1950.

Patterson, Caleb Perry. The Constitutional Principles of Thomas Jefferson. Austin: University of Texas Press, 1953.

Dos Passos, John. The Head and Heart of Thomas Jefferson. Garden City, N.Y.: Doubleday, 1954.

Schachner, Nathan. Thomas Jefferson, A Biography. New York: T. Yoseloff, 1957.

Peterson, Merrill D. The Jefferson Image in the American Mind. New York: Oxford University Press, 1960.

Padover, Saul Kussiel. Thomas Jefferson and the Foundations of American Freedom. Princeton. N.J.: Van Nostrand, 1965.

Peterson, Merrill D. Thomas Jefferson; A Profile. New York: Hill & Wang, 1967.

Wibberley, Leonard P.O. Man of Liberty; a Life of Thomas Jefferson. New York: Farrar, Straus and Girous, 1968.

Fleming, Thomas J. The Man from Monticello; An Intimate Life of Thomas Jefferson. New York: Morrow, 1969.

Peterson, Merrill D. Thomas Jefferson and the New Nation, a Biography. New York: Oxford University Press, 1970.

4. James Madison

Rives, William Cabell. History of the Life and Times of James Madison. Boston: Little, Brown, 1859-68. 3 v.

Hunt, Gaillard. The Life of James Madison. New York: Doubleday, Page, 1902.

Smith, Abbot Emerson. James Madison: Builder; A New Estimate of a Memorable Career. New York: Wilson-Erickson, 1937.

Burns, Edward Mcnall. James Madison, Philosopher of the Constitution. New Brunswick: Rutgers University Press, 1938,

Brant, Irving. James Madison. Indianapolis: Bobbs-Merrill, 1941-61. 6 v.

Donovan, Frank Robert. Mr. Madison's Constitution; the Story Behind the Constitutional Convention. New York: Dodd, Mead, 1965.

Brant, Irving. James Madison and American Nationalism. Princeton,

N.J.: Van Nostrand, 1968.

Riemer, Neal. James Madison. New York: Washington Square Press, 1968.

5. James Monroe

Gilman, Daniel C. James Monroe in His Relations to the Public Service During Half a Century, 1776 to 1826. Boston: Houghton Mifflin, 1883.

Perkins, Dexter. The Monroe Doctrine, 1823. Cambridge: Harvard University Press, 1927.

Cresson, William P. James Monroe. Chapel Hill: University of North Carolina Press, 1946.

Monroe, James. Autobiography. Edited, and with an introd, by Stuart Gerry Brown, with the assistance of Donald G. Baker. Syracuse; Syracuse University Press, 1959.

Wilmerding, Lucius. James Monroe, Public Claimant. New Brunswick, N.J.: Rutgers University Press, 1960.

Hoyt, Edwin Palmer. James Monroe. Chicago: Reilly and Lee Co., 1968.

Elliot, Ian. James Monroe; 1758-1831; Chronology, Documents, Bibliographical Aids. Dobbs Ferry, N.Y. Oceana Publications, 1969.

Ammon, Harry. James Monroe: The Quest for National Identity. New York: McGraw-Hill, 1971.

6. John Quincy Adams

Quincy, Josiah. Memoirs of the Life of John Quincy Adams. Boston:

Phillips, Sampson. 1858.

Morse, John T. John Quincy Adams. Boston: Houghton Mifflin, 1882.

Bemis, Samuel Flagg. John Quincy Admas and the Foundations of American Foreign Policy. New York: Knopf, 1949.

Lipsky, George A. John Quincy Adams, His Theory and Ideas. Foreword by Allan Nevins. New York: Crowell, 1950.

Adams, John Quincy. Diary, 1794-1845; American Diplomacy and Political, Social and Intellectual Life from Washington to Polk. Edited by Allan Nevins. New York: Scribner, 1951.

Bemis, Samuel Flagg. John Quincy Adams and the Union. New York: Knopf, 1956.

Clarke, Fred G. John Quincy Adams. New York: Collier Books, 1966.

Falkner, Leonard. The President Who Wouldn't Retire. New York: Coward-McCann, 1967.

7. Andrew Jackson

Parton, James. Life of Andrew Jackson. New York: Mason Bros., 1860. 3 v.

Sumner, William Graham. Andrew Jackson. Rev. ed. Boston: Houghton Mifflin, 1899.

Brown, William Garrott. Andrew Jackson. Boston: Mifflin, 1900.

Brady, Cyrus Townsend. The True Andrew Jackson. Philadelphia: Lippincott, 1906.

Bassett, John Spencer. The Life of Andrew Jackson. New ed. New York: Macmillan, 1916. 2 v.

Ogg, Frederic A. The Reign of Andrew Jackson;a Chronicle of the Frontier in Politics. New Haven: Yale University Press, 1921.

Bowers, Claude G. The Party Battles of the Jackson Period. Boston: Houghton Mifflin, 1922.

James, Marquis. Andrew Jackson, Portrait of a President. Indianapolis: Bobbs-Merrill, 1937.

Ward, John William. Andrew Jackson, Symbol For an Age. New York: Oxford University Press, 1955.

Martin, Patricia M. Andrew Jackson. New York: Putnam 1966.

De Kay, Ormonde. Meet Andrew Jackson. New York: Random House, 1967.

Remini, Robert Vincent. Andrew Jackson. New York: Harper and Row, 1969.

8. Martin Van Buren

Shepard, Edward M. Martin Van Buren. Rev. ed. Boston: Houghton Mifflin, 1899.

Van Buren, Martin. The Autobiography of Martin Van Buren, ed by John C. Fitzpatrick. Washington: Govt. Printing Office, 1920.

Lynch, Denis Tilden. An Epoch and a Man, Martin Van Buren and His Times. New York: Liveright, 1929.

Remini, Robert V. Martin Van Buren and the Making of the Democartic Party. New York: Columbia University Press, 1959.

Sloan, Irving J. Martin Van Buren, 1782-1862; Chronology, Documents, Bibliographical Aids. Dobbs Ferry, N.Y.: Oceana Publications, 1969.

9. William Henry Harrison

Cushing, Caleb. Outlines of the Life and Public Services, Civil and Military, of William Henry Harrison. Boston: Weeks, Jordan, 1840.

Goebel, Dorothy Burne. William Henry Harrison, A Political Biography. Indianapolis: Historical Bureau of the Indiana Library and Historical Department, 1926.

Cleaves, Freeman. Old Tippecanoe; William Henry Harrison and His Time. New York: Scribner, 1939.

Green, James A. William Henry Harrison, His Life and Times. Richmond: Garrett and Massie, 1941.

10. John Tyler

Tyler, Lyon Gardiner. The Letters and Times of the Tylers. Richmond: Whittet & Shepperson, 1884-97. 3 v.

Lambert, Oscar D. Presidential Politics in the United States, 1841-1844. Durham, N. C.: Duke University Press, 1936.

Chitwood, Oliver Perry. John Tyler, Champion of the Old South. New York: Appleton-Century, 1939.

Morgan, Robert J. A Whig Embattled; The Presidency Under John Tyler. Lincoln: University of Nebraska Press, 1954.

11. James K. Polk

McCormac, Eugene Irving. James K. Polk, A Political Biography. Berkeley: University of California Press, 1922.

Polk, James, K. Polk; The Diary of a President, 1845-1849, Covering the Mexican War, the Acquisition of Oregon, and the Conquest of California and the South-west. Edited by Allan Nevins. New York: Longmans, Green, 1952.

Sellers, Charles Grier. James K. Polk, Jacksonian, 1795-1834. Princeton, N.J.: Princeton University Press, 1957.

McCoy, Charles A. Polk and the Presidency. Austin: University of Texas Press, 1960.

Hoyt, Edwin Palmer. James Knox Polk. Chicago: Reilly and Lee Co., 1965.

Lomask, Milton. This Slender Reed; A Life of James K. Polk. New York: Rarrar, Straus and Giroux, 1966.

12. Zachary Taylor

Howard, Oliver Otis. General Taylor. New York: Appleton, 1892.

Dyer, Brainerd, Zachary Taylor. Baton Rouge: Louisiana State University Press, 1946.

Hamilton, Holman. Zachary Taylor. Indianapolis: Bobbs-Merrill, 1941-51. 2 v.

Hoyt, Edwin Palmer. Zachary Tarylor. Chicago: Reilly & Lee Co., 1966.

Dyer, Brainerd. Zachary Taylor. New York: Barnes & Noble, 1967.

13. Millard Fillmore

Griffis, William Elliot. Millard Fillmore, Constructive Statesman, Defender of the Constitution, President of the United States. Ithaca,

N.Y.: Andrus & Church, 1915.

Rayback, Robert J. Millard Fillmore; Biography of a President. Buffalo: Published for the Buffalo Historical Society, 1959. 470 p.

Scarry, Robert J. Millard Fillmore, The Man and the Cabin. Moravia, N.Y.: 1965. 1 v. (unpaged)

14. Franklin Pierce

Hawthorne, Nathaniel. Life of Franklin Pierce. Boston: Ticknor, Reed, and Fields, 1852.

Webster, Sidney. Franklin Pierce and His Administration. New York: Appleton, 1892.

Nichols, Roy F. Franklin Pierce, Young Hickory of the Granite Hills. 2d ed., completely rev. Philadelphia: University of Pennsylvania Press, 1958.

15. James Buchanan

Curtis, George Ticknor. Life of James Buchanan, Fifteenth President of the United States. New York: Harper, 1883. 2 v.

Klein, Philip Shriver. President James Buchanan, A Biography. University Park: Pennsylvania State University Press, 1962.

Hoyt, Edwin Palmer. James Buchanan. Chicago: Reilly & Lee Co., 1966.

Sloan, Irving J. James Buchanan, 1791-1868; Chronology, Documents, Bibliographical Aids. Dobbs Ferry, N.Y: Oceana Publications, 1968.

16. Abraham Lincoln

Lamon, Ward Hill. The Life of Abraham Lincoln; From His Birth to His Inauguration as President. Boston: J.R. Osgood, 1872.

Arnold, Isaac N. The Life of Abraham Lincoln. Chicago: Jansen McClurg, 1885.

Browne, Francis F., comp. The Everyday Life of Abraham Lincoln; Lincoln's Life and Character Portrayed by Those Who Knew Him. New York: N.D. Thompson, 1886.

Nicolay, John G. and John Hay. Abraham Lincoln; A History. New York: Century Co., 1890. 10 v.

Dewitt, David Miller. The Assassination of Abraham Lincoln and Its Expiration. New York: Macmillan, 1909.

Nicolay, Helen. Personal Traits of Abraham Lincoln. New York: Century Co., 1912.

Barton, William E. The Soul of Abraham Lincoln. New York: G.H. Doran, 1920.

Weik, Jesse W. The Real Lincoln; A Portrait. Boston: Houghton Mifflin, 1922.

Dodge, Daniel Kilham. Abraham Lincoln, Master of Words. New York: Appleton, 1924.

Barton, William E. The Life of Abraham Lincoln, Indianapolis: Bobbs-Merrill, 1925. 2 v.

Lincoln, Abraham. An Autobiography of Abraham Lincoln, Consisting of the Personal Portions of His Letters, Speeches and Conversations. Compiled and Annotated by Nathaniel W. Stephenson. Indianapolis: Bobbs-Merrill, 1926.

Beveridge, Albert J. Abraham Lincoln, 1809-1858. Boston: Houghton

Mifflin, 1928. 2 v.

Hay, John, Lincoln and the Civil War in the Diaries and Letters of John Hay. Selected and with and introd. by Tyler Denett. New York: Dodd, Mead, 1939.

Sandburg, Carl. Abraham Lincoln; The War Years. With 414 Halftones of photographs and 249 cuts of cartoons, letters, documents. New York: Harcourt, Brace, 1939. 4 v.

Randall, James. G. Lincoln, the President. New York: Dodd, Mead, 1945-55. 4 v.

Ridley, Maurice R. Abraham Lincoln. London: Blackie & Son, 1945.

Randall, James G. Lincoln and the South. Baton Rouge: Louisiana State University Press, 1946.

Wagenknecht, Edward C., ed. Abraham Lincoln; His Life, Work, and Character. An anthology of history and biography, fiction, poetry, drama, and belles-lettres. New York: Creative Age Press, 1947.

Wheare, Kenneth C. Abraham Lincoln and the United States. New York: Macmillan, 1949.

Randall, James G. Constitutional Problems Under Lincoln. Rev. ed. Urbana: University of Illinois Press, 1951.

Thomas, Benjamin P. Abraham Lincoln, a Biography. New York: Knopf, 1952.

Lorant, Stefan. Lincoln, a Picture Story of His Life. Rev. and enl. ed. New York: Harper, 1957.

Current, Richard N. The Lincoln Nobody Knows. New York: McGraw-Hill, 1958.

Canby, Courtlandt, ed. Lincoln and the Civil War; a Profile and a History. New York: G. Braziller, 1960.

Luthin, Reinhard H. The Real Abraham Lincoln; a Complete One Vol-

ume History of his Life and Times. Englewood Cliffs, N.J.: Pren-
tice-Hall, 1960.

Quarles, Benjamin. Lincoln and the Negro. New York: Oxford Univer-
sity Press, 1962.

Franklin, John Hope. The Emancipation Proclamation. Garden City, N.
Y.: Doubleday, 1963.

Gruber, Michael. Abraham Lincoln; a Concise Biography. New York:
American R.D.M. Corp., 1965.

Current, Richard N. The Political Thought of Abraham Lincoln. Indi-
anapolis: Bobbs-Merrill, 1967.

Searcher, Victor. Lincoln Today; an Introduction to Modern Lincolni-
ana. New York: T. Yoseloff, 1969.

17. Andrew Johnson

Sewitt, David Miller. The Impeachment and Trial of Andrew Johnson,
Seventeenth President of the United States; a History. New York:
Macmillan, 1903.

Hall, Clifton R. Andrew Johnson, Military Governor of Tenessee. Prin-
ceton: Princeton University Press, 1916.

Winston, Robert W. Andrew Johnson, Plebeian and Patriot. New York:
Holt, 1928.

Beale, Howard K. The Critical Year; a Study of Andrew Johnson and
Reconstruction. New York: Harcourt, Brace, 1930.

Milton, George F. The Age of Hate, Andrew Johnson and the Radicals.
New York: Coward-Mc Cann, 1930.

Stryker, Lloyd Paul. Andrew Johnson, a Study, in Courage. New York:
Macmillan, 1930.

McKitrick, Eric L. Andrew Johnson and Reconstruction. Chicago: University of Chicago Press, 1960.

Foster, G. Allen. Impeached: the President Who Almost Lost His Job. New York: Criterion Books, 1964.

Baker, Gary G. Andrew Johnson and the Struggle for Presidential Reconstruction, 1865-1868. Boston: Heath, 1966.

McKitrick, Eric L. Andrew Johnson; a Profile. New York: Hill & Wang, 1969.

18. Ulysses S. Grant

Grant, Ulysses S. Personal Memoirs of U.S. Grant. New York: C.L. Webster, 1885-86. 2 v.

Church, William C. Ulysses S. Grant and the Period of National Preservation and Reconstruction. New York: Putnam, 1897.

Garland. Hamlin. Ulysses S. Grant; His Life and Character. New York: Macmillan, 1898.

Coolidge, Louis A. Ulysses S. Grant. Boston: Houghton Mifflin, 1917.

Woodward, William E. Meet General Grant. New York: H. Liveright, 1928.

Fuller, John F.C. The Generalship of Ulysses S. Grant. New York: Dodd, Mead, 1929.

Conger, Arthur L. The Rise of U.S. Grant. New York: Century Co., 1931.

Hesseltime, William B. Ulysses S. Grant, Politician. New York: Dodd, Mead, 1935.

Catton, Bruce. U.S. Grant and the American Military Tradition. Boston: Little, Brown, 1954.

Meyer, Howard N. Let Us Have Peace; the Story of Ulysses S. Grant. New York: Collier Books, 1966.

Olgin, Joseph. Ulysses S. Grant: General and President. Boston: Houghton Mifflin, 1967.

Moran, Philip R. Ulysses S. Grant, 1822-1885; Chronology, Documents, Bibliographical Aids. Dobbs Ferry, N.Y.: Oceana Publications, 1968.

Catton, Bruce. Grant Takes Command. Boston: Little, Brown, 1969.

Badeau, Adam. Grant in Peace, from Appomattox to Mount McGregor; a Personal Memoir. Freeport, N.Y.: Books for Libraries Press, 1971.

19. Rutherford B. Hayes

Howells, William Dean. Sketch of the Life and Character of Rutherford B. Hayes. New York: Hurd and Houghton, 1876.

Hayes, Rutherford B. Diary and Letters of Rutherfrod Birchard Hayes, Nineteenth President of the United States. Edited by Charles Richard Williams. Columbus: Ohio State Arcllaeological and Historical Society, 1922-26. 5 v.

Eckenrode, Hamilton J. Rutherford B. Hayes, Statesman of Reunion. By H.J. Eckenrode assisted by Pocahontas Wilson Wright. New York: Dodd, Mead, 1930.

Barnard, Harry. Rutherford B. Hayes and His America. Indianapolis: Bobbs-Merrill, 1954.

Myers, Elizabeth P. Rutherford B. Hayes. Chicago: Reilly & Lee, 1969.

Bishop, Arthur. <u>Rutherford B. Hayes, 1822-1893; Chronology, Documents, Bibliographical Aids.</u> Dobbs Ferry, N.Y.: Oceana Publications, 1969.

20. James A. Garfield

Hinsdale, Burke A. <u>President Garfield and Education: Hiram College Memorial.</u> Boston: J.R. Osgood, 1882.

Smith, Theodore Clarke. <u>The Life and Letters of James Adram Garfield.</u> New Haven: Yale University Press, 1925. 2 v.

Caldwell, Robert Granville. <u>James A. Garfield, Party Chieftain.</u> New York: Dodd, Mead, 1931.

Garfield, James Abram. <u>The Diary of James A. Garfield.</u> Ed. with an intro. by Harry James Brown and Frederick D. Williams. East Lansing: Michigan State University, 1967.

Taylor, John M. <u>Garfield of Ohio, The Available Man.</u> New York: Norton, 1970.

21. Chester A. Arthur

Howe, George Frederick. <u>Chester A. Arthur; a Quarter-Century of Machine Politics.</u> New York: Dodd, Mead, 1934.

22. 24. Grover Cleveland

Parker, George F. <u>Recollections of Grover Cleveland.</u> New York: Century Co., 1909.

Williams, Jesse Lynch. <u>Mr. Cleveland, a Personal Impression.</u> New

York: Dodd, Mead, 1909.

Gilder, Richard Watson. Grover Cleveland; a Record of Friendship. New York: Century Co., 1910.

McElroy, Robert. Grover Cleveland, the Man and the Statesman. An authorized biography. New York: Harper, 1923. 2 v.

Lynch, Denis Tilden. Grover Cleveland, a Man Four-Square. New York: H. Liveright, 1932.

Merrill, Horace Samuel. Bourbon Leader; Grover Cleveland and the Democratic Party. Boston: Little, Brown, 1957.

23. Benjamin Harrison

Sievers, Harry Joseph. Benjamin Harrison. Chicago: H. Regnery Co., 1952-1968. 3 v.

25. William McKinley

Olcott, Charles S. The Life of William McKinley. Boston: Houghton Mifflin, 1916. 2 v.

Spielman, William Carl. William McKinley, Stalwart Republican; a Biographical Study. New York: Exposition Press, 1954.

Leech, Margaret. In the Days of McKinley. New York: Harper, 1959.

Rhodes, James Ford. The McKinley and Roosevelt Administrations, 1897-1909. Port Washington, N.Y.: Kennikat Press, 1965.

26. Theodore Roosevelt

Leupp, Francis E. The Man Roosevelt, a Portrait Sketch. New York:

Appleton, 1904.

Riis, Jacob A. Theodore Roosevelt, the Citizen. New York: The Outlook Co., 1904.

Roosevelt, Theodore. Theodore Roosevelt, an Autobiography. New York: Macmillan, 1913.

Abbott, Lawrence F. Impressions of Theodore Roosevelt. Garden City, N.Y.: Doubleday, Page, 1919.

Thayer, William R. Theodore Roosevelt, an Intimate Biography. Boston: Houghton Mifflin, 1919.

Howland, Harold J. Theodore Roosevelt and His Times; a Chronicle of the Progressive Movement. New Haven: Yale University Press, 1921.

Robinson, Corinne Roosevelt. My Brother, Theodore Roosevelt. New York: Scribner, 1921.

Roosevelt, Theodore. Theodore Roosevelt's Diaries of Boyhood and Youth. New York: Scribner, 1928.

Wood, Frederick S. Roosevelt as We Knew Him; the Personal Recollections of One Hundred and Fifty of His Friends and Associates. Philadelphia: Winston, 1927.

Pringle, Henry F. Theodore Roosevelt, a Biography. New York: Harcourt, Brace. 1931.

Patridge, Bellamy. An Imperial Saga; the Roosevelt Family in America. New York: Hillman-Curl, 1936.

Mowry, George E. Theodore Roosevelt and the Progressive Movement. Madison: University of Wisconsin Press, 1946.

Blum, John Morton. The Republican Roosevelt. Cambridge: Harvard University Press, 1954.

Beale, Howard K. Theodore Roosevelt and the Rise of America to

World Power. Baltimore: Johns Hopkins Press, 1956.

Lorant, Stefan. The Life and Times of Theodore Roosevelt. Garden City, N.Y.: Doubleday, 1959.

Harbaugh, William Henry. Power and Responsibility; the Life and Times of Theodore Roosevelt. New York: Farrar, Straus and Cudahy, 1961.

Elleston, D.H. Roosevelt and Wilson, a Comparative Study. London: J. Murray, 1965.

Feuerlicht, Roberts Strauss. Theodore Roosevelt; the Concise Biography. New York: American R.D. M. Corp., 1966.

Keller, Morton. Theodore Roosevelt; a Profile. New York: Hill and Wang, 1967.

Chessman, G. Wallace. Theodore Roosevelt: Confident Imperialist. Philadelphia: University of Pennsylvania Press, 1968.

Black, Gilbert J. Theodore Roosevelt, 1858-1919; Chronnology, Documents, Bibliographical Aids. Dobbs Ferry, N.Y.: Oceana Publications, 1969.

27. William Howard Taft

Ragan, Allen E. Chief Justice Taft. Columbus, Ohio: Ohio State Archaeological and Historical Society, 1938.

Pringle, Henry F. The Life and Times of William Howard Taft; a Biography. New York: Farrar & Rinehart, 1939. 2 v.

Hicks, Frederick C. William Howard Taft, Yale Professor of Law and New Haven Citizen; an Academic Interlude in hte Life of the Twenty-seventh President of the United States and the Tenth Chief Justice of the Supreme Court. New Haven: Yale University

Press, 1945.

Barker, Charles Edwin. <u>With President Taft in the White House; Memories of William Howard Taft.</u> Chicago: A. Kroch, 1947.

Mason, Alpheus Thomas. <u>William Howard Taft, Chief Justice.</u> New York: Simon and Schuster, 1965.

Wilendky, Norman M. <u>Conservatives in the Progressive Era; the Taft Republican of 1912.</u> Gainsville, Florida: University of Florida Press, 1965.

28. Woodrow Wilson

Hale, William Bayard. <u>Woodrow Wilson; the Story of His Life.</u> Garden City N.Y.: Doubleday, 1912.

Dodd, William E. <u>Woodrow Wilson and His Work.</u> 4th ed., rev. Garden City, N.Y.: Doubleday, 1921.

McCombs, William F. <u>Making Woodrow Wilson President.</u> Edited by Louis Jay Lang, New York: Fairview Pub. Co., 1921.

Trmulty, Joseph P. <u>Woodrow Wilson as I Know Him.</u> Garden City, N. Y.: Doubleday, 1921.

Wilson, Woodrow. <u>Woodrow Wilson's Case for the League of Nations.</u> Compiled with his approval by Hamilton Foley. Princeton; Princeton University Press, 1923.

Annin, Robert Edwards, <u>Woodrow Wilson; a Character Study.</u> New York: Dodd, Mead, 1924.

Kerney, James. <u>The Political Education of Woodrow Wilson.</u> New York: Century Co., 1924.

Lawrence, David, <u>The True Story of Woodrow Wilson.</u> New York: Doran, 1924.

White, William Allen. Woodrow Wilson, the Man, His Times and His Task. Boston: Houghton Mifflin, 1924.

Vieeck, George Sylvester. The Strangest Friendship in History; Woodrow Wilson and the Colonel House. New York: Liveright, 1932.

McAdoo, Eleanor R. Wilson. The Woodrow Wilsons. In collaboration with Margaret Y. Gaffey. New York: Macmillan, 1937.

Bell, Herbert C.F. Woodrow Wilson and the People. Garden City, N.Y.: Doubleday, 1945.

Hugh-Jones, Edward M. Woodrow Wilson and American Liberalism. New York: Macmillan, 1949.

Fifield, Russell H. Woodrow Wilson and the Far East; the Diplomacy of the Shantung Question. New York: Crowell, 1952.

Wilson, Woodrow. Woodrow Wilson's Own Story. Selected and Edited by Donald Day. Boston: Little, Brown, 1952.

Alsop, Em Bowles, ed. The Greatness of Woodrow Wilson, 1856-1956. Introd. by Dwight D. Eisenhower. New York: Rinehart, 1956.

Garraty, John A. Woodrow Wilson; a Great Life in Brief. New York: Knopf, 1956.

Seymour, Charles. Woodrow Wilson in Perspective. Stanford, Conn.: Overbrook Press, 1956.

McKinley, Silan Bent. Woodrow Wilson, a Biography, New York: Praeger, 1957.

Walworth, Arthur Clarence. Woodrow Wilson. New York: Longmans Green, 1958. 2 v.

Grayson, Cary T. Woodrow Wilson, an Intimate Memoir. New York: Holt, Rinehart and Winston, 1960.

Canfield, Leon Hardy. The Presidency of Woodrow Wilson; Prelude to a World Crisis. Rutherford, N.J.: Fairleigh Dickinson University Press, 1966.

Archer, Jules. World Citizen; Woodrow Wilson. New York: J. Messner, 1967.

Stone, Ralph A. Wilson and the League of Nations. New York: Holt, Rinehart and Winston, 1967.

Baker, Ray Stannard. Woodrow Wilson; Life and Letters. New York: Greenwood Press, 1968. 8 v.

Link, Arthur Stanley. Woodrow Wilson; a Profile. New York: Hill and Wang, 1968.

Osborn, George Coleman. Wooerow Wilson; the Early Years. Baton Rouge: Louisiana University Press, 1968.

Mothner, Ira. Woodrow Wilson, Champion of Peace. New York: F. Watts, 1969.

29. Warren G. Harding

Capple, Joseph Mitchell. Life and Times of Warren G. Harding, Our After War President. Boston: Chapple Pub. Co., 1924.

Daugherty, Harry M. and Thomas Dixon. The Inside Story of the Harding Tragedy. New York: Churchill Co., 1932.

Adams, Samuel Hopkins. Incredible Era; the Life and Times of Warren Gamaliel Harding. Boston: Houghton Mifflin, 1939.

Bagby, Wesley M. The Road To Normalcy; the Presidential Campaign and Election of 1920. Baltimore: Johns Hopkins Press, 1962.

Sinclair, Andrew. The Available Man; the Life Behind the Masks of Warren Gamaliel Harding. New York: Macmillan, 1965.

Russell, Francis. The Shadow of Blooming Grove; Warren G. Harding in His Times. New York: McGraw-Hill, 1968.

Murray, Robert K. The Harding Era; Warren G. Harding and His Administration. Minneapolis: University of Minnesota Press, 1969.

30. Calvin Coolidge

Rogers, Cameron. The Legend of Calvin Coolidge. Garden City, N.Y.: Dougleday, Doran. 1928.

Coolidge, Calvin. The Autobiography of Calvin Coolidge. New York: Cosmopolitan Book Corp., 1929.

White, William Allen. A Puritan in Babylon, the Story of Calvin Coolidge. New York: Macmillan. 1938.

Fuess, Claude M. Calvin Cooledge, the Man From Vermont. Boston: Little, Brown, 1940.

McCoy, Donald R. Calvin Coolidge; the Quiet President. New York: Macmillan, 1967.

Abels, Jules. In the Time of Silent Cal. New York: Putnam, 1969.

31. Herbert Clark Hoover

Irwin, William H. Herbert Hoover, a Reminiscent Biography. New York: Century Co., 1928.

Corey, Herbert. The Truth About Hoover. Boston: Houghton Mifflin, 1932.

Joslin, Theodore G. Hoover off the Record. Garden City, N.Y.: Doubleday, Doran, 1934.

Hoover, Herbert Clark. Memoirs. New York: Macmillan, 1951-52. 3 v.

Wolfe, Harold. Herbert Hoover; Public Servant and Leader of the Loyal Opposition, a Study of His Life and Career. New York: Exposition Press, 1956.

Lyons, Eugene. The Herbert Hoover Story. Washington: Human Events, 1959.

McGee, Doroth Horton. Herbert Hoover: Engineer, Humanitarian, Statesman. New York: Dodd, Mead, 1959.

Warren, Harris G. Herbert Hoover and the Great Depression. New York: Oxford University Press, 1959.

Guerrant, Edward O. Herbert Hoover: Franklin Roosevelt: Comparisons and Contrasts. Cleveland: H. Allen, 1960.

Hoover, Herbert Clark. Herbert Hoover's Challenge to America; His Life and Words, by the editors of Country Beautiful. Garden City, N.Y.: Doubleday, 1965.

Romasco, Albert U. The Power of Abundance; Hoover, the Nation, the Depression. New York: Oxford University Press, 1965.

Wilson, Carol. Herbert Hoover; a Challenge for Today. New York: Evans Pub. Co., 1968.

32. Franklin D. Roosevelt

Roosevelt, Sara Delano. My Boy Franklin, as told by Mrs. James Roosevelt to Isabelle Leighton and Gabrielle Forbush. New York: R. Long and R. R. Smith, 1933.

Rauch, Basil. The History of the New Deal, 1933-1938. New York: Creative Age Press, 1944.

Perkins, Frances. The Roosevelt I Knew. New York: Viking Press, 1946.

Stettinius, Edward R. Roosevelt and the Russians; the Yalta Conference. Edited by Walter Johnson. Garden City, N.Y.: Doubleday, 1949.

Lorant, Stefan. FDR; a Pictorial Biography. New York: Simon and Schuster, 1950.

Sherwood, Robert E. Roosevelt and Hopkins, an Intimate History. Rev. ed. New York: Harper, 1950.

Roosevelt, Franklin D. Franklin D. Roosevelt's Own Story, Told in His Own Words form His Private and Public Papers as Selected by Donald Day. Boston: Little, Brown, 1959.

Freidel, Frank B. Franklin D. Roosevelt. Boston: Little, Brown, 1952-1956. 3 v.

Burns, James MacGregor. Roosevelt; the Lion and the Fox. New York: Harcourt, Brace, 1956,

Flynn, John T. The Roosevelt Myth. Rev. ed. New York: Devin-Adair, 1956.

Fusfeld, Daniel R. The Economic Thought of Franklin D. Roosevelt and the Origins of the New Deal. New York: Columbia University Press, 1956.

Tugwell, Rexford G. The Democratic Roosevelt; a Biography of Franklin D. Roosevelt, Garden City, N.Y.: Doubleday, 1957.

Roosevelt, James and Sidney Shalett. Affectionately, F.D.R.; a Son's Story of a Lonely Man. New York: Harcourt, Brace, 1959.

Woods, John A. Roosevelt and Modern America. New York: Macmillan, 1960.

Halasz, Nicholas. Roosevelt Through Foreign Eyes. Princeton, N.J.: Van Nostrand, 1961.

Roosevelt, Eleanor. Autobiography. New York: Harper, 1961. 454 p.

Nevins, Allan. The Place of Franklin D. Roosevelt in History. Leincester:

Leincester University Press 1965.

O'Callaghan, Dennis Brynley. Roosevelt and the United States. London: Longmans, 1966.

Hill, Charles Peter. Franklin Roosevelt. London: Oxford University Press, 1966.

Blassingame, Wyatt. Franklin D. Roosevelt, Four Times President. Champaign, Ill.: Garrard Pub. Co., 1966.

Dall, Curtis B. FDR, My Exploited Father-in-law. Tulsa, Okla.: Christian Crusade Publications, 1967.

Nash, Gerald D. Franklin Delano Roosevelt. Englewood Cliffs, N.J.: Prentice-Hall, 1967.

Stewart, William James. The Era of Franklin D. Roosevelt, a Selected Bibliography of Periodical and Dissertation Literature, 1945-1966. Hyde Park, N.Y.: Franklin D. Roosevelt Library, etc., 1967.

Tugwell, Rexford Guy. R.D.R., Architect of an Era. New York: Macmillan, 1967.

Leichtenburg, William Edward. Franklin D. Roosevelt, a Profile. New York: Hill and Wang, 1967.

Belluch, Bernard. Franklin D. Roosevelt; an Governor of New York: New York: AMS Press, 1968.

Hiebert, Roselyn. Franklin Delano Roosevelt; President for the People. New York: F. Watts, 1968.

Cook, Fred J. Franklin D. Roosevelt: Valiant Leader. New York: Putnam, 1969.

Divine, Robert A. Roosevelt and World War II. Baltimore: Johns Hopkins Press 1969.

Wolfskill, George. All But the People; Franklin D. Roosevelt and His Critics. New York: Macmillan, 1969.

33. Harry S. Truman

McNaughton, Frand and Walter Hehmeyer. Harry S. Truman, President. New York: Whittlesey House, 1948.

Truman, Harry S. Memoirs. Garden City, N.Y.: Doubleday. 1955-56. 2 v.

Spanier, John W. The Truman-MacArthur Controversy and the Korean War. Cambridge, Mass: Belknap Press, 1959.

Steinberg, Alfred. The Man from Missouri; the Life and Times of Harry S. Truman. New York: Putnam, 1962.

Mollman, John Peter. Harry S. Truman; a Biography. New York: Monarch Press, 1966.

Caldwell, George S. Good Old Harry; the Wit and Wisdom of Harry S. Truman. New York: Hawthorn Books, 1966.

Wolfson, Victor. The Man Who Cared; a Life of Harry S. Truman. New York: Ariel Books, 1966.

Settel, T.S., ed al. The Quotable Harry S. Truman. Anderson, S.C.: Droke House, 1967.

Gies, Joseph. Harry S. Truman, a Pictorial Biography. Garden City, N. Y.: Doubleday, 1968.

Richards, Kenneth G. Harry S. Truman. Chicago: Children's Press, 1968.

Hayman, LeRoy. Harry S. Truman, a Biography. New York: Crowell, 1969.

34. Dwight D. Eisenhower

Eisenhower, Dwight D. Crusade in Europe. Garden City, N.Y.: Doubleday, 1948.

Davis, Kenneth S. Soldier of Democracy; a Biography of Dwight D. Eisenhower. New ed. Garden City, N.Y.: Doubleday, 1952. 577 p.

Gunther, Joh. Eisenhower, the Man and the Symbol. New York: Harper, 1952.

Hatch, Alden. General Ike, a Biography of Dwight D. Eisenhower. Rev. and enl. ed. New York: Holt, 1952.

Pusey, Merlo J. Eisenhower, the President. New York: Macmillan, 1956.

Childs, Marquis W. Eisenhower; Captive Hero; a Critical Study of the General and the President. New York: Harcourt, Brace, 1958.

Bensen, Ezra Taft. Cross Fire, the Eight Years with Eisenhower. Garden City, N.Y.: Doubleday, 1962.

Hughes, Emmet John. The Ordeal of Power; a Political Memoir of the Eisenhower Years. New York: Atheneum, 1963.

Cobb, Kirkpatrick. Ike's Old Sarge. Dallas: Royal Pub. Co., 1964.

Army Times. The Challenge and the Triumph; the Story of General Dwight D. Eisenhower, by the editors of Army Times. New York: Putnam, 1966.

Eisenhower, Dwight D. At Ease; Stories I Tell to Friends. Garden City, N.Y.: Doubleday, 1967.

Archer, Jules. Battlefield President: Dwight D. Eisenhower. New Yor J. Messner, 1967.

Steinberg, Alfred. Dwight David Eisenhower, New York: Putna 1967.

Larson, Arthur. Eisenhower: the President Nobody Knew. New Yo Scribner, 1968.

Reeder, Russel Potter. Dwight David Eisenhower, Fighter for Pea

Champaign, Ill.: Garrard Pub. Co, 1968.

Sherman, Diane Finn. The Boy from Abilene; the Story of Dwight D. Eisenhower, Philadelphia: Westminster Press. 1968.

Whitney, David C. The Picture Life of Dwight D. Eisenhower. New York: F. Watts. 1969.

Eisenhower, Dwight D. In Review: Pictures I've Kept; a Concise Autobiography. Garden City, N.Y.: Doubleday, 1969.

Morin, Relman, Dwight D. Eisenhower; a Gauge of Greatness. New York: Simon and Schuster, 1969.

Thomas, Henry. Dwight D. Eisenhower; General, President. New York: Putnam, 1969.

Ambrose, Stephen E. The Supreme Commander; the War Years of General Dwight D. Eisenhower. Garden City, N.Y.: Doubleday, 1970.

35. John F. Kennedy

Burns, James MacGregor. John Kennedy; a Political Profile. New York: Harcourt, Brace & World, 1961.

Donovan, Robert J. John F. Kennedy in World War II. New York: McGraw-Hill, 1961.

Lowe, Jacques. Portrait; the Emergence of John F. Kennedy. New York: McGraw-Hill, 1961.

Markmann, Charles Lam and Mark Sherwin. John F. Kennedy; a Sense of Purpose. New York: St. Martin's Press, 1961.

Tanzer, Lester, ed. The Kennedy Circle. Washington: Luce, 1961.

White, Theodore H. The Making of the President. 1960. New York: Atheneum Publishers, 1961.

Sammis, Edward R. John Fitzgerald Kennedy, Youngest President. New York: Scholastic Book Services, 1961.

Saunders, Ramesh. John F. Kennedy; a Political Biography. Bombay, Perennial Press, 1961.

Manchester, William Raymond. Portrait of a President: John F. Kennedy in Profile. Boston: Little, Brown, 1962.

Tregaskis, Richard William. John F. Kennedy: War Hero. New York: Dell Pub. Co., 1962.

Sidey, Hugh. John F. Kennedy, President. New York: Atheneum, 1963.

Associated Press. The Torch Is Passed; the Associated Press Story of the Death of a President. New York: 1963.

Schoor, Gene. Young John Kennedy. New York: Harcourt, Brace & World, 1963.

Silverman, Al. John F. Kennedy Memorial Album. New York: Macfadden-Bartell Corp., 1964.

Steiner, Paul. 175 Little Known Facts About JFK. New York: Citadel Press, 1964.

Wicker, Tom. Kennedy Without Tears, the Man Beneath the Myth. New York: Morrow, 1964.

Salinger, Pierre. A. Tribute to John F. Kennedy. Chicago: Encyclopedia Britannica, 1964.

Buchanan, Thomas G. Who Killed Kennedy? London: Secker and Warburg, 1964.

United Press International. Four Days; the Historical Record of the Death of President Kennedy. New York: American Heritage Pub. Co., 1964.

U.S. President's Commission on the Assassination of President Kennedy. Report of the President's Commission on the Assassination of President John F. Kennedy. Washington: U.S. Govt. Print. Off., 1964.

Wise, Dan. The Day Kennedy Died. San Antonio: Naylor Co., 1964.

U.S. 88th Cong., 2d Sess., 1964. Memorial Addresses in the Congress of the United States and Tributes in Eulogy of John Fitzgerald Kennedy, a Late President of the United States. Washington: U. S. Govt. Print. Off., 1964.

United States Committee for the United Nations. Homage to a Friend; A Memorial Tribute by the United Nations for President John F. Kennedy. New York: 1964.

Frisbee, Lucy Post. John F. Kennedy, Young Statesman. Indianapolis: Bobbs-Merrill, 1964.

Lee, Bruce. The Life of John F. Kennedy. New York: Globe Book Co., 1964.

Shaw, Mark. The John F. Kennedy; a Family Album. New York: Far-rar, Straus, 1964.

Strousse, Flora. John Fitzgerald Kennedy, Man of Courage, New York: P.J. Kennedy, 1964.

Wood, James Playsted. The Life and Words of John F. Kennedy. Garden City, N.Y.: Doubleday, 1964.

Berquist, Laura. A Very Special President. New York: McGraw-Hill, 1965.

Dollen, Charles. John F. Kennedy, American. Boston; St. Paul Editions, 1965.

Schlesinger, Arthur Meier. A Thousand Days; John F. Kennedy In the White House. Boston: Houghton Mifflin, 1965.

Sorensen, Theodore C. Kennedy. New York: Harper & Row, 1965.

Fay, Paul Burgess. The Pleasure of His Company. New York: Harper

& Row, 1966.

Salinger, Pierre. With Kennedy. Garden City, N.Y. Doubleday, 1966.

Manchester, William Raymond. The Death of a President, November 20-November 25, 1963. New York: Harper & Row, 1967.

Lincoln, Evelyn. Kennedy and Johnson. New York: Holt, Rinehart & Winston, 1968.

Smith, Malcolm E. Kennedy's 13 Great Mistakes in the White House. New York: National Forum of America, 1968.

Wicker, Tom. JFK and LBJ; the Influence of Personality Upon Politics. New York: Morrow, 1968.

Sorensen, Theodore C. The Kennedy Legacy. New York: Macmillan, 1969.

Garrison, Jim. A Heritage of Stone. New York: Putnam, 1970. 253 p.

Dallek, Robert. John F. Kennedy: An Unfinished Life, 1917-1963. New York: Little, Brown.

36. Lyndon Baines Johnson

McKinney, R. Kay. LBJ: His Home and Heritage. San Angelo: Anchor Pub. Co., 1965.

Bell, Jack. The Johnson Treatment; How Lyndon B. Johnson Took Over the Presidency and Made His Own. New York: Harper & Row, 1965.

White, William S. Mr. President Lyndon B. Johnson. Washington: U. S. Information Service, 1965.

Zeiger, Henry A. Lyndon B. Johnson: Man and President. New York: Popular Library, 1965.

Olds, Helen. Lyndon Baines Johnson. New York: Putnam, 1965.

Davie, Michael. LBJ: A Foreign Observer's Viewpoint. New York: Du-
ell, Sloan and Pearce, 1966.

Evans, Rowland. Lyndon B. Johnson; the Exercise of Power; a Poli-
tical Biography. New York: New American Library, 1966.

Geyelin, Philip L. Lyndon B. Johnson and the World, New York: Prae-
ger, 1966.

Newlon, Clarke. LBJ, the Man from Johnson City. Rev. and enl. ed.
New York: Dodd, Mead, 1966.

Wofford, Harris. We Shall Overcome; the Story of President Johnson
and Civil Rights in America. Washington: U.S. Information Ser-
vice, 1966.

Bard, Bernard, LBJ; the Picture Story of Lyndon Baines Johnson. New
York: Lion Press, 1966.

Bishop, James Alonzo. A Day in the Life of President Johnson. New
York: Random House, 1967.

Sherrill, Robert. The Accidental President. New York: Grossman Pub-
lishers, 1967.

Newman, Shirlee Petkin. The Story of Lyndon B. Johnson. Philadel-
phia: Westminster Press, 1967.

Whitney, David C. Let's Find Out About Lyndon Baines Johnson. New
York: F. Watts, 1967.

Joesten, Joachim. The Dark Side of Lyndon Baines Johnson. London:
Dawnay, 1968.

Lincoln, Evelyn. Kennedy and Johnson. New York: Holt, Rinehart and
Winston, 1968.

Wicker, Tom. JFK and LBJ; the Influence of Personality Upon Poli-
tics. New York: Morrow, 1968.

Goldman, Eric Frederick. The Tragedy of Lyndon Johnson. New York:

Knopf, 1969.

U.S. 91st Congress, 1st Sess., 1969. Tributes to the President and Mrs. Lyndon Baines Johnson in the Congress of the United States. Washington: U.S. Govt. Print. Off., 1969.

Christian, George. The President Steps Down; a Personal Memoir of the Transfer of Power. New York: Macmillan, 1970.

Johnson, Lyndon Baines. The Vantage Point; Perspectives of the Presidency, 1963-1969. New York: Holt, Rinehart & Winston, 1971.

37. Richard Milhous Nixon

Mazo, Earl. Richard Nixon; a Political and Personal Portrait. New York: Harper, 1959.

Costello, William. The Facts About Nixon; an Unauthorized Biography. New York: Viking Press, 1960.

Kornitzer, Bela. The Real Nixon, an Intimate Biography. New York: Rand McNall, 1960.

Alsop, Stewart Johonnot Oliver. Nixon and Rockefeller: A Double Portrait. Garden City, N.Y.: Doubleday, 1960.

Johnson, George. Richard Nixon; an Intimate and Revealing Portrait of One of America's Key Political Figures. Derby, Conn.: Monarch Books, 1961.

Harris, Mark. Mark the Glove Boy; or, The Last Days of Richard Nixon. New York: Macmillan, 1964.

Nixon, Richard Milhous. The Almanac of Poor Richard Nixon. Cleveland: World Pub. Co., 1968.

DeToledano, Ralph. One Man Alone: Richard Nixon. New York: Funk and Wagnalls, 1969.

McGinniss, Joe. The Selling of the President, 1968. New York: Trident Press, 1969.

Campbell, Ann Raymond. The Picture Life of Richard Nixon. New York: F. Watts, 1969.

Leipold, L. Edmond. Richard M. Nixon, President. Minneapolis: Denison, 1969.

Wilson, Richard, ed. Setting the Course, The First Year; Major Policy Statements by Richard Nixon. New York: Funk and Wagnalls, 1970.

White, Theodore H. Breach of Faith: The Fall of Richard Nixon. New York: Atheneum Publishers, 1975.

Nixon, Richard. RN, The Memoirs of Richard Nixon. New York: Warner Brothers, 1979.

Black, Conrad. Richard M. Nixon, A Life in Full. New York: Public Affairs, 2007.

38. Gerald Rudolph Ford

Reeves, Richard A. A Ford, Not a Lincoln. New York: Harcourt, 1975.

Mollenhoff, Clark. The Man Who Pardoned Nixon. New York: St. Martin's Press, 1976.

Firestone, Bernard J. and Ugrinsky, Alexej, eds. Gerald R. Ford and the Politics of Post-Watergate America. Westport, CT.: Greenwood Press, 1993.

Greene, John Robert. The Presidency of Gerald R. Ford. Kansas City: University of Kansas Press, 1995.

39. Jimmy Carter

Kaufman, Burton Ira. The Presidency of James Earl Carter, Jr. Kansas City: University of Kansas Press, 1993.

Morris, Kenneth Earl. Jimmy Carter: American Moralist. Athens, Ga.: University of Georgia Press, 1996.

Bourne, Peter G. Jimmy Carter: A Comprehensive Biography from Plains to Postpresidency. New York: Simon & Schuster, 1997.

Brinkley, Douglas. The Unfinished Presidency: Jimmy Carter's Journey Beyond the White House. New York: Penguin, 1998.

40. Ronald Wilson Reagan

Evans, Rowland. The Reagan Revolution. New York: Duffan, 1982.

Barrett, Laurence. Gambling with History. New York: Blackwell Publishing Co., 1983.

Wills, Garry. Reagan's America: Innocents at Home. New York: Penguin, 1987.

Schaller, Michael. Reckoning with Reagan: America and Its President in the 1980s. New York: Oxford University Press, 1992.

Pemberton, William E. Exit with Honor: The Life of President Ronald Reagan. Armonk, N.Y.: M.C. Sharpe, 1997.

Fitzgerald, Frances. Way out There in the Blue: Reagan, Star Wars, and the End of the Cold War. New York: Simon & Schuster, 2000.

Reagan, Ronald et al. Reagan, In His Own Hand: The Writings of Ronald Reagan That Reveal His Revolutionary Vision for America. New York: Oxford University Press, 2001.

Brinkley, Douglas, ed. The Reagan Diaries. New York: Putnan Publishing Group, 2007.

41. George Herbert Walker Bush

Bush, George. Looking Forward: An Autobiography. New York: Hill Wang, 1987.

Graubard, Stephen R. Mr. Bush's War. New York: Simon & Schuster, 1992.

Stinnet, Robert B. George Bush: His World War II Years. New York: Brassey's Inc., 1992.

Parmet, Herbert S. George Bush: The Life of a Lone Star Yankee. New York: W. W. Norton & Co., 1997.

Bush, George. A World Transformed. New York: Hill & Wang, 1998.

42. William Jefferson (Bill) Clinton

Allen, Charles F. and Jonathan Portis. The Comeback Kid: The Life and Career of Bill Clinton. Secaucus, N.J.: Birch Lane Press, 1992.

Moore, Jim and Rick Inde. Clinton: Young Man in a Hurry. New York: Summit Publishing Group, 1993.

Grew, Elizabeth. On the Edge: The Clinton Presidency. New York: Simon & Schuster, 1994.

Maraniss, David. First in His Class: A Biography of Bill Clinton. New York: Simon & Schuster, 1995.

Meyer, Wayne, ed. Clinton on Clinton: A Portrait of the President in His Own Words. New York: Quill, 1995.

Woodward, Bob. The Agenda: Inside The Clinton White House. New

York: Pocket Books, 1995.

Woodward, Bob. The Choice: How Clinton Won. New York: Simon & Schuster, 1997.

Bennett, William J. The Death of Outrage: Bill Clinton and the Assault on American Ideals. New York: Free Press, 1998.

Kurtz, Howard. Spin Cycle: Inside the Clinton Propaganda Machine. New York: Free Press, 1998.

Maraniss, David. The Clinton Enigma: A Four-and-a-Half Minute Speech Reveals This President's Entire Life. New York: Simon & Schuster, 1998.

Renshon, Stanley A. High Hopes: The Clinton Presidency and the Politics Ambition. New York: New York University Press, 1998.

Rozell, Mark J. The Clinton Scandal and the Future of American Government. Washington, D. C.: Georgetown University Press, 2000.

Clinton, Bill. My Life. Garden City, N.Y.: Doubleday, 2004.

43. George Walker Bush

Minutaglio, Bill. First Son: George W. Bush and the Bush Family Dynasty. New York: Three Rivers Press, 1999.

Dionne, E. J., Jr. and William Kristol, eds. Bush v. Gore: The Court Cases and the Commentary. Washington, D. C.: Brookins Institute, 2001.

Washington Post. Deadlock: The Inside Story of America's Closest Election. Compiled and edited by the Political Staff of the Washington Post. New York: Public Affairs, 2001.

Woodward, Bob. Bush at War. New York: Simon & Schuster, 2002.

Frum, David. The Right Man: The Surprise Presidency of George W.

Bush. New York: Random House, 2003.

McMahon, Kevin J., David M. Rankin, and Jon Kraus. Transformed by Crisis: The Presidency of George W. Bush and American Politics. New York: Macmillan, 2004.

Barnes, Fred. Rebel in Chief: Inside the Bold and Controversial Presidency of George W. Bush. New York: Three Rivers Press, 2006.

Jacobson, Gary C. A Divider, Not a Uniter: George W. Bush and the American People. New York: Pearson Longman, 2008.

44. Barack Hussein Obama

Obama, Barack. Dreams from My Father: A Story of Race and Inheritance. New York: Crown Publishers, 1995（2004 再版）。

Obama, Barack. The Audacity of Hopes: Thoughts on Reclaiming the American Dream. New York: Vintage Books, 2006.

Mendell, David. Obama: From Promise to Power. New York: Harper Collins Publishers, 2007.

Life Magazine. The American Journey of Barack Obama. Edited by Life Magazine editors. New York: Life Magazine, 2008.

Michelle, Lisa Mundy. A Biography of (Mrs.) Obama. New York: Simon & Schuster, 2008.

Obama, Barack. Change We Can Believe In. New York: Three Rivers Press, 2008.

Delingpole, James. Welcome to Obamaland: I Have Seen Future and It Doesn't Work. Washington, D.C.: Regnery Publishing, Inc. 2009.

Ignatius, Adi, ed. President Obama: The Path to the White House. New York: New York Times, 2009.

Niven, Steven J. Barack Obama: A Pocket Biography of Our 44th

President. New York: Oxford University Press, 2009.

New York Times, ed. Obama: The Historic Journey. New York: New York Times, 2009.

附錄四　歐巴馬總統就職演說全文

Full Text of Obama's Inauguration Speech (Jan. 20, 2009)

My fellow citizens:

I stand here today humbled by the task before us, grateful for the trust you have bestowed, mindful of the sacrifices borne by our ancestors. I thank President Bush for his service to our nation, as well as the generosity and cooperation he has show throughout this transition.

Forty-four Americans have now taken the presidential oath. The words have been spoken during rising tides of prosperity and the still waters of peace. Yet, every so often the oath is taken amidst gathering clouds and raging storms. At these moments, America has carried on not simply because of the skill or vision of those in high office, but because We the People have remained faithful to the ideals of our forbearers, and true to our founding documents.

So it has been. So it must be with this generation of Americans.

That we are in the midst of crisis is now well understood. Our nation is at war, against a far-reaching network of violence and hatred. Our economy is badly weakened, a consequence of greed and irresponsibility on the part of some, but also our collective failure to make hard choices and prepare the nation for a new age. Homes have been lost; jobs shed; businesses shuttered. Our health care is too costly; our schools fail too many; and each day brings further evidence that the ways we use energy strengthen our adversaries and threaten our planet.

These are the indicators of crisis, subject to data and statistics. Less measurable but no less profound is a sapping of confidence across our land —— a nagging fear that America's decline is inevitable, and that the next generation must lower its sights.

Today I say to you that the challenges we face are real. They are serious and they are many. They will not be met easily or in a short span of time. But know this, America——they will be met.

On this day, we gather because we have chosen hope over fear, unity of purpose over conflict and discord.

On this day, we come to proclaim an end to the petty grievances and false promises, the recriminations and worn out dogmas, that for far too long have strangled our politics.

We remain a young nation, but in the words of Scripture, the time has come to set aside childish things. The time has come to reaffirm our enduring spirit; to choose our better history; to carry forward that precious gift, that noble idea, passed on from generation to generation: the God-given promise that all are equal, all are free, and all deserve a chance to pursue their full measure of happiness.

In reaffirming the greatness of our nation, we understand that greatness is never a given. It must be earned. Our journey has never been one of short-cuts or settling for less. It has not been the path for the faint-hearted ——for those who prefer leisure over work, or seek only the pleasures of riches and fame. Rather, it has been the risk-takers, the doers, the makers of things——some celebrated but more often men and women obscure in their labour, who have carried us up the long, rugged path towards prosperity and freedom.

For us, they packed up their few worldly possessions and traveled across oceans in search of a new life.

For us, they toiled in sweatshops and settled the West; endured the lash of the whip and plowed the hard earth.

For us, they fought and died, in places like Concord and Gettysburg;

Normandy and Khe Sahn. Time and again these men and women struggled and sacrificed and worked till their hands were raw so that we might live a better life. They saw America as bigger than the sum of our individual ambitions; greater than all the differences of birth or wealth or faction.

This is the journey we continue today. We remain the most prosperous, powerful nation on Earth. Our workers are no less productive than when this crisis began. Our minds are no less inventive, our goods and services no less needed than they were last week or last month or last year. Our capacity remains undiminished. But our time of standing pat, of protecting narrow interests and putting off unpleasant decusuibs——that time has surely passed. Starting today, we must pick ourselves up, dust ourselves off, and begin again the work of remaking America.

For everywhere we look, there is work to be done. The state of the economy calls for action, bold and swift, and we will act——not only to create new jobs, but to lay a new foundation for growth.

We will build the roads and bridges, the electric grids and digital lines that feed our commerce and bind us together. We will restore science to its rightful place, and wield technology's wonders to raise health care's quality and lower its cost. We will harness the sun and the winds and the soil to fuel our cars and run our factories. And we will transform our schools and colleges and universities to meet the demands of a new age. All this we can do. And all this we will do.

Now, ther are some who question the scale of our ambitions——who suggest that our system cannot tolerate too many big plans. Their memories are short. For they have forgotten what this country has already done; what free men and women can achieve when imagination is joined to common purpose, and necessity to courage.

What the cynics fail to understand is that the ground has shifted beneath them——that the stale political arguments that have consumed us for so long no longer apply. The question we ask today is not whether our government is too big or too small, but whether it works——whether it helps families find jobs at a decent wage, care they can afford, a retirement that is dignified. Where the answer is yes, we intend to move forward. Where the answer is no, programs will end. And those of us who manage the public's dollars will be held to account——to spend wisely, reform bad habits, and do our business in the light of day——because only then can we restore the vital trust between a people and their government.

Nor is the question before us whether the market is a force for good or ill. Its power to generate wealth and expand freedom is unmatched, but this crisis has reminded us that without a watchful eye, the market can spin out of control——and that a nation cannot prosper long when it favors only the prosperous. The success of our economy has always depended not just on the size of our Gross Domestic Product, but on the reach of our prosperity; on our ability to extend opportunity to every willing heart—— not out of charity, but because it is the surest route to our common good.

As for our common defence, we reject as false the choice between our safety and our ideals. Our Founding Fathers, faced with perils we can scarcely imagine, drafted a charter to assure the rule of law and the rights of man, a charter expanded by the blood of generations. Those ideals still light the world, and we will not give them up for expedience's sake. And so to all other peoples and governments who are watching today, from the grandest capitals to the small village where my father was born: know that America is a friend of each nation and every man, woman, and child who seeks a future of peace and dignity, and that we are ready to lead once more.

Recall that earlier generations faced down fascism and communism not just with missiles and tanks, but with sturdy alliances and enduring convictions. They understood that our power alone cannot protect us, nor does it entitle us to do as we please. Instead, they knew that our power grows through its prudent use; our security emanates from the justness of our cause, the force of our example, the tempering qualities of humility and restraint.

We are the keepers of this legacy. Guided by these principles once more, we can meet those new threats that demand even greater effort——even greater cooperation and understanding between nations. We will begin to responsibly leave Iraq to its people, and forge a hard-earned peace in Afghanistan. With old friends and former foes, we will work tirelessly to lessen the nuclear threat, and roll back the specter of a warming planet. We will not apologise for our way of life, nor will we naver in its defence, and for those who seek to advance their aims by inducing terror and slaughtering innocents, we say to you now that our spirit stronger and cannot be broken; you cannot outlast us, and we will defeat you.

For we know that our patchwork heritage is a strength, not a weakness. We are a nation of Christians and Muslims, Jews and Hindus——and non-believers. We are shaped by every language and culture, drawn from every end of this Earth; and because we have tasted the bitter swill of civil war and segregation, and emerged from that dark chapter stronger and more united, we cannont help but believe that the old hatreds shall someday pass; that the lines of tribe shall soon dissolve; that as the world grows smaller, our common humanity shall reveal itself; and that America must play its role in ushering in a new era of peace.

To the Muslim world, we seek a new way forward, based on mutual interest and mutual respect. To those leaders around the globe who seek to sow conflict, or blame their society's ills on the West——know that your people will judge you on what you can build, not what you destroy. To those who cling to power through corruption and deceit and the silencing of dissent, know that you are on the wrong side of history; but that we will extend a hand if you are willing to unclench your fist.

To the people of poor nations, we pledge to work alongside you to make your farms flourish and let clean waters flow; to nourish starved bodies and feed hungry minds. And to those nations like ours that enjoy relative plenty, we say we can no longer afford indifference to suffering outside our borders; nor can we consume the world's resources without regard to effect. For the world has changed, and we must change with it.

As we consider the road that unfolds before us, we remember with humble gratitude those brave Americans who, at this very hour, patrol far-off deserts and distant mountains. They have something to tell us today, just as the fallen heroes who lie in Arlington whisper through the ages. We honor them not only because they are guardians of our liberty, but because they embody the spirit of service; a willingness to find meaning in something greater than themselves. And yet, at this moment—— a moment that will define a generation——it is precisely this spirit that must inhabit us all.

For as much as government can do and must do, it is ultimately the faith and determination of the American people upon which this nation relies. It is the kindness to take in a stranger when the levees break, the selflessness of workers who would rather cut their hours than see a friend lose their job which sees us through our darkest hours. It is the firefighter's courage to storm a stairway filled with smoke, but also a parent's willingness to nurture a child, that finally decides our fate.

Our challenges may be new. The instruments with which we meet them may be new. But those values upon which our success depends——hard work and honesty, courage and fair play, tolerance and curiosity, loyalty and patriotism——these things are old. These things are true. They have been the quiet force of progress throughout our history. What is demanded then is a return to these truths. What is required of us now is a new era of responsibility——a recognition, on the part of every American, that we have duties to ourselves, our nation, and the world, duties that we do not grudgingly accept but rater seize gladly, firm in the knowledge that there is nothing so satisfying to the spirit, so defining of our character, than giving our all to a difficult task.

This is the price and the promise of citizenship.

This is the source of our confidence——the knowledge that God calls on us to shape an uncertain destiny.

This is the meaning of our liberty and our creed——why men and women and children of every race and every faith can join in celebration across this magnificent mall, and why a man whose father less than sixty years ago might not have been served at a local restaurant can now stand before you to take a most sacred oath.

So let us mark this day with remembrance, of who we are and how far we have traveled. In the year of America's birth, in the coldest of months, a small band of patriots huddled by dying campfires on the shores of an icy river. The capital was abandoned. The enemy was advancing. The snow was stained with blood. At a moment when the outcome of our revolution was most in doubt, the father of our nation ordered these words be read to the people:

"Let it be told to the future world······that in the depth of winter, when nothing but hope and virtue could survive······that the city and the country, alarmed at one common danger, came forth to meet [it]."

America. In the face of our common dangers, in this winter of our hardship, let us remember these timeless words. With hope and virtue, let us brave once more the icy currents, and endure what storms may come. Let it be said by our children's children that when we were tested we refused to let this journey end, that we did not turn back nor did we falter; and with eyes fixed on the horizon and God's grace upon us, we carried forth that great gift of freedom and delivered it safely to future generations.

本書所有的美國總統照片均係從
白宮及國會圖書館的資料中翻拍
Partraits of all American Presidents in
this book were reproduced by courtesy
of the While House and the Library of
Congress.

美國的總統

編著◆胡述兆

發行人◆王學哲

總編輯◆方鵬程

主編◆葉幗英

責任編輯◆徐平

校對◆鄭秋燕

美術設計◆吳郁婷

出版發行：臺灣商務印書館股份有限公司

台北市重慶南路一段三十七號

電話：(02)2371-3712

讀者服務專線：0800056196

郵撥：0000165-1

網路書店：www.cptw.com.tw

E-mail：ecptw@cptw.com.tw

網址：www.cptw.com.tw

局版北市業字第 993 號

初版一刷：2010 年 4 月

定價：新台幣 600 元

ISBN 978-957-05-2474-1

美國的總統／胡述兆編著 · --初版 · -- 臺北市
　　：臺灣商務， 2010. 04
　　面：　公分

　　ISBN 978-957-05-2474-1(平裝)

　　1. 元首　2.傳記　3.美國

785.22　　　　　　　　　　　　　99002595

廣　告　回　信
臺灣北區郵政管理局登記證
台北廣字第6450號
免　貼　郵　票

100台北市重慶南路一段37號

臺灣商務印書館　收

對摺寄回，謝謝！

傳統現代　並翼而翔

Flying with the wings of tradtion and modernity.

讀者回函卡

感謝您對本館的支持，為加強對您的服務，請填妥此卡，免付郵資寄回，可隨時收到本館最新出版訊息，及享受各種優惠。

姓名：＿＿＿＿＿＿＿＿＿＿＿＿＿＿　　性別：□ 男　□ 女

出生日期：＿＿＿＿＿年＿＿＿＿＿月＿＿＿＿＿日

職業：□學生　□公務(含軍警）□家管　□服務　□金融　□製造
　　　□資訊　□大眾傳播　□自由業　□農漁牧　□退休　□其他

學歷：□高中以下（含高中）□大專　□研究所（含以上）

地址：＿＿＿＿＿＿＿＿＿＿＿＿＿＿＿＿＿＿＿＿＿＿＿
　　　＿＿＿＿＿＿＿＿＿＿＿＿＿＿＿＿＿＿＿＿＿＿＿

電話：(H) ＿＿＿＿＿＿＿＿＿＿　(O) ＿＿＿＿＿＿＿＿＿

E-mail：＿＿＿＿＿＿＿＿＿＿＿＿＿＿＿＿＿＿＿＿＿＿

購買書名：＿＿＿＿＿＿＿＿＿＿＿＿＿＿＿＿＿＿＿＿＿

您從何處得知本書？
　　　□網路　□DM廣告　　□報紙廣告　□報紙專欄　□傳單
　　　□書店　□親友介紹　□電視廣播　□雜誌廣告　□其他

您喜歡閱讀哪一類別的書籍？
　　　□哲學‧宗教　□藝術‧心靈　□人文‧科普　□商業‧投資
　　　□社會‧文化　□親子‧學習　□生活‧休閒　□醫學‧養生
　　　□文學‧小說　□歷史‧傳記

您對本書的意見？（A/滿意　B/尚可　C/須改進）
　　　內容＿＿＿＿＿＿編輯＿＿＿＿＿校對＿＿＿＿＿翻譯＿＿＿＿
　　　封面設計＿＿＿＿＿價格＿＿＿＿＿其他＿＿＿＿＿＿＿＿＿

您的建議：＿＿＿＿＿＿＿＿＿＿＿＿＿＿＿＿＿＿＿＿＿＿

＿＿＿＿＿＿＿＿＿＿＿＿＿＿＿＿＿＿＿＿＿＿＿＿＿＿＿＿＿

※ 歡迎您隨時至本館網路書店發表書評及留下任何意見

臺灣商務印書館　**The Commercial Press, Ltd.**

台北市100重慶南路一段三十七號　電話：(02)23115538
讀者服務專線：0800056196　傳真：(02)23710274
郵撥：0000165-1號　E-mail：ecptw@cptw.com.tw
網路書店網址：www.cptw.com.tw　部落格：http://blog.yam.com/ecptw